全国高等教育自学考试指定教材
护理学专业（独立本科段）

护理学研究

全国高等教育自学考试指导委员会　组编

主　　编：刘华平
副 主 编：陆　虹　刘　宇
主　　审：肖顺贞
参　　审：李淑迦　康晓平
编　　者：（按姓氏笔画为序）
马伟光　王志稳　刘　宇
刘华平　陆　虹　赵　雁

北京大学医学出版社

HULIXUE YANJIU

图书在版编目（CIP）数据

护理学研究/刘华平主编. —北京：北京大学医学出版社，2016.10（2025.5 重印）
ISBN 978-7-5659-1472-0

Ⅰ.①护…　Ⅱ.①刘…　Ⅲ.①护理学　Ⅳ.①R47

中国版本图书馆 CIP 数据核字（2016）第 223054 号

护理学研究（2009 年版）

主　　编：刘华平
出版发行：北京大学医学出版社
地　　址：（100191）北京市海淀区学院路 38 号　北京大学医学部院内
电　　话：发行部 010－82802230；图书邮购 010－82802495
网　　址：http://www.pumpress.com.cn
E－mail：booksale@bjmu.edu.cn
印　　刷：北京溢漾印刷有限公司
责任编辑：韩忠刚　　**责任校对**：金彤文　　**责任印制**：罗德刚
开　　本：787 mm×1092 mm　1/16　　**印张**：16.25　　**字数**：397 千字
版　　次：2016 年 10 月第 1 版　2025 年 5 月第 11 次印刷
书　　号：ISBN 978-7-5659-1472-0
定　　价：35.00 元

组编前言

21 世纪是一个变幻莫测的世纪，是一个催人奋进的时代。科学技术飞速发展，知识更替日新月异。希望、困惑、机遇、挑战，随时随地都有可能出现在每一个社会成员的生活之中。抓住机遇，寻求发展，迎接挑战，适应变化的制胜法宝就是学习——依靠自己学习，终身学习。

作为我国高等教育组成部分的自学考试，其职责就是在高等教育这个水平上倡导自学、鼓励自学，为每一个自学者铺就成才之路。组织编写供读者学习的教材就是履行这个职责的重要环节。毫无疑问，这种教材应当适合自学者增强创新意识、培养实践能力、形成自学能力，也有利于学习者学以致用，解决实际工作中所遇到的问题。具有如此特点的书，我们虽然沿用了“教材”这个概念，但它与那种仅供教师讲、学生听，教师不讲、学生不懂，以“教”为中心的教科书相比，已经在内容安排、形式体例、行文风格等方面都大不相同了，希望读者对此有所了解，以便从一开始就树立起依靠自己学习的坚定信念，不断探索适合自己的学习方法，充分利用已有的知识基础和实际工作经验，最大限度地发挥自己的潜能，达到学习的目标。

祝每一位读者自学成功。

本教材由全国考委医药学类专业委员会遴选作者、安排编写、组织审稿，保证了医药学类自考教材的质量。

欢迎读者提出意见和建议。

全国高等教育自学考试指导委员会

2008 年 4 月

编者的话

护理学作为一门专业在我国发展迅速，有许多护理实践中的问题需要通过研究工作来解决。通过研究成果的推广与应用也可以进一步提高护理服务质量。

《护理学研究》就是在此背景下产生的，是为全国高等教育自学考试护理学专业（独立本科段）考生编写的自学教材。本书力求体现护理学科的专业特点，并与护理学专业自考生的培养目标一致。本教材以实施护理研究的基本过程为内容的组织框架，全书共由9章组成，详细介绍了在进行护理研究过程中应掌握的基本理论、基本知识和基本技能。同时本教材注意反映当前国内外护理学科的发展，着重理论联系实际，在全书中结合护理研究实例进行理论的解释，以使得自学考生能在学习理论的同时与自己的实际工作相结合。

《护理学研究》作为一门实践性课程，必然需要通过护理科研实践来达到知识的真正掌握。自学考生在学习初期可以先以本教材各知识点的识记和领会为主，然后再逐步学习简单应用和综合应用的内容。总之，考生要依照大纲进行考核内容的反复学习。本教材中有部分章节内容不作为考核内容，但却可为自考生进行护理研究实践时提供进一步的理论指导。在课程实践阶段，自考生应大胆尝试开展护理研究活动，从而将本书中所介绍的理论与方法能运用于实践工作。

本书作为自学考试护理学专业的教学用书，也可为广大护理工作者在进行科研活动时提供参考。限于水平，疏漏和不当之处难免，敬请广大读者指正，不胜感激！

刘华平

2009年6月

全国高等教育自学考试

护理学专业（独立本科段）

护理学研究
自学考试大纲

（含考核目标）

全国高等教育自学考试指导委员会制定

大纲前言

为了适应社会主义现代化建设事业的需要，鼓励自学成长，我国在20世纪80年代初建立了高等教育自学考试制度。高等教育自学考试是个人自学、社会助学和国家考试相结合的一种高等教育形式。应考者通过规定的专业考试课程并经思想品德鉴定达到毕业要求的，可获得毕业证书；国家承认学历并按照规定享有与普通高等学校毕业生同等的有关待遇。经过近30年的发展，高等教育自学考试为国家培养造就了大批专门人才。

课程自学考试大纲是国家规范自学者学习范围、要求和考试标准的文件。它是按照专业考试计划的要求，具体指导个人自学、社会助学、国家考试、编写教材、编写自学辅导书的依据。

随着经济社会的快速发展，新的法律法规不断出台，科技成果不断涌现，原大纲中有些内容过时、知识陈旧。为更新教育观念，深化教学内容方式、考试制度、质量评价制度改革，使自学考试更好地提高人才培养的质量，各专业委员会按照专业考试计划的要求，对原课程自学考试大纲组织了修订或重编。

修订后的大纲，在层次上，专科参照一般普通高校专科或高职院校的水平，本科参照一般普通高校本科水平；在内容上，力图反映学科的发展变化，增补了自然科学和社会科学近年来研究的成果，对明显陈旧的内容进行了删减。

全国高等教育自学考试医药学类专业委员会组织制定了《护理学研究自学考试大纲》，经教育部批准，现颁发施行。各地教育部门、考试机械应认真贯彻执行。

全国高等教育自学考试指导委员会

2009年4月

目　录

Ⅰ　课程设置与设置目的

《护理学研究》是高等教育自学考试护理学专业（独立本科段）的考试课程。课程内容包括绪论、护理研究的基本程序、确立研究问题、医学信息的获取与利用、护理研究设计、资料收集的方法、研究工具性能的测定、研究资料的分析方法、护理论文的撰写等。

设置本课程的目的是帮助自学应考者理解和掌握护理学研究的基本知识、基本方法和基本步骤，并能将所学理论与方法应用于护理研究实践中。同时通过本课程的学习使自考生具备一定的科研能力及论文写作技巧，从而帮助护理工作者更好地开展护理科研活动，通过科研促进护理质量的提高。

Ⅱ　课程内容及考核目标

第一章　绪　论

学习目的和要求

通过本章学习，能理解护理研究的基本概念，了解护理研究的范畴和意义。了解国内外护理研究发展概况，熟悉护理研究中的伦理原则。

课程内容

第一节　概　述

一、基本概念

1. 科学和研究的基本概念

2. 护理学和护理研究的概念

二、护理研究的范畴

护理研究可分为基础性研究和应用性研究。常见的护理研究范畴有以下几个方面：护理教育、护理管理、护理学历史、护理理论、各专科临床护理研究等。

三、护理研究的意义

第二节　护理研究的发展概况

一、国外概况

二、国内概况

三、护理研究的发展趋势

第三节　护理研究中的伦理原则

一、基本伦理原则

在以人为研究对象的研究中所遵循的三项基本伦理原则，即有益的原则、尊重人的尊严的原则和公正的原则。

二、伦理准则

护理学研究中研究者除应遵守基本的伦理原则外，还应遵循的其他伦理准则，包括：客观性、真实性、诚实性、合作性、平等性、效率性。

三、遵循伦理原则的基本方法

评估益处与风险、知情同意、伦理审查委员会、保密程序等。

考核知识点及考核要求

一、概述

1. 识记：护理研究的基本概念

三、护理研究中的伦理原则

1. 识记：知情同意的概念

2. 领会：护理研究的伦理原则；遵循伦理原则的方法；伦理审查委员会的构成特点、职责及审查内容

第二章　护理研究的基本程序

学习目的和要求

通过本章学习，能了解护理研究的3个阶段与10个基本程序。明确课题的来源与研究类型；理解文献检索与文献回顾的目的与具体方法；了解理论框架在护理研究中的应用；识别数值变量与分类变量，区分研究中的自变量、因变量与外变量，明确对变量进行界定的方法；能理解量性研究与质性研究的概念，明确量性研究与质性研究的区别；能描述护理研究论文的基本格式要求。

课程内容

第一节　护理研究准备阶段

一、确立研究问题

二、进行文献检索与文献回顾

三、陈述理论框架

四、确认研究变量

五、形成研究假设

六、科研设计

第二节　护理研究的实施阶段

一、预试验

二、资料收集与处理

三、资料分析

第三节　护理研究结果交流与传播阶段

撰写论文

考核知识点及考核要求

一、护理研究准备阶段

1. 识记：护理研究基本程序中的研究步骤；假设、变量、自变量、依变量、外变量的

概念

2. 领会：护理研究选题的注意事项；建立研究假设的目的；进行在实际护理研究中准备阶段工作的基本要求

二、护理研究的实施阶段

1. 识记：护理研究实施阶段要完成的研究步骤；量性研究和质性研究的概念

2. 领会：收集资料的基本步骤；整理资料的基本步骤

3. 简单应用：根据有关资料初步设计整理表

三、护理研究结果交流与传播阶段

领会：论文格式的组成部分。

第三章　确立研究问题

学习目的和要求

通过本章学习，能理解研究问题、假设、理论/概念框架的特点与相关概念；学会选择可行的研究问题，提出研究假设，寻找合理的理论/概念框架的方法。

课程内容

第一节　选择研究问题

一、研究问题的概念

研究问题是指研究者想要回答的特殊疑问，它确定了研究中所需收集资料的类型，研究者一般是从较宽泛的领域中识别出问题。

二、研究问题的来源

护理领域需要研究的问题和尚待验证的理论很多，研究课题主要来自理论、实践、文献或他人建议。

三、选择研究问题的注意事项

选择对临床有指导意义的问题，立足于创新；选题范围不可太大；研究问题的可行性；最好结合自己熟悉的专业选题。

四、研究问题的描述

研究问题的描述内容主要包括确立研究问题的背景和预期目的，即描述立题依据或理由及研究的预期目的。

第二节　形成研究假设

一、研究假设的定义

1. 定义：假设是指对已确立的研究问题，提出一个预期目的或暂时的答案。

2. 假设的功能：假设可以提供收集、分析和解释结果的方向，减少盲目性。

3. 假设的特征：变量间关系的陈述；可测量性；文献支持或理论基础；简洁、具体且概念清晰。

4. 形成研究假设：假设来自研究问题、文献回顾和理论框架。

二、研究假设与研究问题

假设是研究问题的另一种呈现方式，是研究问题的一部分。

三、假设的类型

1. 研究假设，又可以进一步分为有方向性假设和无方向性假设。

2. 无效假设，又可以叫做统计学假设。

四、研究假设与研究设计的关系

研究设计类型与假设的表述互相影响。

五、验证假设时可能犯的错误

验证假设时可能出现 1 类错误和 2 类错误。

第三节 理论/概念框架的形成

一、基本概念

二、理论/概念框架的作用

理论/概念框架是研究概念的基础。并不是所有的研究都有一个理论或概念的模式，但每一个研究都有其框架。

三、形成理论/概念框架的基本过程

理论框架或概念框架的形成是建立在对研究目的和意义的深入认识，以及全面文献查询基础上。

考核知识点及考核要求

一、选择研究问题

1. 识记：研究问题的概念

2. 领会：研究问题的概念和来源；研究问题时注意事项

二、形成研究假设

1. 识记：假设的概念

2. 领会：假设的作用

3. 简单应用：学会在研究设计时提出合理假设

三、理论/概念框架的形成

1. 识记：理论/概念框架相关的基本概念

2. 领会：理论/概念框架的应用

第四章 医学信息的获取与利用

学习目的和要求

通过本章的学习，了解文献的类型，理解有关文献及文献检索的基本概念、文献检索的基本步骤和基本方法，能运用基本的文献检索方法进行文献检索，并且能够熟悉医学文献检索工具及数据库的使用方法，了解可获取护理信息的网络资源。同时能够领会如何提高阅读效率的方法。

课程内容

第一节　基本概念

一、文献的概念

信息是具有新内容、新知识的消息，反映了事物的存在、运动状态及其特征。知识是人们在改造世界的实践中所获得的认识和经验的总和。文献是记录知识和信息的一切载体。

二、文献的级别与类型

文献可以根据以下不同的方法进行分类：按文献级别、出版形式、外在的物质形态等划分。

三、文献检索的基本知识与基本检索方法

第二节　医学文献检索工具及数据库

一、医学文献检索工具

目前随着计算机的发展，计算机光盘检索系统以及网上文献检索系统得到了飞速的发展。

二、医学文献检索数据库

医学文献检索数据库一方面可以从刻录好的光盘中获取，另一方面也可以从网上的数据库直接进行查询。

三、网络检索工具与护理信息资源

Internet 的诞生是信息技术领域的一个新起点，它的出现和普及使用户得以超越不同形态的计算机网络，在世界范围内共享计算机资源。

第三节　医学文献的阅读与积累

一、医学文献的阅读

医学文献是从事医学事业的科技人员进行科学研究、科学实验和临床实践的文字总结，是前人经验的结晶。面对大量文献，只有依赖于阅读、分析、综合与研究这种再创造性劳动，才能变为医学工作者自身的知识、能力和最新创造成果，才能实现文献的科学价值和社会价值。所以，阅读医学文献和积累信息是每个医学工作者的基本功。

二、医学信息的积累

医学信息的积累，是把医学信息在时间和空间相对集中、凝聚和存储的过程，是一种不断搜集、整理、存储医学信息的活动。这一积累过程，不是简单的堆砌和累加，而是对信息在理解和整理后的积累。

考核知识点及考核要求

一、基本概念

1. 识记：信息、知识、文献、文献检索的概念；文献的外表特征与内容特征

2. 领会：文献的类型；文献检索工具的类型；文献检索的基本途径；文献检索的基本步骤和方法

3. 简单应用：能使用文献检索的方法如工具法、追溯法及分段法进行文献的查询

二、医学文献检索工具及数据库

1. 识记：MEDLINE 数据库中的英文字段名称的中文含义

2. 领会：《中文科技资料目录》(医学卫生)、《中国医学文献》(护理学) 以及《国外医学》(护理学分册) 的检索途径

3. 简单应用：可以在护理文献检索方法应用到实际研究和学习中

三、医学文献的阅读与积累

1. 识记：文献查阅的基本技巧

2. 领会：实际文献阅读中的基本技巧

第五章　护理研究设计

学习目的和要求

通过本章的学习熟悉护理研究设计的主要概念，掌握量性研究设计的主要类型及注意事项，了解质性研究设计的研究方法，掌握各种抽样方法的步骤及注意事项，熟悉常见的偏倚及控制方法。

课程内容

第一节　概　述

一、基本概念

1. 科研设计

2. 干预

3. 设立对照

4. 随机化

5. 盲法

6. 预试验

二、研究设计的分类

护理科研设计有多种分类方法，常见的有以下几种：

1. 量性研究与质性研究

2. 实验性研究、类实验性研究和非实验性研究

3. 回顾性研究和前瞻性研究

三、研究设计类型的选择

各种各样的科研设计无好坏之分，关键在于使用的科研设计是否能够准确地回答研究者想要探讨的研究问题，科学严谨地完成研究目的。

第二节　量性研究设计

一、实验性研究

实验性研究又称为流行病学实验或干预性研究，是研究者采用随机分组、设立对照及控制或干预某些因素的研究方法。

二、类实验性研究

类实验性研究亦称半实验性研究，类实验性研究结果对变量间因果关系的论述强度不如实验性研究结果的可信度高，但由于在实际对人的研究中，很难进行完全的实验性研究，特别要达到随机分组比较困难，因此类实验性研究在护理研究中较为实用。

三、非实验性研究

非实验性研究是指研究过程中对研究对象不施加任何护理干预和处理的研究方法。非实验性研究的结果虽不能解释因果关系，但却是实验性研究的重要基础。

第三节　质性研究设计

一、质性研究中的常用研究方法

质性研究主要包括现象学研究法、根基理论研究法、人种学研究法等类别。

二、质性研究设计的特点

质性研究具有整体性，要求研究人员深入研究情景，设计具有灵活性，往往采取立意取样的方法选取研究对象，一般综合多种资料收集的方法，资料收集与资料分析是同步进行的，有一定的主观性。

第四节　抽样方法

一、基本概念

1. 总体

2. 样本

3. 抽样

二、概率抽样

1. 单纯随机抽样

2. 系统抽样

3. 分层抽样

4. 整群抽样

三、非概率抽样

1. 方便抽样

2. 定额抽样

3. 目的抽样

4. 滚雪球抽样

第五节　偏倚与控制

一、基本概念

1. 随机误差

2. 偏倚：即系统误差

二、偏倚的常见类型与控制方法

1. 选择性偏倚

2. 信息性偏倚

3. 混杂性偏倚

考核知识点及考核要求

一、概述

1. 识记：实验性研究、类实验性研究、非实验性研究的概念；自身对照、组间对照、配对对照的概念

2. 领会：护理研究设计中的基本概念；质性研究的3个主要类别

二、量性研究设计

1. 识记：量性研究的类型

2. 领会：实验性研究必备的3个基本内容；设对照组的目的；常用的设对照组的方法；实验性研究、类实验性研究和非实验性研究的优点和局限性不同类型量性研究设计中的注意事项

3. 综合应用：根据研究问题确定研究变量和研究方法

三、质性研究设计

1. 识记：质性研究的特点

2. 领会：质性研究常用的研究方法。

四、抽样方法

1. 识记：总体、样本、抽样、概率抽样、非概率抽样的概念

2. 领会：常用的概率抽样和非概率抽样的方法及其特点

3. 综合应用：根据文献实例判断出研究中所选用的具体抽样方法

五、偏倚与控制

1. 识记：随机误差和系统误差（偏倚）的概念；偏倚的主要类型；选择性偏倚、信息型偏倚和混杂性偏倚的概念

2. 领会：选择性偏倚、信息型偏倚和混杂性偏倚产生的主要原因及控制方法

第六章　资料收集的方法

学习目的和要求

通过本章学习，能理解资料收集方案的设计内容，熟悉常用资料收集的方法。

课程内容

第一节　概　述

一、设计收集资料的方案前应考虑的问题

1. 采用结构式还是非结构式方法收集资料

2. 采用定量还是定性方法收集资料

3. 资料是否要求严格的客观性

4. 是否存在霍桑效应的影响

二、收集资料方案的设计

1. 明确资料收集的目的

2. 选择资料收集的方法
3. 选择或编制研究工具
4. 预试验
5. 设计资料收集的形式和程序
6. 实施资料收集的方案

第二节　问卷调查法

一、量表

量表可包括以下几种方式：评定量表，Likert 量表，语义差异量表，视觉类似物量表。

二、自设问卷

三、问卷调查法收集资料的形式

问卷法包括邮寄问卷法，现场发放、收回问卷法，通过电话访谈完成问卷调查法 3 种。

四、问卷调查法的优缺点

第三节　访谈法

一、概述

二、常用类型

访谈法可分为结构式访谈、半结构式访谈和非结构式访谈 3 种类型。

三、访谈法的优缺点

第四节　观察法

一、观察法的分类

观察法按观察情形分类有自然观察法和标准情形观察法，按观察结果分有结构式观察法和非结构式观察法。

二、观察者与被观察者的关系

观察者在对研究对象进行观察时，两者之间的关系可分为 4 类：局外观察患者，参与性观察者，观察性参与者，完全参与者。

三、观察法的优缺点

第五节　测量法与档案记录法

一、测量法

二、档案记录收集法

考核知识点及考核要求

一、概述

1. 识记：收集资料方案设计的步骤
2. 领会：设计收集资料的方案前应考虑的问题

二、问卷调查法

1. 识记：量表的几种形式
2. 领会：自设问卷的基本过程及注意事项；国外量表的翻译和应用；问卷调查法收集

资料的形式及在使用中的注意事项；问卷调查法的优缺点

三、访谈法

1. 识记：访谈法的概念

2. 领会：访谈法使用时的注意事项；访谈法的类型及其特点；访谈法的优缺点

四、观察法

1. 识记：观察者与被观察者之间的观察类型

2. 领会：观察法的分类及其特点；有助于结构式观察法有效实施的主要措施；观察者与被观察者之间的不同关系类型的特点；观察法的优缺点

五、测量法与档案记录法

领会：测量法的特点及在护理研究中可测量的内容；常见的档案记录资料的类型及对护理研究的重要性；测量法及档案记录法的优缺点

第七章　研究工具性能的测定

学习目的和要求

通过本章的学习，考生应能够理解研究工具的信度和效度的概念；掌握对研究信度进行初步测定的方法；理解效度的多种表达形式；了解国外量表的翻译和应用过程的性能测定。

课程内容

第一节　研究工具的信度

一、概念

二、信度的测量方法

1. 重测信度

2. 折半信度、Cronbach'α 系数与 KR-20 值

3. 评定者间信度和复本信度

第二节　研究工具的效度

一、表面效度

二、内容效度

三、校标关联效度

四、结构效度

第三节　国外量表的翻译和应用过程的性能测定

一、翻译

二、回译

三、检测原量表与中文版量表之间的等同性

考核知识点及考核要求

一、研究工具的信度

1. 识记：信度的概念；信度的不同特征与测量方法

2. 领会：重测信度使用时的注意事项

3. 综合应用：根据所给数据计算研究工具的折半信度

二、研究工具的效度

1. 识记：效度的概念；效度的多种表达形式

2. 领会：内容效度的测评方法；信度和效度的关系

三、国外量表的翻译和应用过程的性能测定

领会：国外量表翻译和应用过程的性能测定

第八章　研究资料的分析方法

学习目的和要求

通过本章学习，理解统计学中的基本概念，区分研究资料的类型，并根据资料类型正确选择统计学分析指标或方法；了解各种统计学指标或方法的计算公式及其在SPSS统计分析软件中的运算过程以及质性研究资料的基本分析过程。

课程内容

第一节　概　述

一、统计学中的几个基本概念

统计学中的基本概念包括有变异，总体与样本，抽样误差，概率，假设检验。

二、资料的类型

根据资料的性质不同，可将其分为计量资料、计数资料、等级资料。

第二节　量性研究资料的统计学分析方法

一、计量资料的统计学分析方法

1. 统计描述：均数、中位数、标准差、四分位数间距等

2. 统计推断：

(1) 比较组间有无差异：单样本 t 检验；两独立样本 t 检验；配对 t 检验；单因素方差分析

(2) 分析两个变量之间的关联性：相关分析

二、计数资料的统计学分析方法

1. 统计描述：率、构成比、相对比

2. 统计推断：

(1) 比较组间有无差异：四格表 χ^2 检验；配对设计 χ^2 检验；行×列表 χ^2 检验

(2) 分析两个变量之间的关联性：计数资料的关联性分析

三、等级资料常用的统计学分析方法

1. 统计描述：构成比

2. 统计推断：

(1) 比较组间有无差异：秩和检验

(2) 分析两个变量之间的关联性：Spearman 相关分析

四、统计表和统计图

1. 统计表：结构、绘制要求、注意事项

2. 统计图：种类及适用情况、结构、绘制要求

第三节　质性研究资料的基本分析方法

一、质性研究资料分析的基本步骤

基本步骤包括：①将资料转录为文字；②反复阅读转录的文字资料；③设计分类纲要；④编码；⑤提炼主题。

二、各种质性研究法的资料分析过程

1. 现象学研究法

2. 根基理论研究法

3. 人种学研究法

附录四：SPSS统计分析软件的应用

包括数据文件的建立、数据文件的编辑（插入/删除变量、变量转换）以及各种统计学分析方法的运算过程。

考核知识点及考核要求

一、概述

1. 识记：变异、总体、样本、抽样误差的概念

2. 领会：①降低抽样误差的方法；②概率的含义；③假设检验的目的和基本步骤

3. 综合应用：区分资料的类型

二、量性研究资料的统计学分析方法

1. 识记：计量资料、计数资料常用的描述性统计指标和推断性统计方法；统计表和统计图的绘制要求。

2. 领会：各描述性统计指标、t 检验、χ^2 检验的适用条件；率和构成比的含义、应用相对指标的注意事项；各种统计图形的适用情况

3. 综合应用：根据资料的类型选择恰当的统计学分析方法（t 检验和 χ^2 检验）；绘制格式规范的统计表；根据资料特点选择恰当的统计图形

第九章　护理论文的撰写

学习目的和要求

通过本章学习，了解护理论文的种类；掌握各种论文的基本写作格式与要求；能够根据写作目的选用正确的格式。

课程内容

第一节　护理研究论文

一、概念

二、护理研究论文的特征

护理研究论文有以下特征：思想性；科学性；先进性；实用性；可读性

三、护理研究论文基本格式要求

1. 文题

2. 作者署名和单位

3. 摘要

4. 关键词

5. 正文

6. 参考文献

四、实例分析

第二节　护理个案论文

一、概念

二、护理个案论文的特征

三、护理个案研究的步骤

四、护理个案论文的基本格式要求

1. 序言

2. 对个案进行评估，提出研究问题

3. 护理效果

4. 评价效果

5. 参考文献

五、实例分析

第三节　护理经验论文

一、概念

二、护理经验论文的特征

护理经验论文的特征有：改变“以医代护”的旧模式；经验要具体、有的放矢、针对性强；边叙边议；撰写形式灵活。

三、护理经验论文的基本格式要求

1. 前言

2. 临床资料与方法

3. 结果/护理效果

4. 讨论与分析

四、实例分析

第四节　护理综述论文

一、概念

二、护理综述论文的特征

护理综述论文的特征有：信息性；新颖性；综合性；评述性；客观性。

三、综述论文的写作步骤

1. 选题

2. 收集资料

3. 整理资料

4. 撰写

四、护理综述论文的基本格式要求

1. 引言（前言）部分

2. 中心部分

3. 小结

4. 参考文献

考核知识点及考核要求

一、护理科研论文

1. 识记：护理科研论文的概念；科研论文的组成部分；正文的组成部分；摘要、关键词的概念；参考文献的撰写格式

2. 领会：护理科研论文的特征；文题书写的注意事项；作者署名和单位书写的注意事项；摘要、关键词书写的注意事项；前言、材料与方法、结果、讨论等部分的主要书写内容及注意事项

3. 综合应用：对不符合书写要求的论文题目进行修改；按照正确的格式进行参考文献的书写

二、护理个案论文

1. 识记：个案研究的概念和基本步骤；护理个案论文的书写格式

2. 领会：护理个案论文的基本特征；护理个案论文各组成部分的书写要求

三、护理经验论文

1. 识记：护理经验论文的概念和书写格式

2. 领会：护理经验论文的特征；护理经验论文各组成部分的书写要求

四、护理综述论文

1. 识记：护理综述论文的概念、写作步骤和基本格式

2. 领会：综述论文的基本特征；综述选题的来源；综述选题的注意事项；综述中应用文献的基本原则

Ⅲ 有关说明与实施要求

为使大纲在自学考试的个人自学、社会助学和命题考试的过程中起到其应有的作用，对有关问题作如下说明，并提出实施要求。

一、大纲的目的和作用

《护理学研究》自学考试大纲是根据护理专业自学考试计划的要求，结合自学考试的特点而确定。其目的是对个人自学、社会助学和课程考试命题进行指导和规定。

《护理学研究》自学考试大纲明确了课程学习的内容及深度广度，规定了《护理学研究》考试的范围和标准。因此，它是编写自学考试教材和辅导书的依据，是社会助学组织进行自学辅导的依据，是自学者学习教材、掌握课程内容知识范围和程度的依据，也是进行自学考试命题的依据。

二、大纲与教材的关系

大纲是学习与考核的依据，教材是学习掌握课程知识的基本内容的主要参考书，教材内容是大纲所规定的课程知识和内容的扩展和发挥。当教材内容与大纲要求有不一致时，以大纲规定为准。

三、关于自学教材

指定教材：《护理学研究》，全国高等教育自学考试指导委员会组编，刘华平主编，北京大学医学出版社，2009 年版。

四、关于自学方法的指导

本课程共 5 学分。课程内容主要包括护理研究的基本程序、常用的护理研究设计类型、资料收集的方法、资料的分析方法、护理论文的撰写知识等。在自学中除了要识记和领会基本概念、基本理论之外，还要结合实际工作情况应用所学知识尝试开展临床护理研究。自学者在学习该教材的同时可以多阅读期刊杂志中的有关研究论文，来加强考生对书本中理论知识的理解。特别是对于未在临床工作过的自学应考者，应在学习过程中主动观摩或参与临床工作，以便深刻理解各知识点在临床护理研究工作中的实际应用情况。

五、对社会助学的要求

在助学活动中，助学者应当依据大纲规定的考试内容和考核目标，认真学习和领会指定教材，并辅以科研实例，对应考者进行有效辅导，把握好助学方向。

助学者应当正确引导应考者处理好学习知识和提高能力之间的关系，使应考者能将知识转化为实际应用能力。

助学者应指导应考者系统全面地学习教材，掌握全部考试内容和考核知识点，在此基础上突出重点内容，切忌盲目猜题押题。

六、对考核内容和考核目标的说明

本课程要求应考者学习和掌握的知识点内容都作为考核的内容。课程中各章的内容均由若干知识点组成，在自学考试中成为考核知识点。因此，课程大纲中所规定的考试内容是分解为考核知识点给出的。由于各知识点在课程中的地位、作用依据知识自身的特点不同，自学考试将对各知识点分别按3个认知（或叫能力）层次确定其考核要求。

3个能力层次从低到高用教育测量学的语言表述依次是：识记、领会、简单应用及综合应用。

识记：要求应考者能够对大纲中的知识点，如定义、公式、性质、法则等有清晰准确的认识，并能够做出正确的判断和选择。

领会：要求应考者能够对大纲中的概念、法则、性质、要求、注意事项等有一定的理解，清楚它与有关知识点的联系与区别，并能够做出正确的表述与解释。

简单应用：要求应考者能够运用本大纲中各部分的少数几个知识点，解决简单的计算或应用问题。

综合应用：要求应考者在对大纲中的概念、公式、法则、性质、要求、注意事项等熟悉和理解的基础上，分析、计算或解决比较复杂的一些问题。

七、关于考试命题的若干规定

1. 本考试为闭卷考试，考试时间为150分钟。试卷采用的题型包括：单项选择题、多项选择题、名词解释题、简答题、应用题等。各种题型的具体形式可参见本大纲附录。

2. 本大纲各章节所规定的基本要求、知识点及其细目都属于考核内容。考试命题既要覆盖到章，又要避免面面俱到。要注意突出课程的重点、章节的重点，加大重点内容的覆盖度。

3. 命题不应有超出大纲中考核知识点范围的题，考核目标不得高于大纲中所规定的相应的最高能力层次。命题着重考核自学者对基本概念、基本知识和基本理论是否了解或掌握，基本方法是否会使用或熟练掌握。

4. 本课程在试卷中对不同能力层次要求的分数比例大约为：识记占30%，领会占30%，简单应用占20%，综合应用占20%。

5. 试题的难度可以分为：易、较易、较难和难4个等级。每份试卷中不同难度试题的分数比例一般为2∶3∶3∶2。需要注意的是，难度与能力层次并不存在对应关系。每个能力层次对于不同的考生都存在不同的难度。

附　录

题型举例

一、单项选择题（下列4个备选答案中只有1个是正确的，请选出并将其代码写在题后面的括号里，多选、错选均不得分）

1. 属于三次文献类型的是　（　）

   A. 期刊论文

   B. 文摘

   C. 综述

   D. 学位论文

2. Cronbach's 系数可用于反映研究工具的特征是　（　）

   A. 研究工具的稳定性

   B. 研究工具的等同性

   C. 研究工具的表面效度

   D. 研究工具的内在一致性

二、多项选择题（下列5个备选答案中至少有2个是正确的，请选出并将其代码写在题后面的括号里，多选、少选、错选、未选均不得分）

1. 研究问题的来源有　（　）

   A. 临床实践经验

   B. 科研文献的审慎评价

   C. 验证理论

   D. 弥补文献缺陷

   E. 个人兴趣

2. 实验性研究必须具备的内容包括　（　）

   A. 干预

   B. 观察法

   C. 设立对照

   D. 随机化

   E. 问卷调查

三、名词解释题

1. 效度

2. 文献检索

四、简答题

1. 简述护理研究的基本步骤和内容。

2. 计量资料常用的统计学分析方法有哪些？

五、应用题

1. 请参照参考文献书写格式完成下列文献的正确书写：

查阅中华护理杂志2006年，第41卷，第9期，798～799页，由陈进文、王跃军、陈幻、王其燕、何芳、裴连花发表的文章，题为“67例电视胸腔镜下手术治疗先天性心脏病的围术期护理”。

2. 请指出在“体重与血压关系的探讨”研究中，自变量、依变量和可能的外变量分别有哪些？

大纲后记

《护理学研究自学考试大纲》是根据全国高等教育自学考试护理学专业（独立本科段）考试计划的要求，由全国高等教育自学考试指导委员会医药学类专业委员会组织编写。2009年4月医药学类专业委员会组织审稿。

北京协和医学院护理学院刘华平教授担任本大纲主编，北京协和医学院护理学院马伟光助教、赵雁讲师，北京大学医学部护理学院陆虹副教授、刘宇副教授、王志稳讲师参加了部分编写，最后由刘华平教授统稿。

北京大学医学部护理学院肖顺贞教授担任本大纲的主审，北京大学医学部公共卫生学院康晓平教授、首都医科大学护理学院李淑迦教授参审，并提出了改进意见。

大纲编审人员付出了辛勤劳动，特此表示感谢。

全国高等教育自学考试指导委员会
医药学类专业委员会
2009年4月

目　录

第一章 绪 论

护理学是一个科学性很强的专业，需要通过大量的研究工作及研究成果的推广与应用来促进自身的发展，完善其独特的理论体系。运用科学的方法进行研究，可以使护理人员更好地发现和解决护理工作中存在的问题，进一步提高护理工作质量。同时，护理研究的开展还可以使护理学科与其他学科的发展相并行，从而保持护理学专业的独立性和科学性的特征。

第一节 概 述

一、基本概念

1. 科学和研究的基本概念　科学与研究两个概念常被混用，但两者的基本内涵并不相同。科学（science）是由拉丁文 scientia 而来，意指“探讨自然现象和其间关系的知识体系”，实际上科学是运用范畴、定理、定律等思维形式反映现实世界各种现象的本质和规律的知识体系。研究（research）的英文单词由两个音节组成，即 re 与 search，意思是再一次、重新或一再检查、试验或探究。故研究是通过系统地、有控制地收集资料、反复地探索未知、客观地认识各种自然现象和社会现象的活动，是一种有系统地探索和解决问题的活动，并能从中获得客观规律和产生新知识，进而阐明实践与理论间的关系。

研究是对未知事物的认识过程，即从感性认识到理性认识的思维过程。科学精神最根本的一条就是实事求是。因此，科学研究应遵循的基本原则是：①客观性原则，即坚持认为合理的、可接受的科学研究结果应当是与主体无关的，与研究者自身的信念、情绪如何无关。如果某一研究结果依赖于研究者，则可以说这一结果是非科学的。②实验原则，近代科学常被称为实验科学，因为实验是近代科学研究的一个主要特征。所谓实验，是指用物质的手段来主动控制和改造研究对象，从而获得有关研究对象的本质规律的知识。它与消极地被动观察研究对象相比，可以揭示许多自然状况下难以发现的规律和联系，极大地促进了科学的发展。③可重复性原则，为了保证科学事实的可靠性，防止错误，科学研究强调科学事实的认定必须遵循可重复性原则。即只有在不同研究者、不同实验室、不同时间和地点都能重复验证的事实，才可以认定为科学事实。这一原则为科学知识的可靠性提供了筛选机制，意义很大。

研究着重一般共性问题，而不是个别现象：如研究胸部术后如何指导患者做深呼吸和咳嗽，有助于患者康复的研究结果，可用于所有该类术后患者。研究探讨事物因果关系：研究是建立新理论、发明新技术等一系列创新过程，如探索恢复患者健康的各种功能，促进疾病向健康转化，最终达到预防和治疗疾病，增进人类健康的目的。

因此，研究工作具有探索性、创造性和连续性，研究以系统的科学方法来探索和了解事物的现象为目的，其结果可表现3个方面的内容：①描述事物的现状。②发现事物的内在联系和本质规律。③引出定律或产生理论。总之，开展研究就是从工作实践中发现需要解决的问题，然后通过系统的方法研究和评价问题，得出结果再用以指导实践的过程。

根据研究工作的目的、任务和方法不同，研究通常划分为几种类型。

（1）基础研究：是以研究自然现象、探索自然规律为目的，旨在增加新知识、发现新的探索领域，为新的技术发明和创造提供理论前提。这类研究不涉及具体的实际社会或生产应用目的，或是只有对远景的应用设想。是通过研究对所涉及的研究对象提出新的系统的规律性认识，达到创立、提出或验证、完善某种假设或理论、定律等的目的。

（2）应用研究：是把基础研究发现的新的理论应用于特定的目标的研究，它是基础研究的继续，目的在于为基础研究的成果开辟具体的应用途径，使之转化为实用技术。所以应用研究是运用并扩展已有的科学技术知识，确定某些基础研究成果可能的应用途径，或者为达到预定标准提供新的解释、方法、技术途径或技术方案。应用研究的结果常常成为新的技术发明或技术革新的基础或雏形。应用研究是科学研究结果转化为实际生产能力的重要途径。

（3）开发研究：又称发展研究，是把基础研究、应用研究的成果发展为新材料、新产品、新设计、新方法，或者对现有的材料、设备、方法进行本质上的、原理上的改善而进行的系统创造性活动。开发研究是把研究成果转向生产的桥梁，是科学转化为生产力的中心环节。

基础研究、应用研究、开发研究是整个研究系统中三个互相联系的环节，它们在一个国家、一个专业领域的研究体系中协调一致地发展。研究应具备一定的条件，如需有一支合理的科技队伍，必要的科研经费，完善的科研技术装备，以及科技试验场所等。

2. 护理学和护理研究的概念　护理学在整个生命科学中占有重要的地位，也是医学科学的重要组成部分。护理学是医学领域中一门独立的学科。学科是指科学性很强的专业，因此护理学需要通过大量的研究工作来促进自身的发展，完善自我系统的理论体系，形成严密逻辑结构的独立学说和理论。没有研究的专业是没有生命力的。

护理学应有其明确的研究目标和领域，在卫生保健事业中与医疗有着同等重要的地位，护士与医师是在共同担负着维持生命、减轻患者痛苦和促进健康的任务。有关护理的定义，中外专家都提出过许多看法。如美国护士协会（ANA）曾对护理定义为：护理是诊断和治疗人类对存在的或潜在的健康问题的反应。日本护理协会对护理的定义是：以健康为准则，给予人们援助，使之能维持正常的生活。此处援助是指一旦出现危害健康的情况，通过护理帮助患者恢复到健康状态。概括地说，护理的含义就是通过护理工作使患者处于最佳状态，为患者恢复健康提供理想的环境和支持，使患者尽可能地减少痛苦、感到舒适。护理学是具有很强科学性的专业，需要在充分的理论和知识的指导下进行工作。如注射需要有无菌的知识；健康教育、出院指导需要疾病的知识；指导患者服药需要药理学的知识等。因此通过不断地学习和研究来提高护理学科水平，这也是每一位护士的职责。

护理研究是指通过科学的方法有系统地探究现存的或产生新的知识从而以直接或间接地指导护理实践的活动过程。护理研究的目的是验证护理理论、发现新的知识、解决工作中的问题、评价护理措施，并通过研究改进护理工作和提高护理工作质量使患者得到更安全有效的护理。国际护士会（ICN）将护理研究定义为以形成和完善具有精确方法的新知识为目的的一种系统的探讨。美国护士会（ANA）对护理研究的定义是验证和改进现有知识，产生新知识、直接或间接影响护理实践的科学过程。我国常用的定义是用科学的方法反复探索护理领域的问题，并用以直接或间接地指导护理实践的过程。

护理研究将理论、教育和实践联系在一起。在护理研究过程中应考虑到：

（1）研究对象的复杂性：护理研究对象多数是患者，人的个体差异大，除了在形态、生理等生物属性方面存在差异外，还有语言、文化等方面的差异，这些因素都会增加研究的复杂性。因此在研究过程中，要充分考虑研究对象的生理、心理、社会、环境等因素的影响，使获得的信息更接近真实，减少误差。

（2）测量指标的不稳定性：由于研究个体在生理、心理、社会、环境等多方面存在差异，故测量质变的结果变异性大，离散度大，特别是有些指标（观察项目）不能直接获得资料，需要采用间接方法，则更增加误差。所以研究开始前要通过严谨的设计，并注意进行精细的观察和测量，正确处理数据和科学的综合分析，才能得到较准确和客观的结果。

（3）临床研究的特殊性：护理研究多为应用研究，研究对象多数是患者，在患者身上进行研究需特别注意研究工作不应对患者身心带来不良影响，不能增加患者的痛苦，也不能延误患者的治疗或促使病情发展，同时也不能增加患者的经济负担等，这是临床研究的道德和伦理所要求的。故护理研究者对待研究工作必须持有严谨的科学的态度并严格遵守伦理准则。

二、护理研究的范畴

护理研究可分为基础性研究和应用性研究，目前大部分护理研究内容着重应用性研究。一般只要在护理职责范围内的同人的生物属性和社会属性有关的健康问题以及护理专业自身发展有关的问题，都属于护理研究的范畴，常见的有以下几方面：

1. 护理教育的研究　护理教育方面的研究（nursing education research）是护理研究最早选择的课题，大多研究的内容有护理教学的课程设置、教学方法、评价教学的方法及护士在职教育、继续教育等方面的问题。随着改革开放的形势，护理教育必须进行必要的改革，使教学课程更好地适应现代护理学的发展和临床护理工作的需要，由此进行了大量的课程设置改革、培养模式的完善、不同层次培养目标的确立、中外护理教育比较、各种教学方法的探讨等。

2. 护理管理的研究　护理管理研究（nursing administration research）探讨有关护理行政管理、领导方式、护理人员合理配置和人才流动、工作考核和护理质量控制等方面的问题，也探讨护理人员自身的发展、如何提高护理人员的业务和心理素质、护理人员继续教育的方法和途径、护理人员工作满意度等。

3. 护理学历史的研究　护理学历史研究（research of nursing history）着重有关护理学起源、变化及发展方向等内容，如我国护理的发展史、我国护理教育的发展史、我国重症监护护理发展史等。

4. 护理理论研究　护理理论研究（research of nursing theories and philosophy）是和发展有关的护理哲理和各种护理模式及理论方面的课题。国外发达国家进行护理理论的研究较多，我国还处于起步阶段。

5. 各专科临床护理研究　各专科临床护理研究（nursing practice research）包括对各专科的护理技术、特护措施、护患关系，应用新理论、新技术、新仪器等方面的研究，对针对性地直接或间接提高患者护理工作质量具有实际意义。其他如评价或比较几种护理措施、探讨护理措施的优缺点和临床效果，老年患者护理和社区护理方面，都是护理研究范畴中经常考虑的问题。随着护士职责的拓宽，各专科护理研究的范畴会越来越广。

6. 其他　护理研究除研究护理教育、护理管理、临床护理等方面的课题外，还进行研究方法学和测量工具的相关研究，如发展量表的研究。

三、护理研究的意义

医疗卫生环境正经历着前所未有的变化，空前的护理知识爆炸引领着护理实践的不断发展。护理工作人员正面临着发展中的各种挑战，如寻求解决新旧健康问题的新方法，保持和促进人类健康，进一步提高护理质量等。最佳的应对方式就是综合运用各种影响健康的生物、行为以及环境学循证知识为护理实践服务。护理研究为我们提供一个专业化的发展科学知识和解决问题的基础，使得护理工作人员能够预期和应对这些不断变化的挑战，并使护理工作能满足医学和社会发展的需要。

循证护理实践就是自觉地、合理地应用目前最佳的证据来提供护理服务。通过研究应用的尝试，从研究中获得的知识通过转化被应用到临床实践，并在循证护理实践中达到升华。尽管某项护理研究的结果确有可能被应用到护理临床实践中，但医院的政策不会因为一项研究结果而发生改变。这就需要对这项研究进行重复性验证，经过长期的系统评估，从而为实践应用提供足够的理论基础。

美国护士协会护理研究委员会已经意识到科研能力在所有层次的护理专业人员中都是必需的，认为所有护士都有责任进行护理研究或将研究结果应用到实践过程中来促进护理学科的发展。科学的研究增强责任感，而责任感是护理专业的标志特点之一，也是美国护士协会对护士的基本要求之一。目前已经达成统一共识即本科毕业生进行科研活动时需要具备批判性思维的能力。也就是说，护士应该是知识广博的科研评价者，可以评论研究并使用现存的标准对研究的价值以及用于临床实践的可能性进行判断。我国护理界也逐步认识到护理研究的重要性，在护理高等教育中也设置了护理研究课程并对护士学生进行科研训练，护理学会及各相关机构也针对临床护士进行各种护理研究的培训。

第二节　护理研究的发展概况

一、国外概况

第一位从事护理学研究的学者是现代护理学的创始人南丁格尔女士（1820～1910）。在1854年，英、法、俄三国之间爆发克里米亚战争时，南丁格尔女士在军队中服务，她从患者身体舒适和心理安慰等方面着手，改善患者的居住条件，使病房通风、清洁、明亮，并增加对患者的感激和赞赏。在南丁格尔女士的努力下，伤病员死亡率从43%下降到2%。当时南丁格尔女士主要通过观察和记录所看到的现象，作为改善护理工作的依据，并写出了控制医院内的感染的第一篇研究报告，这就是护理学研究的开始。1860年在伦敦圣托马斯医院（St. Thomas Hospital）建立了第一所南丁格尔护士学校，开始有系统地进行护理教育，对护理事业的发展起了重要作用。

19世纪中叶，南丁格尔的理论和实践为护理作为一门正式学科奠定了基础。她提出了护理学研究的重点内容，其中促进健康、预防疾病、照顾患者是她理论体系的核心内容，这在目前的护理学中仍然是研究的重点。南丁格尔认为系统地收集和分析资料，是护理学必不可少的内容。在克里米亚战争期间，她对英国战士健康状态的资料的收集和分析，促进了对健康和护理一系列的变革。南丁格尔同时在笔记中提到对于护理和医疗保健效果的记录的必要性。她还精通于统计学和流行病学。南丁格尔认为：统计学是对历史的反映，而历史则是动态中的统计学。除了南丁格尔的工作，护理学发展早期几乎没有科研，因为护士学校刚刚开始建立，且它们的教育能力是不均衡的，护理领导艺术也刚开始萌芽。

护理学研究的发展主要从20世纪初美国护理教育方面的领导者开始，如1906年M. A. Nutting发表了1份护理教育调查报告。此后相继有许多医学专家和护理学者开展了护理方面的研究工作，取得很大成绩。护理研究的发展过程经历了很多变革，19世纪晚期到整个20世纪为护理研究的成熟奠定了基础。从的护理学杂志的回顾中，我们就可以看到护理研究者们付出的努力。

国外护理研究的发展以美国为例可分以下几个阶段。

1. 20世纪20年代初期　早期的护理研究大多是关于护理教育方面，侧重如何加强护理教育。早期护理教育的研究工作内容主要为护理教育改革目的而收集资料，把护理发展成为一个切实可行的职业。1923年美国护理学和护理教育一项里程碑的研究，即Goldmark报告。这份报告提出了当时护理教育的多种缺陷，以及各种水平的护理学教育所产生的截然不同的结果。这份报告是使美国护理教育转到大学中进行的基础。这个研究和20世纪上半时期的其他研究都提出建议重组护理教育，并且最重要的是把护理教育放到大学环境中去。其研究成果促成1923年耶鲁大学成立护理系并于1929年建立硕士培养点。1923年哥伦比亚大学师范学院开始为护士设立授予教育学博士的培养课程。20世纪20年代开始了最早的护理研究课程的设立和发展，鼓励学生对护理的所有方面提出质疑，并在临床护理具体问题上进行实验。也是在这个时期，《美国护理杂志》出现了个案病历研究。个案病例作为护理教学工具，并作为患者病情进展的记录。1932年美国护士学校联盟鼓励通过研究来改进护理教育和实践。

这一阶段的护理研究虽然主要集中在护理教育领域，但一些以患者和技术为中心的研究开始出现。临床护理研究方面重点在改进护理工作的程序和各项工作之间的分配问题。如1922年纽约医学院对其附属医院的护理工作的研究题目《时间的研究》(*Time Study*)，结果发现医师开处方过多，必须增加护理人员才能有效执行。1932年Ryan和Miller发表有关体温计的研究（A Thermometer Study），1938年Wheeler发表有关结核病的护理研究（A Study of Tuberculosis Nursing Care）等。

2. 20世纪40年代　此期研究重点仍在护理教育方面，然而研究内容和水平都有了很大发展，结合临床探讨对护理人员合理安排、医院环境的问题、护理功能、护士的角色、在职教育、护患关系等方面的问题。如1948年E. L. Brown发表论文《护理的未来》(*Nursing for the Future*）和《护理职业的程序》(*A Program for the Nursing Profession*)。

社会的变革和第二次世界大战影响了护理学的所有方面，包括护理研究。在此期间急需更多的护士，住院人数增多以及军事需要加重了护理人员的短缺。美国陆军护理机构为护士提供帮助，并为战后护理教育的计划提供了有用的信息。在战争期间，护理研究调查集中在医院环境、护理状况、护理教育和护士短缺方面。

战后，护理学像世界其他所有行业一样，开始重新评估自身及其目标。1948年，Brown的报告再次强调了护理教育的不统一性，以及在大学中设立护理专业的必要性，并提出了教授最新的护理临床实践内容。这份报告引出了许多对护理角色、需要和资源的研究。

3．20世纪50年代　1950年后是护理研究快速发展时期，为当今护理研究水平奠定了基础。如1952年美国《护理研究》（*Nursing Research*）杂志创刊，促进了护理研究成果的发表。这是第一家致力于促进护理研究的杂志。同时开设本科和研究生教育的护理院校数量增多，并开设护理研究方法的课程，1953年美国哥伦比亚大学师范学院首先开办“护理教育研究所”，1955年美国护士协会成立了美国护士基金会（American Nurse's Foundation），基金会接受并颁发护理研究经费，促进了护理研究工作的蓬勃发展。1956年，成立了护理研究委员会来指导美国护士会的研究。在此期间内研究重点除了护理队伍本身如护士的职责、护理的概念、理想的护士特性等一些概念性问题外，还重点研究护理实践方面的课题，如患者分类系统、护理人员配置模式、患者满意度等。

20世纪50年代中期，美国护士会和美国护士基金会开始为护理研究提供资助。美国护士协会委员会负责计划、促进和引导同协会职能相关的研究，并为美国护士协会收集和统一护理人员相关信息。整个20世纪50年代，护理研究内容主要关于护理人员和护校学生的性格特点、护理服务的供应、组织和分布，以及工作满意度。

1957年，第一个护理研究机构在沃尔特里德陆军研究所成立。尽管在此期间的研究集中于护士以及她们的性格特征方面，但联邦政府为心理护理和母婴保健领域提供资助，以发展护理内容和硕士、博士护理教育，同时提供资助研究精神病院的社会背景及其对护患关系的影响，以及护士对单身母亲的影响。

护理研究在50年代后期更偏重临床护理实践的各专科领域，如社区保健、精神卫生、内外科、儿科、产科和护理实践标准等。

4．20世纪60～90年代　由于各医学院校护理系陆续开办护理研究所，使护理研究论文大增，并发表了不少护理硕士、博士论文，提高了研究水平，尤其是各大学高等护理教育增设了护理研究设计或护理研究概论的课程，使更多的护理工作者具备了护理研究的知识和能力，为从事研究工作打下基础。1960年后护理教育方面的研究重点在比较不同学制的护理教育，护理研究注意与护理概念、模式和护理理论结合起来，大多是选择临床护理问题和改进护理方法等研究，并认识到要想提高护理研究水平，必须加强和提高护理教育水平。70年代成果最多，同时出现了更多的护理杂志，如《护理科学进展》（*Advance in Nursing Science*），《西部护理研究杂志》（*Western Journal of Nursing Research*）等。到1980年美国已有100多所护理学院培养护理硕士生，20多所学院培养护理博士生。1998年报道美国已有276所护理硕士研究生院，60所护理博士研究生院，护理博士研究生和护理大学教师及护理博士后研究生主要承担国家护理研究项目。美国护理的发展和领先与重视护理研究和高等教育是分不开的。

护士虽然在校期间获得了科研设计和方法学的知识，为科研教学和进行研究过程做准备，但仍不具备独立开展研究的条件，因此这个时期，许多研究是同来自社会科学和医学的研究者共同合作的（如心理学、教育学、社会学），而今护理除与他人合作外，在很多方面已可进行独立的研究。护理研究很少的另一个原因是拥有本科及以上学历的护士仅有很少数人。1960 年，美国执业护士拥有硕士学位者不到 2%，而本科学士学位者不到 7%。20 世纪 60 年代期间，护理研究仍旧以护士和护理学为研究对象的同时，已有先驱者们开始发展护理理论及护理模式，同时呼吁在护理理论基础上发展护理实践。这些理论早期的发展，激发了护士以一个更客观的方式来思考护理实践。该年代发表的一篇护理研究综述显示：临床护理研究开始占主导地位。这些研究调查了一系列临床护理案例，如：感染控制、酒精中毒、感觉剥夺等。这些研究促进了完全由护士管理的保健机构的产生。为促进护理研究的发展，波士顿大学 Mugar 图书馆在 60 年代组建了专门的护理档案栏，由此也可以看出护理学历史的丰富。在 20 世纪 50 年代和 60 年代，研究热点也开始转向临床实践为中心的研究。

1970 年，护理研究和护理教育的全国委员会发表了一篇报告，即 lysaught 报告。这份报告在美国护士协会、美国护理联盟和其他私人基金会的支持下进行的，目的为调查护理实践和护理教育。结论表明：更多的临床实践和教育为方向的研究是必不可少的，而且研究的结果必须应用到改进护理教育机构和护理课程中。临床实践方面研究的需要也成为现实。70 年代期间，护理硕士和博士水平的教育项目也有了新的增加。这些教育项目不仅支持护士学习科研过程，同时支持进行可以用来提高护理质量的研究。

20 世纪 80 年代是护理研究令人激动、多产的时期。这个阶段高水平的护理教育进一步增加，尤其是博士教育。到 1989 年，超过 5000 名护士拿到了护理博士学位。进一步培训项目增多的同时，联邦政府不仅对大学里的研究的资助和支持增加，同时在临床环境的资助和支持也增多。

20 世纪 90 年代是美国护理科学的“成熟期”。1993 年，美国国家护理研究所诞生，该机构帮助护理研究进入了医学领域研究的主流，使护理研究经费的投入大大增加。同时，护理期刊的数量也在这一阶段有了较大幅度增长。

5. 21 世纪　21 世纪护理的目标是发展科学知识使护士能够开展以循证为基础的护理实践。美国国家护理研究所公布的护理研究的重点（NINR，2006～2010）是：①促进健康预防疾病（Promoting Health and Preventing Disease）。②改善生活质量（Improving Quality of Life）。③减少健康状况差异（Eliminating Health Disparities）。④建立临终研究的方向（Setting Directions for End-of-Life Research）。目前护理研究更强调循证护理、多学科合作、护理结局（Outcome）、质性研究增加、成本效益，研究不断深入。

二、国内概况

我国由于高等护理教育中断时间较长，1992 年才开始研究生教育，故护理研究起步较晚，发展较慢，尚属薄弱环节。然而在临床实践过程中，不少护理前辈们通过经验总结，不断探索前进，为我国的护理研究奠定了基础。中华护理学会（以下简称学会）作为护理科技工作者的学术性群众团体，不仅在我国护理学科体系的发展、护理培训和护理对外交流与合作方面做出了大量的贡献，也在我国护理研究发展中发挥了重要作用，尤其是召开理事会和创办护理方面杂志，有力地推动了护理研究发展。

中华护理学会（原名中国护士会）于 1909 年 8 月在江西牯岭成立。1918 年第四届理事会在福州召开，首次交流护士学术文章，交流的文章主要有：《伦理学是一门重要课程》、《如何培养好护士护理患者》等，将伦理学列入护士学校的必修课程。1920 年 1 月出版中国第一本护理专业刊物《护士季报》（中英文对照），报道各医院护理工作及护理教育情况，各专科护理技术及会务消息。1922 年，中华护士会加入了国际护士会，为中国护理研究的发展起到了重要的推动作用，更加促进了我国护理研究同国际间的学术交流。1923 年 10 月起，《护士季报》改名《中华护士季报》。1920～1949 年共出版 25 卷（每卷 4 期），在此期间，学会还翻译出版“教学大纲”及各科护理教材等。1954 年 5 月创刊《护理杂志》，开始为季刊，随着护理事业的发展，《护理杂志》来稿量逐年增多，于 1957 年改为双月刊，每期刊稿量增加到 25 篇。同时学会还出版了一些护理教材和学习参考资料。

《护理杂志》自 1954 年创刊以来，至今已有 50 多年的历史，该杂志是在新中国成立后，护理专业随着全国卫生事业的振兴而创刊的，其中所刊出的文章，记载了我国几代护理工作者的研究成果。创刊初期，由于当时新中国还处于百废待兴的状况，护理工作者撰写论文的知识和经验还很缺乏，因此稿源不多，每期刊登约 20 篇文章。文章内容除学术性的疾病护理与技术操作经验外，还着重报道党和国家的方针政策，当然，也不可避免地留有多次政治运动的痕迹。尽管如此，《护理杂志》也真实地记载了护士的呼声，验证了护理是一门专业的真理。

其中第 36 届“弗罗伦斯·南丁格尔”奖获得者黎秀芳在抢救伤员过程中，凭着强烈的革命责任感，开始了彻底改变护理工作流程的思索。她和当时的护理部主任张开秀一起，反复探讨，及时总结经验和教训，最终提出了“三级护理”、“三查七对”以及“对抄勾对”等一系列护理方法和操作制度，从而使我国临床护理工作走向规范化和制度化轨道。实践证明，这三项制度是中国现代科学护理的一次革命，它实现了中国护理事业质的飞跃。1955 年《护理杂志》第 2 期发表了黎秀芳、张开秀《三级护理》一文，引起了国内护理界的关注，三级护理等制度很快在全国得到推广，1957 年在《苏联护士杂志》转载此文，并引起了全世界的轰动。经过了半个世纪的考验，这套制度仍然普遍适用于临床。黎秀芳相继参与编著了《医院护理技术管理》、《战伤救护》、《医疗护理技术操作常规》、《军队医院管理》等 7 部著作。

1960 年 9 月至 1977 年期间，各种综合因素使得《护理杂志》先后两次被迫停刊，于 1981 年正式更名为《中华护理杂志》，一直沿用至今。复刊后，为适应护理教育、护理管理和临床护理的快速发展，杂志新开设了护理管理、护理教育、讲座、综述、专科护理、国外护理等 20 余个栏目，此时刊出的护理文章涉及面较广，如 80 年代初的断肢再植护理、大面积烧伤护理、心脏瓣膜修补护理，以及其后的多种脏器移植护理，我国特有的中医护理和中西医结合护理等。与此同时，杂志发表的文章在性质上也有了显著变化。80 年代之前的文章多是回顾性、总结性的，而 90 年代后的文章则在向前瞻性、“科研式”的方向转变，这充分体现出，自从开展高等护理教育和继续护理教育之后，护士的整体素质得到了提高，也使得护理研究论文的水平有了质的飞跃。

1978 年至今，是中华护理学会建会以来，组织发展最快、学术活动最活跃的新时期。每届学会在学科建设、学术交流、编辑出版、科普宣传等方面均稳步推进各项工作，而且大胆探索，积极创新，走出了一条快速发展之路。1978～1983 年，中华护理学会共组织召开全国性学术会议 12 次，共征集论文 4500 余篇。1983 年后，护理研究选题范围开始着眼于近年发展较快及以往未加重视的薄弱环节，如精神病护理、老年病护理、围生期护理、中医辨证施护等。为提高护士的写作水平，普及写作知识，在提高学术水平的同时，注重加强论文写作能力的培养，除专题讲授写作基础知识外，还结合会议交流论文的写作质量和方法进行分析指导，收效较好，有效地促进了我国护理研究的发展。

1985 年后一些新的杂志陆续创刊，如《实用护理杂志》、《护士进修杂志》和《护理学杂志》等刊物。我国台湾除在50年代创办《护理杂志》外，1992年又创办《护理研究》杂志，以促进护理研究论文的发表和交流。从1985年至1995年10年间，护理刊物已发展10余种，由此看出，护理研究的高潮是在近10年之间，这种高潮的兴起，与恢复和发展高等护理教育，培养一批批人才分不开。1983年后我国陆续在全国12所高等院校成立护理系，护理研究课程已逐步纳入教学计划，成为必修课，1998年还出版了护理研究课程的统编教材，并在护理学院本科毕业班开设专题培训内容，对提高护理专业学生的科研和书写论文能力方面打下良好基础。1992年以来在部分护理系创立护理硕士学位教育，2004年以来创立了博士培养点，培养出更高层次的护理研究人才。近几年来中华护理学会、卫生部护理中心、中华护理杂志社、实用护理杂志社及全国各省市护理学会都相继举办了多种形式的护理论文交流和论文写作讲习班，反映了我国护理研究工作动态及护士队伍对科研工作的热情和积极参与，说明我国护理研究工作已有较好的发展，广大护士科研意识在不断提高。

中华护理学会第21届理事会于1993年在北京召开首届护理科技进步奖颁奖暨成果报告会，并宣布"护理科技进步奖评选标准"及每两年评选一次的决定。迄今为止已经举行了8届，获奖的研究内容丰富，贴近临床实践及护理教育，紧跟时代发展。中华护理学会第25届理事会在原"护理科技进步奖"的基础上，根据科技部《社会力量设立科学技术奖管理办法》的文件精神，组织专家制定了《中华护理学会科技奖》和《中华护理学会科技奖奖励方法实施细则》。2008年5月12日，中华护理学会第25届常务理事会第2次会议审议通过后上报中国科技部。2009年3月6日，中华人民共和国科技部批准为"中华护理学会科技奖"。此奖项是中国护理学科的最高奖。通过护理科技进步奖（现更名为中华护理学会科技奖）评选活动可以看出，随着高等护理教育的恢复和发展，以及多层次护理教育的开展，护理研究已取得较大的进步并取得初步成果，护理人员的科研能力和学术水平都在不断提高，护理管理人员对科研工作的组织管理正逐步加强。护理研究也推动了护理学科的蓬勃发展，使得护理得到了越来越多的认可和支持。

在护理学的研究上，除获得护理科技进步奖的护理工作者外，工作在临床一线的许多护士都在自己的岗位上认真地、从未间断过研究工作。中华护理学会作为中国护理界的学术团体在支持护理研究和推广研究成果方面起到了积极促进。然而，值得提出的是，由于我国幅员辽阔，各地区及各级医院发展不平衡，在一些大医院里，院领导重视支持、护理部科研管理好、护士学历层次高的单位，对护理研究有明确的激励机制，科研成果较为突出，而在有些医院护理研究却得不到应有的重视。对于这种发展不平衡的现象存在，值得护理管理者研究，如何从本地区本单位的具体条件出发，为护理人员创造开展护理研究的条件，从而将护理研究工作在全国普遍展开。

目前我国护理研究内容比较广泛，涉及护理教育、护理管理、护理实践等多方面，包括基础护理、临床各专科护理、心理护理、社区、课程设置改革、护理质量、护理人力配置、护理分级等。

综上所述，国内外护理研究工作已有很大进展，但尚不能适应现代医学知识迅猛发展的形势。因此，加强护理研究，促进护理学科发展，已是不可忽视的重要问题。

三、护理研究的发展趋势

护理学作为一门专业应有自己的知识体系、职责范围和伦理道德要求，并在护理实践中不断得到完善。与其他科学一样，护理学科中也存在着许多需要解决的问题，通过有系统的研究和评价护理问题，从而改进护理工作，提高对患者的护理水平。随着现代护理学的发展，很多护理理论已经应用到护理实践中，如运用 Orem 自理模式观念，护理工作内容就是要根据患者自理能力的缺陷来给予针对性地补偿，而不能只简单地规定每周为患者洗几次脚来作为评价工作好坏的标准。随着医学科学的发展，人的生存环境和需求在不断改变，护理研究领域和方法也随之变化和发展。

1. 研究领域的不断扩大　凡与护理工作有关的问题都应属于护理研究的范畴。如评价或比较几种护理方法、探讨护理措施的优缺点和临床效应等，都是目前护理研究中常选择的课题。近年来选题也注意结合心理和社会内容进行探讨，并注意开展多学科的综合研究和跨学科的合作研究。随着医学科学技术的发展，护理研究范围逐渐扩大，选题也要密切注意现实发展的需求。研究者要注重时代的发展、现在和未来临床护理工作的重点，使研究课题能与客观发展相配合，则其研究结果的应用和价值将会更有意义。护理研究范畴应向多元化发展，不但研究护理专科技术知识、护理教育或管理等问题，还要向跨地区、跨部门、跨专科的综合领域发展，使研究结果更深入、更有推广意义。例如国外对患者结局研究的关注不断增强，进行患者结局研究是为了评价和记录卫生服务的有效性，患者结局研究数量的不断增加提示了在保证质量的前提下，追求成本效益刺激了该类研究的发展，护理人员进行患者结局研究时关注的焦点是患者及整个照护系统。另外，为了更好地提供临床实证，护理研究者已开始关注生物和生理现象的研究。

护理学科的发展有赖于护理研究的开展和成果的应用。社会发展、人口老龄化和工作压力增加等，使老年人的照顾问题、心理健康问题及护理教育发展等问题逐渐突出，这些都需要护理研究工作的配合，从而推动和拓宽护理研究工作内容的发展。

2. 研究规模和方法的不断改进　目前护理研究已从自选的、分散的小型研究趋向于整体性和综合性研究，如医院内感染控制的研究、护理管理质量评价标准的研究等都属综合性研究。另外加强多学科、多专业的合作，不仅把其他学科的理论和方法运用到护理学中来，还与其他专业人员共同组成研究团队研究与健康相关的课题。在研究设计上目前仍多选用量性研究方法，并以调查法（问卷调查）收集资料为多见，而质性研究方法则较少采用。今后也要注意质性和量性的综合研究，应多采用全面的、多角度的研究方法。长期以来护理研究大多选用流行病学的研究方法，取得很好的成果，推动了护理研究的进展。但流行病学作为一门公共卫生的基础学科，它的重点是研究人群，特别是特定人群中的疾病和健康状态的分布及其影响因素，目的是为控制和消灭疾病及促进健康的决策依据。而护理研究的目标和领域着重在对人群疾病护理和促进康复。护理除医学知识外，还包含人文和社会学等内容，干预措施要达到个体化，特别是针对人的心理、社会和情感变化方面的干预效果的监测方法研究等，因此需要进一步发展和建立具有护理学科研究特色的一些方法，吸收其他学科如心理学、社会学的研究方法，增强护理研究结果论证的深度和力度，使逐步形成更符合护理研究自身特点和思路的系列方法。

护理论文写作目前多采用叙述和分析资料的方法。大部分研究样本的选择也多在自己服务的医院或病房内采取，这对研究结果的推广与使用会产生很大的局限性。研究计划要多偏重方向性和综合性内容，一个课题的研究时程也要长些，如 1～2 年或 3～5 年完成，使研究结果能达到一定水平和深度，能够深入说明和解决 1～2 个护理问题。要注意避免用单一方法收集资料，收集资料方法应多元化。

第三节 护理研究中的伦理原则

一、基本伦理原则

护理研究多数是以人为研究对象，所以护理学研究同所有涉及人体的研究一样，必须认识和遵守一定的伦理规范和原则，尤其当科学和伦理产生冲突时，遵循伦理原则进行护理研究就显得格外重要。20 世纪 60 年代以前很少提到有关护理研究的伦理问题。60 年代以后，保护人类研究对象的权利受到科学和医疗卫生领域越来越多的重视。美国、加拿大及英国的护理学术团体陆续制定了相关的伦理原则。国际上著名的有关人体实验的伦理规范有《纽伦堡法典》（*Nuremberg Code*）和《赫尔辛基宣言》（*Declaration of Helsinki*）。1978 年由美国生物医学和行为科学研究委员会制定并通过的《贝尔蒙报告》（*Belmont Report*）已成为很多专业遵循的伦理原则。报告中主要强调了在以人为研究对象的研究中所遵循的三项基本伦理原则，即有益的原则、尊重人的尊严的原则和公正的原则。

1. 有益（beneficence）的原则　即研究者有责任将研究对象的伤害减至最低，益处最大。也就是说研究要对研究对象或其他人群或社会带来益处。有益的原则包括研究对象的两项权利：免于遭受伤害或不适的权利和不被剥削或利用的权利。

（1）免于遭受伤害或不适的权利：在研究过程中，研究工作对研究对象应是无毒、无伤害、不增加痛苦的。伤害或不适不仅包括生理方面的，也包括心理、社会或经济方面的。所以研究工作一定要由有资质的研究者进行，尤其是研究可能会给研究对象带来伤害或不适时。

（2）不被剥削或利用的权利：在研究过程中，研究对象所提供的资料不能被用于对研究对象不利的事情。研究对象和研究者在研究中建立起来的关系不能被研究者滥用。

2. 尊重人的尊严（respect for human dignity）的原则　即在研究中研究对象有自主决定的权利和充分认知的权利。

（1）自主决定权：指在研究中，研究对象是自主个体，研究者应告知整个研究的所有事宜，研究对象有权决定是否参加研究，并有权决定在任何时候都有权终止参与，并且不受到治疗和护理上的任何惩罚和歧视。在研究过程中，研究者如利用强制、隐蔽或欺骗等手段收集资料则会使研究对象的自主决定权遭到侵犯。

（2）充分认知的权利：研究对象在决定参与研究前有权要求研究者将研究目的、步骤、研究期限及可能产生的问题等给予充分的说明。在研究过程中，研究者也应及时回答研究对象的疑问。通常研究者要与研究对象签署知情同意书。

3. 公正（justice）的原则　指研究对象有公平治疗的权利和隐私权。

（1）公平治疗的权利：研究对象在整个研究过程中有权得到公平和同等的治疗权利。包括公平选择研究对象；如果决定不参加研究或者中途退出研究不遭到歧视或偏见；研究者和研究对象之间达成协议，如遵守研究计划、支付研究补偿等；研究对象的疑问可随时得到研究者的回答；研究对象自始至终享有公平公正的对待。

（2）隐私权：一个人的隐私包括他的态度、信仰、行为、意见以及各种档案、记录等，在研究活动中研究对象的隐私应该受到保护，当未经本人允许或违背本人意愿而将其私人信息告知他人时，即造成对研究对象隐私权的侵犯。在研究过程中，研究对象有权享有匿名权和要求所收集资料不被外泄的权利。研究者应向研究对象保证不对任何人公开其身份或者保证其信息不向任何人公开。只有这样，研究对象才有安全感，研究者才能获得研究对象的信任，也才可以获得研究对象更好的配合。侵犯研究对象的隐私权会给研究对象造成危害，如会使其失去尊严、友谊、工作，或者使其产生焦虑、犯罪感、窘迫、耻辱感等。护理研究中对研究对象隐私权的侵犯常发生在收集资料的过程中，研究者在研究过程中不得向任何人公开研究对象的任何信息。一般保密的原则包括个人的信息的公开及公开程度必须经研究对象授权；研究对象有权选择可与其分享其私人信息的对象；接受信息者有保密的责任和义务。

二、伦理准则

护理学研究中研究者除应遵守基本的伦理原则外，还应遵循其他的相关伦理准则。

1. 客观性　指研究者在研究设计、收集资料及整个研究过程中应保持客观性，防止因价值观或个人认识上的偏差导致对资料解释和结果判定的正确性和公正性影响，并影响研究结果的客观性。

2. 真实性　指研究者对研究方法和研究结果的真实性负责，不可以为达到目的做不真实的报告，或将自认为不利于研究结果的资料隐瞒，也不能在原始资料上进行擅自修改或增添。

3. 诚实性　指研究者应将研究工作中可能产生的不便、不适完整地告知研究对象；同时也应将研究过程中可能遇到的困难、障碍报告有关部门。不应为达到研究目的而对研究对象或有关部门有隐瞒或欺骗。

4. 合作性　指研究者在研究过程中，应与研究对象、有关部门和工作人员保持良好的合作关系，维护研究对象的权益；提倡尊重、协商，并接受建设性意见，定期报告工作进度；为圆满完成研究工作而努力。

5. 平等性　指研究者在工作中应以平等态度对待研究对象和有关工作人员，在论文发表和报告研究成果时，应对提供帮助者致谢。

6. 效率性　指研究者在研究计划获得批准及获得经费支持后，应按计划进度开展工作，不可以因为私人因素造成工作延误。应在规定期限内报告研究结果，并且对研究结果的真实性、论文的质量以及研究结果的推广应用负责。

三、遵循伦理原则的基本方法

1. 评估益处与风险　研究者通过对研究可能会给研究对象带来的益处与风险评估后，以得出利益风险比是否在可接受的范围。

（1）益处评估：护理研究的最大益处在于获得知识和技术的发展、措施的改进，最终带来护理专业的发展和对个体或群体健康的积极影响。在干预性研究中，研究对象可能从研究中，如护理干预中获得益处。研究所产生的新知识也可能扩大研究对象及其家庭成员对健康的理解。非干预性研究可能不会给研究对象带来直接的益处，但对护理知识的贡献同样重要。另外，研究对象可能从研究中加深对自身的了解、增强自信，并可能从别人的帮助中获得满足感等。

（2）风险评估：研究本身是探索未知或未全知的活动，因此研究不可能对研究的问题都有绝对的把握。所以研究者要在研究设计时评估研究对象由于参加研究所经受或可能经受的风险或不适的度和量。风险取决于研究的目的和手段。风险可能是生理的、心理的，也可能是社会的或经济的；可能是实际存在的，也可能是潜在的；可能很小，甚至没有，也可能是很大或造成永久性损害；可能只针对研究对象，也可能对研究对象的家庭和社会都带来影响。所以，研究者要进行风险评估以在研究过程中保护研究对象的权利。

根据性质和程度将风险分为 5 类。

1）无可预见的影响：某些研究者在研究过程中并不直接接触研究对象，所以不会对研究对象造成任何影响，如只查阅病例、学生档案等。这类研究没有可预见的风险。

2）暂时的不适：某些研究可能会给研究对象造成暂时的不舒适，但随着研究的结束，这种不适就会消失。如研究者在研究中要求研究对象填写问卷或参与面谈，这些活动可能会使研究对象感到疲劳或头痛；研究对象也可能由于回答某些问题而带来焦虑或窘迫；研究者也可能会花费额外的时间和精力参与研究等。由于这些不适与研究对象日常生活所经受的相似，所以在进行研究风险评估时将其确定为最小风险。

3）较严重的暂时不适：某些研究给研究对象带来的不适可能会持续到研究结束以后，如在“卧床对人的影响”的研究中要求研究对象卧床 10 天，从而使研究对象较长时间感到肌肉无力、关节疼痛、嗜睡等；某些质性研究要求研究对象回答一些对其心灵伤害很深或者不愿意回忆的问题，使研究对象再次经历失败、恐惧、不安等感受，短时间很难恢复。但研究对象的这种较为严重的不适随着时间的推移，会逐渐消失。

4）永久性伤害的可能：某些研究可能会给研究对象造成永久性的伤害，如新药或新的治疗手段有可能对研究对象造成永久的身体上的损伤。也有的研究可能会给研究对象造成永久性的心理后社会伤害，如有关性行为虐待儿童、吸毒等敏感问题。这些伤害一旦发生会给研究对象造成终身影响。

5）确定的永久性伤害：某些研究在研究开始前已能预测肯定会给研究对象造成永久性伤害，如第二次世界大战期间，德、日法西斯利用战俘和平民进行惨无人道的人体实验，致使几百万人无辜死亡。这类研究不论研究结果能带来多大的效益都不能实施。

(3) 利益风险比：研究者在研究设计时应努力通过改变研究目的和/或干预方法来最大限度地增大利益和降低风险。如果风险不能被消除或降低，研究者应能够解释其存在的合理性。

2. 知情同意　知情同意（informed consent）即研究对象有权利知道自己的健康状况和研究的相关情况，包括研究的目的、步骤、期限和可能产生的问题和不便，并可以对研究者或医护人员所采取的各种措施进行取舍。知情同意已经成为国际上生命法学和生命伦理学的核心问题之一，也是判断研究是否符合道德伦理的第一标准。“知情同意权”最初源于第二次世界大战时期，德、日法西斯医师被指控进行了人体实验而没有获得研究对象的同意，因此 1946 年纽伦堡国际军事法庭制定了《纽伦堡法典》（*The Nuremberg Code*）。该法典是关于人体实验的第一个国际性文件，其中特别强调了知情同意原则，即一切治疗或者试验都必须向患者或研究对象说明情况，包括所施程序的依据、目的、方法及潜在损伤、风险和不可预测的意外等情况，然后在没有威胁利诱的条件下获得患者主动的同意，或在可能的多种选择办法中做出自由的选择。

1964 年在芬兰赫尔辛基召开的世界医学大会上，通过了《赫尔辛基宣言》，把知情同意原则作为全世界医务人员都必须遵循的国际准则规定下来。其中，《赫尔辛基宣言》第 22 条规定："在确保研究对象已经理解研究的情况之后，医师应得到研究对象的自愿表示的知情同意，最好是书面的。如果书面的知情同意不可能获得，那么非书面的同意必须形成正式的文件并有人作证。"研究对象如果愿意参加则在知情同意书上签字表示同意。知情同意的目的就是通过提供有关的知识和信息来保护研究对象，帮助研究对象权衡各种信息以便为自己或者对其有监护权的人做出正确的选择。另外，即使研究对象签了字，仍拥有改变想法的权利，仍可以不参加甚至是退出试验。知情同意书的基本内容应该包括：①研究介绍，如研究项目名称、研究目的、可能持续的时间、研究程序以及有关研究的其他问题。②风险描述，如参与研究可能给研究对象带来何种风险。③利益描述，如参与研究可能给研究对象带来的利益。④保密描述，如研究是匿名或保证对研究对象个人资料保密的承诺。⑤补偿描述，如参与研究，研究对象可获得何种补偿。⑥联系人说明，如研究者的联系方式。⑦关于退出实验的说明，如研究对象有权自由选择退出研究的权利，且不受任何惩罚。研究对象拥有知情同意所有权和使用权。代行知情同意权的合理性取决于以下 3 点：①本人有明确的委托，而代行者有资格、有能力代表权利人所有的利益和意愿，本人和代行者之间无明显利害和情感冲突。②代行的合理性还取决于它的必要性。例如研究对象本人不具备或者丧失了正常的知情同意能力，此时即使没有得到本人的委托，有资格者也可代行其知情同意权。③代行的合理性也取决于代行者代行顺序符合公认规则。一般地说，正常的代行顺序应为配偶—子女—父母—兄弟姐妹—其他亲属—同事等。另外，如有特殊需要，而本人不能行使知情同意权，又无人代行其知情同意权，可由国家法律授权的组织和医师代行，但要登记备案、公示待查。

20 世纪六七十年代，美国的患者权利运动声势浩大地展开。1973 年美国医院联合会颁布了《患者权利法案》，在所列出的 12 项权利中，绝大部分内容是阐述知情同意权的。特别强调了患者有权了解负责其诊疗的医师的姓名、治疗费用、治疗方案以及有哪些可供选择的治疗方案。目前，知情同意已经被视为国际生命研究领域中最重要的一项通用伦理原则。例如，国际人类基因组织伦理委员会提出：在收集、储存和使用人类 DNA 的过程中，尊重研究对象自由的知情同意和知情选择，是研究中不可动摇的基石。

知情同意在我国也已经实行了几十年，最为典型的形式就是被严格执行的外科手术前的签字制度。卫生部于 1983 年颁布的《医院工作制度》第 40 条的附则——"实施手术的几项规则"中规定："施行手术前必须有患者家属或单位签字同意。"一方面，医师严格执行知情同意原则既是对患者的负责，也是减少不必要的医疗纠纷的必要措施；另一方面，患者为了维护自身合法的权利，也有必要在充分知情的基础上选择治疗方案。随后我国相继颁布的《医务人员医德规范及实施办法》、《医疗事故处理办法》、《中华人民共和国执业医师法》等一系列法律、法规都涉及了知情同意的内容。

在研究中，知情同意是指研究者已充分告诉研究对象有关研究的信息，研究对象也能充分理解相关的信息，并同意自愿参与研究。知情同意具有以下 3 个特点：①自主，就是应该允许有理性的个人自我决定。②研究对象的同意必须是自愿的，任何环境的压力、外在的威胁等不利因素都可能使自由自愿的同意受到影响。③同意必须由有行为能力的人做出。知情同意主要由信息的告知、信息的解释、同意的能力和自主性同意四个要素组成。"知情"和"同意"是构成知情同意原则必不可少的两个组成部分，二者密切联系，不可分割。知情是同意的前提和条件，同意是知情的结果和目的。知情同意是一个相互关联、不可分割的统一体（知情同意书范例见附录一）。

3. 伦理审查委员会（Institutional Review Board，IRB） 在涉及人的研究中，除了强调知情同意外，另一个保障措施是注重对研究项目进行伦理学的审查，以使研究对象的权利可以得到更好的保护，进一步规范学术行为。目前，世界各国都越来越重视对研究的伦理审查，我国的许多医院和研究所目前已开始建立有关研究伦理审查的监督机制，也逐渐设立伦理委员会，在还没有设置独立的伦理审查委员会的机构中通常由研究委员会代为审理。

IRB是用来保证研究者在实施研究过程中遵守伦理准则的委员会，可在大学、医院以及医疗保健中心设立。每个IRB都包括至少5名具有不同文化、经济、教育、性别和种族背景等的成员组成，成员需要具有特殊领域的专长，有的属于伦理、法律等科学领域，至少一人为非研究机构成员。在国外，医院中的IRB通常由医师、律师、学者、牧师及社区中的非医学专业人员组成。近年来，护士也被纳入其中。

IRB的职能包括对研究项目进行审查。审查的内容包括：①研究的科学性，即研究从设计到实施都应该严格遵循普遍认可的科学原理、实验方法和分析方法，以保证研究的安全可靠。②研究的伦理原则，即研究设计中是否有关于伦理方面的考虑和陈述及知情同意书等，预测的利益风险比，及相关的保密原则等。美国保健和人类服务部规定了三种程度的审查，即免除审查、加速审查和全面审查。研究应进行何种程度的审查将由IRB的主席和/或委员会决定。研究者本人无权决定。

可免除审查的研究包括那些对受试对象没有明显风险的研究。如护理研究中那些没有可预见的风险，或者仅对研究对象带来一些不方便的研究。

可加速审查的研究包括那些存在一定风险，但是风险程度较小的研究。对于那些以前通过伦理委员会批准，现又做了小修改的研究，也可以进入该程序。

需全面审查的研究包括那些风险远远大于最小风险的研究。为了获得IRB的认可，研究者必须确保：①带给受试对象的风险为最小。②与预期的益处相比，带给受试对象的风险合理。③公平选择受试对象。④得到受试对象或其法定监护人的知情同意，知情同意书书写适当。⑤研究计划对资料收集过程予以监督，以确保受试对象的安全。⑥充分保护受试对象的隐私权，确保研究资料的保密性等。

通过审查，伦理委员会会做出该研究项目是否可以进行的决定。在研究进行过程中，任何有关研究方案的修改都应在得到伦理审查委员会的批准后才能继续执行。在研究过程中所发生的任何严重不良事件，也应及时向伦理审查委员会报告。

4. 保密程序 研究对象的个人资料不应被滥用或使用不当。护理研究经常会涉及研究对象的生理、心理、家庭、社会、经济等方面的信息，研究人员应为研究对象保密，不能向无关人员透露，更不能作为调侃、谈笑的资料；为保护和尊重研究对象的隐私权，除非必要，一般只采用编号匿名的方式，不可以直接使用研究对象的真实姓名。在收集资料的过程中若需要使用录音机、摄像机或单面镜等，需事先征得同意。研究者需要调用病历或相关文件，也需要事先征得有关机构同意，不得擅自使用。研究结果发表时不可以影射研究对象的身份和影响研究对象的权益。

（刘华平）

第二章　护理研究的基本程序

护理研究是指通过科学的方法有系统地探究现存的或产生新的知识从而直接或间接地指导护理实践的活动过程。护理研究的基本程序与医学及其他学科的研究程序基本相同，主要包括以下几个步骤，包括：①确立研究问题。②进行文献检索与文献回顾。③陈述理论框架。④确认研究变量。⑤形成研究假设。⑥科研设计（包括确定研究对象和选择研究方法）。⑦预试验。⑧资料收集与整理。⑨资料分析。⑩撰写论文。以上各步骤之间的界限不一定分得很清楚，有些步骤常常是同时进行或者反复进行的。为了方便记忆，可将以上 10 个护理研究步骤分为 3 个阶段：准备阶段、实施阶段、结果交流与传播阶段。

第一节　护理研究准备阶段

不管是进行何种科学研究工作，对研究的整个过程进行充分的准备，形成总体策划和安排都是非常重要的，也是着手进行研究的第一步。通常在准备阶段需要完成的研究过程设计和步骤（research design and procedures）包括：确立研究问题、进行文献检索与文献回顾、陈述理论框架、确认研究变量、形成研究假设、科研设计等一些准备工作。

一、确立研究问题

1. 选题　科学研究过程就是提出问题和解决问题的过程，而选题就是提出问题。确定研究题目，明确要认识或要解决的科学问题，是科学研究的关键性第一步，是整个研究的开始，也是关键环节。选题和确立问题的过程是否科学、准确，直接关系到科学研究的方向、目标和内容，直接影响科学研究的方法和途径，也决定着整个研究的水平以及科研成果的价值和发展前途。因此，研究者必须认真对待选题。

在实际工作中，选题是很多热衷研究的护理人员感觉较困难的一个环节。所谓研究问题（researchable question），是指研究者想要回答的特殊疑问，一般是研究者从较宽泛的领域中识别有争议或者大家缺乏了解的领域或知识，通过研究过程将这些问题弄清楚，或者为未来的研究打下一定的基础。护理领域需要研究的问题或尚待验证的理论其实很多，护理实践是护理研究问题产生的主要来源。护理人员常常需要经过较长时间的观察和思考，从护理实践和日常护理等护理工作中发现一些不能解释的现象或无法解决的问题，通常这些研究问题可以来源于：①个人实践。②受他人研究的启发。③目前或未来需要探讨的问题。④研究者个人的兴趣。下面分别举例说明。

【例 2-1】　对进行体温测试的时间选择的研究。

在临床实际工作中，护士每天都需要在体温单上记录住院患者的体温变化情况，虽然目前各医院对每日体温测试次数的要求不同，但很多医院在实际工作中都是在 2 pm 给患者测体温，但却画在体温单 4 pm 的格子里，相差了 2 个小时。由于人体的体温在一昼夜内是存在波动和差异的，那么 2 pm 和 4 pm 所测得的体温有无差异，即 2 pm 的体温能否代表 4 pm 的体温？将其画在 4 pm 的格子里是否合适？

这就是护士在个人护理实践中发现的研究问题。

【例 2-2】 对影响护士在静脉穿刺时手套使用情况的探讨。

静脉穿刺操作可以增加护士经血液获得感染的危险性，是护理工作中一项重要的职业健康危险因素，这在以往研究中已经有报道。另一方面，还有研究证实：静脉穿刺操作时戴手套可以降低感染的概率。但在实际工作中却有很多护士在操作中不戴手套。这是为什么呢？有哪些因素可以影响护士在静脉穿刺时使用手套？

这一问题就是受前人研究启发的基础上提出的一个新的研究问题。

【例 2-3】 对综合医院护士长准入标准的探讨。

护士长对医院的整体护理质量有着很大的影响。作为一名护士长，一般需要具备一定的资格，但在我国对护士长具备的资格缺乏统一规定，在选拔护士长时缺乏客观的指标和理论支持。

对综合医院护士长准入标准很可能成为目前或将来需要探讨的问题，在此基础上可以形成新的护理研究问题。

【例 2-4】 对密闭式吸痰管更换时间的研究。

近年来，临床上开始将密闭式吸痰管应用于使用呼吸机的患者，这种吸痰管可避免开放式吸痰管影响供氧、容易造成感染等问题，但密闭式吸痰管需要多次使用、费用高，如勤更换会增加患者经济负担，若使用时间过长又可能会感染。究竟在何时更换密闭式吸痰管才能兼顾患者的经济负担与感染概率这两个因素呢？

于是有人提出了“密闭式吸痰管的合理更换时间的研究”。

需要注意的是，在选题过程中选题范围不可过大，研究问题一定要明确具体，避免宽泛，否则涉及面过大不易深入研究。如“探讨急诊科患者的心理护理”，这个题目选题范围就太大，它必须是在对急诊科不同类型疾病患者的心理特点分析并了解的基础上，才能针对性地对各种类型的患者进行心理护理。由于急诊科涉及的病种很多，病情也参差不齐，年龄差异也很大，因此要在一个题目中完成对这些内容的探讨本身就十分复杂，也很难深入展开研究和写好文章。再如，“中西医结合治疗结石病的疗效观察”，这个题目就不够明确，“中西医结合治疗”指的是什么？是用针灸还是用药物？“结石病”是什么部位的结石？“疗效”的衡量是采用什么指标？是对止痛的疗效，还是对溶石排石的疗效？这个研究是动物试验还是临床研究？这些问题都不明确，如果将题目改为“加味金钱草汤对肾结石患者排石效果的临床研究”，可能比原来的题目更具体一些。

2. 确定研究问题 选题之后就要确定研究问题。研究问题是为了解决一个相对单一并且独立的科学技术问题而确定的研究题目。研究问题的特点是目标比较明确，研究规模较小，研究周期较短，如：“北京市三甲综合医院住院患者对护理服务满意度现状及影响因素的研究”。根据研究的对象和要解决问题的性质，研究问题可分为以下几类。

（1）调查研究：如流行病学调查，现状调查，临床病例报告等。其特点是施加因素通常不是人工给予的，而是自然存在的。

【例 2-5】 应届护理专业毕业生就业现状调查。

该研究采用自制问卷对112名应届护理专业毕业生的就业现状进行调查，结果发现：90.2%应届护理专业毕业生已有明确就业单位，90.1%对就业单位满意；大专和本科毕业生就业率、就业单位性质、就业地区比较，差异无显著性意义（$P>0.05$）；而月薪比较，注册前后有显著性差异（$P<0.05$）。毕业生认为沟通能力、仪表外貌、社会关系是影响就业的前3位因素。

（2）实验观察：如临床的疗效观察，各种护理新技术的临床应用等研究。这类题目的选定都要有一定的实验条件和观察手段，需要人工给予处理因素和人工选择实验效应。

【例2-6】 急诊洗胃中两种置胃管方法效果比较及护理。

该研究对184例药物中毒患者采用两种置胃管方法进行洗胃，比较经口置胃管和经鼻置胃管两种方法，观察置管过程中患者的接受程度、置管所需时间及首次成功率等方面有无差异，结果发现：经口置胃管似吞咽食物，患者容易接受，也提高了首次插管成功率，缩短了插管时间，减少了并发症。

（3）资料分析：此类研究题目所需要的是既往的医疗护理资料，通过统计学处理，而后进行分析描述。它既不需要特殊的现场，也不需要更多实验条件，主要是资料的完整性。

【例2-7】 唐山市市区及区级以上医院护理人员死因资料的减寿分析。

该研究对唐山市20家区及区级以上医院在1985～1999年期间护理人员的死因资料进行了分析，结果发现：导致医院护理人员死亡的前6位死因依次是恶性肿瘤、损伤与中毒、脑膜炎、心脏病、脑血管疾病和泌尿系统疾病。其中恶性肿瘤和损伤与中毒对医院护理人员的寿命损失最大，其PYLL占全死因PYLL的59.52%，PYLL率分别为7.02‰和4.77‰，远远高于其他几种死因。提示医院护理人员职业危害因素的存在，如生物性危害、化学性危害、物理性危害和心理性危害等。因此，应建立健全各项法律规定，进一步采取有效措施减少职业危害因素，加强对护理人员的自我保健教育，并定期对护理人员进行健康查体，以提高护理人员的健康水平。

（4）经验、体会：这类研究题目是带有综合既往资料和部分自己的实验观察研究的混合性质的题目。在自己研究观察的基础上，着重对某一问题进行探讨和商榷，讨论和争议，以及对某一种新方法、新技术应用的经验总结。

【例2-8】 机械通气患者撤机过程的临床经验与护理体会。

近年来机械通气的使用日益普及，很多重症患者的生命由此得到了及时的救治。但从使用机械通气的原则上讲，一旦开始机械通气后，就应努力创造条件，及时将其撤除（简称撤机）。如何能尽早、安全撤机，尚无统一模式。该研究即是对近10年来某医院经治的150例使用机械通气的重症患者在撤机过程中的实践经验及护理体会进行总结，如撤机的依据、撤机前的准备以及撤机失败的原因等。

总之，护理人员的研究课题可以来自多个方面，在产生初步想法后可以通过进一步的文献查询和理论指导逐步形成结局某问题的具体设想和方法。目前国内护理研究方向主要有：①对临床护理专业问题的探讨。②两种或两种以上护理措施的比较。③对护理新方法或新模式的探讨与评价。④护理教育与护理管理问题。⑤护理测量工具的发展与测评。

二、进行文献检索与文献回顾

科研工作具有延续性和继承性，因为绝大多数的研究都不是孤立的和断想的结果，别人通常都会在你所研究的领域做过探索，而承认已有的研究成果并对其进行总结和评论是对所要研究的问题进行识别和进行反思的前提和基础。因此，文献检索与文献回顾非常重要，这一步骤应该贯穿研究的整个过程，是研究的基础。注重文献检索和文献回顾会使研究者避免走许多弯路，也会使研究本身具有更大的价值。这部分工作主要是从最终论文的注释中反映出来。

通过文献检索和文献回顾的目的：①了解所进行的研究领域及其相关内容，避免完全重复。②知晓相关领域有影响的成果及其内容，启发自己的研究思路。③比较和熟悉相关的问题和概念及其它们之间的关系。④知道哪些地方存在知识空缺或者是缺陷，从而进一步规划自己的研究问题和研究假设。⑤寻找相关的理论依据。

（一）文献检索

文献是记录知识和信息的一切载体，主要是指在杂志、学报、论文集、百科全书、教科书、专著等方面发表的文章而言。文献检索是指将文献按照其外表特征（如标题、作者、来源、卷期页等）或内容特征（如文章的主题），根据一定的方式编排并存储在一定的载体上，并利用相应的方法、途径或手段，从检索系统中查出特定文献的过程。

护理研究和其他学科领域的研究一样，都是在实践中发现问题、分析问题和解决问题的过程，也是对未知事物的认识过程。但随着医学的进步与科学的迅猛发展，医学文献的数量也越来越多，要在有限的时间内把国内外所有的医学文献读遍是不可能的，也是不必要的，因此，在浩瀚的医学海洋中迅速准确地获取自己所需要的文献资料并有效地加以利用就显得至关重要，而为了达到这样的目标，研究者就必须掌握查找文献的基础知识和检索方法。

1. 文献分类　按照文献的级别，文献可以分为 3 类。

（1）一次文献：又称原始文献，主要指原始论著、期刊论文、研究报告、会议录、档案资料、专利说明书、学位论文等。一次文献具有创造性、新颖性、先进性和成熟性，是最基本的文献类型，是产生二次、三次文献的基础。但它数量庞大、类型复杂、语种繁多、发表分散，查找起来相对困难，因此需要借助二次文献和三次文献才能有效利用。

（2）二次文献：是将大量无序的一次文献进行搜集整理，著录其特征（著者、篇名、分类号、出处、内容摘要等），并按一定的顺序加以编排，以供读者检索所形成的文献。包括各种目录、索引、文摘等检索工具，以提供查找一次文献的线索，是文献检索的主体。二次文献仅对一次文献进行著录和标引等深层次加工，不会改变一次文献的原有内容。

（3）三次文献：是科技人员在利用二次文献的基础上，选用大量的一次文献，经过系统的阅读、分析、研究、整理和概括而编成的文献。这类文献主要有综述、评论、进展、指南、词典、动态、手册、百科全书、教科书、年鉴等。三次文献是充分研究已经发表的文献基础上，对已取得的成果、进展加以评论、综述，并预测其发展趋势，以帮助读者快速了解、掌握当前的研究水平和动态，不必再一一阅读一次文献。

除了上述三次文献外，20 世纪 70 年代以来人们提出了零次文献概念。

（4）零次文献：指未经发表或未进入社会交流、未经系统加工整理的最原始文献，如书信、手稿、私人笔记、记录、设计草图、实验记录、科技人员口头交流的信息情报等。零次文献是一次文献的素材，对一次文献的形成起重要作用。随着科学技术的发展，知识的更新速度不断加快，使得零次文献越来越受到重视，逐渐成为一种重要的情报信息源。

2. 文献检索步骤　文献检索是一项实践性很强的活动，它要求我们勤于思考，并经常性的实践，逐步掌握文献检索的规律，从而迅速、准确地获得所需文献。一般来说，文献检索可分为以下步骤：①明确查找目的与要求。②选择检索工具。③确定检索途径和方法。

④根据文献线索，查阅原始文献。

3. 文献检索方法

（1）常用法：又称工具法，是指直接利用检索系统（工具）检索文献信息的方法。它又分为顺查法、倒查法和抽查法。

1）顺查法：顺查法是指按照时间的顺序，由远及近地利用检索系统进行文献信息检索的方法。例如，已知艾滋病方面的研究是从 1981 年开始的，因此如果要查找艾滋病方面的相关文献，就可以从 1981 年以后逐年向近期查找，以全面了解艾滋病相关研究的全过程。

2）倒查法：倒查法是由近及远，从新到旧，逆着时间的顺序利用检索工具进行文献检索的方法。对于一些有新内容的老课题，使用这种方法可以在短时间内获得一些最新资料。如重度哮喘由于具有急、危、重的特点，一直是医疗护理研究的一个热点问题。近年来随着呼吸急诊医学的发展，呼吸监护病房的建立，机械通气的使用为救治因重度哮喘所致的呼吸衰竭提供了有效的方法。所以如果要了解机械通气在重度哮喘中的使用情况，就可以采用倒查法以了解此方面的最新进展。

3）抽查法：抽查法是指针对研究课题的特点，选择有关该课题的文献信息最可能出现或最多出现的时间段，利用检索工具进行重点检索的方法。如世界上肝脏移植的设想最初是 1956 年提出，1963 年才开始实施了世界上第一例肝移植手术，而直到 20 世纪 90 年代才迎来全球肝移植发展高峰，所以要想在短时间内迅速了解肝移植的发展情况，就可采用抽查法，对 20 世纪 90 年代的肝移植文献进行重点检索。

（2）追溯法：是指文献后面所列的参考文献，逐一追查该文引用文献，然后再从这些原文后所列的参考文献目录逐一扩大文献信息范围，一环扣一环地追查下去的方法。它可以像滚雪球一样，依据文献间的引用关系，获得更好的检索结果。

【例 2-9】 极低体重早产儿喂养不耐受的护理干预。

该文指出：极低体重早产儿由于不成熟的胃肠道功能，胃肠道蠕动较慢，胃肠道消化酶及生长因子合成有限，胃肠喂养不耐受可反复多次出现。在实际工作中，作者认为体位、非营养性吸吮、腹部抚触及按摩等对改善极低体重早产儿喂养不耐受有一定作用，并列出了如下参考文献：

[1] 金汉珍，黄德珉，官希吉，等. 实用新生儿学［M］. 2 版. 北京：人民卫生出版社，1996：72

[2] 黄丽娟. 不同体位护理对早产儿的影响［J］. 中国实用护理杂志，2004，20（6A）：64

[3] 赵桂荣，林风玲，郭淑春. 非营养性吸吮在早产儿喂养中的应用观察［J］. 中国实用护理杂志，2005，21（5）：13-15

[4] 金汉珍，黄德珉，官希吉，等. 实用新生儿学［M］. 3 版. 北京：人民卫生出版社，2003：265-266，488-490

[5] 谭稼荣，富林宝，陈静，等. 抚触对促进极低出生体重儿胃肠道发育的影响［J］. 中国当代儿科杂志，2003，5（2）：137

[6] 林茂英，曹惠琴，刘丽珍，等. 抚触疗法对早产儿生长发育的影响［J］. 解放军护理杂志，2003，20（4）：24-25

参考文献中的第五条是关于非营养性吸吮在早产儿喂养中的作用效果的研究，如果要了解其他非营养性吸吮方面的文献，就可以找到《非营养性吸吮在早产儿喂养中的应用观察》

一文，继而找到此文的参考文献如下：

[1] Kaemp F J. Techniques of enteral feeding in the preterm infant. In：Library of congress catalogin in-publication data. Neonatal nutrition and metabolism Hay WW (eds), louis：Mosby，1991，335-348

[2] 侯同秀．低出生体重儿胃肠功能的观察与护理．中国实用护理杂志，2004，20 (6A)：32

[3] 岳晓红，赵翠霞，芦惠，等．非营养性吸吮对早产儿营养及肠道转运时间的影响．中华儿科杂志，2003，41：91-94

再追溯这些与非营养性吸吮相关的文献则又可以发现很多与非营养性吸吮在早产儿喂养中的作用的研究，以此类推，就可以检索到大量的文献。

(3) 循环法：又称分段法或综合法。它是交替使用直接法和追溯法，以期取长补短，相互配合，获得更好的检索结果。

（二）文献回顾

在查找到相关的文献后，就要对这些文献进行阅读，也就是文献回顾，其目的是总结和综合该研究方向前人已经做了的工作，以了解当前的研究水平，分析存在问题，找到可能的研究问题和发展方向等，文献回顾可以用于指导开题报告和论文的写作，其具体写法可参见本书第九章第四节“护理综述论文”的书写要求。文献检索与文献回顾的步骤如图 2-1 所示。

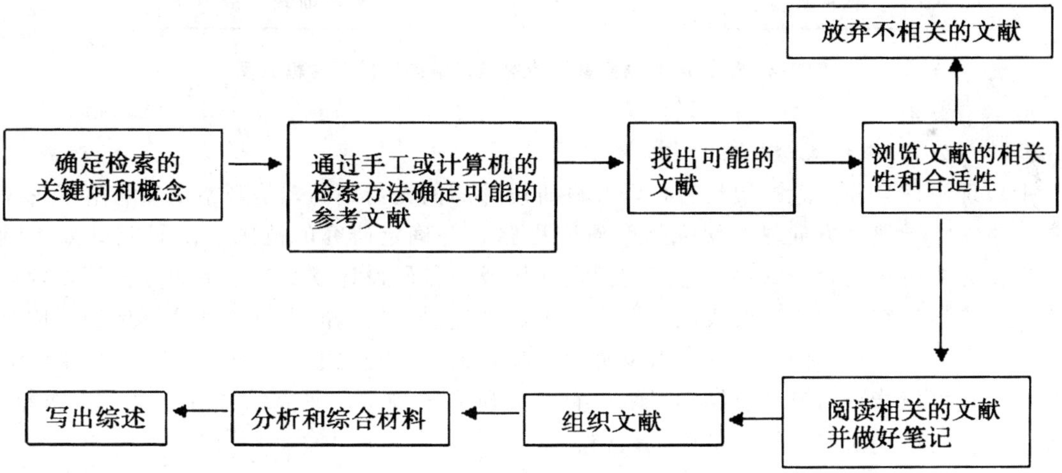

图 2-1　文献检索与文献回顾的步骤

三、陈述理论框架

（一）理论框架与概念框架

理论是由一系列概念、命题整合而成的对某一现象的阐述、解释、预测或控制，是系统解释现象之间相互关系的抽象判断和概括；框架是对研究变量及其相互关系的一种逻辑的、抽象的结构，通过框架可以使研究和有关知识与理论相连接。

理论框架是利用已有的理论对各研究变量或概念之间的相互关系进行说明；如果暂时找

不到相应的理论作为依据，则可利用普遍被人们接受的命题或学说对各变量之间的关系进行说明，这种命题的组合则为该研究的概念框架。因此，概念框架实际上是一种尚未成熟的、未完全整理好的解释现象的方式，但它可以成为理论框架的前身。但不是所有的研究都需要陈述理论框架，如一些描述性研究就不需要理论框架。

【例 2-10】 孕妇产前教育参与情况的影响因素分析。

对于此项研究，尚无成熟的理论用于指导该研究的进行。但是在文献回顾和研究者工作经验的基础上，可以分析出影响因素主要包括两个方面：阻碍产前教育参与的因素和促进产前教育参与的因素，因此可形成以下概念框架图，虽然该框架还不够全面细致，但可以在一定程度上为研究者明确研究思路。如框架提示，教育程度是孕妇参与产前教育的一个促进因素，因此可以提出“高学历孕妇比低学历孕妇产前教育的参与度高”的研究假设；而社会支持的缺乏是产前教育的一个阻碍因素，则研究者还可据此提出“单身孕妇比已婚孕妇产前教育参与度低”的研究假设（图 2-2）。

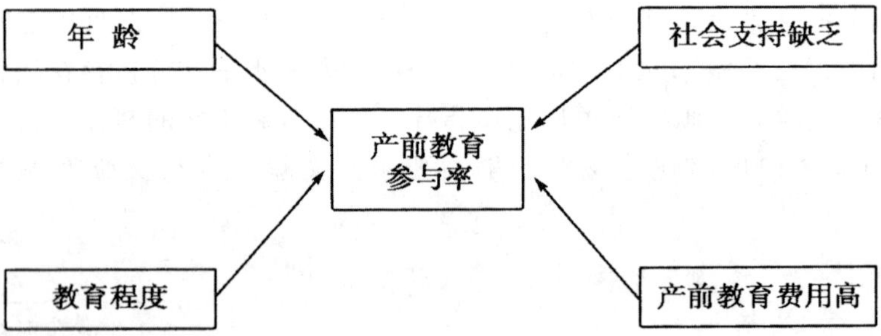

图 2-2 孕妇产前教育参与情况及影响因素的概念框架图

（二）理论框架和概念框架的意义和作用

形成理论框架和概念框架是进行良好科研设计的前提与基础，是观察现象与解释现象的依据，也能指导研究方向，为研究指明研究思路，并确定研究的范围，使研究结果更具深度。在研究中应用理论很重要，它影响假设的形成、科研设计以及对结果的分析等，因此在研究中应陈述研究的理论框架或概念框架，根据理论引导研究的进行。理论框架的形成是建立在对研究目的和意义深入认识，以及全面文献查询的基础之上的。在研究中，理论框架和概念框架还可以指导研究者总结和组织出有序的研究结构，使研究结果有意义并能被推广，并能使研究与应用研究结果、扩展知识相联系。

理论框架与概念框架不仅可以帮助研究人员理解现象的本质，而且可以指导研究人员认识该现象出现的原因，预测其发展趋势，达到解释、预测或控制现象的目的。因此可以说，理论框架与概念框架是知识更新和科学进步的起点。

理想的理论框架或概念框架应该具备两个主要特征：

1. 逻辑性 必须能反映概念或变量之间的逻辑关系。

2. 指导性 必须能指导研究方案的设计，包括资料收集方法的选择、研究工具的设计、研究结果的解释等。

具体理论/概念框架的形成方法参见第三章第三节“理论/概念框架的形成”相关内容。

（三）护理研究中常用的理论框架与概念框架

护理研究中常用的框架包括理论框架和概念框架，是护理研究中指导选择变量、建立概念与概念之间的联系、形成假设、设计或选择研究工具、解释研究结果的基础。近年来，国内外众多护理学者发展了很多护理概念框架，这些概念框架从不同的角度对护理过程进行解释，对护理实践的实施与发展具有重要的指导意义，同时也帮助护理研究工作者形成研究问题与研究假说。

1. Roy 的适应模式　该模式认为，人是一个生物心理适应系统，能通过适应过程对外界环境的变化做出应对。人对环境的刺激与变化的适应过程主要表现在 4 个方面：生理改变、自我概念、角色功能和互相依赖。这些方面的变化可以是适应反应，也可以是无效反应，取决于机体本身的适应机制和刺激的强弱。因此，该模式认为，护理的目标就是促进适应，护理活动就是对作用于机体的各种刺激加以控制，并拓展机体的适应范围。

【例 2-11】 Roy 适应模式在慢性阻塞性肺疾病患者中的应用。

该研究认为，在 Roy 适应模式中，护理就是通过评估患者的无效反应及相关的刺激，通过控制个体所面临的刺激，强化生理适应机制，扩展人的适应范围，来促进患者达到更好的适应。该研究对 1 例慢性阻塞性肺疾病患者采用 Roy 适应模式护理，结果患者不仅可以有效咳嗽、咳痰，咳嗽、咳痰症状减轻，睡眠质量得到改善，而且患者焦虑、悲观、绝望情绪逐渐缓解，坦然面对疾病，对治疗充满信心，患者慢慢地适应了角色转换。

2. Orem 自理模式　该理论认为，人是生理、心理与社会的整体，不同的个体具有不同的自理能力。自理是人所做出的维持人的生命、健康和完整的一组活动。因此，该理论认为，护理的目标就是帮助人克服或预防自理缺陷的发展，或者为不能自理的个人提供需求的活动。Orem 定义了 3 个护理系统：全补偿系统、部分补偿系统以及辅助教育系统。

【例 2-12】 Orem 自理模式在老年糖尿病患者胰岛素治疗中的应用。

很多糖尿病患者需要长期使用胰岛素治疗。由于需要治疗的时间长，掌握相关知识技术的难度等因素，很大部分患者遵照医嘱的依从性差。特别是老年人，由于特殊的生理原因，其用药依从性更差。于是该研究的研究者采用 Orem 自理模式对老年糖尿病患者使用胰岛素的过程进行护理，全面评估患者的情况，找出护理问题，并根据患者存在的和潜在的护理问题及自理能力分别予以完全补偿护理、部分补偿护理及提供支持教育。结果发现：自我护理可提高老年糖尿病患者的治疗依从性，减少护理并发症，缩短住院日。

3. 其他概念框架　护理研究者感兴趣的概念不仅局限于护理领域，许多护理研究的概念框架还来自于其他领域。

（1）Pender 的健康促进模式：该模式分为健康促进的认知/感受因素、影响因素以及健康促进 3 个部分，各部分又由相应的概念组成，各概念之间的相互关系如图 2-3 所示。该模式常用于健康促进项目中健康生活方式的建立，所以在护理研究中广泛作为概念框架进行应用。

【例 2-13】 Pender 健康促进模式在护理中的应用。

该研究采用 Pender 提出的健康促进模式对 1 例高血压患者进行护理评估和健康促进，使患者从主观上意识到生活行为与高血压之间的密切关系，让其知晓高血压患者可通过健康的生活习惯有效地控制血压的进展，从而提高了患者对健康和健康促进行为的认知、感知，激励其对健康的需求，使其更自觉更主动地寻求健康促进行为，取得了良好的效果。

（2）Lazarus & Folkman 的压力与应对模式：该模式认为应对是经过反复学习和思考而得到的用来适应或改变应激的策略，人们对于身体和精神健康的感受与其对生活中应激的评价和应对方式有关。该模式提供了人们应对应激的方法。

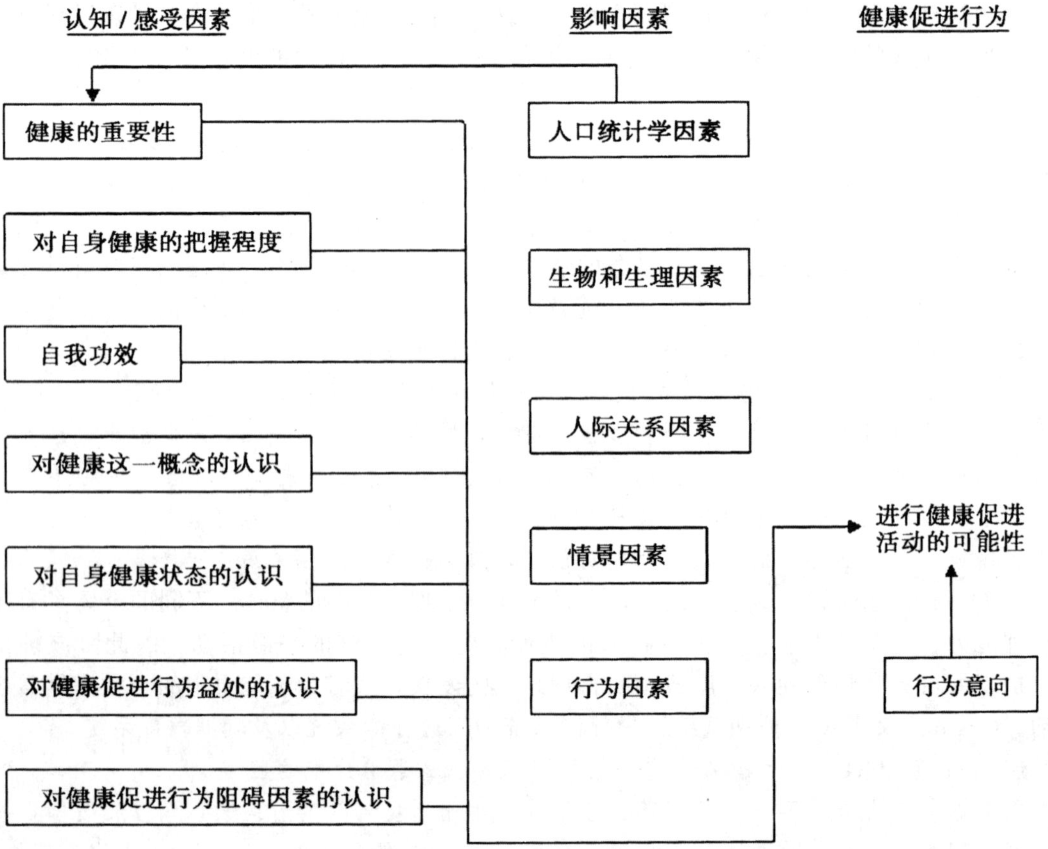

图 2-3　Pender 的健康促进模式

（选自 Pender et al，Predicting health-promoting lifestyle in the workplace，Nursing Research，1990，39，331）

【例 2-14】　生活事件社会支持压力反应对医务人员应对方式的影响。

随着医疗护理质量的不断改进，医务人员面临的应激源越来越多，压力越来越大。该研究即是分析生活事件、社会支持、应激反应等应激有关因素对医务人员应对方式的影响，探讨应对方式在应激系统中的理论意义。

四、确认研究变量

在确定研究问题之后，一个非常重要的研究工作就是界定问题中的研究变量。对于很多研究者而言，这是最容易忽略的步骤，但也是最能影响研究成果科学性的关键步骤。在很多研究中，需要以变量关系的方式对选题所提出的问题作假想性的回答并加以表述，因此，在选定问题后，首先必须确定变量。

（一）变量的概念

所谓变量，就是研究者感兴趣的，所要研究和测量的，随条件和情境变化而变化的因素，也是在研究过程中，需要进行操纵控制和测量的诸因素。对变量的观测值称为变量值（value of variable）或观察值（observed value），由变量值构成资料（data）。例如以人为观察单位调查某地某年6岁儿童的生长发育状况，则可以将性别、身高、体重等视为变量，性别中有男有女，身高有高有矮，体重可轻可重，不同个体不尽相同。其他任何事物也是如此。个体之间总会存在或多或少的差异，不会绝对相同，这种差异称为变异，这些变异是由一些已知的或未知的，甚至是某些不可控制的因素所导致的。变量的观察结果可以是定量的，例如身高的厘米数；也可以是定性的，例如性别是男还是女。

（二）变量的分类

按照变量值的性质，可将变量分为数值变量和分类变量两大类型；按变量间的关系划分，可将变量分为自变量、因变量、外变量等几种类型。

1. 按照变量值的性质划分　按变量值是定量的还是定性的，可将变量分为数值变量和分类变量两大类型。变量的类型不同，其分布规律亦不同，对它们采用的统计分析方法也不同。因此，在处理资料之前，首先要分清变量类型。

（1）数值变量（numerical variable）：其变量值是定量的，表现为数值大小，可经测量取得数值，多有度量衡单位。如身高（cm）、体重（kg）、血压（mmHg、kPa）、脉搏（次/min）和白细胞计数等。这种由数值变量的测量值构成的资料称为数值变量资料，亦称为定量资料（quantitative data）。大多数的数值变量为连续型变量，如身高、体重、血压等；而有的数值变量的测定值只能是正整数，如脉搏、白细胞计数等，在医学统计学中把它们也视为连续型变量。

（2）分类变量（catagorical variable）：其变量值是定性的，表现为互不相容的类别或属性。分类变量可分为无序变量和有序变量两类：

1）无序分类变量（unordered categorical variable）：是指所分类别或属性之间无程度和顺序的差别。它又可分为：①二项分类，如性别（男、女），药物反应（阴性和阳性）等。②多项分类，如血型（O型、A型、B型、AB型），职业（工、农、商、学、兵）等。对于无序分类变量的分析，应先按类别分组，清点各组的观察单位数，编制分类变量的频数表，所得资料为无序分类资料，亦称计数资料。

2）有序分类变量（ordinal categorical variable）：是指各类别之间有程度的差别。如尿糖化验结果按－、±、＋、＋＋、＋＋＋分类；疗效按治愈、显效、好转、无效分类。对于有序分类变量，应先按等级顺序分组，清点各组的观察单位个数，编制有序变量（各等级）的频数表，所得资料称为等级资料。

变量类型不是一成不变的，根据研究目的的需要，各类变量之间可以进行转化。例如血红蛋白量（g/L）原属数值变量，若按血红蛋白正常与偏低分为两类时，可按二项分类资料分析；若按重度贫血、中度贫血、轻度贫血、正常、血红蛋白增高分为五个等级时，可按等级资料分析。有时亦可将分类资料数量化，如可将患者的恶心反应以0、1、2、3表示，则可按数值变量资料（定量资料）分析。

2. 按变量间的关系划分　在研究过程中，有些变量是需要有意加以改变的，有些是应该详细加以观察、记录的，有些则要尽量控制使其恒定或加以排除。按变量间的关系，一般可将变量分为自变量、因变量、外变量等几种类型。

（1）自变量（X）：指能够影响研究目的的主要因素，即由研究者安排的、人为操纵控制的、做有计划变化的诸因素。自变量不受结果的影响，却可导致结果的产生或影响结果。它通常具有如下特征：①它的变化会导致研究对象发生反应。②它的变化能够被研究者所操纵控制。③它的变化是受计划安排，系统性变化的。

例如，我们研究对同样的患者进行同样内容的健康宣教，应用不同的宣教方法将会产生怎样的健康教育效果时，“各类不同的教学方法”就是其自变量。

（2）因变量（Y）：又称依变量或应变量，它是随着自变量的变化而变化的，是研究者打算观测的变化因素，也可受到其他因素的影响。它具有如下的特征：①它必须是跟随自变量的变化而变化的因素，或对自变量做出响应的。②它是根据需要，有待观测的因素。③它是能够以某种反应参数来表征的可测量因素。

例如，在对患者进行健康教育时，患者的各种学习反应信息（如反应速度、正确心率）、态度、知识变化、能力变化等均可作为因变量。

（3）外变量：指除了研究者操纵的自变量外，另外一些能引起研究对象因变量变化的其他影响因素，它使研究者无法做出正确判断与解释，因此也称为干扰变量。

例如，在评价不同宣教方法的宣教效果时，研究者本身的倾向性、指示语，与研究无关的某些动作、表情、口气、环境因素等，或对被试者的诱发启示，都足以影响宣教内容测试结果，所以在科研设计中应尽量加以控制或密切注意，并应加以详细记录，以备资料处理分析时参考。一般来说设立对照组可达到排除外变量的目的。

总的来说，自变量是研究问题的“因”，因变量是研究问题的“果”，大多数研究都可事先确认研究变量，再通过研究结果来解释变量之间的因果关系。

自变量、因变量和外变量三者之间的关系可用图 2-4 解释。

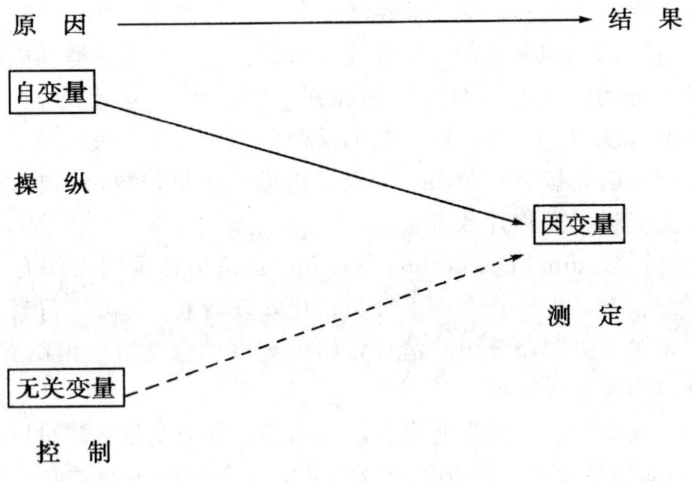

图 2-4 自变量、因变量和外变量三者关系示意图

从图 2-4 中我们可以看到，研究的目的是探讨自变量与因变量的对应关系，图中用实线表示，研究的焦点最终集中在因变量的测定上。自变量和外变量都可能成为产生因变量效果的原因，当自变量和外变量混淆在一起时，我们难以判断自变量与因变量的一一对应关系。为了达到研究目的，获得准确的测定结果，必须对外变量进行有效的控制，尽可能排除外变量对因变量测定的影响，图中虚线表示外变量会影响因变量的测定结果，需要加以控制。在研究设计中，要全面考虑到各种变量的关系，也就是要考虑到如何有意改变自变量，如何观察记录因变量，如何控制外变量，以使得研究能达到预期的目的。

【例 2-15】 静脉进针穿刺角度的探讨。

通过对438例患者静脉穿刺进针角度的观察与比较，结果显示：静脉穿刺时增大针头与皮肤之间的进针角度（约60°），可减轻进针疼痛或达到无痛注射。研究中，进针的角度为自变量，疼痛感为因变量，但外变量有很多，如穿刺部位，操作者的熟练程度，研究对象对疼痛的耐受性等。因此，研究进针角度与疼痛的关系时会有不少外变量的干扰。如有研究发现桡骨茎突、尺骨茎突及第三掌骨头所形成三角区域内神经分布稀疏，神经与静脉呈交叉关系，在此区域内静脉穿刺疼痛分值明显低于其他区域；操作者的熟练程度也可能影响研究对象的疼痛感；另外，研究对象以往的疼痛经历以及对疼痛的耐受性也都会影响疼痛的感觉。因此，在设计中应排除这些外变量的干扰。设置对照组可以使外变量均衡分布在实验组与对照组内，可以较好地解决外变量干扰的问题。

【例2-16】 体重与血压关系的探讨。

研究中自变量是体重，因变量是血压，外变量则涉及研究对象、测量因素以及操作者等诸多因素，如研究对象的性别、年龄、情绪变化、运动状况都会对血压产生影响；测量因素中不同的测量时机，不同的测量部位以及不同的血压计等都会影响血压值；操作者因素中，不同操作者之间测量血压结果都会存在误差。这些因素造成的干扰也可以通过设置对照组来加以排除，从而突出体重（自变量）与血压（因变量）的关系。

（三）变量的界定

研究中的主要变量或概念一经确定，接下来就要给这些变量下定义，界定变量的含义。因为变量是有变化、有差异的因素，人们对它们的认识和理解往往不一致，解释也不尽相同。例如，什么是素质，什么是能力等，不同的研究者都会有不同的看法，这需要研究者给予变量以定义。

给变量下定义的目的在于提供变量的精确含义，便于他人理解，并作为研究者对变量进行操作和测量的依据。给变量下定义的方法主要有两种：一是抽象性定义，二是操作性定义。

1. 抽象性定义 抽象性定义就是从抽象的概念意义上对变量共同的本质属性进行概括。词典中对名词术语的定义通常就是抽象性定义，其特点是用一个概念来界定另一个概念，在定义中直接概括被定义变量的性质或特征。下抽象性定义的方法主要有以下几种。

（1）从文献中寻找合适定义的方法：常用的变量或学术性概念一般都有通用的定义，研究者一般都能从专业的教科书、辞典、百科全书等有关条目中找到合适的定义。采用辞典条目的定义来界定一个名词或概念是最简单、最常用的方法。如，“阅读能力”辞典上的定义为“独立地从书面符号中获取意义的能力”；“自信心”的定义为“一个人对自身力量的充分认识和估计”。采用从文献中寻找合适定义的方法，要注意应尽可能引用权威文献上的释义。

（2）自行定义的方法：有时没有现成的定义可以引用，研究者可以根据研究目的和研究问题的需要，对文献中的相关定义略加修改形成自行定义，如“有效的护理”可以解释为“有较好护理效果的护理”，“挫折”是一种因追求目标受阻后所形成的情绪反应。

2. 操作性定义 操作性定义是根据可观察、可测量、可操作的特征来界定变量的含义，即从具体行为、特征、指标上对变量的操作进行描述，将抽象的概念转换成可观测、可检验的项目。从本质上说，下操作性定义就是详细描述研究变量的操作程序和测量指标，使不同研究者彼此都清楚所用的概念意味着什么，不会产生误解或歧义。在实证性研究中操作性定义尤其重要，它是研究是否有价值的重要前提。下操作性定义的方法很多，主要有以下3种。

（1）条件描述法：条件描述法通常是通过陈述测量操作程序来界定一个概念，是对所解释现象的特征或可能产生的现象进行描述，对要达到某一结果的特定条件做出规定，指出用什么样的操作去引出什么样的状态，即规定某种条件，观察产生的结果。例如，要给“饥饿”下一个操作性定义，饥饿是一种自身感受，那么怎样才算饥饿了呢？心理学家用条件描述法给饥饿下了一个操作性定义：“饥饿”是指连续24小时没进食物的状态。这样，每个人都能对饥饿的界定进行实际操作了。

（2）指标描述法：指标描述法通常是通过陈述测量操作标准来界定一个概念，是对所解释对象的测量手段、测量指标、判断标准做出规定。例如，“青少年”可以界定为“年龄在7岁以上，18岁以下的人”；“低年资护士”可以界定为“已取得护士执照，工作不满5年的护士”。

（3）行为描述法：行为描述法通常是通过陈述测量结果来界定一个概念，是对所解释对象的动作特征进行描述，对可观测的行为结果进行描述。例如，“旁观”可以界定为“注视别人的活动达2～3分钟以上，但自己未参与”；“合作”可以界定为“对别人的活动给予支持，并直接参与活动，成为其中一员”。

下操作性定义的基本要求是要提供观察或测量的标准，规定变量的操作程序，使抽象的概念成为可观察、可测量、可检验的项目。通常判断一个操纵性定义是否具有较好的操纵性，可将这个定义向第三者描述，如果他表示理解这个变量的含义，并知道该如何去操纵、测量，那么这个定义往往是个比较好的操纵性定义。

一般来说，抽象性定义可以涵盖研究变量所属的基本特征，解释范围较大，具有普遍性，但往往太过笼统，无法据此测量和操纵研究变量。操作性定义对变量的界定清楚明确，便于操纵和测量，但往往只能涉及变量的少数特征，具有明显的排他性，难以表达完整意义。比较理想的方式是先下抽象定义，抽象定义是对变量共同本质的概括，其作用是揭示变量的内涵；然后再下操作性定义，从本质上说，下操作性定义就是详细描述研究变量的操作程序和测量指标，将抽象的概念转换成可观测、可检验的项目。

【例2-17】 高血压患者焦虑状况的调查研究。

在此项研究中主要涉及两个变量：高血压和焦虑，对这两个概念可以分别采用抽象性定义和操作性定义进行界定。

高血压：动脉血压超过正常值的异常情况（抽象性定义）。本研究中指在未服用任何降压药物的情况下，收缩压≥140 mmHg，舒张压≥90 mmHg（操作性定义）。

焦虑：是忧虑、畏惧、不祥的预感，是一种无法直接观察到的情绪反应（抽象性定义）。本研究中对高血压患者采用Zung设计的焦虑自评量表（SAS）进行测定，得分在50分以上即为焦虑（操作性定义）。

五、形成研究假设

在选定研究问题并做了大量深入细致的调查研究之后，当确定研究工作的路线时，往往要对所得到的材料进行一些推测性的解释或猜想，这就是提出假设。假设是指研究者对所提出研究问题提出的一个预期性的研究结果（各变量之间关系）或暂时性的答案，需要通过研究最后来证实或否定。假设不是随便产生的，它是研究者通过仔细思考，根据相关理论和知识进行归纳推理后而产生的。假设是科学研究中的重要步骤和基本程序之一，可以帮助研究者明确研究目的，避免盲目性，一般干预性研究设计都以验证假设为目的。

（一）假设的作用

形成假设不仅是科学研究活动中的基本程序之一，也是研究工作者重要的思维方法与智力活动手段。假设在以后的研究中，具有如下的作用：①依据假设，提出并确定研究中的自变量和因变量的种类、数目及其关系，从而确定了研究的方向和具体目标。②依据假设，确定研究中收集资料的方向、范围和方法。③依据假设，确定处理与分析数据资料的方向、范围，以便验证假设。④研究假设可以使理论的形成更加完整，帮助填补知识体系的不足。

【例 2-18】 研究问题："音乐对机械通气患者血压的影响"的研究。

研究者提出研究假设"音乐可以降低机械通气患者的血压"，根据这一假设，研究者应选择机械通气患者作为研究对象，以不同类型、不同强度的音乐作为自变量，以机械通气患者的血压作为因变量，经过严密的科研设计收集科研资料，在对资料分析的基础上来证实或否定假设。

（二）假设的形成方法

需要注意的是，假设不是研究者的凭空猜想，而是根据有关理论和他人的研究后可以"分析"或"推断"出来的，即需要有某种根据（theoretical grounding），要阐明做出这种分析或推断的逻辑。

1. 以理论为基础形成假设　许多研究假设是从已有的理论中推断出来的。

【例 2-19】 研究假设：强化教育可以提高高血压患者的服药依从性。

强化理论认为：对某一行为或活动反复给予赞许或鼓励，这种行为或活动就会被有意或无意的被接受或重复，这一过程称之为正强化，如对提供优质护理服务的护理人员给予表扬并进行奖励，护理人员的优质服务的行为得到良好的刺激，那么就增加了这一行为重复出现的可能性，使这种好的行为得以巩固和加强。根据这一理论，我们可以提出"经过强化教育的高血压患者的服药依从性要优于未经强化教育的高血压患者"。

2. 以事实和实验作为依据形成假设　既往研究结果和实验观察的客观事实是形成假设的有力依据，研究者可以在此基础上经过逻辑推理提出假设。

【例 2-20】 研究假设：健康教育可以提高血液透析患者的生存质量。

通过健康教育可以向患者提供疾病相关医学知识，引导患者养成健康的生活行为习惯，对缓解患者症状，增强患者体能及整体健康方面均可起到积极作用，这一点已经得到众多研究的证实。根据这些结果，研究者可以经过逻辑推理认为，健康教育可以使患者养成健康的生活习惯，可以减慢残余肾单位的破坏，因而可以提高血液透析患者的生存质量。

（三）假设的表述形式

在研究中，研究者可以根据假设来设计实验并进行深入研究，以便验证和修改假设，如果假设成立，就表明假设所做出的回答正确；若假设不成立，则说明这种回答不正确，需要用另一种方式回答。一般来说，假设的表述方式通常有如下几种。

1. 存在式表述（又称描述型假设）　表述的形式是"在 C 的条件下，A 具有 B 的性质"。

【例 2-21】 在对肿瘤患者的护理中，心理支持能提高肿瘤患者的生存质量。

在这项假设中，

条件因素　C＝肿瘤患者的护理

自变量　　X＝心理支持

因变量　　Y=肿瘤患者的生存质量

2. 条件式表述　表述的形式是“在 C 条件下，如果有 A，则有 B”。

【例 2-22】 对于学习临床护理课程的学生，在教学中如果利用案例教学，能增强对所学内容记忆和理解。

在这项假设中，

条件因素　C=学科科目（临床护理课程）

自变量　　X=案例教学的方式

因变量　　Y=对所学内容的记忆和理解程度

3. 差异式表述　表述的形式是“在 C 的条件下，A 和 B 之间存在差异”。差异可表示为 A>B 或 A<B。

【例 2-23】 在血标本采集时，经过规范培训的护理人员组与未经过培训的护理人员组抽取的血标本在血凝检验项目（PT、APTT、TT、Fbg）检测时存在差异。

在这项假设中，

条件因素　C=对血标本的采集

自变量　　X=护理人员是否经过规范培训

因变量　　Y=血凝检验项目（PT、APTT、TT、Fbg）检测值

4. 函数式表述　函数式表述形式是“在 C 条件下，随着 A 的改变，B 将作××方式的变化”。

【例 2-24】 在利用多媒体教学对患者进行健康教育时，随着学习时间的增加，患者的注意力集中程度将逐渐下降。

在这项假设中，

条件因素　C=利用多媒体教学对患者进行健康教育

自变量　　X=学习的时间

因变量　　Y=患者学习的注意力集中程度

当确定研究工作的路线时，往往要对所得到的材料进行一些推测性的解释或猜想，这就是提出假设。假设，就是对选题提出的问题作假想性的回答，根据这种回答建立有关变量关系的陈述。预期的假设不是你的凭空猜想，而是根据有关理论和他人的研究后可以“分析”或“推断”出来的，即需要有某种根据（theoretical grounding），要阐明做出这种分析或推断的逻辑。形成假设不仅是科学研究活动中的基本程序之一，也是研究工作者重要的思维方法与智力活动手段。假设在以后的研究中，具有如下的作用：依据假设，提出并确定研究中的自变量和因变量的种类、数目及其关系，从而确定了研究的方向和具体目标。依据假设，确定研究中收集资料的方向、范围和方法。依据假设，确定处理与分析数据资料的方向、范围，以便验证假设。

六、科研设计（包括确定研究对象和选择研究方法）

研究问题确立之后，研究者需要按照研究目的来进行科研设计，确定研究对象，选择具体的研究方法，科研设计也是科学研究中具体内容和方法的设想及计划安排，以保证获得有意义的资料和结果。

（一）确定研究对象

在研究工作中，研究者需要从规定中选取一部分代表作为研究对象，这部分研究对象称

为样本，它是研究总体的代表，从样本的结果可推论总体。正是因为研究的资料主要来自研究对象，而且还要将研究结果推论到总体，因此研究对象的选择必须要服从研究目的，必须按设计规定的条件进行严格选取。

为保证研究对象或样本对总体的代表性，在选择样本时要注意：必须严格规定总体的条件；还要注意的就是任何一项研究都必须有足够的数量的样本，既不能太多也不能太少，太少则使研究内容缺少必要的重复而缺乏代表性，太多则不易控制，并且还会造成资源的不必要浪费。因此，确定研究对象的过程实际上就是要求研究者根据不同的研究目的和问题要求，合理设计总体的条件，抽取足够的样本例数的过程。

（二）选择研究方法

研究方法一般可分为定量方法与定性方法。不同研究问题往往要求不同的研究方法。例如在研究的探索阶段，所要研究的问题还没有界定清楚，特别是测量指标不明确，理论框架还很模糊时，通常更需要定性的方法进行研究。如果在理论框架或概念模型比较清楚，测量指标比较确定的情况下，就可以考虑用定量的方法来收集和分析数量指标，用以验证理论假设，或者确定各变量之间的关系。对两种研究方法的认识可以帮助我们选择正确的方法去研究护理问题。

1. 量性研究（quantitative research） 量性研究是在护理研究中经常被选用的一种研究方法，是按照预先设计的研究方案进行研究，通过观察指标获得数据资料，用科学方法来验证模式或理论，用数字资料来描述结果的研究方法。该方法认为获得数字的研究可达到测量精确，能较客观地描述问题和现象，并且采用统计学方法分析资料和设对照组可避免研究中的偏差。量性研究在我国现阶段的护理研究中运用较广泛。目前护理学杂志上所发表的论文，大多采用的是量性的研究方法。但不是所有的现象都可以用量性研究的方法来解决，量性研究可以按照不同的划分标准分为不同的类型，如横断面研究与纵向研究，前瞻性研究与回顾性研究，实验性研究、类实验性研究与非实验性研究等，不同的分类之间可以存在交叉，如一个非实验性研究同时也可能是一个横断面研究。

2. 质性研究（qualitative research） 质性研究是研究者凭借研究对象的主观资料和研究者进入当事人的环境中参与分析资料，观察、记录、分析、解释人类生活过程中不同层次的共同特性和内涵，用文字描述报告结果的研究方法。质性研究从另一个角度提供了研究某些特殊群体与特殊问题的方法，可以描述和促进对某些人类经验或经历的理解，如疼痛、照顾、舒适、无能为力等。由于人类的情感难以量化，使质性研究成为更有效的方法来研究这些情感的反应。由于护理专业更多地关注人的整体性，注重人的心理社会层面，因此质性研究的方法在护理研究中的重要性也越来越突出。它探索现象的深度、丰富性和复杂性，指导护理实践，有助于护理理论的发展以建立护理知识。

量性研究与质性研究同属于科学研究，在护理研究领域中均占有重要地位，对促进现代护理事业的发展都发挥了各自的作用。这两种研究方法既可以独立应用，也可以互相结合，特别是随着学科的不断发展进步，人们不断认识到不同研究方法在不同领域的优缺点，因此，在某些领域的一个或一系列研究中整合质性和量性研究具有更大的实用性，并可能成为护理研究领域的新趋势。综合运用量性研究和质性研究的护理研究我们称为合众研究（triangulation）。

3. 量性研究与质性研究的区别

（1）理论基础不同：量性研究和质性研究以不同的认识论为基础。量性研究以逻辑的实验经验论（emprícism）或实证论（positivism）为基础，通过逻辑原理和推理获得科学知识。量性研究讲究严密、客观和控制，认为事实是绝对的；认为所有行为都是客观的，可测量的；认为个人的价值观、感受或观点不能影响测量。质性研究以人道主义和自然主义为哲学基础，认为真理是复杂、动态的，只有对相互影响的人和在他们所处的社会历史场合进行研究才能得到；认为个体是积极地参与社会活动的，通过这些活动可以用不同的方法来了解和理解现象；认为事实不仅有一个，而是对不同的人不同的时间而言，存在不同的事实。因此，每个研究会产生各自的意义，而这个意义仅仅是针对特定的场合或背景下的意义。

（2）推理方法不同：量性研究要求简明和简化还原，即把整体分解为部分来测量，常采用演绎推理将一般原理推论到个别情况；质性研究运用的是归纳推理、辩证推理，即从个别到普遍，从特殊到一般，通过对各种不同背景下的社会现象的理解，归纳为理论。

（3）研究目的不同：量性研究的目的是预测和控制。这种方法用来描述变量，检测变量间的关系，决定变量间的因果关系，常用于验证理论；质性研究的目的在于描述和理解，是用系统的、互动的、主观的方法来描述生活经验和赋予一定的意义，强调对研究对象有重要意义的观点和事实，而不是对研究者有重要意义的结果。例如：对临终关怀进行研究的目的主要在于理解临终者的看法和观点，而不是护士或其他医务工作者所认为的临终前的需要。

（4）文献回顾的广度不同：量性研究要求对与问题有关的研究做深入广泛的回顾之后再定题或进行研究设计；而质性研究在开始前一般仅做粗略的回顾或根本不做回顾，以免被已有结果影响研究的方向，一般可以在研究完成后或资料分析时进行文献回顾，以了解研究结果与已知结果的相适程度。

（5）所使用的研究方法不同：量性研究是一种正式的，客观、系统的过程，要求严格按照在实际操作前设计好、计划好的方法进行每一个步骤，根据是否要干预和随机分为实验性、类实验性和非实验性的研究法；质性研究常用的方法有现象学研究、根基理论的研究、人种学研究和历史研究几种方法，具体参见第五章第三节“质性研究设计”相关内容。

（6）资料收集的方法与性质不同：量性研究常采用结构完整、格式严格的量表、问卷等进行测量，获得数字资料；质性研究要求从参与者的观点来看问题，常采用非结构式的会谈法、观察法等，所得资料包括研究者和研究对象对现象的描述和解释。

（7）研究者的角色不同：量性研究中要求研究者与研究环境尽量分开，以减少主观影响，避免造成偏差；而质性研究中研究者作为研究工具成为研究过程的一部分，研究者是观察者、会谈者、解释者，因此不可避免的有主观偏差，而且研究者的这种参与可以丰富资料的收集和分析。

（8）选择研究对象的数量与方式不同：量性研究中研究对象称为个体（subjects），根据抽样标准被随机或非随机的选择，要达到一定的样本量才具有说服力；质性研究的研究对象称为参与者（participants）或信息提供者（informants），是由于本身的某种经历而被选，不需随机，没有干预和控制，也不需事先确定样本量，直到所收集的资料开始重复出现，就可以停止收集，称为饱和（saturation）。由于结果不是用来推广，因而样本量相对量性研究来说较少。

（9）资料分析方法不同：量性研究运用严格的统计方法进行量性资料的分析，用统计方法来简化和组织资料，检验结果是否有统计学上的意义，以验证研究假设是否成立，决定是否存在关系和差异；质性研究的资料分析与资料收集常同时进行，需要研究者沉浸在资料中，去理解资料的含意，然后将相似的资料归纳，形成主题（themes），再对所有主题进行阐述和说明。最后将资料组织成对研究现象有意义、个体化的解释或框架。

（10）结果陈述形式不同：量性研究以数字结果报告，质性研究则以丰富的文字形式报告结果，结果是叙述性的文字，包括对这些经历的引述、评论、故事等。

需要特别注意的是，定量与定性的研究方法不是对立的，两者之间是相辅相成的。定性资料可以通过编码和统计的方法用定量的方式来进行分析；定量数据往往也需要定性的方式来进行解释，特别是对测度指标的定义和描述能最大限度地辅助定量分析所得出的结论。一个例子就是美国一项对某小区的量性调查结果提示幼儿母亲参加工作与日托所的使用之间没有相关性，这与原来的研究假设存在差异。而质性访谈进行随访的结果则提示，在这个地区很多孩子的父亲都是学生，他们具有可变通的时间表，这些父亲的时间安排考虑了照顾孩子的问题，白天他们照顾孩子，而妻子在家的时候他们去学习。这种儿童保育的弹性安排是研究者事先不能预见的，因此后续的质性研究成分成功地对意外的发现提供了解释。具体量性和质性研究方法参见第五章“护理研究设计”相关内容。

（三）确定研究指标

研究指标（也称观察项目）是指在研究中用来反映研究目的的某些现象和测量指标，也是确定研究数据的观察项目，通过指标所取得的各项资料，可从中归纳出研究结果。

研究指标的选择要与研究中的变量相对应。如在“体重与血压关系的研究”中，体重与血压值就是该研究中的观察项目。在选择观察项目过程中，应注意以下几点。

1. 准确性　即所选指标是能够准确反映研究的内容，且有特异性。如判断泌尿系感染，用体温和血常规中的白细胞计数升高来说明有无感染，这些指标属于非特异性指标，而采用尿培养、膀胱刺激症状（尿频、尿急、尿痛）等作指标，就具有特异性。

2. 客观性　客观指标是指通过仪器或者设备测量到的，而主观指标则是通过研究者和受试者自己的主观判断形成的。客观指标更客观，而且有较好的重现性，而主观指标则往往易受主观因素的影响，且不易量化。在护理研究中，如果能够选用客观指标进行测量的，就一定选用客观指标。但由于护理研究的对象为人，因此往往会涉及很多需要主观指标表达的变量，如疼痛、舒适度、满意度等。此时，研究者应尽可能选择一些信度和效度较高的研究工具进行测量这些指标。有关研究工具的信度和效度将在第七章“研究工具性能的测定”进行详细介绍。

3. 灵敏性　包括指标本身和测量手段的灵敏性。如用血氧饱和度作为观察机体缺氧程度的指标，比用呼吸和面色的改变更为灵敏。

4. 可行性　指确定的研究指标在现有的研究仪器设备、经费、技术等条件下是否能够达到，是否能够准确获得。如在某社区护理人员欲调查该社区居民的健康状况，其中一个研究指标为拟测居民的血脂情况。若该研究没有充足的经费支持，则此研究指标的可行性就差。

通常每个科研设计都会选择多个研究指标，很少采用单一指标，以便最后获得充分的资料进行结果的分析。如有关社区儿童营养状况的调查研究，研究者就可以使用身高、体重等指标进行营养状况的评定；再如研究精神病患者的服药依从性，研究者一方面可以从患者口中获得主观性的描述资料，另外可以询问其家属获得主观资料，还可以查阅门诊就诊病例等以综合评价用药依从性。

第二节　护理研究的实施阶段

在确立了研究问题，充分进行文献检索与文献回顾的基础上，研究者陈述了该研究的理论框架，确认研究变量，形成研究假设与科研设计之后，就进入了护理研究的实施阶段。这一阶段要完成预试验、资料收集与处理以及资料分析几个步骤。

一、预试验

预试验也称可行性研究或试验研究，是指在正式开始研究工作之前，为保证科研工作能按照设计内容顺利进行，先按照研究设计的内容进行小规模（选择少量研究对象）的试验，目的是检查研究设计是否切合实际，是否需要修正的地方，核实样本量的估计是否合适，也可摸清和熟悉研究条件，使参加研究课题的研究人员可以统一方法，减少误差，并对完成课题的工作量、时间和人力安排做出恰当估计，同时通过预试验还可获得研究工具如自行设计调查的有关信度与效度方面的资料。因此在大规模或大样本研究开始之前进行预试验非常有必要。

二、资料收集与处理

无论是定量的研究方法，还是定性的研究方法，都要涉及如下问题：收集什么数据和/或资料，从哪里收集数据和资料，用什么方法收集数据和资料。通常数据的来源有两个：第一手数据（Primary Data）和第二手数据（Secondary Data）。第一手数据是专门为回答研究问题而收集的原始数据，它有多种收集方式，如定性数据的收集，包括小组讨论、深度访问、实地考察等，定量数据收集可以通过问卷调查、实验法等形式。第二手数据是别人曾为某目的而收集的数据。其来源包括：图书馆、国际互联网、在线和非在线数据库等，数据的形式为书籍资料、论文资料、研究报告、统计资料等。

第一手数据与第二手数据各有优势。收集第一手数据，研究者可以专门针对自己的需要收集，可以自己定义数据的范围，也可以排除某些不相关的因素的影响等。而第二手数据的优势是收集的速度快，成本相对低，但是第二手数据未必能够满足回答研究的需要，因为数据是别人为其自身的目的收集的，其数据定义、测度指标、收集的时间等与我们的研究要求未必十分吻合。所以，用第二手数据作为唯一数据来源的研究多半是对历史行为进行回顾性的研究，或者是在各方面不可能收集到第一手数据的情况下。

在数据收集完成后，要对其进行处理。数据的处理主要是保证数据的准确性，并将原始的数据进行分类，以便转化成可以进行进一步分析的形式。数据处理过程主要包括数据编辑、数据编码和数据录入三步。数据编辑（Data Editing）就是要识别出数据的错误和遗漏，尽可能改正过来，以保证数据的准确性、一致性、完整性，便于进一步的编码和录入。数据编码（Data Coding）就是对所收集的第一手数据（例如对问卷开放式问题的回答）进行有限的分类，并赋予一个数字或其他符号。数据录入（Data Entry）是将所收集的第一手或者第二手数据录入到可以对数据进行观察和处理的计算机中。研究者可以用统计分析软件，例如 SPSS 等对所形成的数据库进行数据分析。

三、资料分析

在资料收集与处理完成后，研究者要对资料进行分析，常用的方法包括统计描述和统计推断。统计描述是指运用各种统计学手段（如统计表、统计图、统计指标等）对观测数据的数量特征进行客观如实地描述和表达；统计推断是指根据观测数据所提供的信息，对未知总体的情况作出具有一定概率保证的估计和推断，因为此类研究的目的在于认识客观规律，大多数研究仅是在少数样本中进行，而结论却要推论至研究对象的总体，所以研究资料只有通过对假设的验证，根据其发生概率的大小才能得到有意义的结论。例如在对克山病区急性克山病患者和健康人血磷水平的对比研究中，首先要分别测定若干个急性克山病患者和若干个健康人的血磷值，在此基础上求出两组人群各自的血磷平均值并加以比较。由于在实际工作中往往不可能或者没有条件进行普查性研究，只能做抽样研究。因此，研究所获得的观测数据多属于样本数据，其中包含着抽样误差。所以不能根据所观测到的急性克山病患者的血磷平均值高于健康人就下结论：急性克山病患者的血磷平均水平较高，而必须对这些观测数据进行统计学分析处理，分清在样本统计量之间表现出来的差别究竟是总体上的差别还是抽样误差造成的差别。只有在排除抽样误差带来差别的基础上，才能得出总体上有差别的结论。

对于有些研究，仅需要描述性的统计方法，而对于另一些研究可能就需要统计推断。在对假设进行验证时，有多种检验方法可供选择。正确地选择统计描述手段和指标是科研工作者必须掌握的基本功之一。在实际应用中究竟采用哪种统计学手段，选用什么样的统计指标，要根据推断目的、资料的性质、实验设计的类型以及样本的大小进行正确的选择合适的统计方法和验证方法。例如，对成组设计的两组计量资料的样本均数差别的比较最好选用 t 检验；对成组设计的三组以上计量资料的样本均数差别的比较则要选用方差分析；对两组或两组以上计数资料的样本率差别的比较需选用 χ^2 检验等。具体统计分析方法见第八章“研究资料的分析方法”相关内容。

第三节　护理研究结果交流与传播阶段

在完成上述所有工作之后，在整个科研过程中还有一项非常重要的工作需要进行，就是撰写论文，对研究阶段进行交流与传播。撰写论文是科研工作的最后一个步骤，是科研工作的重要组成部分，没有论文的完成，任何研究就不能称为完成。护理研究论文是护理研究成果的一种表现形式，是护理研究工作的书面总结，也是学术交流、信息传播、总结推广经验、储存科技知识的基础和有效方式。它是将护理科学研究中的研究目的、采用的方法和获得的结果进行科学的整理、归纳和分析所形成的文字记录和总结。总体而言，护理研究论文要做到结构合理、文字表达清楚确定，容易让人理解。从结构上而言，护理研究论文大多包括以下几部分。

1. 文题　又称论文题目。有学者认为，“论文题目是文章的一半”。论文题目是一篇论文给出的涉及论文范围与水平的第一个重要信息，是撰写论文的关键，必须用心斟酌选定，力求新颖、切题、简明、规范，一般不超过20个汉字。

2. 作者署名与工作单位　作者署名是文责自负和拥有著作权的标志。对作者应标明其工作单位全称及邮政编码，工作单位和邮政编码之间空一个字。

3. 摘要　摘要应简明扼要地提供全文重点信息，一般 200 字左右。内容包括研究的目的、方法、结果和结论，其中研究的结果和作者的结论是摘要的核心部分。

4. 关键词　关键词是反映论文主题概念的词或词组，便于作文献索引和检索。每篇论文一般选择 3～5 个关键词，可从题名、摘要中选出，也可参考美国出版的 *Index Medicus* 中医学主题词表（Medical Subject Handings，MeSH）。

5. 正文　正文是论文的主体，常包括前言、材料与方法、结果和讨论 4 部分，但此格式并非一成不变，研究者可以根据文章的实际内容进行必要的调整。

6. 参考文献　凡引用前人的论点、重要数据等，均要在文中引用处予以标明，并在文末列出具体的参考文献。

具体撰写论文的方法与要求详见第九章“护理论文的撰写”相关内容。

（马伟光）

第三章　确立研究问题

护理领域中需要研究的问题和尚未验证的理论很多，选题和确立研究问题的过程是研究工作的开始，也是研究最关键的阶段。选题在一定程度上反映了科研工作的水平和研究成果的价值，同时也决定了最后撰写论文的水平。

第一节　选择研究问题

一、研究问题的概念

研究问题是指研究者想要回答的特殊疑问，它确定了研究中所需收集资料的类型，研究者一般是从较宽泛的领域中识别出问题。研究目的是指研究者通过实施研究所要达到的特殊效果，是为了解决问题或通过汇集相关信息以促进问题的解决。课题是指一个已确立的科研题目，科研项目由若干个研究课题组成，是较复杂和综合性较强的研究题目。课题与项目两者之间的区别在于研究课题规模较小，周期较短，而科研项目则周期较长，复杂程度和规模较大。

二、研究问题的来源

护理领域需要研究的问题和尚待验证的理论很多，研究课题主要来自理论、实践、文献或他人建议。一个研究问题的产生，常需经过较长期的观察和思考，主要从护理实践和日常工作中发现问题，逐步形成新的想法，从而提出研究课题。选题是一个严密的科学思维过程，也是科技工作者理论水平和科研能力的综合体现。所以研究问题的产生需要有背景，需要有科学理论依据和实践基础，如在日常护理工作中遇到一些不能解释的现象或无法解决的问题，可在相关理论和实践经验的指导下，逐渐形成解决问题的具体设想和方法，从而提出要研究的课题。

1. 研究者自选题来源　选题过程是研究工作的重要阶段，如何发现和选择研究问题常是护理工作者的难点。研究问题通常来自护士的临床实践、阅读护理文献、社会问题及已有的护理理论等。不少人平时遇到的问题很多，但开始要做研究工作时，却又想不起来或感到很笼统。选择一个好的研究问题的确不是容易的事，需要平时多观察、多看文献和思考。目前护理研究问题大多为个人自选，由国家下达的研究题目还不多。研究题目的方向常见有：①研究各临床护理专业问题。②比较两种或两种以上的护理措施的效果。③评价新的护理方法或护理模式。④护理教育。⑤护理管理。⑥发展和检验测量工具等。

【例 3-1】 选题：测量腋温时间的探讨．实用护理杂志，1986，2（4）：16

该文研究者在阅读1977年全国中等卫生学校使用教材《基础护理学》时，看到书内提出腋表测体温时间应为6～7分钟，而1982年8月出版的《护理医学问答》一书内则规定腋表测体温的时间应为10分钟。由此作者发现两本书测腋温时间提法不同，为求得能准确反映个体腋温的测试时间而确立本研究题目。

【例3-2】 选题：社会支持与癌症患者生活质量的相关性研究及护理对策. 中华护理杂志，2004，39（1）：9-11

该文作者指出由于医学科学的飞速发展、临床诊治水平的不断提高，大量的癌症患者得以长期存活，传统的生物学指标如生存率、病死率等已不能全面反映患者的治疗效果。随着健康观念和医学模式的转变，生活质量（Quality of Life）已成为评价癌症治疗效果的研究热点。社会心理是影响癌症患者生活质量的重要因素。而社会支持是社会心理因素的主要内容。本研究通过对癌症患者的生活质量和社会支持进行调查，探讨社会支持与癌症患者生活质量的关系，并讨论如何制定相应的护理对策，以提高护理质量、改善癌症患者的生活质量。

【例3-3】 选题：院外追踪健康教育对提高心血管疾病患者遵医行为的影响. 中国实用护理杂志，2008，24（12）：45-47

该文作者指出，目前许多心血管疾病患者康复出院后，随着时间的推移，患者的遵医行为降低，心血管疾病可逆危险因素不能坚持控制，导致病情反复，形成恶性循环，已成为当前较普遍的现象和心血管医务人员正待解决的重点、难点。因此确立了对出院心血管疾病患者实施院外追踪健康教育服务的研究题目。

综上所述，一个研究问题的确立，除了从实践经验和日常工作中发现问题外，还需要根据有关理论和专业知识来帮助分析及选择研究内容、方法和提出预期目的，以确立研究题目。因此考虑研究问题的过程必须始终与有关理论和专业知识相结合，一般在研究课题开始之前，需要先了解与本课题有关的信息和研究水平，故查看文献和立题多是共同进行的，这样对立题的水平和深度能起到很好的作用（图3-1）。

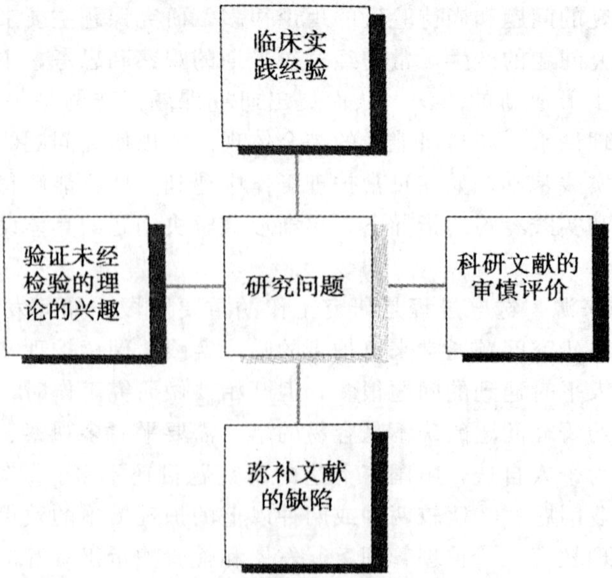

图3-1 研究问题的来源

研究问题的确定可以来自临床实践经验，对科研文献的审慎评价，弥补文献的缺陷和对未经验证的理论的兴趣，如图 3-1 所示，具体步骤可以是：产生想法→进行探讨→回顾文献→确定变量→形成研究问题。

2. 研究课题的来源　研究课题或项目主要来源于临床实践，也可以从他人的课题研究中获得启发。选择课题不但要考虑本专业的学术发展需要，也要考虑目前和未来社会的需要。例如社区护理、艾滋病护理、健康教育和护理人力配置等，都是目前需要深入研究的内容，每个阶段都会有大量需要研究的护理问题可以选择。

（1）计划内的课题：指纳入国家及上级主管部门科研及教学计划的选题，并有经费及其他方面的资助。①指令性题目：是国家或各级主管部门根据医疗卫生事业发展规划的需要而下达的指令性科研课题。课题的方向明确、目标清楚，一般都有专项拨款和限期完成。②指导性题目：科研课题由基金资助或公开招标方式，通过专家评议，择优选择承担课题（或项目）的单位和研究者，如自然科学基金、青年科学基金、国家卫生部招标课题等。

（2）计划外的课题：指国家或上级单位一般不给予专门经费资助的课题。如对外协作课题，由外单位确定课题的研究目的和内容，提供相应的经费；本单位或个人自由选题，这些课题选题范围宽，取得有价值的成果后，也可以进一步申报计划内课题。

三、选择研究问题的注意事项

1. 选择对临床有指导意义的问题进行研究，要立足于创新　选题需要有明确的目的，应明确规定须解决的问题和要达到的目的。选择内容要注意有创新，多选别人没有或很少想到的内容进行研究分析，研究内容要避免完全重复别人的工作。一般护理研究问题大都来自于临床实践，故选对临床有指导性的问题才有意义且比较容易做到。创新具体地说是在前人知识的基础上增加新的内容，故在选择一个研究方案或组织一篇文章内容时，都应注意到是否有新意。选题不仅仅是指文章的题目，也应包含研究或文章要具体做或写哪方面的内容，因此选择有新意的题材，需经过查阅文献和反复修改后，才能确立研究问题。创新也可以是部分创新，即在前人研究的基础上增加新的内容，但应避免完全重复别人的研究。一个研究主题可以多次出现，也可以选择与他人相似的题材研究，但要有区别，要注意不断增加新内容、新的认识或新的方法。创新是科研选题的重点，也是确定题目的基本条件和价值所在。一个研究结果的价值或评价一篇论文水平高低的关键在于要有新意，即在论文中有自己的新观点或新论点，若无新意，则读者不会去阅读，杂志也不会去刊登，如例 3-4。

【例 3-4】 临终患者的心理特点及护理的探讨。

内容：临终护理对象是指那些在医学上已经判明无法治疗，将在 3～6 个月内死亡的患者而言。其护理任务不是使患者更好地康复，而是使患者在有限的日子里，在充满温暖的气氛中安详、舒适并有尊严地离开人世。

1. 临终患者的心理特点

（1）恐惧心理：患者及临近死亡患者的心理上首先会有一种可怕的恐惧感和悲伤感，情绪常表现为闷闷不乐，紧皱双眉，唉声叹气，感情脆弱。

（2）愤怒心理：随着发展，患者可以预感到自己病情严重，因而会表现出惊恐不安，易怒，产生一种愤怒情绪，不能很好地配合治疗。行动上表现为拒食、发脾气、摔东西、拒绝输液等。

（3）抑郁心理：随着病情进一步恶化，患者可能出现全身衰竭，语言越来越少，表情淡漠，患者已充分了解到自己已接近死亡，心情明显忧郁，深沉的悲哀，内心痛苦，有时暗自流泪，有时沉默，尤其当看到同种疾病患者死去时，更加剧了他们的思想压力。

(4) 认可心理：病情发展越来越重，患者深知病情加重面临死亡，心里反而平静下来，表现为认可心理，临床表现为昏睡、疲倦、孤独，不愿与人交流。

2. 临终患者的心理及精神护理

(1) 消除恐惧心理：当患者直接或间接地了解到自己可能快死之时，心理上就是想尽一切办法否认这个事实，严重的心理创伤对疾病的缓解极为不利，护士首先要亲切地与患者交谈，在交谈中注意倾听患者的主诉，表现为热情理解，使用合适的语言、神态，取得患者的信任并根据患者的需要随时出现在患者身边，这些接触能使患者产生一种被照顾和关心的感觉。

(2) 摆脱愤怒情绪：最有效的方法就是以真诚热情的态度疏导，鼓励患者把想法和愤怒心情表达出来，决不能以愤怒回击患者，应该理解和同情患者，帮助他们度过人生不可避免的经历，使临终前的患者能通过临终护理看到护士在临终前进行无微不至的照料，将是一种极大的安慰，因而减少恐惧和愤怒情绪，积极配合治疗。

(3) 临终患者特别需要人世间的温暖，社会的尊重，精心的照料和亲友们的依恋：我们在护理工作中应具备良好的职业道德，树立正确的生死观，富有同情心、责任感，尊重患者，尊重生命，尊重患者的生命价值，尽量给患者以安慰、鼓励与支持，让他们把恐惧和忧虑表达出来，减轻心理不适，以期达到精神上的解脱。同时护理人员的主动关照对患者能产生积极作用，也是一种精神支持疗法，使患者感到安全感和信赖感，以达到心理上的稳定。

(4) 做好家属的安慰和解释工作：患者家属的言行直接影响临终患者的身心健康，在做好临终患者护理的同时，做好家属的心理护理，向他们宣传生与死的客观规律及人生临终阶段提高生活质量的重要性，特别是家属的情绪和患者的病情的关系，在工作中应及时给予开导、解释、同情和安慰，由于家属在思想上对病情有了一定的准备，控制了感情，稳定了患者的情绪，配合患者共渡难关，护士对患者家属心理及精神上的安慰，还可以缓解因患者病情而造成的悲痛。总之，护士必须注意自己的言行，护士是患者最后接触的人，是会见死者家属最早的医务人员，因此临终患者及家属都期待护士的临终护理，尤其是心理及精神护理。

评论：以上选题对临床虽有实用意义，但读完文章后，可以看出内容多为大家已知的知识的复述，且缺少研究者自己收集资料及从工作中或研究结果中归纳总结出的新知识、新观点或新方法等。所以创新具体地说是在前人知识的基础上增加某些新的内容，故在设计一个研究方案或组织一篇文章内容时，都应注意到是否有新意这一点。选题不仅仅是指文章的题目，还应明确研究要具体做哪方面的内容，因此选择有新意的题材，须经过查阅文献和反复修改后，才能确立研究问题。

2. 选题范围不可太大，涉及面过大则不易深入　如“压疮问题的探讨”，题目范围就太大，它包括了有关压疮的发生、症状、预防、治疗及各年龄段、各病种患者压疮发生后的不同处理和护理等诸多方面内容。该题包括了与压疮有关的所有问题，涉及内容太多。若把题目改为“昏迷患者压疮发生率与翻身次数关系的探讨”，则研究对象、目的和范围就比较具体和明确。其他如“病情观察的探讨”、“如何做好老年患者心理护理的探讨”、“探讨高血压患者的心理护理等”，都是题材范围太大，很难开展研究和写好文章。义如“探讨内科患者的心理特点和护理”题目也太大，它要求对内科不同疾病患者的心理特点进行了解，然后再进行护理的探讨，在一个题目中完成这些内容也是很复杂的，因为内科病种很多，每个病种不同患者的心理特点会有很大差异，而且因年龄大小、病情轻重等也会影响心理活动。所以选题要注意具体和明确，范围不可太大，最好每一个研究题目集中解决1～2个问题。

3. 研究问题的可行性　任何研究都会受到时间、经费、人力、技术等多方面条件的限制，故应充分考虑研究工作完成的条件是否具备。仪器设备和测量工具是收集研究资料的手段，而足够的时间和经费、研究对象的合作是进行和完成研究的保证。另外，还要考虑研究是否违背伦理原则或政策。只有各方面条件具备，研究问题才能确立，并使下一步研究工作顺利进行，最后取得较好成果。

4. 最好结合自己熟悉的专业选题，即自己能够掌控要进行的研究，不论自己的知识水平、技术能力、研究经验等都能使自己有把握使研究得以顺利进行。

选题过程中，不论研究预期结果是正效应或负效应，只要具有实用性、合理性和可行性，都是可选择的。如研究某化学物质有无致癌作用，如果结果是正向的则表明可致癌，而如果是负向结果则证明无致癌性，都是很有意义的。在研究工作的不断开展中，随着研究内容的不断扩大和深入，新的题目会陆续产生，围绕一个中心内容，可以逐步构成一系列研究课题，从而形成稳定的研究方向。

四、研究问题的描述

研究问题的描述内容主要包括确立研究问题的背景和预期目的，即描述立题依据或理由及研究的预期目的。实际上提出护理研究问题、查阅文献和形成假设等步骤常是交叉进行和不可分割开的，因此问题的描述就是针对以上各项步骤内容做出的综合叙述，用以指导研究设计。

许多研究者在文章起始首先直接描述研究目的，通常使用一到两句简短的话语来概括研究的本质，并在问题陈述中表明研究的背景和意义。在量性研究中，研究问题确定了研究的关键变量（特别是因变量和自变量）、变量间的关系以及研究人群。本章例3-1～例3-3的问题陈述中均可见到除叙述选题理由外，还明确指出研究的预期目的。如例3-2除说明选题理由“随着健康观念和医学模式的转变，患者的生活质量（Quality of Life，QL）已成为评价癌症治疗效果的研究热点。社会心理是影响癌症患者生活质量的重要因素，而社会支持是社会心理因素的主要内容”，还指出研究预期目的是通过对癌症患者生活质量各社会支持方面的调查，探讨社会支持与癌症患者生活质量的关系，同时还要讨论如何制定相应的护理对策。例3-5对研究的背景、问题、假设、目标等进行了清晰的描述。

【例3-5】　化疗的不良反应

项目	举　例
主题	化疗的不良反应
研究问题	恶心和呕吐是化疗患者常见的不良反应，以往的方法对减轻这些不良反应的干预效果较为微弱，能够减轻或预防这些不良反应的新方法有待进一步研究
目的陈述	本研究的目的是检验减轻化疗不良反应的干预方法是否有效，比较由患者自控和由护士管理给予止吐药两种方法对于控制化疗患者恶心呕吐的效果

续表

项目	举　　例
研究疑问	由患者自控给予止吐药相对于由护士管理给药，在药物用量和恶心呕吐的缓解程度上有哪些方面的有效性
假设	1. 研究对象接受患者自控泵给予止吐药物比由护士管理给药者主诉恶心者少 2. 研究对象接受患者自控泵给予止吐药物比由护士管理给药者呕吐次数少 3. 研究对象接受患者自控泵给予止吐药物比由护士管理给药者应用止吐药量少
目标	本研究目标如下：1. 为正在接受化疗并因此导致呕吐的患者发展和实施两种给予止吐药物的方式（患者自控和由护士管理）。2. 检验 3 种假设，不同给药方式在药物用量和症状控制的相对有效性。3. 应用研究结果为治疗过程可能发生的改变提供建议

第二节　形成研究假设

一、研究假设的定义

1. 定义　假设是指研究者对所提出研究问题提出的一个预期性的研究结果（各变量之间关系）或暂时性的答案。研究者通过对资料进行分析、综合和周密的思考，根据相关理论和知识的归纳推理，对要进行研究的问题做出一种因果关系的预测。假设是研究者对研究预期目的，即各变量之间的关系，进行初步的、带有假定意义的理论解释，也是研究工作的重要步骤和基本程序之一，可帮助研究者明确研究目的和避免盲目性，一般研究设计都是以证实研究假设为目的。总之，假设是研究前对要研究的问题提出的预期目的，需要通过试验来证实或否定。

假设是关于两个或更多变量之间关系的陈述，它提出了研究问题的答案。假设把研究问题提出的小问题转换为预测预期目的的明确的表述。它用预期目的或研究结果的方式，解释或预测了两个或更多变量之间的关系或区别。但是并不是每一个研究都一定会有假设。有的研究没有大量研究结果做基础，如探索性、描述性的研究，它们采用研究问题更为合适，而不用研究假设。相反，那些有大量知识背景的研究，如研究目的暗含检测一种干预的效果，或两种干预效果的对比，或对比两种可更换的护理策略的患者结局的研究，一般会采用研究假设。

2. 假设的作用　假设需要在研究实施前形成，因为假设可以提供收集、分析和解释结果的方向，减少盲目性。当作者没有把研究假设放在引言部分后面或者研究方法之前，那么它们可能隐含或暗藏在文章的结果或讨论部分。

有些研究者相信，研究的进行需要依据研究假设，但诚如先前所提到的，研究假设并不是研究所必需的。无论如何，研究假设对研究问题的澄清、明确而言还是非常重要的。具体来说，研究假设具有以下的作用：

（1）研究假设的形成提供了研究的焦点。依据假设，提出并确定研究中的自变量和因变量的种类、数目及其关系，从而确定了研究的方向和具体目标。

（2）依据假设，可以确定研究中收集资料的方向、范围和方法。

（3）依据假设，确定处理与分析数据资料的方向、范围，以便验证假设。

（4）研究假设可以使理论的形成更加完整，帮助填补知识体系的不足。假设是连接客观认识与事实间差距的一种特别有说服力的方法。具体的验证假设的过程如图 3-2 所示。

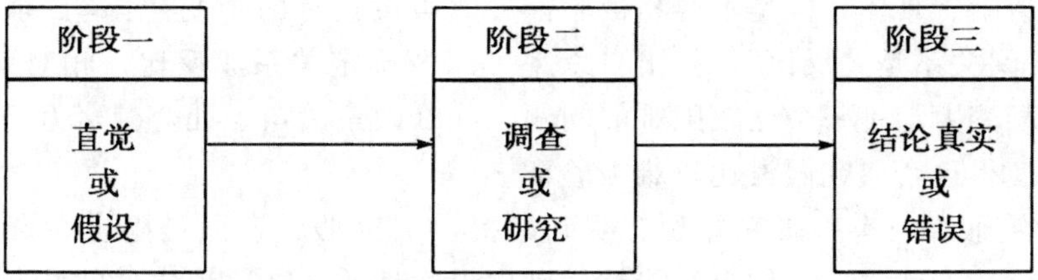

图 3-2　验证假设的过程

3. 假设的特征　当护士在实施一项研究或评判他人的研究的时候，必须了解“怎样才是一个‘好’的假设”。这样能使她们有一个标准去评价她们自己或他人的工作。如下关于假设特征的讨论能够提供形成或评价一个假设的标准。

（1）变量间关系的陈述：假设的第一个特征即它是一种描述两个或多个变量之间关系的陈述。这意味着自变量和因变量之间有系统性的关联。一些预测结果的方向也会在陈述中明确，常表现在优于、差于、高于、低于、有积极的作用、消极的影响等词汇表述上。

此外，关联的属性，不管是因果或者相关性的，也会在假设中有所体现。因果关联是指研究者能预测自变量会引起因变量的改变。在研究中，标准的因果关联是很少见的，如一个研究者可以假设放松疗法对心肌梗死患者的心理和生理状态都会有积极的影响，但是研究者很难预测一个很强的因果关联，因为众多控制变量（如年龄、药物、生活方式的改变）都会影响受试者的健康状态。变量间的联系更多的是非因果的相关性的联系。这就意味着两个相关现象的联系多是相关性的，如吸烟与肺癌，吸烟并不一定得肺癌，得肺癌的也并不是都吸烟，但是吸烟是肺癌的危险因素，因此两者是相关但非因果。

（2）可测量性：假设的第二个特征就是假设的可测量性。这就意味着研究中的变量必须是可以观察、测量和分析的。资料收集、分析之后，研究结果可以支持或否定假设。在验证假设的时候，假设提出的预期结果可以与实际结果一致也可能不一致。假设通过支持或者拒绝某种理论来推动知识进步。一些失败的假设不能符合可测量的标准，因为研究者没有做出对预期结果的预测，或者变量是不可观察和测量的，或者假设是用非逻辑的方式提出的。研究假设无法被测量，它便不能被验证，因此就没有结论。

（3）文献支持或理论基础：一个坚实的假设应该与存在的理论及多数研究的结果是一致的。一个假设不管是引导性的或演绎性的，它都必须建立在坚实的科学基本原理基础上，必须能够使他人明确如何从研究问题推理到文献回顾，到理论框架，再到研究假设的。

研究假设是基于研究问题、文献回顾和/或理论框架的一个暂时性的命题，它的有效性是未知的，是需要进一步研究进行验证的。

(4) 简洁、具体且概念清晰：一项研究假设必须简洁、具体且概念清晰。建立研究假设时不能模棱两可，如果模棱两可，则研究假设将不可能被验证。它必须是“单项的”，也就是说一次只能验证一种关系。为了要发展出好的研究假设，你必须熟悉研究主题的领域（文献回顾会有很大的帮助）。对研究问题有越深入的了解，则建立的研究假设就越简单。

例如：医院职工中男性的平均体重指数高于女性。

上述的研究假设很清晰、具体，且容易被验证。它告诉你研究要去比较的变量（体重指数），比较哪些群体（男职工与女职工），以及你想建立什么观点（男职工的体重指数较高）。

另外一个例子：自杀率与社会凝聚力成反比。

这个假设清晰、具体，但是不容易被验证。此假设具有两个变量：“自杀率”及“社会凝聚力”，变量间关系是“反比”，找出自杀率，以及确定关系成反比，相对而言都较容易，但是确定社会凝聚力却是一个比较困难的问题。什么因素决定了社会凝聚力？应该如何测量它？这个问题使得这个研究假设比较难被验证。

4. 形成研究假设　有些研究并没有明确地提出研究假设，而是隐含在资料分析、研究结果和讨论部分，这就需要我们自己能够辨别假设的性质。在这种常见的情况下，熟悉假设的组成、形成过程、书写和评价的标准是非常重要的。

假设来自研究问题、文献回顾和理论框架（图 3-3）。

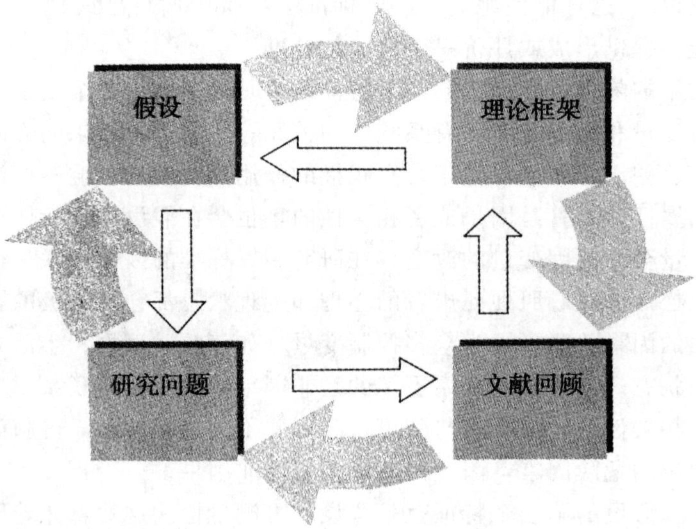

图 3-3　研究问题、文献回顾、理论框架和假设之间的相互关系

假设是关于两个或更多变量之间关系的陈述，它提出了研究问题的答案，把研究提出的小问题转换为预测预期目的明确地表述。它用预期目的或研究结果的方式，解释或预测了两个或更多变量之间的关系或区别。

二、研究假设与研究问题

研究假设与研究问题息息相关，更是研究问题的另一种呈现方式，每个研究假设都是大的研究问题的一部分，一个大的研究问题可以衍生出一个以上的假设。以例 3-6 来说明研究假设与研究问题的关系。

【例 3-6】 高丽，李峥，David Arthur，等. 心肌梗死患者院外自助式心脏康复的效果研究. 中华护理杂志，2008，43（5），392-396

自助式心脏康复作为一种新型的院外心脏康复形式已在英国开展并应用于心脏病发作后的患者，其特点是简单易行、费用低。本研究旨在观察我国急性心肌梗死患者进行院外自助式心脏康复的效果。下面就将此研究以研究问题和研究假设两种方式呈现，以比较两者之间的异同点。

研究问题：院外自助式心脏康复对我国急性心肌梗死患者的效果如何？

研究假设：

1. 院外自助式心脏康复能够影响急性心肌梗死患者心理指标（焦虑和抑郁、自尊、心理健康状况）。

2. 院外自助式心脏康复能够影响急性心肌梗死患者健康相关生活质量。

3. 院外自助式心脏康复能够改变急性心肌梗死患者生活方式（坚持锻炼情况、吸烟情况）。

4. 院外自助式心脏康复能够影响急性心肌梗死患者临床指标（出院后胸部不适的发生次数、由于心脏原因看门诊的次数、再入院次数）。

评论：由本例可以得知，研究假设能具体地预测研究自变量（院外自助式心脏康复）对研究因变量所产生的变化，此变化依赖自变量的影响，且此推测必须合乎逻辑，要有文献或临床经验支持方属合理。

三、假设的类型

任何通过研究来验证的假定就是假设。因此，理论上假设只有一种类型，也就是研究假设——研究的基础。由于科学研究的传统，以及建立研究假设时的表达方式，假设可以被归类为多种类型。广泛的来说，假设可以分为两类：研究假设和无效假设。

1. 研究假设　研究假设是指提出了变量间预期关系的假设。如假设 1：少女运动行为对其痛经有影响。该假设明确了变量运动行为与痛经有关系，即可称为研究假设。

研究假设又进一步分为有方向性假设和无方向性假设。

有方向性假设是指明确了自变量和因变量有关系的假设，并且呈现了变量间关系预期结局的方向性。如假设 2：吸烟会增加肺癌的发生率。该假设明确了变量吸烟和肺癌之间的关系，并且明确了这种关系的预期方向。

无方向性假设是指明确了自变量和因变量有关系，但是没有指出预期结局的方向性。如假设 3：饮酒对心血管病的发生率有影响。该假设明确了变量饮酒与心血管病的发生有关系，但是没有指出这种影响的方向性，可能是饮酒能减少心血管病的发生，也可能是饮酒会增加心血管病的发生。

2. 无效假设　无效假设也叫统计学假设，是指假设指出自变量和因变量之间没有关系。无效假设是科学界的习惯。如假设 4：阿卡波糖及二甲双胍类药物对糖尿病患者血糖的控制没有差别。该假设明确自变量阿卡波糖及二甲双胍类药物与因变量糖尿病患者血糖水平没有关系。

无效假设的功能是，假如无效假设证明为假，则研究假设将视为真。在某种程度上，无效假设是研究假设的相反陈述。

四、研究假设与研究设计的关系

不管研究者采用了研究假设或无效假设，假设和研究设计都会有很大关系。研究设计的类型，如实验性或非实验性，会影响假设的表述。

当采用实验性研究设计的时候，我们更希望看到反映变量间联系的假设，如例 3-7。

【例 3-7】 李菁，李峥，李五一，等．阻塞性睡眠呼吸暂停低通气综合征患者行为干预的效果研究．中华护理杂志，2008，43（12），1083-1087

假设：一般性行为指导加 16 周行为干预较单独接受一般性行为指导能改善阻塞性睡眠呼吸暂停低通气综合征患者的生理、睡眠症状、生活质量和依从性。

这种假设就表明了会采用实验性干预——16 周行为干预，以及会把受试者分为两类：干预组和控制组，来验证假设的结论是否正确。相对的，假设也会验证相应的实验性研究设计中干预的效果，即 16 周行为干预的效果。

相比之下，与非实验性设计相关的假设多反映相关性关系，如例 3-8。

【例 3-8】 洪静芳，李峥．临床实习护生健康促进生活方式与健康行为自我效能的关系．中国心理卫生杂志，2008，22（3），210-213

假设：我国临床实习护生健康促进生活方式现状与自觉健康行为自我效能之间相关。

这种假设就表明了该研究会调查实习护生健康促进生活方式现状，以及自觉健康行为自我效能，而不采用干预。

全面审慎地思考能帮助你确定假设的类型及假设——验证的试验设计类型。图 3-4 提供其中一种确定假设类型的流程：

值得注意的是，并不是每一个研究都一定要采用研究假设。有的研究没有大量研究结果做基础，如探索性、描述性的研究，这类研究一般采用非实验性研究设计，它们采用研究问题更为合适，而不用研究假设，见例 3-9。

【例 3-9】 刘华平，巩玉秀，么莉，等．护士人力资源现状分析和配置标准研究．中国护理管理，2005，5（4），22-25

研究目的：了解全国综合性医院普通病房护理工作量及护理人力资源配置状况，为制定《中国护理事业发展规划纲要（2005～2010）》提供依据。

研究方法：观察法和问卷调查法。

研究过程：本研究分两个阶段：第一阶段为编制测算方法、普通病房配置标准的研究，采用观察法；第二阶段为护士人力现状调查、特殊病房配置标准的研究，采用观察法及问卷调查法。

研究结果：88%的医院存在护士缺编情况，护士在岗人数占在编总人数的 84.53%，平均医护比为 1∶0.82。各医院普通病房实际平均床护比为 1∶0.36，最低的仅 1∶0.26。

评论：由于没有大量可靠的有代表性的国内研究结果做基础，因此该研究着重描述并初步探索我国综合性医院普通病房护理工作量及护理人力资源配置现状。阅读该文章，我们可以通过研究目的明确研究问题，即：全国综合性医院普通病房护理工作量及护理人力资源配置现状如何？但是该文没有明确提出或隐含假设。如上所述，这类研究没有大量文献支持，因此更适合采用研究问题的方式，而不需要也不适合采用研究假设。

研究假设一般不应用于质性研究，下面用例 3-10 加以说明。

【例 3-10】 王宁燕，乔玉宁，束劲松，等．食管癌患者放疗过程中真实体验的质性研

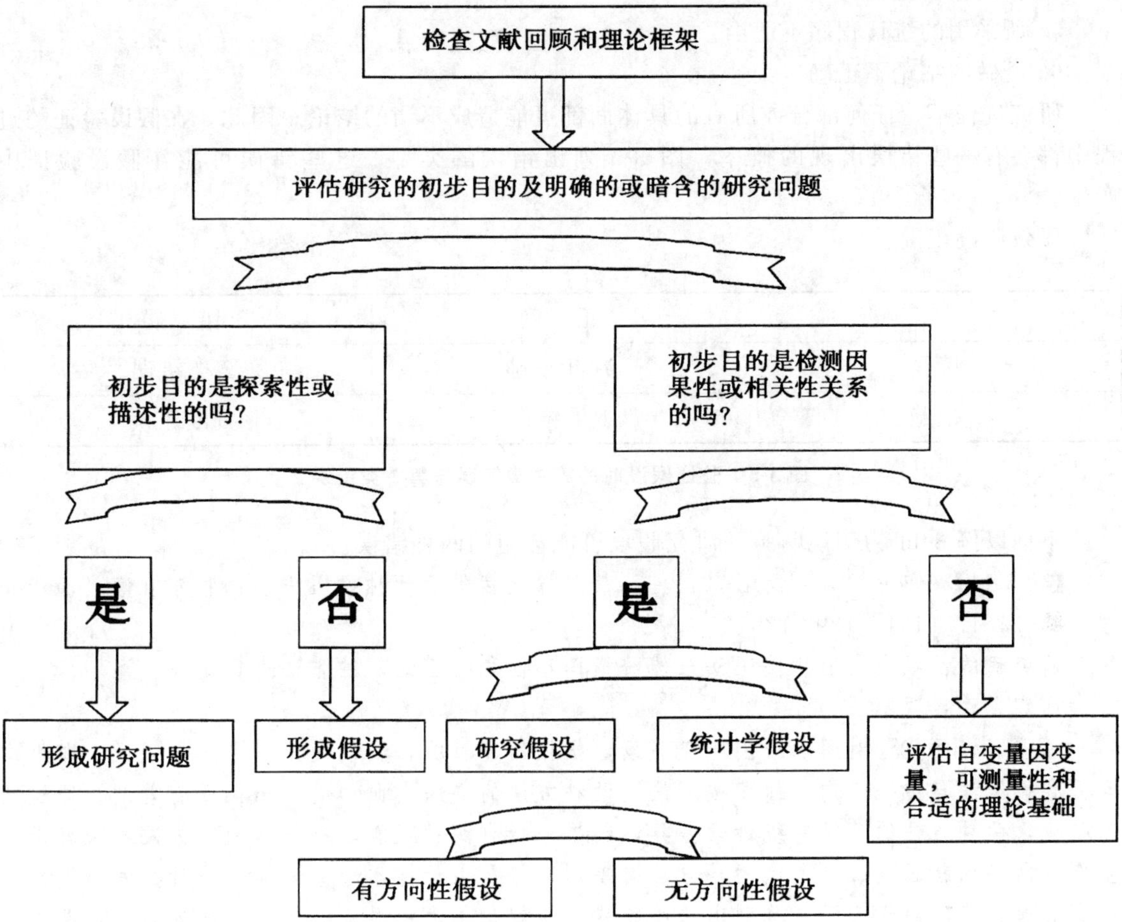

图 3-4　确定研究假设的类型

究. 解放军护理杂志，2009，26（3）：9-10，13

研究目的：了解食管癌放疗患者在接受放疗过程中内心真实体验，以引导护士更好地为患者提供全身心护理。

研究方法：深入访谈法。

评论：质性研究多是用来解决一个未知的问题或者深度挖掘一种现象、一种行为等，因此质性研究一般不采用研究假设，而采用研究问题，阅读此例我们可以看出其研究问题为“食管癌患者放疗过程中真实内心体验为何”，能够很好地指导资料的收集、分析等，采用研究假设反而会局限研究的思路，不利于获得更全面、更深入的资料。

五、验证假设时可能犯的错误

诚如前面所说，假设是一种可能被验证为正确或错误的假设。假设可能导致错误的结论，这是有多方面的原因的，其原因有：

1. 所选择的研究设计是错误的。
2. 所采用的抽样过程是错误的。
3. 资料收集的方法不正确。

4. 资料分析错误。

5. 所采用的统计程序不适当。

6. 所做的结论不正确。

研究过程不论任何部分或所有的具体面都可能造成不当的结论。因此，在假设验证的过程中都会有一些错误出现的概率。图 3-5 列出错误的类型，这些错误可能在假设验证中产生。

无效假设正确：

	正　确	错　误
接受	判断正确	2 类错误
拒绝	1 类错误	判断正确

图 3-5　验证假设时的第 1 类错误与第 2 类错误

下面以例 3-11 为例说明验证研究假设可能会犯的两种错误。

【例 3-11】 单伟颖，刘恩君，何仲．静脉输液拔针后两种按压方法的临床观察．现代护理，2003，17（12）：1390-1391

研究目的：纵向大面积按压法与传统横向小面积按压法两种方法进行比较。

研究方法：观察法。

评论：该研究没有明确给出研究假设，根据研究目的，我们提出一个无效假设，即纵向大面积按压法与传统横向小面积按压法这两种方法的皮肤出血和皮下出血没有差别。通过研究验证，两种方法的确没有统计学差异，结果分析有两种可能，一是这两种方法本来就没有差别，所以判断正确；二是这两种方法有差别，但是由于样本选择偏倚，统计方法错误或者观察者有偏倚导致我们没有鉴别出这种差异，这就是 1 类错误。如果通过研究验证，两种方法有统计学差异，结果分析同样有两种可能，一是这两种方法的确有差异，判断正确；二是两者本来没有差异，但是由于上述种种原因，导致了这种统计学上的差异，这就是 2 类错误。

总之，从研究假设所下的结论中，有两类错误可能发生：当你拒绝无效假设，而它为真时，便是第 1 类错误；当你接受无效假设，而它为假时，便是第 2 类错误。

第三节　理论/概念框架的形成

护理研究发表的论文中，经常会见到理论框架、概念框架、概念模式等名词，有时这些名词在一篇文章中还出现混用的现象。了解这些名词的含义及其在护理研究中的意义，可以帮助我们理解、学习和借鉴其他护理研究方法和成果。

有些研究框架虽然没有被研究者明确地提出来，但是，每一项护理研究都有自身的框架。护理研究中常运用的框架包括理论框架和概念框架。这些框架是研究中选择研究变量、建立概念与概念之间的联系、形成假设、设计研究工具、解释研究结果的基础。事实上研究人员在构思研究方案，界定研究变量过程中，就已经有了研究框架的雏形，只是未加进一步阐述和分析。例如，一项护理研究中出现照护（caring）这一概念，而照护的含义可以有多种解释，既可以被解释为人的天性之一、一个道德观念、一个情感、一个相互作用，也可以是一项护理干预。因此，研究者必须阐明在其研究中照护一词的准确意义，也就是说明该研究的概念框架。

一、基本概念

1. 概念　是对所要研究的事物或现象的特征进行描述、界定或概括，以明确其含义及独特性的名词，例如健康、护理、焦虑等。

2. 命题　是对两个或两个以上的概念之间所存在的某种关系的阐述。如，放松技术可降低焦虑程度。命题可指出概念之间相互关系的方向、强弱、顺序等特征，一系列命题的组合构成了框架的核心内容。

3. 理论　是由一系列概念、命题整合而成的对某一现象的阐述、解释、预测或控制，是系统解释现象之间相互关系的抽象判断和概括。理论较概念模式的范围小，也更具体化，可通过实践得以验证。理论可分为科学理论、本体理论以及假说性理论三类。必须说明的是，任何理论都不是一成不变的，而是可进行持续的修订和改进的。

4. 框架　框架是对研究变量及其相互关系的一种逻辑的、抽象的结构，通过框架可以使研究和有关知识与理论相连接。

5. 概念模式　是解释现象，陈述命题，反映哲理的一系列抽象的、相关的结构。例如Orem的自理模式阐述了护理人员如何通过确立全补偿护理系统、半补偿护理系统、教育支持护理系统来帮助自理缺陷的患者提高自理能力；Roy的适应模式阐述了与适应相关的概念以及这些概念如何相互作用以达到适应状态。概念模式和理论比较，结构更松散且缺乏内在的逻辑关系。

6. 理论框架　利用已有的理论对研究中各概念或变量之间的相互关系做说明，则该理论就是该研究的理论框架。理论框架为研究中各变量建立系统的、逻辑的、精确的关系提供理论指导；是建立和发展科研假设的理论依据；是科研设计以及对科研结果进行解释、推广应用的基础。

7. 概念框架　如果研究暂时找不到相应的理论作为依据，则可以利用普遍被人们接受的命题或者学说对变量之间的关系进行说明，此时这些命题的组合就成为该研究的概念框架。因此，概念框架其实是一种尚未成熟的，或未完全整理好的解释现象的方式。虽然与理论框架相比，概念框架尚缺乏成熟的演绎系统，但它可以成为理论的前身。

二、理论/概念框架的作用

理论/概念框架可以说是研究者如何去看待一个问题或现象的观点，而问题与现象怎么看，又跟个人的参考坐标有关。举个例子，如果看到雨后天空的彩虹，你可以站在物理学观点说是“在天空某一个方向画出来的辐射强度对波长的图”，也可以站在艺术家的观点反驳物理学家没有美感的定义，因此，理论/概念框架可以说是研究者引导读者怎么看该研究的蓝图。然而概念框架不一定是图、表，它也可以是一段文字叙述，目的在引导研究者与告诉他人研究的概念、假设、目的、研究方法是怎么样的。

理论/概念框架是研究设计的基础。并不是所有的研究都有一个理论或概念模式，但每一个研究都有其框架。如果一个研究建立在一个理论的基础上，这个框架就称为理论框架；

如果研究是以具体的概念模式为基础，这样的框架通常被称为概念框架（然而，概念框架、概念模式、理论框架这些名词通常被通用）。

理论/概念框架的作用如下：

1. 统领文献知识　理论框架和概念框架是研究者提出研究的理论依据，为研究提出了研究思路，确立了研究的范围。进行研究时，如果能把片段的知识放在一个更大的理论框架中，将有益于知识的理解和整合。所以，发展理论/概念框架不仅是提供研究的方向，更是发展理论不可或缺的发展过程。

2. 呈现研究相关概念及概念间关系　理论框架或概念框架可指导研究人员总结和组织出有序的研究结构，从而使研究结果有意义并能被推广，并且使研究与应用研究结果、扩展知识基础相联系。理论/概念框架由于包含了各个概念及概念间的关系，因此除了能引导研究者进一步了解研究问题的概念与形成假设之外，还可以通过将概念间关系的结构用图表示出来，更清楚地将研究概念与假设呈现给读者，因此，研究框架越精简，越容易使人理解。

3. 呈现研究设计方法　从研究架构概念间关系结构可以看出该研究是属于何种性质的研究设计方式。

4. 作为研究结果整理、分析与解释的依据　理论和概念框架不但可帮助研究人员理解现象的实质，而且指导研究人员认识到该现象出现的原因，是预测其发展趋势的基础，以达到解释、预测或控制现象的目的。理论/概念框架可以作为研究结果比较、分析的依据，使研究结果不致成为零散没有组织的报告，研究者可运用研究框架中界定的变量，将研究结果一一呈现，使得研究结果得以组织起来，从而达到与理论知识体系相连接的目的。在一些质性研究方法中，这种先预设研究架构、界定变量用于作为研究结果分析依据的研究设计，更是研究过程中不可缺少的步骤。

理想的理论框架或概念框架图应具备两个特征：

（1）逻辑性：能反映概念或变量之间的逻辑关系。

（2）指导性：能指导研究方案的设计，包括资料收集方法的选择、研究工具的设计、结果的解释等。

在护理研究中，常用的理论或概念框架包括 Orem 的自理模式、Roy 的适应模式、Neuman 的健康照顾系统模式、King 的开放系统模式、Pender 的健康促进模式、Lazarus & Folkman 的压力和应对模式等。许多护理研究者感兴趣的概念并不是护理专业特有的概念，因此护理研究有时使用非护理专业的框架。使用其他学科（如心理学、教育学）的理论或概念框架（借用理论）一直存在争论——一些评论者提倡发展护理独特的理论。然而护理研究可能会继续沿着目前以多学科和多理论的角度进行研究。而且，当一个借用理论在健康相关的情景下有足够的经验得以证实，这个理论就变成了共用理论。

要了解的是，不是每一份研究报告都呈现出其研究的理论/概念框架，有的只说明沿用的理论模式或只是研究假设与名词界定说明研究范围，而未呈现其研究架构。以质性研究为例，因其探讨的研究现象尚不清楚，所以研究架构往往就是一个研究结果的呈现；另一方面，有些质性研究的设计，需要研究者不预设理论与假设，即存而不论，从而使研究对象的主观经验不受研究者先前的假设理论影响，所以只说明研究观点，而研究设计不含研究架构。

三、形成理论/概念框架的基本过程

理论框架或概念框架的形成是建立在对研究目的和意义的深入认识，以及全面文献查询基础上。如果是实验性或类实验性研究，其理论或概念框架的形成应建立在描述性研究或描述相关性研究的基础上。形成理论框架或概念框架的方法和步骤为：

1. 选择与研究现象相关的概念，并对概念进行界定　形成理论/概念框架第一步是要清楚地列出研究问题与研究假设，这其中包含了相关的概念与概念间关系的陈述。阐述研究问题的同时，即是对研究现象的相关概念进行提炼的过程。通过对文献中有关的理论和相关研究的深入回顾，寻找并引用文献中恰当的对该概念的定义。下面以例 3-12 加以说明。

【例 3-12】　研究课题“糖尿病患者的知识、态度、行为及影响因素调查分析”中，研究问题是要探讨：①糖尿病患者的知识、态度、行为的现状。②糖尿病患者的年龄、性别、教育程度、职业、经济收入、糖尿病并发症与家族史等因素对糖尿病知识、态度及行为的影响。因此，该研究中相关概念便包含了“糖尿病患者的知识”、“糖尿病患者的态度”、“糖尿病患者的行为”及“相关影响因素”。

如果找不到现存的适合定义，则研究人员须自己界定该概念。对概念的定义一般可通过查寻有关的概念分析性文章、研究报告或与该概念相关的研究工具设计报告。

2. 陈述概念之间的相互关系　通过命题将结构、概念或变量连接起来，例如术前教育能减少外科手术患者对手术的焦虑情绪。概念一经确认后，接着要把概念间的关系加以连接并陈述，先以简单的句子陈述概念间的关系，如例 3-12“相关因素会影响糖尿病患者的知识、态度、行为”、“糖尿病患者的知识与态度、行为相互影响”等。

3. 形成概念之间相互关系的层次结构　陈述多个概念之间的相互关系。将概念间关系的陈述，按着因果发生的序列加以排列；也就是说，若研究假设先有“相关因素”在先，才有“糖尿病患者的行为”在后，那么研究概念间关系的系列组合将会是：“相关因素”影响“糖尿病患者的行为”。

4. 构建理论或概念框架图　即将陈述的概念间关系运用简化的图形加以组织、呈现出来。在有了清晰的研究目的或研究问题的陈述，并对有关概念进行定义，概念之间关系以及上下层次关系进行了阐述之后，便可构建理论框架或概念框架。先按因果关系或影响与被影响的关系从左到右排列各概念或研究变量，将概念或变量用方框框起来，相关性强的概念可放在一个框内，用线条连接各概念，并用箭头表示概念之间的方向和路径。每个概念都必须与至少一个概念相连，每个概念都应包括在框架图内，并且都应有意义，并反映研究现象和相关的陈述。依据前面的例子，“相关因素”在先，故将“相关因素”置于前面，“糖尿病患者的态度”、“知识”、“行为”置于后，而由于研究假设“知识态度行为相互影响”，故以双向箭头连接此三概念，以表示“相互影响”的关系，如图 3-6 所示。

要注意的是，箭头的指向标明影响的方向，除了说明研究假设之外，也说明研究预测试的研究问题；因此，须与研究问题配对，根据研究问题所陈述的，研究理论/概念框架中应当表示出概念关系与箭头方向，同样地，箭头标示的方向与连接的概念也应在研究问题中出现。

5. 选择合适的理论作为研究框架的依据　针对研究主题相关概念，若是有现存的理论框架，可以选择作为研究框架的参考，也有助于该研究与护理知识体系产生联系，并引导研究设计的形成，但注意切勿张冠李戴。例如：一个探讨“护理人员职业压力调适”的课题，

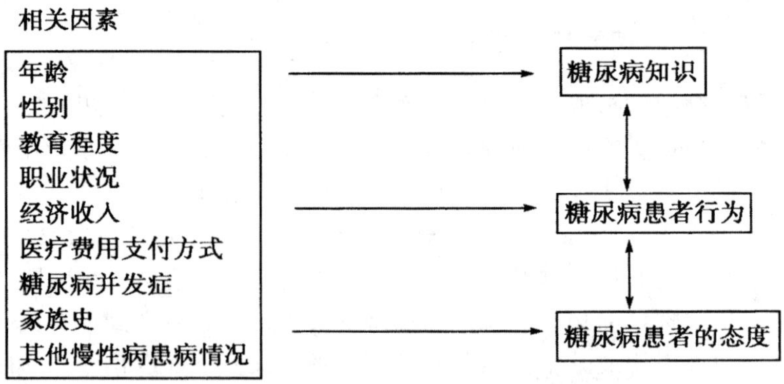

图 3-6 “糖尿病患者的知识、态度、行为及影响因素调查分析”研究框架

可以运用Roy的适应模式，而不适合应用Orem的自我护理理论，因此研究者应根据所要探讨的研究问题与研究变量慎选理论模式，否则不但无法引导研究设计，甚至研究问题也不得其解。

6. 检查研究理论/概念框架　最后，要检查所设的理论/概念框架是否涵盖了研究问题、研究假设？框架中的每个概念是否均已界定？框架中是否有概念漏掉未包含？箭头是否清楚反应概念间的关系？框架是否能清楚解释概念间的关系与研究假设？并注意框架图的精简化，这些均需一一检查，是研究理论/概念框架更加完整。

应该注意的是，在形成理论框架或概念框架过程中，应反复尝试，深入分析文献，设计好的框架结构最好请熟悉构建框架图的专家审查。通过不断修改最后形成该研究的理论框架或概念框架。

理论和研究的关系是互惠的。理论和概念框架是从观察基础上建立的，研究结果又为观察提供了重要的观察来源。研究中有效的概念和相互关系可以成为发展理论的基础。反过来，理论必须通过从假说到进一步经验性探讨的推论过程来验证。因此，研究在理论建设和测试中起到双重和连续性的作用。理论可以引导和产生研究的火花，研究可以评价理论的价值并为新的理论产生奠定基础。

（刘华平）

第四章　医学信息的获取与利用

护理研究既要有传承，也要有创新。这一切均离不开对前人研究成果的利用和借鉴。因此，文献查询是护理研究中非常重要的一个环节，它贯穿于从选题到论文撰写的全过程。通过文献查询，研究者可以更加明确自己的研究方向，了解自己所要进行研究的课题目前的进展情况，在哪些方面还有待于继续探讨和研究。通过文献查询，还可以借鉴他人的研究经验，进一步完善自己的科研设计，同时也可以为结果分析和讨论提供相应的理论支持。因此，研究者应了解文献查询的基本概念，掌握文献查询的基本方法。

第一节　基本概念

一、文献的概念

1. 信息　信息是具有新内容、新知识的消息，反映了事物的存在、运动状态及其特征。不同事物有不同的特征，并在不同条件下不断地发生变化，因而信息也在不断产生和变化。医学上，人体的脉搏、体温、呼吸甚至症状的发生、发展和变化等都是信息，各种化验检查的结果数据也是疾病所反映的信息。

2. 知识　知识是人们在改造世界的实践中所获得的认识和经验的总和，是人脑通过思维重新组合的系统化信息的集合。信息是知识的重要组成部分，但不是全部，只有经过提高、深化、系统的信息才能称为知识。人类正是通过利用前人总结积累的知识，来指导实践，获得新的知识。

3. 文献　文献是记录知识和信息的一切载体。载体（媒介）、知识（信息）、文字（包括图像、符号等）是文献的三个基本要素。知识或信息是文献的实质内容，载体是文献的外部形态，记录是两者的联系物，是文献的基本特点，四者相辅相成，组成文献这个载体，缺一不可。医学文献是指记载着人类所获得的医学知识的文献。文献特征主要有两种：①外表特征，包括著者姓名、题名、刊名、会议名和特种书刊名以及文字种类等。②内容特征，包括各种学科分类和文献主题等。

二、文献的级别与类型

文献可以根据以下不同的方法进行分类。

1. 按文献级别划分　按文献的内容性质将其分为三级，即一次文献、二次文献、三次文献（参见第二章第一节“护理研究准备阶段”相关内容）。

2. 按文献的出版形式划分

(1) 图书：是系统学习各学科知识的基本文献信息资源，一般分为两大类，一类是供读者阅读的著作书籍，另一类是供读者检索查阅的工具书，如专题书目、索引、文摘、字（辞）典、年鉴等。

(2) 期刊：也叫杂志，是一种采用固定刊名，定期或不定期出版的连续出版物，有统一的版式和外观，使用年、卷、期连续编号，每期可刊载多个著者的多篇文章。其中，学术性科技期刊是科技工作者知识更新的主要文献信息资源。

(3) 报纸：是传播社会信息的一种重要文献，特点是准确、及时，具有群众性和通俗性。科技类报纸还有大量的科学技术成果信息和科技动态等内容。

(4) 特种文献：是出版形式比较特殊的文献的总称，又叫非书非刊资料。主要包括专利文献、会议文献、科技报告、政府出版物、学位论文等。特种文献内容广泛，是科研人员的重要文献信息资源之一。

3. 按文献外在的物质形态划分

(1) 印刷型文献：即纸质文献。其优点是符合人们传统的阅读习惯，便于直接阅读；缺点是携带不便，存储密度低，占据空间大，易受虫蛀、水蚀。

(2) 缩微型文献：又称缩微复制品。是采用缩微摄影的方法将文献影像缩小并记录在胶卷或胶片等感光材料上。其优点是体积小，重量轻，容量大，便于复制、携带及保存；缺点是需要借助缩微阅读机才能阅读，既不方便又容易使眼睛疲劳。

(3) 视听型文献：又称声像资料或音像资料，包括唱片、录音带、录像带、科技电影、幻灯片等。这种文献可闻其声、见其形，直观易懂，表现力强，存储信息密度高，成本低，既可长期保存，又可反复播放和录制。

(4) 机读型电子出版物：是指利用计算机存储和阅读的文献，其存储介质为磁带、软盘、光盘、联机数据库等一切高新技术载体。其特点是信息存储量大，检索速度快而准确，是当前和未来文献信息出版的热门载体形式。

三、文献检索的基本知识与基本检索方法

(一) 文献检索的概念

文献检索是指根据文献的外表特征或内容特征，按照一定的方式编排并储存在一定的载体上，并利用相应的方法、途径或手段，从检索系统中查出特定文献的过程。所谓检索系统，包括手工检索工具、计算机检索的数据库和网络化信息检索的硬件设备与软件系统。

(二) 文献检索工具

文献检索工具，是指按一定学科、一定主题进行收集、整理相关文献后，给文献以检索标识、及时报道的二次文献，具有存储、检索和报道信息的功能。对文献检索工具可以从不同的角度进行划分。如根据其载体的不同可分为印刷型、缩微型、计算机阅读型；根据其出版形式不同，可分为期刊式、单卷式、附录式、卡片式等；最常用的是按照其编著方式的不同，分为以下 4 种类型：

1. 目录　目录是对图书或其他单独成册的出版物外表特征的著录，它通常是以一本书或一种期刊作为著录的基本单位，只描述出版物的外表特征，对内容特征揭示少。著录项目一般包括出版物名称（书刊名）、著者、出版项（出版者、出版地、出版时间、版次等）和稽核项（页数、开本、定价等）。目录主要有 4 种。

（1）分类目录：是按学科内部逻辑次序排列，从总论到各论，从一般到具体，从低级到高级，从简单到复杂，分门别类进行编排，配有分类号的检索系统。其特点是系统性强，一般可满足读者从专业角度检索文献的需要，是一种族性检索。例如，要查找有关护理学的一般技术、各专科护理等方面，都可以在护理学类别中找到，同时还可得知这类书有哪些不同作者的著作和版本。

（2）书名目录：是按照书或刊名的字顺，遵循一定的排列顺序编制而成的一种目录。它是便于读者从已知书刊名进行查找的一种检索工具。但同类的书刊资料，由于各自名称不同，其排列次序不能似分类排列那样集中，故查阅不够方便。例如，有关产科方面的图书就有《产科学》、《实用产科学》、《近代产科学》、《现代产科学》之分，按照书名字顺排列的原则，由于第一字各不相同，必须被分散排列于不同部分。

（3）著者目录：是按著者的字顺编排而成的目录。中文有按汉字的笔画笔顺排列，也有按汉语拼音排列的，外文则按字母顺序排列。它可以将一个作者的全部著作集中列于他的名下，对研究某一特定作者的著作及其研究动态十分方便。

（4）主题目录：是用规范化的语言来描述文献的主题内容所形成的目录。能够将同一主题的文献集中在一起，专指性强，并有很大的灵活性。如欲查找护理学的最新发展动态，通过主题目录可以找到有关护理、护理工作、护理管理、护理研究、护理诊断等有关护理学各个方面的论文。

因为科技发展快、信息量大、出版量猛增，科技人员所需的书刊资料，每个图书馆都不可能全部收藏，为使各馆文献充分利用，发挥各馆馆藏的情报职能，实现资源共享，因而编制出了联合目录，介绍国内外馆藏文献的情况，为读者查找原文提供方便。

2. 题录　只著录文献的外部特征，以一个内容上独立的文章作基本著录，包括文献篇名、著者、刊名、年、卷、期、页码、语种等，因时差短而报道快、全，出版迅速。

3. 索引　索引是将书刊资料所刊载的文章的题目、作者、出处以及所论及的主题等进行著录，并按一定的原则和方法编排而成的检索工具。索引与目录不同，目录是著录出版物的外表特征，如图书目录、馆藏期刊目录等，而索引是著录出版物中的内涵，是将大量的文献线索作快速报道，以利检索。例如对图书、期刊等出版物中的单篇文章，著录其文献题目、作者、出处（如期刊名称、卷期、页次、发表年月）及语种等，其揭示的文献内容比目录深。

4. 文摘　是在索引的基础上，对原始文献用简明、扼要、准确的文字所做的摘录，以供读者浏览和查用，使读者用较少的时间了解文献的基本内容。文摘按其摘要的详简程度可分为指示性文摘、报道性文摘两种。

（1）指示性文摘：又称简介或提要，是一种以最简短的语言，概略指示原文的研究对象、内容范围、研究目的及方法，以使读者对文献的内容不产生误解为限。一般在50～150字之间，不包含具体方法、数据、结果等内容，不能代替原文。如《中国医学文摘》即为指示性文摘。

（2）报道性文摘：是以原文为基础写出的文摘，基本上能反映文献的中心内容、观点、方法、数据及结论等。一般为500字左右，必要时可达到1000字左右，内容较详细，宗旨是揭示原文论述的主题和有创见的内容。如《国外医学》即为报道性文摘。

总之，文摘比目录和索引等更受读者欢迎，因为它可以帮助读者了解难以得到的某些文献的大致内容，使读者通过阅读判断是否为其所需的内容，并做出是否需要进一步阅读原文的抉择，帮助读者节省阅读全文的时间。

（三）文献检索的途径

各种检索工具有不同的检索方法和途径。其中根据文献的特征检索文献是最简捷的方法。

1. 从文献的外表特征进行检索的途径

（1）书名途径：利用图书、期刊、资料等的名称进行文献查找，是查找文献最方便的途径。

（2）著者途径：是按文献上署名的著者、编译者的姓名或机构团体名称进行查找的一种方法。著者索引是按著者姓名字顺排列的，因而检索直接，查准率高，是一条简捷的检索途径。但由于世界各国姓名的复杂多样，在编写著者索引系统时，制定了许多规则，以便标引者和检索者有所遵循，求得统一。检索时如不加注意，很可能造成误检和漏检。因此，使用国外的检索工具的著者途径查找文献时，应注意以下几点：①姓名的次序，国外著者署名一般名在前，姓在后。但在检索工具的著者索引中，是姓在前，名在后，姓用全称，名用缩写，姓名之间用逗号或空格隔开，分别按姓名的字母顺序排列，如（Roberts 是姓，R. S 是名的缩写）。另外，若姓前有前缀和冠词等，均一并计入，按姓字顺排列。②机关团体的名称均按原名著录，并加国别以示区分，与个人著者一样按名称字顺排列。③合著者为 2 人时，按原著者次序著录。若为 3 人或以上者，只著录第一著者姓名，其余不标出，以“等”（et al）表示。④著者姓名的拼写与发音因各国文字不同而有别。一般检索工具常将各种文字的著者姓名加以翻译，并有各自的音译办法。如西文检索工具中，中国的姓名，均按汉语拼音著录，其他的非本国文字的著者姓名按音译法著录。

（3）序号途径：利用文献的各种代码、数字编制而成的索引查找文献，叫做序号途径。如专利文献、标准文献等特种类型文献，检索途径是根据它们批准或颁布时的编号（年份或顺序号）编制的序号索引。另外，化学物质有化学物质登记号，图书期刊有国际标准书号等。各序号按照代码字顺或数字的次序由小到大排列，检索很方便。

文献序号具有明确、简短、唯一的特点，而一系列序号本身可以体现其相对的排序性，如许多科技文献都有序号，如专利说明书有专利号。

2. 从文献的内容特征进行检索的途径

（1）分类途径：以分类法的类目名称为检索用词，以分类目次作为查找文献的途径。由于国内检索工具的正文部分大都按照学科体系进行编排，故分类途径是查找国内文献的一条主要途径，最适宜用来检索学科概念明确的文献。还能根据学科体系的逻辑关系，通过上、下类目的选择，灵活地扩大或缩小检索范围，从而查找到所需的或相近、相关的文献，能够满足族性检索的需要。但因分类法修订的滞后性，一些新兴学科或专业不能及时得到反映，易造成漏检，故分类途径不适宜用来检索新学科、新专业的文献。交叉学科和跨学科的文献，如运用分类途径检索，要考虑到从多个有关的类目下去查找。

分类途径的查找方法具体操作步骤为：①分析检索内容，确定学科类别。②在选用检索工具的分类目次上查找对应的类目。③根据类目的起止页码逐条查阅。④将筛选出的文献线索逐条记录下来，并据此获取原始文献。

（2）主题途径：是通过文献内容学科性质的主题进行检索文献的途径。以经过规范化的名词或词组作为代表文献资料内容实质的主题词，按字顺排列起来构成主题索引。这种主题不一定是图书或论文的书名或篇名中出现的词语，而是对文献经过主题分析，从中抽取出来的主题概念的词。检索时与查字典相似，直接按主题词字顺就可找到某一特定课题的文献。每个主题词是相互独立的，彼此间的顺序只是形式上的，而非逻辑上的顺序，可以将分散在各个学科中的有关文献都集中于同一个主题词下。因此，主题途径最适合用于查找专业术语概念明确的文献，或新兴学科、交叉学科、边缘学科及跨学科的文献。但一些检索范围广、内容繁杂、主题分散的文献，不宜采用主题途径，可考虑采用分类途径。

（3）关键词途径：是根据文献篇名或内容中具有实质意义、能表达文献主要内容、起关键作用的词或词组抽取出来作为反映文献内容的关键词，并按字顺编排而成的一种检索系统。它与主题途径相近，但由于其选词没有进行规范化，不同作者对同一事物的概念不同，造词也不尽相同，因此同一内容的文献可能会分散在不同的关键词下。所以检索时必须把与关键词相关的同义词、近义词等都查遍，否则很可能漏检。

（4）分类主题途径：是分类途径与主题途径的结合，相互间可以取长补短。因此，它比单纯的分类途径要细致具体，同时又可以克服单纯的主题途径难以熟悉和掌握的不足。

（四）文献检索的方法

文献检索的方法包括常用法（工具法）、追溯法、循环法 3 种，详见第二章第一节“护理研究准备阶段”相关内容

（五）文献检索的基本步骤

由于每个读者的文献需求不同，所选择的检索方法、途径也就不同。为了达到检索目的，读者应制定相应的检索计划或方案，指导整个检索过程。一般包括以下几个步骤：

1. 分析检索课题，明确检索目的　首先，要对检索课题进行认真细致的分析，明确检索内容和检索目的，确定检索的学科范围、文献类型、回溯年限等，即检索者一定要经过仔细分析，针对某一具体问题或研究课题，弄清检索提问的真正含义，然后决定选择什么检索工具和检索方法最合适。

2. 选择检索工具，确定检索方法　各种检索工具均有各自的特点，应根据检索课题的要求、检索工具的特点以及检索者的外语水平选择合适的检索工具。关于检索方法，一般来说，在检索工具比较齐全的情况下，采用常用法比较合适；在检索工具比较短缺时，可采用分段法；如果没有或严重缺乏检索工具时，只能采用追溯法。如检索课题要求全面普查，可使用顺查法或交替法；若检索课题的时间紧迫，要求查准甚至查全，则应采用倒查法，也可采用抽查法。

3. 选择检索途径，确定检索标识　一般检索工具都有分类目次、著者、主题词等检索标识，必要时还可以借助其他辅助工具作为检索的途径，如专利索引、化学物质索引、登记号索引等。检索时应根据课题对文献的特定要求和已掌握的线索确定检索途径。一般多以主题或分类途径为主，其他检索途径为辅，达到查全、查准的目的。

4. 查找文献线索　是文献检索的核心步骤，以上各步是进入这一步骤的准备工作，根据由以上各步所确定的检索标识，在索引中查到该标识词，然后根据索引中提供的页码或文献号，即可在主题部分查询到所需的文献线索。

5. 获取原始文献　根据查得的文献线索获取原始文献，是整个检索过程的最后一步。为了节省篇幅，检索工具中的文献出处项中的出版物经常采取缩写，因此，首先要将出版物名称缩写（或代号）对照检索工具所附的“来源索引”、“收录出版物一览表”等查出刊名的全称。除本馆馆藏外，还可通过地区或全国馆藏联合目录进行馆际互借，或向原文著者索取原文。

第二节　医学文献检索工具及数据库

在进行文献查询过程中，研究者应根据实际条件，选择相应的检索工具。如目前随着计算机的发展，计算机光盘检索系统以及网上文献检索系统得到了飞速的发展。有条件的研究者应尽可能地利用计算机查找文献，既省时高效，又容易查全。如果不能利用计算机进行文献查询，研究者也可以利用纸质型的文献检索工具进行手查文献（科技查新咨询的相关内容参见附录二）。

一、医学文献检索工具

（一）中文医学文献检索工具及数据库

1.《中文科技资料目录》（医药卫生）

（1）概况：《中文科技资料目录》简称《中目》，是国内出版的大型专业文献检索刊物，共有 34 个分册，双月刊。医药卫生分册是其中之一。

《中目》（医药卫生）由中国医学信息研究所编辑、出版和发行，是目前查找国内医学文献的主要检索工具。该刊收录范围较广，包括国内各种医学与医学相关的期刊、图书，以及众多供内部交流的医学资料汇编、学术论文等。

《中目》采用以学科分类为主，主题索引为辅的检索方法，每年的最后一期编有年度主题累积索引，缺点是无著者途径。

（2）编排结构：《中目》刊首有分类目次，刊末有主题索引。文献题录按分类编排成正文，每篇文献题录有顺序号，每年第一期从 00001 开始连续排到末期。每期的结构依次为编辑说明、分类目次表、正文部分、本刊学科分类类名索引（1987 年新增）、主题索引首字字顺目次表、主题索引、本刊引用期刊一览表、本刊引用汇编一览表、本刊收录学术会议一览表、本刊收编国内期刊一览表及年度主题索引。

【例 4-1】 分类目次表著录格式

R　　医药、卫生 ……………………………………………………………………（12）
R2　中国医学 …………………………………………………………………………（22）
R4　临床医学 …………………………………………………………………………（53）
　47＊护理学 …………………………………………………………………………（61）
　472 护理一般技术 …………………………………………………………………（61）
　473 专科护理学 ……………………………………………………………………（62）
　　·5 内科护理学 …………………………………………………………………（62）
　　·6 外科护理学 …………………………………………………………………（62）
　　·71 妇产科护理学 ………………………………………………………………（63）
　　·72 儿科护理学 …………………………………………………………………（63）
　　·74 神经病、精神病护理学 ……………………………………………………（63）
R5　内科学 ……………………………………………………………………………（64）

说明：＊代表分类号，在图书分类系统中，护理学的分类号为 R47

* * 代表类名

* * * 代表题录所在页码，如护理学的题录所在页码为61页

【例4-2】 期刊论文在正文中的著录格式。

0004716a增设早班护士更好实施整体护理 b/蔡宝珠 c。（第一军医大学珠江医院）d…//第一军医大学学报 e. —1999f，(1) g. —12h

说明：①题录顺序号：2000年用“00”表示年份，其后5位是题录顺序号（每年均从1号开始）。②论文题目：如果该篇文章为综述，则在题名后加“［综述］”字样。③著者：如果著者为两个及以上，只著录第一著者，后加“…”。④著者所在单位：置于圆括号内。⑤期刊名。⑥期刊出版年份。⑦期次。⑧此篇文章在该期刊的所在页码，如有转页，在页码之后加逗号再标转页页码，如1～5，8。

(3) 检索途径与方法：《中目》的检索途径有两种，即分类途径和主题途径。

1) 分类途径：该途径适用于已知所需文献的类属关系，需要对某一课题的文献较全面地了解。该刊的分类索引由“本期学科分类类名索引”和“分类目次”两部分组成。分类途径的检索方法及步骤如下：①根据所要查询的课题，按汉语拼音音序在“本期学科分类类名索引”中找出该课题的类目名和类目号。②根据类目号在“分类目次”中找到该类目所在页码。③根据所指引的页码在正文中查找所需文献题录。④根据题录出处索取原始文献。⑤当所需文献涉及两个或两个以上主题时，按主要主题进行分类，并在次要主题处作参见。

2) 主题途径：①对所需文献进行主题分析，找出此类文献所体现的主题词和副主题词。采用多个主题词以及主题词与副主题词之间的相互配合，可增强检索文献的专指性，提高检索效率。②在“主题索引首字字顺目次表”中找到主题词首字所在页码。根据所指引的页码在“主题索引”中找到主题词和副主题词，记录其下的题录顺序号。③如所需文献涉及多个主题词，则分别查出与每个主题词有关的题录号，然后找出各个主题词共有的题录号，即为所需的文献题录号。④根据得到的题录号到正文中查找所需文献题录。⑤根据题录出处索取原始文献。在采用主题途径进行检索时，应注意对年度主题索引的充分利用，以提高检索效率。

2.《国外科技资料目录》(医药卫生)《国外科技资料目录》简称《外目》，为我国出版的查找国外科技资料的大型检索刊物，共有39个学科分册。其中的医药卫生分册是我国目前查找国外医学文献唯一的中文题录式检索工具。该刊的优点是：①将文献题名译成了中文，打破了语言方面的限制，便于国内人员的利用。②所著录的文献均有著录翻译单位，可向其借阅或复制原文，打破了资料来源的限制。其缺点是收录范围较窄，报道时差较大。

《外目》为月刊，年终有年度主题累积索引，1988年以前年度主题累积索引以第13期单册出版，1989年后被并入第12期。

《外目》的基本结构与编排原则以及检索途径与方法均与《中目》类似，不再详述。这里仅对正文题录的编排格式略加说明如下：①文献著者一律姓在前，名在后，名用缩写。②期刊名采用缩写，若要知道全称可查每年第一期的“本刊收编国外医刊表”的全称与缩写对照。③除英文外，其他文种的文献，需在文献题名后，以方括号注明原文文种及摘要文种。④刊期包括年度、卷次、期次。⑤题录后提供译题单位缩写，通过每年第一期中的“供稿单位名单”可知其全称。

3. 文摘式检索工具　除了上述介绍的《中目》和《外目》两种常用的医学文献检索工具外，我国目前还有两种常用的文摘式医学文献检索工具，即《中国医学文摘》和《国外

医学》。

（1）《中国医学文摘》：是以文摘、简介和题录的形式报道国内有关医学期刊发表的文献，根据不同的学科体系，以分册的形式出版，目前共有18个分册，护理学分册是其中之一。护理学分册为双月刊，收录来自国内公开发表的医学护理学期刊200余种，每年摘录其中有关基础护理、护理教育、护理研究、护理管理等专业文献3000余条。每年第二期附有“引用期刊一览表”，年终附有主题索引和著者索引。文摘正文按学科分类体系进行编排。主要检索途径为分类检索，另可利用年终的主题索引和著者索引进行主题检索和著者检索。

【例4-3】《中国医学文摘》（护理学分册）正文部分的著录格式。

991950a 新生儿母乳性黄疸的临床观察及护理 b/叶朝 c//天津护理. d-1998，6（3）e. -92～93f 为加强对新生儿母乳性黄疸的监测及防治，该院对其进行了系统的观察及护理。观察组为出生后即……………………（略）g。表2参2h（维安）i

说明：a文摘顺序号；b文献标题；c著者；d刊名；e期刊出版年，卷（期）；f起止页码；g文摘；h附图表及参考文献的数量；i文摘员。

【例4-4】《中国医学文摘》（护理学分册）年终主题索引的著录格式。

黄疸，新生儿a　—病因学b　992122c　护理b　991950c　991949c

预防和控制b　993572c　治疗　992687c

说明：a主题词（黑体）；b副主题词；c文摘号。

【例4-5】《中国医学文摘》（护理学分册）年终主题索引的著录格式。

ye

叶惠珍a　　991599b

叶　朝a　　991950b

说明：a著者姓名；b文摘号。

（2）《国外医学》：以综述、译文和摘要的形式全方位报道国外医学的发展动态、新成果、新理论、新技术等，是我国医学科技人员了解国外医学发展动态的重要工具之一。《国外医学》按学科专业，以分册的形式编辑出版。目前共有内科学、外科学、护理学、社会医学等47个分册。检索途径主要为分类检索，利用最后一期的主题索引也可进行主题检索。

二、医学文献检索数据库

医学文献检索数据库一方面可以从刻录好的光盘中获取，另一方面也可以从网上的数据库直接进行查询。

1.《中国生物医学文献数据库》《中国生物医学文献数据库》（CBMdisc）是中国医学科学院医学信息研究所开发研制的综合性医学文献数据库。该数据库收录了我国1980年至今出版的900多种生物医学及其相关期刊、汇编、会议论文的文献题录，总计170余万条，年增长量约20万条，收集了《中目医》、《中文生物医学期刊目次数据库》（CMCC）中收录的所有文献题录。

CBMdisc检索系统与美国MEDLINE光盘检索系统及相应的PubMed网上检索系统具有良好的兼容性。系统建有主题词表、分类表、期刊表、索引词表等多种词表辅助检索功能，可从主题词、关键词、分类、著者、刊名等多种途径进行检索，还可进行截词检索、通配符检索及各种逻辑组配检索。

《中国生物医学文献数据库》已开发网络版，查询时可以登陆 http://www. imicams.

ac.cn/cbm/网址，即可以出现如图 4-1 所示的界面。在使用之前，读者可以点击“用户指南”（见图 4-1 中箭头），内有非常详细的该数据库的使用说明（图 4-2），并有具体的流程演示，非常方便用户进行自学。

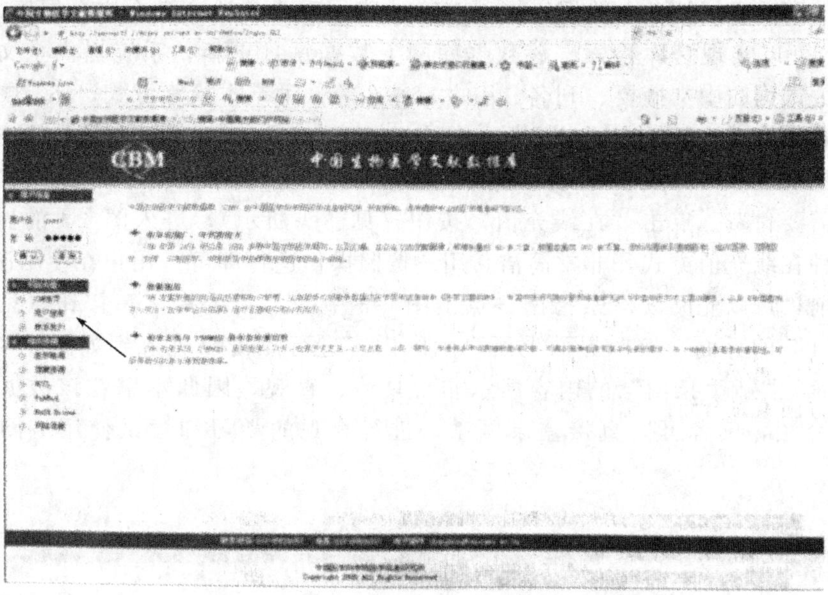

图 4-1　《中国生物医学文献数据库》界面

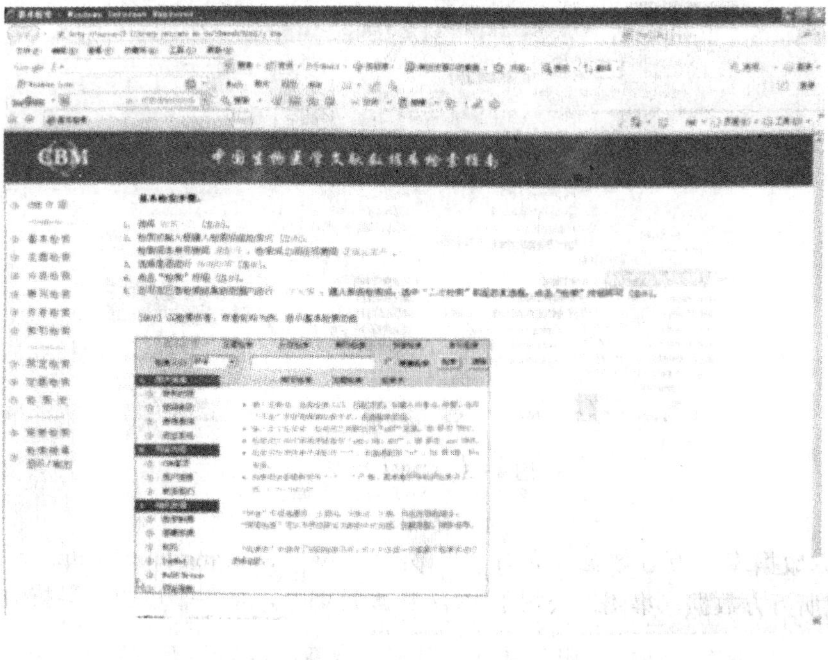

图 4-2　《中国生物医学文献数据库》检索指南图示

2. 中国期刊网全文专题数据库　简称 CNKI（China National Knowledge Infrastructure），是由清华大学同方光盘有限公司生产，内容涉及数理科学、化学化工能源与材料、工业技术、农业、医药卫生、文史哲、经济政治与法律、教育与社会科学、电子技术与信息科学等领域，涵盖中国期刊全文数据库（CJFD）、中国优秀博硕士学位论文全文数据库（CDMD）、中国重要报纸全文数据库（CCND）、中国重要会议论文全文数据库（CPCD）等 8 个数据库，可以实现跨库检索。该数据库网上数据每日更新，系统提供全文、篇名、作者、机构、关键词、中文摘要、刊名、引文、基金等 9 种基本检索方式，还有二次检索、组配检索等检索方式。该数据库网址为 http://www.cnki.net，进入后显示如图 4-3 所示的界面。用户可免费获取文献线索，如果要在该网站上获取全文，还需进行注册和“在线充值”，因下载全文需要付费。点击“在线充值”按钮（见箭头所示），进入图 4-4 的界面。在该界面上，有各种在线充值方式，非常简洁，用户按照操作进行即可。用户在使用该数据库进行文献查找之前，可以先阅读检索指南。点击图 4-3 中的“新手指南”按钮（见箭头所示），即可进入图 4-5 的界面。按照界面上所显示的内容进行点击以进入到如图 4-6 所示的具体操作演示界面。“新手指南”的内容演示非常具体、直观，因此本书在该数据库的具体使用方面不做介绍，读者可以直接登录网站，进行直观的学习和尝试使用该网站的文献查询服务。

图 4-3　CNKI 首页界面

3. 万方数据库　万方数据库系统（http://new.wanfangdata.com.cn）由中国科技信息研究所万方数据（集团）公司于 1997 年 8 月创办，是一个以收集科技信息为主，涵盖经济、文化、教育等领域的综合性信息服务系统。目前，全新改版后的万方数据资源系统被分为科技信息子系统、商务信息子系统和数字化期刊子系统 3 个部分。数字化期刊中医药卫生类包括 15 个类目 335 种期刊，中华系列 67 种。从期刊类目逐层点击即可进入到各刊主页，点击

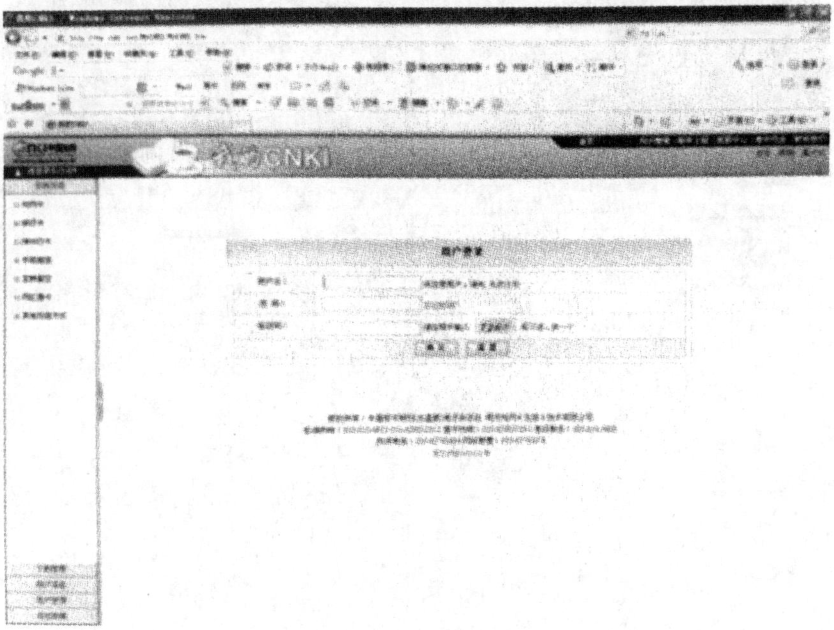

图 4-4　CNKI 在线充值界面

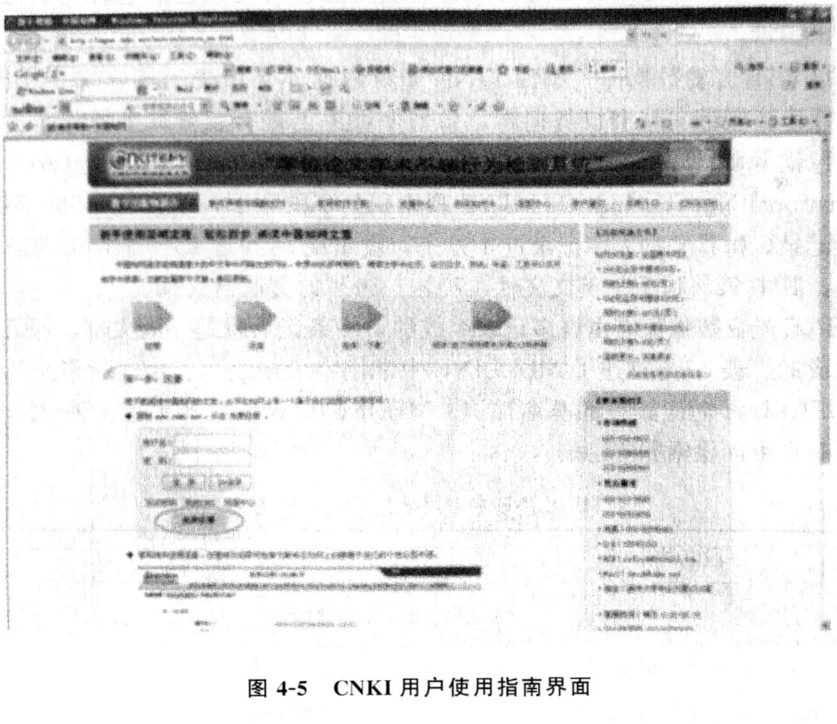

图 4-5　CNKI 用户使用指南界面

某一期，即进入该期目录，点击篇名，即可浏览所检索文献的全文，但浏览全文需注册付费。数字化期刊检索系统分为简单检索和复杂检索。简单检索只需输入关键词，并在选择框内选择在论文、引文还是期刊名称中查询。利用复杂检索能进行快速有效的组合查询，进入查询页面，在对话框中选择时间、分类、地区等检索条件，可缩小查询范围，迅速获得准确

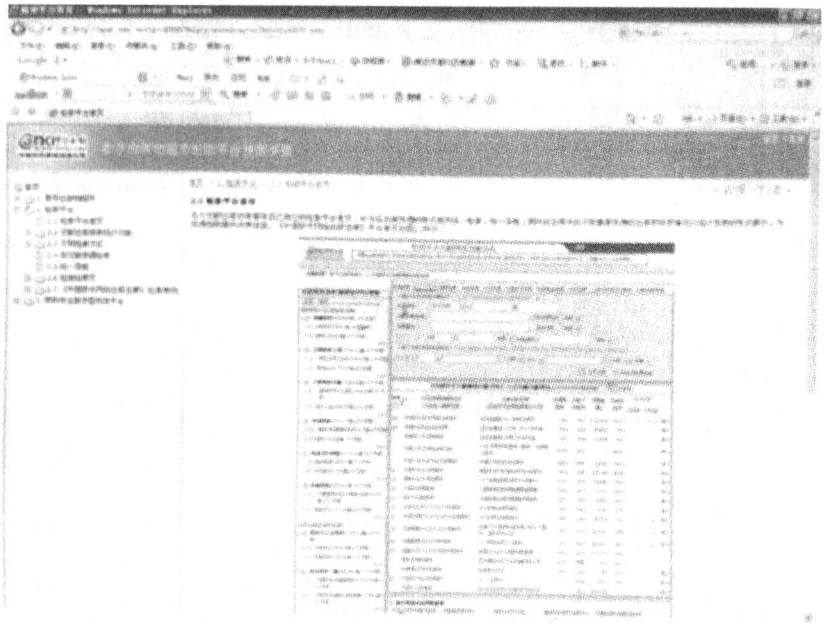

图 4-6 CNKI 用户使用指南讲解界面

的查询结果。该数据库的使用方法与 CNKI 相类似，读者可以任意选择两者之一进行文献查询。

4. MEDLINE 光盘数据库　MEDLINE 光盘数据库是由美国国立医学图书馆（NIM）生产的国际性生物医学文献书目数据库，是当今世界上最有权威的生物医学文献数据库之一。其内容包括 Index Medicus（美国医学索引），Index to Dental Literature（牙科文献索引），International Nursing Index（国际护理索引）3 种索引，收录了 1966 年以来近 1000 多万条文献记录，每月平均入库记录近 4 万条，收录的期刊近 4500 种，以题录和文摘的形式进行报道。其中 92%以上是英文文献，70%～80%的文献含文摘。

MEDLINE 光盘数据库是由许多记录组成的，一条记录就是一篇文献，每条记录又是由若干字段组成的。表 4-1 描述了 MEDLINE 中常用字段的缩写、字段名称及含义，是研究者在查阅 MEDLINE 时应具备的基本知识。MEDLINE 光盘数据库有多种检索途径与检索方法，主要有自由词检索和主题词检索。

表 4-1　MEDLINE 中常用字段的名称及含义

缩　写	字段名称	含　义
AB	Abstract	文摘
AD	Address of Author	著者地址
AI	Abstract Indicator	文摘标识
AN	MEDLINE Accession Number	MEDLINE 存取号
AU	Author（s）	著者姓名
CM	Comments	评论

续表

缩　写	字段名称	含　义
CN	Contract or Grant Numbers	合同号或基金号
CP	Country of Publication	出版国
GS	Gene Symbol	基因符号
ISSN	International Standard Serial Number	国际标准刊号
LA	Language	语种
MESH	Medical Subject Headings	医学主题词表
MIME	Minor MeSH Headings	次要医学主题词表
MJME	Major MeSH Headings	主要医学主题词表
NM	Name of Substance	物质名称
PS	Personal Name as Subject	人名主题词
PT	Publication Type	出版类型
PY	Publication Year	出版年
RN	CAS Registry Number or EC Number	化学文摘社化学物质登记号或酶的命名号
SB	Subset	子文档
SH	Subheadings	副主题词
SI	Secondary Source Identifier	第 2 文献来源标识符
SO	Source	文献来源
TG	Checktages	特征词
TI	Title	篇名
TO	Original Title	原文题名
UD	Update Code	更新代码

1997 年 6 月美国国立医学图书馆（NLM）宣布 MEDLINE 在网上提供免费查询，采用图形界面，用户不经培训，便可在网上自由检索。PubMed 的网址是 http://www.ncbi.nlm.nih.gov/pubmed，输入后进入图 4-7 所示的界面。在此网站上，有供用户使用的培训教程，点击首页上的“tutorial”按钮（见图 4-7 中箭头）即可进入如图 4-8 所示的讲解界面，在该界面上有详细的视频教材，可供用户学习如何更好地使用该数据库。

另外，使用者也可以使用自由词检索的方法直接查找文献，如在查询框中输入“caregiver burden”这一自由词，点击“Go”后出现图 4-9 中所示的结果。如点击第一篇文献后即可出现如图 4-10 的显示，是有关第一篇文献的摘要内容，此时如需获取全文，则可点击图 4-10 中的“Full Text”按钮，但需要付费才能下载全文。

三、网络检索工具与护理信息资源

Internet 的诞生是信息技术领域的一个新起点，它的出现和普及使用户得以超越不同形态的计算机网络，在世界范围内共享计算机资源。

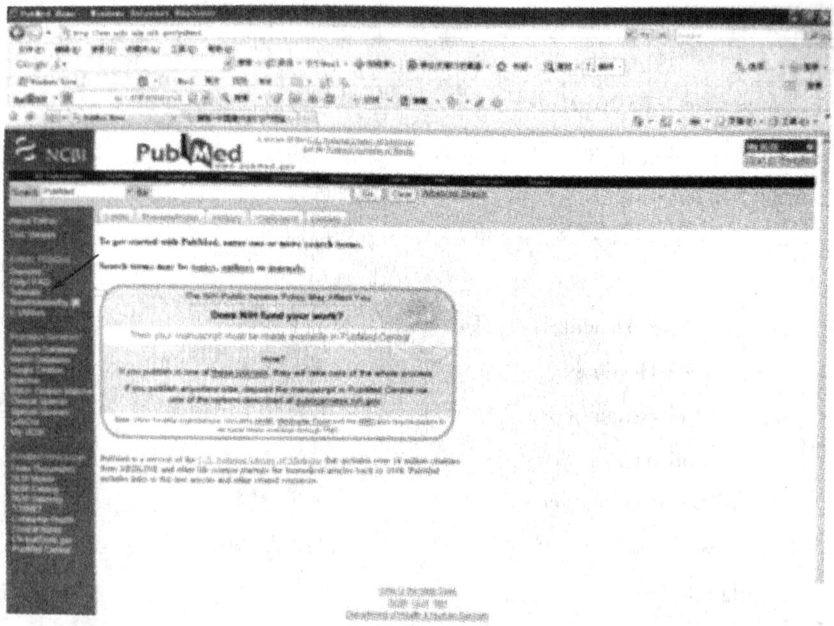

图 4-7 PubMed 首页界面

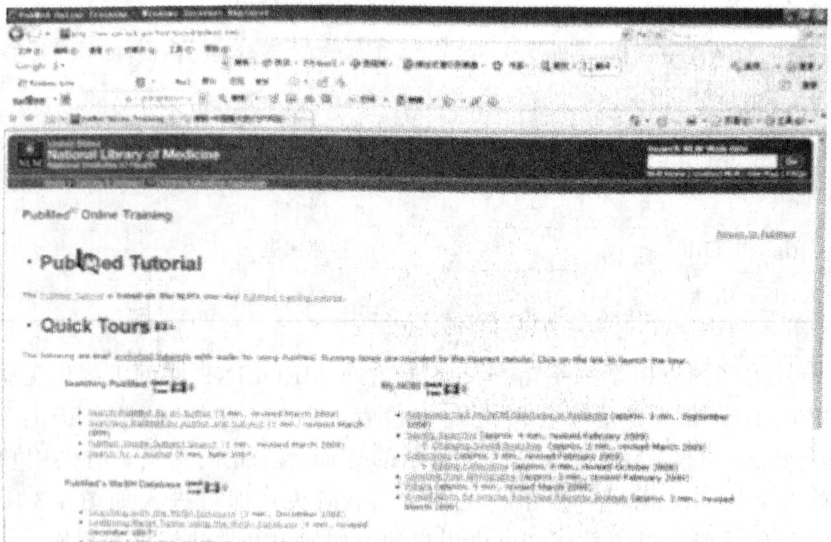

图 4-8 PubMed 中的使用者培训界面

（一）网上医学专业搜索引擎

Internet 网页的增长速度是惊人的，要想查找自己需要的浏览信息，需要借助网络检索工具，如搜索引擎等。“搜索引擎”是 Internet 上的一类站点，它们有自己的数据库，保存了 Web 上很多网页的检索信息，并不断更新。用户可以访问它们的主页，通过输入提交一

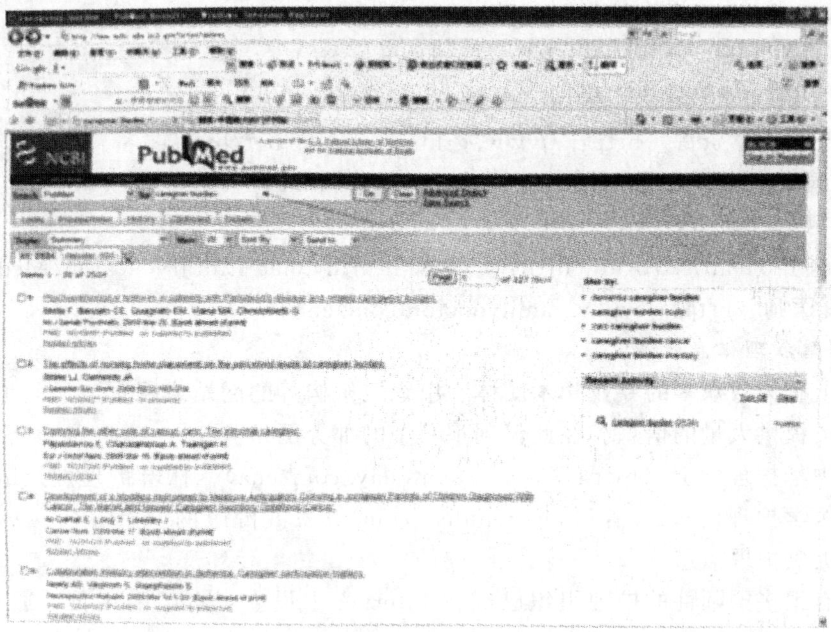

图 4-9　PnbMed 中使用自由词“caregiver burden”查询后的界面

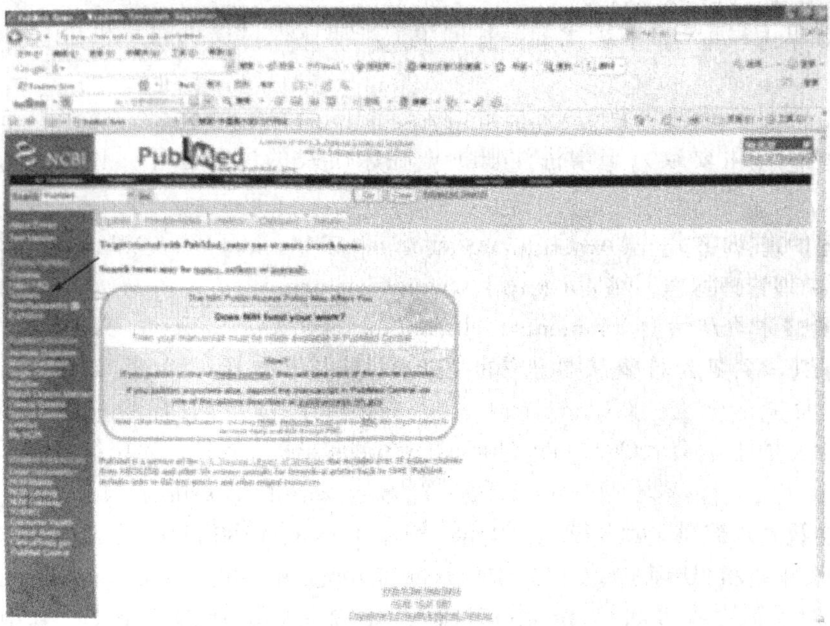

图 4-10　PubMed 中文章摘要显示界面

些关键字，让它们在自己的数据库中检索，并返回结果网页，结果网页中罗列了指向另一些网页地址的超级链接，常用的医学专业搜索引擎有：

1. 医源 Medical Matrix（http://www.medmatrix.org/index.asp）
2. Medscape（http://www.medscape.com）

3. Health Web（http://www.healthweb.org）

4. Med Explorer（http://www.medexplorer.com）

5. 医学导航 Medical Navigator（http://www.shmu.edu.cn）

6. Internet 医学资源（http://www.gzhmc.edu.cn/net/html）

7. 美国国家护理研究所（http://www.nih.gov/ninr）

8. 世界卫生组织 WHO（http://www.who.org）

9. 健康世界 Health World（http://www.healthy.net/Library/search/Medline.as）

10. 家庭医师（http://www.familydoctor.com.cn）

（二）网络护理信息资源

因特网上有为数众多的专业学术团体、组织或机构等的网站或网页，访问护理相关网站可为护理人员提供大量的信息。在此仅列举其中的部分网站。

国内有中华护理学会（http://www.tcmtoday.com/cna）、林琳护理网（http://www.huli.net）、医学护理网（http://www.huliw.com）、三九健康网（http://www.999.com.cn）等网站提供护理信息。

同时，有很多国际性的护理组织已经在 Internet 上设立了自己的主页，通过这些主页，可以和这些组织联系、交流学术内容。

1. 美国护理学会（American Nurses Association） 网址：http://www.nursing-world.org/

2. 美国危重护理学会（American Association of Critical-Care Nurses） 该学会主要介绍护理临床资源、杂志，并为护士和其他健康护理职业人员提供教育机会。网址：http://www.aacn.org/

3. 美国护理法律顾问学会（American Association of Legal Nurse Consultants） 该学会为非营利性组织，主要致力于增进注册护士临床实践的法律水平。网址：http://www.aalnc.org

4. 美国护理管理学会（American Association of Managed Care Nurses） 该学会主要致力于建立护理管理标准。网址：http://www.aamcn.org

5. 美国整体护理学会（American Holistic Nurses，Association，AHNA） 该学会为一世界性组织，主要为希望从事整体护理的护士提供支持和教育。网址：http://abna.org/

6. 加拿大护士学会（Canadian Nurses Association） 网址：http://www.can-nurses.ca

7. 国际新生儿护理学会（International Association of New-born Nurses） 介绍有关新生儿护理的会议，组织网上讨论等。网址：http://www.intellimatic.com/iann

另外，护理研究者可通过 Lippincott 护理中心网页（http://www.nursingcenter.com/），点击“Journals”项，显示期刊名称列表，部分期刊可浏览全文。其中有《美国护理学杂志》（American Journal of Nursing），该杂志免费提供 1996 年至今的杂志全文，并可在该网页上通过超级链接进入其他护理杂志，如《护理研究》（Nursing Research）等。

读者还可通过以下网站免费获得网上英文期刊的全文信息。

1. Highwire（http://Highwire.Stanford.edu） 是由 Stanford 大学图书馆创立的世界上最大的提供免费文献全文的网站之一。内容包括医学、生物学、社会科学等，至 2009 年 8 月收录文献 600 万篇，其中约 190 万篇是免费全文，可通过主题、刊名、出版社等途径检索。

2. Freemedicaljournals（http://www. freemedicaljournals. com） 该网站目前收录1340种免费全文期刊，包括英文、法文、西班牙文等14种语言。用户可以向网站推荐免费的期刊，经注册后还可收到网站发来的最新免费期刊的通知。检索该网站期刊可通过网页左侧的专业类别（specialty）和期刊名首位字母两种途径。目前网站中收录护理类期刊18种。

3. Medscape（http://www. medscape. com）可检索图像、声频、视频资料。是网上最大的免费提供临床医学全文文献和继续医学教育资源的网站，可检索全世界多种医学杂志的文章摘要和全文，更新速度快。获得该网上期刊的全文需要注册，但注册是免费的，注册后网站定期向用户指定的电子邮箱发来最新的医学新闻。

4. PubMed Central（http://www. pubmedcentral. nih. gov/index. html）与PubMed只有引文与文摘的检索系统不同，pubmedcentral是一个电子期刊全文数据库，可获取全文。

5. Healthatoz（http://www. healthatoz. com）1995年由美国Medical Network公司开发，是一个功能强大的免费全文医学信息资源搜寻器，能进行准确、有效的搜索，提供了多个Internet上相关网址，信息均经过医学专业人员的人工编排，以保证搜寻的准确性及方便性。可按分类及关键词的方式进行检索。

6. 通过期刊主办机构或期刊网络版的网址获取免费全文 表4-2为免费提供全文的几种护理杂志的网址。

表4-2　提供全文的护理杂志名称及网址

期刊名称	网址
Evidence-Based Nursing	http://www. ebn. bmjjournals. com
Journal of Community Nursing	http://www. jcn. co. uk
American Journal of Nursing（AJN）	http://www. nursingcenter. com/journals/
The American Journal of Maternal/Child Nursing（MCN）	http://www. nursingcenter. com/journals/
The Australian Electronic Journal of Nursing Education	http://www. scu. edu. au/schools/nhcp/aejne/
Journal of Clinical Nursing	http://www3. interscience. wiled. com/journd/118513605/home
Research in Nursing & Health	http://www3. interscience. wiley. com/cgi-bin/jtoc/33706

第三节　医学文献的阅读与积累

医学文献是从事医学事业的科技人员进行科学研究、科学实验和临床实践的文字总结，是前人经验的结晶。在科学事业中，今人必须学习继承前人的经验，才能有所前进、有所创造。学习和继承的主要方式之一，是从文献中学习，这种学习方式离不开阅读和积累。只有这样，才能把前人的经验为我所用，成为自己的知识、能力和经验。随着科学技术的发展，信息、情报、文献数量迅速增长。面对大量文献，只有依赖于阅读、分析、综合与研究这种再创造性劳动，才能变为医学工作者自身的知识、能力和最新创造成果，才能实现文献的科学价值和社会价值。所以，阅读医学文献和积累信息是每个医学工作者的基本功。

一、医学文献的阅读

（一）阅读及其目的

1. 阅读及其作用　所谓阅读，是指读者在通过感官作用于读物的基础上，获取读物内容的智力活动。阅读这一概念表述了读者对读物“阅”与“读”的结合，获取知识或信息与阅读有关，这就是阅读的结果。阅读的结果包括对读物内容的理解和记忆。阅读实质上是其过程和结果的结合，少其任何一方都不能称为阅读。阅读不能简单地定义为看书。

阅读的作用是从其结果上体现出来的。阅读可以学习前人的经验，通过分析、理解、消化、归纳、记忆等过程，把这些经验转化为自己的知识和能力。总之，阅读就是把客观的经验转化为读者的主观认识，是人们学习的一个重要手段。

2. 阅读的分类　依据不同目的、心理、场合、时间和方式，阅读可以分为无意识（非定向）阅读和有意识（定向）阅读。医学工作者对医学文献阅读属有意识（定向）阅读，也称为专业阅读。按目的不同，阅读还可以分为即用型和积累型。即用型阅渎是读者以阅读结果立即用于工作实践为目的，读者根据工作需要查阅某种文献，阅读指向性窄，阅读时间较短。积累型阅读是读者以阅读结果作为积累知识、提高能力的手段。读者阅读指向相对较宽，阅读时间较长。按阅读方式可以分为精读和泛读等。精读是为了对文献内容充分的理解，因此，对文献仔细阅读，逐章逐段乃至逐句逐字深入钻研的一种阅读方式，阅读医学文献采用这种方式较多。泛读也叫略读，是一种概括地为掌握文献内容而阅读文献大意的方式。泛读可以作为精读的基础，可以增加阅读量。在较短的时间内通览文献内容，获得对文献的总体认识，便于今后需要时查找。所以泛读也是一种重要的阅读方式。总之，读者可以根据阅读目的和需要，采取不同的阅读方式，以提高阅读效率。

3. 阅读的目的　为了加强阅读的针对性，提高阅读效率，首先应该明确阅读目的，即在阅读时想获得什么知识、解决什么问题，针对不同阅读动机，采取合适的阅读方法，才能激励阅读行为，达到预期的阅读效果。

依据医学工作者的工作性质，阅读医学文献的目的如下：

（1）为了解决临床中的某个疑难问题。这类阅读目的指向性很强，要求尽快获得阅读结果，属于即用型。

（2）为了论证某个科研课题或者解决科研和教学中的疑难问题。医学工作者在进行某项科研中，常需要构思和设计课题，论证课题的必要性和可行性，解决课题中遇到的疑问和难点。这类阅读目的指向性也较强，也属于即用型。

（3）为了系统地获得和丰富某个方面的知识或技能。在科学技术飞速发展的今天，无论从事临床、医务管理，还是从事科研、教学等医学工作者，都需要不断学习、补充、更新知识。这类阅读指向性不强，阅读时间较长。属积累型阅读。

（4）为了某些特殊目的，比如从事文献管理和编辑的人员研究文献资料；学术考评人员阅读待晋升者提供的文献资料等。

（二）阅读效率和策略

1. 阅读效率　阅读是一种智力活动过程，其实质是过程和结果的综合。如果将阅读作为一个开放的系统来研究，它构成的基本要素是：读者、读物、时间和环境。在阅读过程中读者用感官接触读物，随之进行思维、理解、记忆等活动。在一定的时间内，读者是通过阅读这样的生理和心理（统称为精力）付出以后，获得了知识和信息这一结果，即系统输入的是读物、读者的精力和时间，输出的是读者获取的知识和信息。

阅读效率可以用单位时间阅读量来表示（称简单效率或阅读速度）。阅读量可以用印刷符号的个数来表示。但是，这种表示缺乏对阅读本质的揭示。一方面，阅读不仅需要时间，同时也需要精力，即时间、心理、生理的消耗。另一方面，阅读结果仅用印刷符号来表示，没有真正地反映出阅读的宗旨。阅读效率也可以用单位时间耗费的精力与阅读所获得的知识和信息量来表示（称综合效率）。用较少时间，花较少精力，获得最多的知识和信息，阅读效率就高；反之亦然。

2. 阅读策略　阅读策略，是指为了提高阅读效率，在阅读过程中所采用的策划和谋略。为了提高阅读效率，读者应该根据阅读目的、文献性质、数量和环境条件等，采取不同的阅读策略。阅读策略通常包括：

（1）先读主题内容相同的中文文献，后读外文文献。这样有助于理解内容，特别是理解一些专有名词和习惯用语，同时也可以加快阅读速度。

（2）先读文摘后读原文。根据文摘提供的信息，决定是否索取原文，这样可以节省时间和精力。

（3）先粗读，后精读。这是阅读文献内容最关键的策略。如果是一本书，应该先读内容提要、前言，再浏览目次表。若发现其中确实有值得仔细阅读的章节，再进一步精读。如果是一篇论文，应该先读标题、目次、文摘（提要），浏览图表。若发现有阅读原文的必要，再精读原文。

以积累知识、提高能力为目的的阅读，更应该注意把粗读和精读有机地结合起来。粗读的目的，是在一定的专业知识范围内增加知识的广度。用较少的时间，浏览大量的书刊，以此扩大知识面，开阔视野，更快地掌握新科学、新知识、新动向。而精读更重要，博与精是知识大厦纵横两部分的构件。博是精的基础，精是治学的方向。

（4）先读综合性文献，后读专题性文献，有助于全面、深入地了解课题的内容。

（5）先读现刊文献，后读过刊文献，有助于了解科学动态及成果的最新发展水平。

（三）医学文献的阅读方法

阅读方法，是指能够保证阅读过程顺利进行，实现阅读结果所采用的方式、手段和措施。它是阅读活动主体作用于阅读客体的桥梁。它体现于阅读过程中，是实现阅读结果的办法。阅读方法是阅读策略的延伸和具体化。正确的阅读方法可以提高阅读效率。

1. 阅读医学文献的一般程序　医学文献作为科技和专业读物，有其一定的格式和结构要求。阅读医学文献要根据其特点采用合理的阅读程序。

（1）阅读题目选择切合需要的文献。这一工作往往在文献检索时已经完成。

（2）阅读提要简要了解全文内容。如果认为没有必要继续阅读，就可以结束阅读。

（3）阅读前言了解作者写作意图及所叙及问题的意义。如果读者认为正是自己所需要的内容，而且有深入细致掌握全文的必要，可以阅读正文。如果读者认为只需要知道该文的论点即可，就直接阅读结论，而后结束阅读。如果读者认为该文献所述内容是自己已经掌握的，或者没必要花时间掌握有关结论和内容，那么在阅读完前言之后就可以结束阅读。

（4）阅读结论掌握文献主要论点和结论。如果这些内容与自己掌握的内容无很大差别，就可以不阅读全文，结束阅读。如果对某一个论点的正确性有疑问，对某一论据有兴趣，某些论述和分析方法、某些信息和数据确实有参考价值，应酌情阅读全文和部分正文。

（5）阅读正文。正文是文献的叙述重点，所占篇幅较多，阅读用时最长。阅读正文可以掌握作者的基本观点和分析方法。熟悉作者的经验和作者的实验数据等。

由上可知，阅读文献没有固定模式，读者可以根据阅读目的和策略的不同，采用不同的组合程序。在一次阅读结束后，读者还可以做一些分析、整理、归纳工作。必要时，还可以依据某一程序重复阅读一遍至多遍。

2. 医学文献的阅读方法　阅读方法可以分为广义和狭义两种。前者是对多种读物的阅读，包括阅读策略、程序、方式和方法，实质是读书方法论。后者是指对某一读物的具体阅读方法。下面仅就医学文献的阅读提出几种方法，供读者在阅读时参考使用。

（1）三步阅读法其基本过程如下：①概括地了解文献的内容。这一步可以采取略读、跳读、浏览和短程序（题目—提要—前言—结论）等阅读方式进行，目的是掌握全文的内容概要，找出重点。②重点内容深入钻研，做到真正理解文献的内容。这一步应该采用精读的方法。③在理解全文重要内容之后，再将各部分内容连接起来，形成一个有机的整体，并做到"应当记忆的记忆下来，应当体会的体会出来，应当研究的研究出来"。三步阅读法的实质是"综合—分析—再综合"的过程。

（2）五步阅读法：即概览、提问、阅读、复述、复习。这五个词代表阅读全过程。这种方法适合医学文献和专题报告的阅读。因为这些文献篇幅相对较长，信息量大，重点内容多，问题阐述较分散，给理解、记忆掌握文献内容带来不便。所以，采用五步阅读法可以收到较好的阅读效果。①概览：概览的目的是了解文献重点、难点，为正式阅读打下基础。在这一步骤中，浏览文献的前言、提要、序、目次、标题、图表、参考文献、出版情况（出版年代、再版年代、印数、字数等），这样有助于了解文献的全貌。必要时，也可以迅速地浏览一下全文，以便对全文（书）有个总的印象。②提问：在概览的基础上，就文中的难点、疑点提出一些问题，然后和心中的答案进行比较，获得补充和校正，提高阅读的兴趣。阅读本身就有解惑的功能，即便对问题没有一个明确的看法，也可以通过阅读去探索答疑。③阅读：五步阅读法实际上就是一种阅读方法。这里所说的阅读，是指带着问题深入地阅读正文。要搞清每一个概念、术语的确切含义；搞清每一个数字模型、图表曲线所表达参数之间的关系；搞清每一组实验的设计方法、条件、数据分析结果和说明的问题。④复述：在深入阅读的基础上加以记忆。复述又可以称为"过电影"，即在脑子中把阅读的主要内容按一定脉络梳理一下，检查阅读效果。复述也是一种记忆的手断。⑤复习：复习的目的是为了巩固阅读成果，增加记忆。复习必须要及时，读书之后应该适当小结，可以起到"温故知新"的效果。

（3）快速阅读法：是在一定时间内，迅速获取文献内容的一种方法。其实质是以最少的时间投入，增大精力投入强度，获得较大的阅读效果。所以，不能单纯理解为提高阅读速度的方法，它也区别于通常意义的泛读、浏览和跳读。快速阅读是在当今信息爆炸、知识更新周期快的形势下的一次阅读革命，是科技进步的客观要求。

快速阅读方法，在医学文献阅读中，主要适用于：①在阅读策略中提出的"主辅"类型阅读，比如"先读综合性文献，后读专题性文献"等。对于那些辅助文献，如果采用泛读、跳读，担心可能把有意义的内容漏掉，也可以采用快速阅读法。②医务工作者为了掌握科技动态，了解科技前沿学科和科技的发展方向，应当经常阅读新书、新刊。在时间少、文献多、浏览又不能满足对某些文献了解程度的情况下，也可以采用快速阅读法。③在积累型阅读中，为了获得广博的知识，对某些类型的文献内容，并不要求读者全部记住，只需要知道这些内容，在哪类文献中有记载，也可以采用快速阅读法。

总之，快速阅读法的使用愈来愈广泛。作为医学工作者应该尽快掌握这种阅读法。快速阅读，主要应该掌握以下几个要素。

1）充分调动和发挥大脑的功能：①人的大脑里有一种独特理解功能的灵感神经，这种神经是存储词义和词形，接受视觉形象和听觉形象的灵感区。理解，是通过揭示事物之间的联系，从而认识事物的过程。人们首先通过寻找关键词、分析语意群、确定对象三个步骤，找出句子或段落的必要信息，以及它们之间的逻辑关系。其次，按文章各段从意义上加以鉴别，把选出的关键词组合成语意群，再把语意群组合成系统的概念。最后，大脑根据已产生的概念信息，并根据储存于大脑的以往经验和思维程序，对现系统进行重新编码，进而明确文章的中心思想。这就是大脑的理解功能。只有理解得快，才能记忆得快。②大脑在接受视、听觉之后，可以立即存储词意和词形，这种快速存储，为理解和分析词意提供了方便。③大脑在从周围吸收信息时具有明显的选择性，对信息进行快速筛选，去除多余信息，减少大脑信息处理工作量，可以加快信息加工过程。④大脑有压缩信息的功能。提高有用信息密度，便于快速处理。

2）科学、合理地运用视觉功能：阅读过程 90%以上的信息是从视觉神经感知的，所以，视觉功能的运用直接影响阅读速度。快速阅读法从以下两个方面运用视觉功能：①眼球的运动规律。眼球是传感器，大脑是处理器，眼睛是大脑的延伸。在阅读过程中，人的眼睛只能处于两种状态：固定（静止）状态和固定点的移动（运动）状态。眼睛要感知文章，只能在它处于静止状态的条件下才能实现。因此，快速阅读的关键之一，是提高眼睛在停顿状态下，单位时间接受的信息量。人在阅读时，眼球的运动是跳跃式的，运动频率为每秒钟 3～4 次。眼球运动频率快，阅读速度也可以加快。②视觉宽度。阅读能力强的人，能充分利用眼睛的余光区，扩大视觉宽度，视觉宽度大，跳动运动幅度大，不但可以平行移动，还可以沿着书页垂直跳动，并且迅速抓住关键词和短语。现代快速阅读法中的“意群读法”，即以一个意义单位（如形容词加上被修饰词组成的单位）为注视点；“总谱阅读”，即把注视点放在整整一段文字上。这些不同宽度的“意义单位”和“一段文字”就构成了阅读单位，或者称为“视力工作单位”。快速阅读法要求读者有较宽的“阅读单位”；应根据环境条件进行灵活的“阅读单位”变换。只有经过长期阅读和有意识的阅读训练，才能做到上述两点。

3）无声阅读：研究证明无声阅读并非发声器官不动，而是处于一种潜动状态，在这种状态下，形成一种没有声音，词汇量经过压缩的思维语言内语言。这种语言是在集中考虑某件事、思考某个问题或者默读和默写时产生的一种语言。它是一种用密码实现的思维符号。在这种情况下，词汇往往变成了形象化的视觉。事实证明：用限制音量来提高阅读速度，不仅不会降低接收信息的质量，而且有助于更好地掌握文章的思想。

4）控制注意力：注意是一种心理活动过程，在心理学上，注意力是指完成某项任务时，人的意识所选择的方向。在阅读活动中，注意力是起特别作用的一种活动方式。如果不善于集中注意力，就很难成功地运用快速阅读法。注意力的深度、持续力和注意力转移，是影响阅读速度的三个主要因素。注意力和持续力，直接影响大脑的理解力和信息处理分析能力；

视觉停止时间长短，影响内语言对词汇形象化转换速度。注意力转移，影响眼球运动速度和信息处理速度。注意力集中，可以减少复读次数，也可以加快阅读速度。

（4）框架式阅读法：是将有关知识通过有条理的分析，归纳成一个框架，以便在阅读过程中随时找到合适的对应内容，从而增加理解力、便于记忆的一种阅读方法。它主要适用于以备考为目的的阅读，因为在阅读之前，读者对该知识已有了初步了解，能够进行主题分析和规律总结。构思恰当的阅读框架，也适合积累型阅读。因为归纳框架，填充内容，更有利于所学知识的系统性、条理性，也便于理解和记忆。

所谓“框架”，就是从不同角度对文献的主题分析和结构归纳。如何预制“框架”是框架阅读法的核心。阅读医学文献时，经常使用的框架有：主题展开法、主题深人法和主题结构法。

主题展开法，是文献中以主题为线索，纵向展开。比如，首先依主题分析作者论述的观点，一篇论文一般只有一两个主要观点，最多不会超出三个，因为论点过多，会使重点不突出，论述不容易透彻。在论点后依论据展开，论据主要有以下几种形式：①某个公认的定律，某一级行政法规和标准。②作者客观论证的自身试验结果。③社会调查，病例分析，舆论举证或者使用报告等。

主题深入法，是依据文献主题采用层层质疑的方式展开。比如，作者论及某一事物，读者依据是什么、干什么、怎么干、为什么、怎么样的顺序对号所述内容。通过阅读读者很快了解全部内容。

主题结构法，是依据主题事物论述结构展开。比如，事物定义、归类、属性、体系、组成、构造、与其他事物的关系、作用、时间、地点、条件等。以上各条都可以做框架标准，读者可以依据文章结构合理选用。

预制阅读框架，应该具有有关知识体系的基本知识，框架的细部才能设计得更合理，读者也可以通过目录确定框架。医学文献结构体系较为简单，往往通过题目和目录就能反映出文章的框架。稍有些知识，再搭构细架也就不难了。

（5）创造性阅读法：即读者在阅读理解原文的同时，对文献内容进行深化和再创造，是一种高级阅读行为。创造性阅读法，不拘泥于原文，读者超越文献本身，融入个人的创造性理解，而不是作者怎么写，读者怎么读。另外，医学文献由于受作者认识水平、时间、条件等因素限制，难免有认识肤浅甚至不当和错误之处，读者也有必要采取去伪存真、取其精华、去其谬误的阅读态度。创造性阅读法适用于以科研、教学和临床为目的的即用型阅读，也适用于以评审为目的的阅读。创造性阅读可分为：比较法、推测法、质疑法和反馈法。

1）比较法：是把文献内容与读者脑子内存信息和其他同类文献加以比较。首先，可以开阔读者的视野，有助于正确地鉴别、验证和判断文献内容的真伪，提高读者理解知识、接受知识和运用知识的能力。其次，有助于读者对文献内容作深入的分析和探讨，发现最佳途径，提高创造能力。再次，有助于读者正确地掌握书中的重点、疑点和难点，深入理解文献内容。最后，还有利于读者提高这类文献的写作能力。

医学文献的比较阅读，可以从以下几个方面着手：①纵向比较，将前人的论述和今人的论述比较，通过溯本求源，了解和分析知识的继承、演变和发展过程。②横向比较，将同种文献比较，通过差异比较，有助于读者熟悉个性，把握个性，发现规律。也有助于鉴别知识的科学性、先进性和适用性，以便确定最优方案和技术。③动态比较，将文献所述事物置于运动状态下比较，进行必要的综合、穿插、归纳。防止知识理解的机械化、片面化和绝对化。有助于创造和发明。

2）推测法：是指在阅读过程中，在某个地方，有意识停顿下来，以已经阅读的内容为基础，设想以后的内容，再与文献中后面的内容对比，检验自己的想象力、判断力和创造力。这种方法，是把逻辑思维引入阅读过程中的阅读方法：首先，有利于提高读者阅读兴趣和积极性；其次，可以提高阅读速度。当自己的推测和实际结论相一致时，后面的内容可以采用速读、略读和跳读形式；第三，有利于提高读者的创造力，也可能通过推测的不同结果，构思出一种新见解、新方案。

3）质疑法：是指在阅读过程中，通过对内容的设疑、解疑完成对文献的理解阅读方法。其方法的实质就是多问几个为什么，多从几个不同的角度回答是什么。质疑法有利于加深对知识的理解，有利于开发思路，促进发明和创造。

质疑可以从三个方面着手：

其一，从文献结构入手，进行思考和质疑：①材料是否真实，选材是否集中。②主题是否明确，表意是否明显。③结构是否清晰，系统性如何。④观点是否正确，与主题关系是否密切，能否充分说明主题。⑤叙事是否有序，论理是否有力。⑥界线是否明确，数据是否准确。⑦格式是否规范，使用是否恰当。⑧风格是否庄重，质量是否有保证。

其二，从逻辑思维基本方法入手，进行思考和质疑：①文章叙述是否符合逻辑，是否有不合理倒叙。②概念、判断、推理、证明、假设等是否恰当、准确。③方法、手段、技术是否科学合理，是否具有可行性、必要性和可操作性。④分析、综合、结论是否清晰、缜密、正确而又不出现前后矛盾。

其三，从辨伪入手，进行思考和质疑，辨伪也是质疑的一个重要方面。①学术观点、论点是否为伪科学。②论据、数据、分析报告是否真实可信，有无资料出处。③文中涉及的事件、人物、时间、地点、细节有无与自己掌握的事实有出入。④作者身份是否有误，文章有无抄袭之嫌。

质疑阅读法，不但要注意提问题，还要注意释疑和存疑。释疑可以从本文中查找答案，也可以从自己掌握的知识和另外资料释疑，只有这样，才能真正做到“知其然，又知其所以然”，达到阅读的较高境界。无法立即释疑的问题，可以存疑，记录下来，以便今后解决。

4）反馈法：是在文献阅读后，把对有关内容的理解和认识（即阅读结果）返回对同一文献的再阅读之前，以指导和影响再阅读过程的阅读方法。由于注意力不集中，或者文献内容深奥，或者作者表述不得当等原因，读者在阅读文献之后，尚不能理解文献的全部内容或部分内容，有时不得不对文献全文或部分内容进行重复阅读，这叫简单重复阅读。反馈法不是简单的重复阅读，它是读者把一次阅读结果，用来指导和影响重复阅读，用分析、比较、推测、质疑、验证等方法进行再阅读。以便使读者对文献内容有更深刻的认识、理解和再创造，提高阅读效果。反馈阅读法是一种创造性阅读法，但是它与比较法、推测法和质疑法是有区别的。前者是在阅读后的创造，后者是在阅读过程中的创造，它不要求复读，而是边读边创造。

反馈阅读法分为正反馈法和负反馈法：①正反馈法是读者以创造为主要目的，阅读结果对再阅读过程起发散和激活作用。再阅读时，读者把对文献的认识和理解与作者的写作意图、论述的论点和论据、方法和逻辑，进行充分的思考与分析。可以采用诸如思想风暴法和否定法等方法，进行全方位思维、搜索和漫游。读者对这一阅读结果的认识越来越不稳定，甚至出现对有关问题去请教别人，或者查阅其他文献，亲自做一做实验的欲望。正反馈阅读主要适用于以科研为目的的医学文献阅读。②负反馈法是读者以理解和认识为主要目的，阅读结果对再阅读过程起收敛和聚合作用。再阅读时，读者把对文献的认识和理解，与重新阅读的认识进行比较、认证和综合，使认识更一致，更深刻，并使读者的认识越来越稳定，相信和接受文献的结果，并成为自己知识体系的一部分。负反馈阅读主要适用于积累性阅读和医学实践的其他阅读。

阅读方法还远不止这些。阅读最重要的不仅在于读法，而更应考虑得法。就是根据阅读目的、阅读水平、文献类型和阅读要求，采取不同方法获得好的阅读效果。另外，阅读方法不仅可以选择，还可以组合，更可以创造。组合和创造，是把各种阅读方法通过叠加、相嵌等方式组合运用，创造出一种更新更优的阅读方法。

3. 医学文献阅读要领　医学文献与一般新闻和文学作品不一样，从内容上，它强调客观性、科学性和实用性；从写法上，多是以概念方式来反映客观知识的属性，具有抽象性；从语言上，以陈述句为主，语言简练、朴实易懂；从文体上，一般兼有说明文和议论文的特点。作为一名医学工作者，在自己熟悉的领域或学科方向上，读懂一般医学文献（中医文言除外）应该不存在什么问题。但是，真正做到融会贯通、真知灼见，尚需依据一定的阅读要领。

（1）理解概念：正确理解概念，切忌死记硬背。应该做到如下几点：

1）读懂定义：定义是用简练、概括的语言，揭示概念的内涵和外延。对于这种方法说明概念，必须从本质和特征两个方面加以理解。比如查体诊断，是医师运用自己的感官，借助简单器械对患者检查结果做出的临床判断。其本质是临床判断，特征是医师用感官和简单器械进行的诊断。

2）解释：这是对概念的状况、性质、特征、成因作简要概括的解说，一般比较灵活、自然，不一定完整。如查体诊断是物理诊断，感官是手、眼、耳、鼻等。

3）比较：通过两个或两个以上彼此有联系或相同点的事物做比较，在比较中说明概念的性质或特点。特别注重共同点和差异点。

4）数字说明：有些用数字说明的概念，只需掌握其数字的范围、多少，理解其大致趋势即可。

5）举例说明：对于很难理解的概念，有的文献用举例来说明，这是把抽象的概念给以形象化解释，对于理解概念是有意义的。在理解概念的基础上，还应该进一步掌握基本原理和理论。对于基本原理、基本理论不仅要了解其内容，还要知道它的用途和作用，做到举一反三、触类旁通。

（2）重视图表和数据：医学文献中图表、数据占有一定的比例。但是，很多人在阅读文献时，只注重文字，而对图表和数据则一带而过。这些图表和数据，对于理解、巩固所学知识有很大作用，阅读时要充分重视。

对于图表要注重来源，是实验的，还是统计的；注意时间，与论文写作时间是否相差太远，有无过时；注意单位，与结论单位是否一致，坐标之间单位是否有可比性，是否为国家统一使用单位；注意意图和效果，作者引入此图表想要说明什么问题，是否达到预期效果。对于数据要注意其科学性，同时还要注意其出处，是实验得来的，还是统计出来的。对于文章中特别关键的数据，作者应该有所注释，没有注释的数据，读者应该慎重使用；数据的类型是相对数据、绝对数据，是概率，是分布，还是约数。单位和时间都应该看清楚。

（3）辨析实验报告和病例：在医学文献中，实验报告和病例分析占有很大的比重，它是对理论阐述的必要补充，是某一医学成果和规律在实验室和医疗实践中的佐证，是最主要的科学判断之一。因此，阅读医学文献时应该予以重视。

阅读实验报告应该注意如下几点：①实验设计是否严密。比如，样本是否有代表性；实验单位是否合适；测量指标是否有意义；比较组的计划安排是否合理。②实验观察方法是否精确、完善。③实验条件是否严格控制。④观察记录是否客观。⑤实验结果是否可信，能否重复得出，重复实验次数是否合理。

病例分析应该注意如下几点：①病例主体是否与所述结论一致。②病例环境条件、时间、药物等客观因素是否与结论一致。③临床结果是否准确、可信，有无其他形式（如图片、X 光片、化验单、患者自述等）的旁证。

综上所述，医学文献阅读效果，除了与读者自身素养（知识水平和阅读能力）、文献质量、阅读方法、阅读心理和环境有关外，还应该注意掌握阅读要领。

（四）阅读能力

1. 阅读能力　阅读能力通常是指完成阅读活动的本领。包括完成阅读活动的具体方式，以及顺利完成阅读活动所必需的身体条件和心理特征。

提高阅读效率的主观因素是读者的阅读能力和阅读积极性。因此，阅读能力是提高阅读效率的重要基础和具有活力的因素之一。

2. 阅读能力的要素　阅读能力由阅读速度、精力、理解力和阅读技巧四个要素组成。

（1）阅读速度：阅读速度的快慢直接反映一个人阅读能力的强弱。前述的快速阅读法是阅读速度的一种升华，是以一种技巧提供给人们的一种阅读方法。掌握这种技巧，则是阅读能力强的象征。

（2）精力：精力包括人的生理和心理特征。阅读活动往往伴随人的生理和心理的变化。一个人的生理条件好，就可以精力充沛的阅读，长时间高质量的阅读。反之，可能会出现不良反应，如头晕眼花、腰酸背痛等现象，从而分散阅读精力，使阅读活动不能持续进行。阅读活动还应有一个良好、稳定的阅读心理。阅读能力强的人，在阅读中能保持平和的心态，及时调整情绪，注意力集中，不走神，不受不良阅读环境干扰，专心致志地阅读。

（3）理解力：理解力是阅读能力的基础，是提高阅读能力的关键。理解力体现一个人的智力、经验和知识水平。理解力强的人往往阅读能力也强。在外文医学文献阅读方面，理解力的差异则表现得更明显。

（4）技巧：阅读技巧包括阅读策略和方法的运用，阅读要领的掌握。阅读能力强的人表现在阅读经验丰富，他会依据阅读目的和要求，合理选择阅读方法；巧妙地安排阅读时间；科学地、创造性地掌握阅读要领；高效、低耗完成阅读过程，实现阅读效果。

3. 提高阅读能力的途径　阅读能力是在身心素质的基础上，经过学习和培养，并在实践中吸收别人的经验而形成和发展起来的。

（1）保持精力：经常注意身心锻炼，如保护视力，合理使用大脑，注意阅读卫生，养成良好的阅读习惯等。

（2）打好基础：注意文化基础知识的学习，特别是母语和外语的学习；培养思考和分析问题、解决问题的能力；加强医学专业知识的学习，博览群书，注意知识更新，特别是对交叉学科和边缘学科的了解。

（3）加强训练。

（4）经常阅读：常言说“熟能生巧”。这一点在外文文献阅读中最为明显。阅读机会愈多，对文献单词、格式、结构、逻辑、表达方式等就会愈熟练。

(5) 善于总结：不断总结阅读经验，掌握阅读技巧，完善阅读体系，形成自己的阅读风格。

二、医学信息的积累

医学信息的积累，是把医学信息在时间和空间相对集中、凝聚和存储的过程，是一种不断搜集、整理、存储医学信息的活动。这一积累过程，不是简单的堆砌和累加，而是对信息在理解和整理后的积累。

（一）医学信息积累的作用

医学信息的积累是很重要的，是医学工作者职业的基本功之一。医学信息积累的作用如下：

1. 不断积累　医学信息对于提高医学工作者的知识水平和专业能力非常必要。

2. 有利于形成自己的知识体系和学科优势　医学知识和技术发展迅速，每一个医学工作者不可能样样精通。通过对某一两项医学领域知识的学习、实践及信息的积累，就能够形成自己的知识体系和信息资源优势。

3. 有利于提高工作效率　医学工作者在工作中难免要遇到未知和难解的问题，或者碰到有印象但是又记不清的问题。如果个人有一定储量的信息积累，工作起来既方便又提高了工作效率。

4. 形成医学信息优势，不仅有学术价值，而且还有社会价值和经济价值　医学信息积累有利于挖掘和保存医学成就，便于医学信息交流。随着计算机网络的发展，每个人、每个图书馆、信息中心的积累，都可能也应该成为共享的信息资源，这样一个巨大的信息库必将对医学乃至社会做出重大贡献。

（二）医学信息积累的要求

1. 随得随积，保持即时性　医学信息积累，要随时发展，随时整理，随时存储。否则容易忘记和疏漏。

2. 日积月累，持之以恒　切忌凭一时兴趣，高兴则积，扫兴则弃。

3. 质朴简单，方便实用　医学信息积累应力求简便实用，不要烦琐、庞杂。特别是个人积累，由于受容量和精力的限制，因此，力求精练，适时剔旧，提高积累效率。

（三）医学信息积累的分类及方法

医学信息的积累，按照对象、主体和方式分类如下。

1. 按积累对象分为信息积累和文献积累

(1) 信息积累：以信息单元为积累对象。通过对信息和事实的不断积累，主体可以直接得到知识和经验。这种积累可以通过学习（包括传授、阅读文献、各种媒体传播等）和实践来完成。所积累的信息，可以被主体很快地认识和利用，并且直接用来转化为能力。

(2) 文献的积累：以文献、资料、卡片、笔记、复制品、录制品、缩微、照片、软盘等为积累对象，通过积累，主体可以在需要时从其得到信息，并加以利用。

2. 按积累主体分为个人积累和公共积累

(1) 个人积累：医学信息积累，是日常一点一滴进行的案头劳动。个人积累的对象可以是直接信息，也可以是文献。

(2) 公共积累：公共积累一般指图书馆、信息机构和科研等单位资料室的文献、资料积累。这种积累，系统性好、连续性好，分类简明适用，著录格式规范统一，种类多，数量大，信息量也大，使用起来很方便。它是个人积累的主要信息源之一。

3. 按积累方式分为记忆积累、笔记积累、剪辑积累、计算机信息积累

（1）记忆积累：个人积累的主要形式是记忆。记忆是对记忆对象的内容和形式的识记、保持和再现过程。识记是认识和记住内容，并且将其存放在大脑中，就算记住了；保持，是将记住的东西在大脑中存储一段时间，以便在需要的时候取出来应用；再现，是将记住和存储的东西迅速地从头脑中找出来，这就是所谓的“忆”。所以，记忆是识记、保持和再现三位一体的心理活动。记忆的效率包括记忆质量、数量、速度和难度。记忆质量包括持久性和准确程度。以信息积累为目的的记忆，其主要指标是记忆质量和记忆数量。数量多而且准确，保持的时间又长，信息积累得就好。

影响记忆效率的因素，除了记忆主体的心理（情绪、兴趣）和生理（睡眠、营养、先天智力等）因素外，良好的记忆方法也是很主要的。记忆的方法很多，对于医学信息的记忆积累，使用理解记忆、压缩记忆、形象记忆和复习记忆效果较好。

1）理解记忆：理解是记忆的基础，在识记和应用过程中理解、弄懂、亲自体验，可以提高记忆质量。

2）压缩记忆：是指在理解的基础上，尽量压缩所要记忆的内容，记住重点，兼顾一般的记忆方法。压缩记忆包括重点记忆、缩略记忆和提纲记忆。压缩记忆不仅可以方便记忆，而且可以有效地利用大脑的信息存储空间，使信息积累容量扩大。

3）形象记忆：就是借助有关事物的形象，来达到记忆目的的一种方法。其最大的特点是，将某种形象和要记住的内容联系起来记忆。医学属于实用科学范畴，有关的基础医学和临床医学，都离不开形象思维。所以形象记忆应用较广。

4）复习记忆：就是对已经识记过的信息，为了能在大脑中长期存储，而及时进行复习的记忆方法。及时复习，是增强对同一事物记忆有效度的最好办法。因此，研究者应该抓住每一次重复机会，采用复习记忆，积累信息和经验。

头脑识记和存储信息有其局限性，即使是记忆力非常强的人，经过一段时间后，也难免会忘掉记忆内容的许多细节。因此，对于个人的信息积累，除了需要记忆外，还应该辅以其他形式的积累方法。

（2）笔记积累：用笔记的形式，记录有关文献形式或信息内容的方法。

1）笔记的作用：笔记是积累信息的有效方法，是大脑记忆的延伸，可以扩充大脑的存储容量。日积月累的笔记就是一个信息库；笔记有助于记忆。首先，笔记可克服头脑识记和存储知识的局限性。其次，记笔记的过程，也是理解、消化知识的过程。由于脑手并用，加强了记忆信息的能力；再次，笔记的条理化使记忆更简单了；笔记有助于集中阅读注意力。笔记是脑、眼、手并用的过程，多种感官的协调作用，可以减少“走神”现象，提高阅读效率；由于笔记是思考后的记录，它已经经过信息的快速处理、分析、归纳。笔记不是简单的抄写，而是思考的结果，所以，对理解文献内容有益。

2）笔记类型及记法：①摘抄式笔记，是抄录原文有关内容的一种笔记方法。通常包括摘录式，即摘记有实用价值的原文；摘要式，即摘记文中要点，比如论点、论据、结论、重要的数据等；索引式，即只摘抄关键词或关键性语句，以及出处，比如，书名、文章名、大标题及此文详细出处。②评点标画式笔记，评点就是对所阅读文献内容加以评注、标画，运用特定的符号在文献上勾画，标出重点和难点。当然，在公共文献上是禁止评点标画的。它

与摘抄式不同点是：不需要另外载体，而直接在文献上评点标画；摘抄记录文献原文，评点标画侧重于感受和体会，适用于经常翻阅的文献。评点标画的形式主要有：眉批式，即在标画的基础上，在书页的天头和地脚处写上简单的心得、体会、评语或疑问等的笔记方式；旁批式即批注地点在书页的左右空白处的笔记方式。③缩写式笔记，是在阅读全文的基础上，经过思考，概括地写出文献基本内容的一种笔记方式。它与摘抄笔记的不同之处是它是对全文的概括，而非原文的部分内容。它包括提纲式，即用简明扼要的语言，把原文的主要内容、基本思想和结构层次的要点概括出来的一种笔记方式；提要式，即用简明扼要的语言，概括文献主要内容的一种笔记方式。医学文献中论文有提要格式，抄下来即可。④感想式笔记，是以记录读者阅读后的感受为主的笔记。在医学文献的积累中很少使用这种方式，故在此不作叙述。

3）笔记积累的载体：摘抄式和缩写式笔记积累，都需要一个适当的载体，用以长时间保存和检索使用这些载体。常用的载体有：①卡片式（图 4-11），个人积累的文摘、提要、书目和索引都可以利用卡片的形式，并装入卡片盒内。它的优点在于方便汇集、排检和携带，具有较大的灵活性；不足之处是容量有限，不能记录太多内容。②笔记本式，用笔记簿记录所积累文献资料的形式。优点是容量大，便于记录详细的内容；不足之处是不便于分类和内容更新、补充。③活页式，是综合以上两种形式的优点的一种文献积累形式。活页记录，保留了卡片式便于从不同角度组合和使用方便的特点，又易于记录更详尽的内容。

卡片编号

文章题目（或书号）：

作者：

杂志名称（或书的出版社）：

日期：年、卷（期）、页数

内容：

①可抄写部分认为重要的段落或语句。

②可用自己的语词摘抄部分内容，同时可标注出文献中所对应的具体页码，如条件允许可用特殊记号或颜色在文献上标注。

评论资料：

描述自己对该篇文章的体会和总结，可以写明在哪些方面会对自己的科研课题有帮助。

图 4-11　卡片式笔记积累载体

（3）剪辑积累：根据需要，对个人不便于整体保存，或者无必要整体保存的报纸、杂志上的医学文章资料，剪下来或复印下来，按类贴在剪辑本上。剪辑一定要经常、细心，剪下的资料要标注出处，以便核对。但是不能从公共报纸、书籍、杂志上剪辑。开“天窗”是不道德的做法。

（4）计算机信息积累：用计算机积累信息，容量大，而且使用和管理均很方便。如果能进入网络管理，还便于资源共享。这是一种最先进、最有发展的信息积累方法。用计算机进行医学信息积累，可采用文件管理和数据库管理等方式。如果是字数较多的文章，适合于文件管理的办法；如果是书目、索引、摘要等，适合于数据库管理办法。

除了上面所述的四种形式之外，在有条件的情况下还可以采用复制、录制、缩微、照相等现代化技术手段。

（四）医学信息积累的编目

公共积累的医学信息编目，都是按统一标准和方法进行的。为了便于管理和检索，个人积累也应该进行编目。个人积累与公共积累比较，除了信息量相对少以外，不一定很系统，而且根据工作需要，学科研究方向，只能对医学的某一两个，或者少数几个领域感兴趣，积累也仅局限于这些领域。但是，积累的深度和专业化程度则比较高。所以，公共医学信息积累的编目方法不一定适合个人积累的编目。个人积累的编目应该根据信息积累的容量、工作性质的要求等，而采用不同的方式。一般采用顺序编目、字头编目、大类细分编目、工作系统编目、文献类型编目等形式。顺序编目和字头编目，适用于个人藏书和文件管理方式。后几种适用于信息量较大的索引、文摘，或者用于数据库管理。

（赵　雁）

第五章　护理研究设计

本书前面的章节中主要介绍了如何发现研究问题、确定研究目的，本章则是在已经确立了研究问题和明确了研究目的的基础上进行科研活动的设计，如有关研究对象的入选标准与方法、资料收集的方法、研究的进度安排等。严谨的研究设计对是否能获得有价值的结果至关重要，同时它也是保证科研论文质量的重要前提。

第一节　概　述

一、基本概念

1. 研究设计　研究设计（research design）就是针对某项护理研究课题而制定的总体计划、具体研究方法和实施方案等。以保证获得有意义的资料和结果，它是实现护理研究目的的具体途径。

通过研究设计使抽象的研究目的具体化，形成明确而具体的研究方案，指导研究者有计划地收集资料、归纳和分析资料，最后回答研究问题，形成研究目的。设计过程中要注意排除对研究结果有影响的干扰因素，使研究结果的误差降低到最低限度，并使研究工作以经济、方便和恰当的人力、物力及时间收集资料，保证研究质量。理想的研究设计不在于其设计的复杂程度或花费人力和物力的多少，而在于研究设计能否达到研究目的及获得的研究结果是否有说服力。

2. 干预　干预（intervention）即研究者对研究对象人为施加的干预措施（也称处理因素）。干预措施是指施加于受试对象的，试验中需要观察并阐明其处理效应的因素。如在"糖尿病同伴教育对于糖尿病患者足部护理行为的影响"的研究中，同伴教育就是施加于糖尿病患者的一个干预措施。

3. 设立对照　设立对照亦称控制（control）。"对照"是指将条件相同、诊断方法一致的研究对象分为两组，一组是对照组，另一组为实验组接受某种与对照组不一样的干预措施，最后将两组结果进行比较。

在护理研究设计中，研究对象的个体差异如性别、年龄、病种、病情严重程度、心理社会因素，甚至研究对象所处的环境等都可能影响研究结果，采用对照的方法就可以消除或减少这些因素的影响。通过设立对照组，而使得与试验无关的因素，均匀地分布到实验组和对照组中，使得对照组和实验组除了干预措施不同之外，其他因素的分布尽可能均衡，从而使获得的结果更具有说服力。因此，设对照组的目的就是为了排除与研究无关的干扰因素（外变量）的影响，突出试验中干预措施的效应。如在研究"连续 3 个月的每周电话干预对老年痴呆患者照顾者的照顾负担”的影响研究中，为了确认电话干预是否能帮助患者照顾者减轻照顾负担，应设立对照组进行比较。即将同意参与研究的老年痴呆患者的照顾者随机分成两组，一组照顾者仍然进行平时的照顾活动，另一组照顾者则在进行平时的照顾活动的同时还接受每周一次来自于专业护理人员的电话访谈，专业护理人员针对照顾者出现的问题给予建议。此时在随机分组、设对照组的情况下，两组照顾者除了是否接受电话干预不同之外，其他条件均相似，如患者的病程、严重度、照顾者照顾时间长短，干预前两组照顾者的照顾负担等。干预结束后如两组照顾者的照顾负担出现差异，相对于对照组而言，实验组的照顾者负担减轻，此时研究者就可以得出结论：这种变化是由于每周的电话干预所导致的。

4. 随机化　随机化是指随机取样和随机分组，即从目标人群中随机地选择样本并且将这些被选到的研究对象随机地分到实验组和对照组中。应用此方法来确保每一个研究对象都有均等的机会被选中，使样本更具代表性；同时通过随机使研究对象有均等的机会进入实验组或对照组，从而使得实验组和对照组能在均衡的条件下进行比较。

5. 盲法　盲法（blind method）是指在不知道研究对象分组情况的前提下进行研究过程中指标的观测、数据的收集和结论的判断，目的是减少可能的来自于研究者或受试者主观因素所导致的偏倚。盲法可分为单盲法和双盲法。

6. 预试验　预试验（pilot study）又称为可行性研究或试验研究，是指在正式开始研究工作之前，为保证科研工作能按照设计内容顺利进行，先按照研究设计的内容进行小规模（选择少量研究对象，可为研究设计总样本量的10％～20％）的试验，目的是检查课题设计是否切合实际，是否有需要修正的地方，核实样本量的估计是否合适，收集资料的方法是否可行，也可摸清和熟悉研究条件，使参加研究课题的研究人员可以统一方法，减少误差，并对完成课题的工作量、时间和人力安排做出恰当估计，凡在正式试验中所需应用的各种量表、仪器和工具等，应在预试验中进行初步试用、检测和操作，对研究工具如量表、问卷、仪器等可以做信度与效度的测定。因此，在大规模或大样本研究开始之前进行预试验非常有必要。

二、研究设计的分类

（一）量性研究与质性研究

护理研究按研究性质可分为量性研究和质性研究两大类。它们之间的本质区别在于其各自建立在不同的哲学观和认识事物的方法上。量性研究建立在实证主义的哲学观基础上，遵循客观的原则去认识事物和验证事物。而质性研究则建立在诠释主义或批判主义的哲学观基础上，认为理解一个事物或过程的最佳途径就是去经历和体验这一事物或过程。同时，质性研究者认为任何现实都不是唯一的，对事物的认识只有在特定的情形中才有意义。由于量性研究和质性研究之间的本质区别，因此其科研设计的具体类型也是截然不同的。

1. 量性研究（quantitative research）　又称为定量研究，是在护理研究中经常被选用的一种研究方法，是按照预先设计的研究方案进行研究，通过观察指标获得数据资料，用科学方法来验证模式或理论，用数字资料来描述结果的研究方法。该研究方法多先规定收集资料的方式，通过数字资料或其他的量化方法来研究现象间的关系。该研究方法认为获得数字的研究可达到测量标准，并能较客观地描述现象和问题，因此其常采用结构完整、格式严格的量表、问卷等进行测量，用严谨的统计学方法进行分析和用数字报告结果。目前国内医学和护理学杂志上刊登的论文，其采用的研究方法大多是量性研究。

2. 质性研究（qualitative research） 又称为定性研究，是研究者凭借研究对象的主观资料和研究者进入当事人的环境中参与分析资料，观察、记录、分析、解释人类生活过程中不同层次的共同特性和内涵，用文字描述报告结果的研究方法。质性研究在社会科学和行为科学中已普遍运用，它用来理解人类独特的、变化的、整体的本质。因此，质性研究可以作为获取护理知识的新方法，用以描述和促进对某些人类经验或经历的理解，如疼痛、照顾、舒适、疾病应对体验等，这些内容都是护理人员应深入研究的领域。当前，质性研究方法在我国尚处于起步阶段，护理研究人员要根据研究现象的特点及研究问题的本质选择使用质性研究方法。

质性研究方法主要包括现象学研究、根基理论研究、人种学研究等类别。具体内容将在本章第三节“质性研究设计”中进行介绍。

（二）实验性研究、类实验性研究和非实验性研究

在量性研究中，根据设计内容不同可以分为实验性研究、类实验性研究和非实验性研究。

1. 实验性研究（experiment study） 又称为干预性研究，是研究者采用随机分组、设立对照及控制或干预某些因素的研究方法。它能准确地解释自变量和因变量之间的因果关系，反映研究的科学性和客观性较高。任何实验性研究的设计都必须具备 3 项内容：干预、设对照组、随机取样和随机分组。

2. 类实验性研究（quasi-experimental study） 与实验性研究方法基本相似，不同处是设计内容缺少按随机原则分组或没有按随机原则取样，但设计中一定有对研究对象的护理干预措施。

3. 非实验性研究（non-experimental study） 指研究设计内容对研究对象不施加任何护理干预和处理的研究方法。这类研究常在完全自然状态下进行，适用于对所研究问题了解不多或该研究问题情况较复杂时选用。

此三种研究设计将在本章第二节“量性研究设计”中进行介绍。

（三）回顾性研究和前瞻性研究

1. 回顾性研究（retrospective study） 是从研究对象目前所存在的某种现象入手，向过去进行追溯，以期发现导致目前存在的现象出现的原因或者相关因素的研究方法。如研究者对能反映研究对象过去情况的资料如临床病历或者社区普查记录等进行分析和总结，以发现某种现象出现的原因或者导致其出现的相关因素。回顾性研究开始于对因变量的分析，往回追溯导致因变量发生的原因或者影响因素。很多流行病学的研究常采取此种研究方法，如既往吸烟史与肺癌发病率的研究、既往的饮食方式与食管癌发病率的研究等。回顾性研究的优点是较省时、省钱、省人力，易为医护人员采用，也是进行深入研究的基础。缺点是偏差大、粗糙，常因资料记录不全而导致不能深入探讨和发现某些相关因素，或者资料记录不够准确而导致获取的数据误差增大。

2. 前瞻性研究（prospective study） 是从研究对象的现存状况开始，随着时间的推移，追踪研究对象的某种状况的变化情况或者某些因素随着时间的推移对研究对象的影响效果。前瞻性研究开始于自变量，随着时间的推移观察其对因变量的影响。如观察正常老年人的认知功能随年龄的增长而变化的情况（自变量为年龄，因变量为认知功能），或追踪观察不同的生活方式对人群健康的影响（自变量为生活方式，因变量为人群的健康）。前瞻性研究由于可以严格按照设计的资料收集表格进行资料的完整收集，保证资料的准确性，因此所获得

的研究结果较可信，更具有说服力。

三、研究设计类型的选择

各种各样的研究设计无好坏之分，关键在于使用的研究设计是否能够准确地回答研究者想要探讨的研究问题，科学严谨地完成研究目的。

首先，研究者可以根据研究的问题和研究目的，确定其将要进行的研究项目为量性研究还是质性研究，然后再在各自的研究设计类型中进行选择。如某研究者欲探讨晚期癌症患者照顾者的情感体验，他若想要深入了解照顾者的照顾经历和内心感受，则可以选用质性研究中的现象学研究方法进行调查。如果他想了解照顾者情感体验中的焦虑与抑郁等负向情感，他可以使用量性研究方法，对照顾者进行焦虑、抑郁等量表的调查，从而获得一定的数据来说明照顾者的情感体验。

在确定量性研究中的科研设计类型时，研究者可以自我询问以下一些问题，以便更加明确所欲选择的科研设计类型：

1. 研究的目的是什么？　在进行研究设计时，护理研究人员应明确研究的目的是什么。如是为了验证变量间的某种因果关系，还是检验变量之间是否相关，或者只是描述某些变量的状况。在明确研究目的的前提下，研究者才能选择能达成研究目的的研究设计类型。如某医院欲检验某个术前宣教项目是否有助于缩短外科患者术后的住院天数。研究者清楚地知道这个术前宣教项目并不是影响患者术后住院天数的唯一因素，其他一些因素如患者的诊断、手术类型、患者的年龄、患者术前的身体状况，以及术后发生的并发症等也都可以影响患者术后住院天数的长短。因此，为了达到研究目的，验证术前宣教项目是否有助于缩短术后的住院天数，研究者一定要选择一种研究设计方案，使得术前宣教项目对于术后住院天数的影响能够在排除其他影响因素的干扰下而被检测出来，如是否需要有随机分组、设对照组的研究设计。

2. 研究中是否有护理干预？　在某些研究中，护理人员要检验某些新的护理干预方法的效果，如检验某项新的止痛措施对于术后患者的止痛效果。在另外一些研究中，研究者可能并不需要护理干预，其研究目的就是纯粹为了了解某种现象，如儿童哮喘患者的运动状况、社区老年人对社区卫生服务的需求等。在研究中是否有干预就决定了研究者是选择实验性研究、类实验性研究还是非实验性研究，因为在研究中有无护理干预是实验性研究和类实验性研究与非实验性研究之间的本质区别。

3. 研究的结果是否需要进行比较？　在研究中，研究者常常需要将某些研究结果进行比较以便更好地进行分析。如欲研究社区居家痴呆患者照顾者的负担，如果没有与其他一些疾病患者照顾者的负担进行比较，就不能更好地体现社区居家痴呆患者其照顾者负担的高低。此时的比较就是不同组别患者间的比较。在某些时候，研究者还可以使用同一组研究对象进行护理干预前后的结果比较。总之，研究者要考虑自己的研究中是否要有用于比较的组别存在。

4. 在研究中如何控制外变量？　外变量是影响研究结果的变量，是干扰因素。如何控制这些干扰因素，是研究者在进行科研设计时要考虑的问题，也就是在本章第五节中所提到的偏倚的控制。例如，是否需要设立一个对照组，还是通过使用统计学的一些方法在进行数据的结果分析时控制外变量对于结果的影响。不同控制方法的选择决定了不同的科研设计类型。

5. 在全部的研究过程中需要收集几次数据？　在很多研究中，研究数据是通过研究者和研究对象的仅一次接触收集上来的，但在某些研究中，研究者需要与研究对象接触多次，以获取不同时间点的数据。如在有关社区人群健康状况的研究中，研究者只需要让社区人群填写一次问卷即可获取该社区人群的健康状况信息。而在有关社区干预对于人群戒烟效果的影响研究中，研究者需要与研究对象接触多次，如社区干预项目开展 1 个月后、3 个月后、6 个月后，分别获取各个时间点的该人群的戒烟状况，以了解这一社区戒烟干预项目的持续性效果。

在本章的下面几节中将介绍具体的研究设计类型，读者可以在阅读相关内容时再仔细思考此处所提出的几个问题。

第二节　量性研究设计

在量性研究中，目前国内外护理研究人员常用的研究设计的分类方法为实验性研究、类实验性研究和非实验性研究。

一、实验性研究

实验性研究（experiment study）又称为流行病学实验或干预性研究，是研究者采用随机分组、设立对照及控制或干预某些因素的研究方法。通过实验性研究所获得的结果对于说明变量间的因果关系最有说服力。

（一）实验性研究必须具备的基本内容

任何实验性研究中都必须具备 3 项内容：干预、设立对照、随机化。

1. 干预　又称为操纵（manipulation），即研究者对研究对象人为施加的干预措施（也称处理因素）。例如有关"音乐疗法对患者术前焦虑水平的影响"的研究中，"对患者播放某种为该研究所设计的音乐"即为干预措施。又如在有关儿科护士服的颜色对儿童住院期间心理状况影响的研究中，研究者可以安排一些护士穿白色护士服，另一些护士穿彩色护士服，然后比较不同着装的护士护理的儿童在住院 24 小时后心理和行为上有何不同的表现。此研究中，人为地安排护士穿着不同颜色的护士服就是一种干预措施。

有无干预是实验性研究和非实验性研究的根本区别。

2. 设立对照　设对照组的目的就是为了排除与研究无关的干扰因素（外变量）的影响，突出试验中干预措施的效应。

例如，欲研究某种营养素对早产儿的体重的影响，如果不设对照组，仅仅单纯地测量早产儿服用此种营养素 2 周后的体重，发现早产儿 2 周后的体重确实增加了，此结果绝对不能完全证明是由于服用营养素而导致体重发生了变化，因为早产儿的体重在不服用营养素的情况下也会增加。因此，在此研究中必须设立对照组（该组早产儿不服用营养素），使得实验组和对照组的早产儿在自然生长发育所导致的体重增加方面达到均衡，即两组在此方面不具有差异。那么 2 周后所测量出的两组间的体重变化，就可以认为是由于服用营养素所引起的。所以说，设对照的目的就是为了排除与研究无关的干扰因素（外变量）的影响，突出试验中干预措施的效应。

对照组要设立多少组应依照研究目的和干扰因素的多少而定。任何一个实验性研究都至少应设立一个对照组。在护理研究中，特别是实验性研究设计，研究者应特别注意不要触犯伦理原则。如在护理研究中，研究者可以对实验组的患者在实施常规护理的情况下再添加一些新的护理干预措施，而对照组的研究对象则继续接受常规护理，而不能不给予任何护理措施。这样做既不违背科研的伦理原则，也可以探讨新的护理措施的效果。

常用的设对照的方法有自身对照、组间对照、配对对照等。

(1) 自身对照：指对照组和实验组的数据均来自于同一组样本，即将研究对象自身在干预前后的情况进行比较。例如在有关“健康教育对高血压患者服药依从性的影响”的研究中，研究者根据研究对象的入选标准选择一组社区高血压患者，先确定其服药依从性，取得数据后给予护理干预即健康教育，实施一段时间后再用同一测量方法确定患者的服药依从性，然后将这组患者干预前后服药依从性的数据进行比较，判断其间的差异有无统计学意义，从而评价该护理干预措施即健康宣教对于高血压患者服药依从性的影响。自身对照的优点是消除了研究对象自身各种干扰因素的影响，而且节省样本量，因此在护理研究中较常采用。

(2) 组间对照：是指相比较的两组数据来自两组不同的受试者。例如在“两种肢体功能锻炼方法对于老年脑卒中患者偏瘫侧肢体功能恢复效果的研究”中，该组研究对象为发生脑卒中后3个月的老年脑卒中患者，将患者随机分为两组，对照组采用传统的使用器械的肢体功能锻炼法，实验组采用在水中进行的肢体功能锻炼法，研究进行3个月，3个月后比较两组老年脑卒中患者采用不同的锻炼方法后的偏瘫侧的肢体功能恢复情况，以探讨哪种方法对于偏瘫侧的肢体功能恢复更有效果。此种对照即为组间对照。

(3) 配对对照：将研究对象按某些特征或条件配成对子，这样每遇到一对就分别给予不同处理。如在研究两种不同的产后宣教方法对于产后母乳喂养的影响的研究中，可选取同年龄组（年龄相差5岁以内）、同文化程度、同分娩产式的产妇一对一配对后分别进行不同方法的健康宣教，并在宣教后对母乳喂养情况进行对照观察。配对设计能减少每一对研究对象内部的实验误差，故较组间对照设计的效果更好。但是，在实际护理工作中，配对设计要比组间设计难以实施。

选择对照组时应该使对照组和实验组的基本条件一致或均衡。两组的检查方法、诊断标准应该一致，并且两组在研究中应受到同等的重视。这样才能尽可能地控制干扰因素，以降低干扰因素对研究结果的影响，提高研究的科学性和客观性。

3. 随机化　是指随机取样和随机分组，即从目标人群中随机地选择样本并且将这些被选到的研究对象随机地分到实验组和对照组中。目的是使实验组和对照组能在均衡条件下进行比较，使样本更具有代表性。

在进行随机化时可以使用随机数字表或者较为简便的投掷硬币、抽签等方法进行。

(二) 实验性研究中常用的研究设计类型

实验性研究设计包含了实验前后对照设计、实验后对照设计、索罗门四组设计等多种设计方法。其中，实验前后对照设计是最为常用的一种。

1. 实验前后对照设计（before-after experimental design）　将研究对象随机分为实验组和对照组，实验组采用新的干预措施或在常规基础上加新方法，而对照组只采用常规方法，两组同时在实验前和实验后测量某些指标。研究者通过比较两组在实验前的数值来评价两组的可比性，比较两组实验后的数值来评价干预的有效性（图5-1）。例如研究“社区护理干预对糖尿病患者运动方式的影响”，研究对象应为符合入选标准的糖尿病患者，用随机分组的方法把患者分为实验组和对照组。首先分别测量并比较两组患者的运动方式和运动量，如此随机分组，干预前两组患者的运动方式和运动量应该在统计学上无显著性差异，即两组患者具有可比性。然后对实验组的患者进行社区健康教育干预，即在常规的社区护理服务的基础上增加家访和电话随访，而对照组的患者只接受常规的社区护理服务，约半年后再测定和比较两组患者的运动方式和运动量，评价社区健康教育干预的效果。

R（随机分组）实验组　　干预前测量→干预→干预后测量
R（随机分组）对照组　　干预前测量→干预后测量
结果比较：
- 干预前实验组和对照组的比较
- 实验组干预前后的比较
- 干预后实验组和对照组的比较

图 5-1　实验前后对照设计

在常用的研究方法中，实验前后对照设计是目前公认的标准研究方法，其论证强度大，偏倚少，容易获得正确的结论。但由于该设计方案有一半的研究对象作为对照组，得不到新方法的治疗或护理，有时容易触犯研究中的伦理原则，在临床实施中有一定的困难，加之工作过程较复杂，因此实验前后对照设计的应用推广受到一定的限制。

2. 单纯实验后对照设计（after only experimental design）　是将研究对象随机分组，对实验组施加干预措施，对照组则不施加干预措施，然后观察比较干预后两组在依变量上的差异（图 5-2）。

单纯实验后对照设计减少了因干预前测量所导致的结果偏倚，同时也适用于一些无法进行前后比较的护理研究。例如一些有关心理测量的研究，研究对象会因为实验前测量而有了经验或相应的知识，而使得实验后测量的结果受到了影响，此时出现的现象就称为霍桑效应。对于此类研究，研究者可以删去实验前测量的步骤而只做实验后对照设计。

R（随机分组）实验组—干预→干预后测量
R（随机分组）对照组→干预后测量
结果比较：
- 干预后实验组和对照组的比较

图 5-2　单纯实验后对照设计（R＝随机分组）

例如，有关“录像磁带干预对促进正性母婴互动的效果分析”的研究中，首先，母亲们被随机分到实验组或对照组，实验组接受特殊的指导，即利用录像磁带将母婴互动的一些细节进行拍摄、观看和接受护士的指导，而对照组则没有该干预方法。干预后测量母婴的互动情况并分析组间差异。试想如果此研究在干预开始前就进行了两组的前测量，对照组的母亲就会对测量条目加以重视，从而很注意自己的母婴互动情况或隐藏自己的真实行为，从而影响了后测量的结果，也影响了对干预效果的评定，最终使研究结果产生偏倚。

3. 索罗门四组设计（Solomon four-group design）　索罗门四组设计实际上是为避免研

究对象敏感及其他干扰因素的影响，将实验前后对照设计和单纯实验后对照设计组合起来的一种研究方法（图 5-3）。

组别	资料收集	
	实验前	实验后
实验组 1——有实验前测量	√	√
实验组 2——无实验前测量		√
对照组 1——有实验前测量	√	√
对照组 2——无实验前测量		√

图 5-3　索罗门四组实验设计

它是一种经常应用的高效的研究设计。研究对象被随机地分为四组，两组实验组和两组对照组，对其中的一个实验组和一个对照组进行实验前测量，而另外一个实验组和一个对照组则不进行实验前测量。然后对两个实验组实施同样的干预措施，干预结束后同时进行四组的某些指标的测量并比较。该设计适用于实验前进行的测量本身可能会对实验结果有影响的情况下，或者某些涉及情感、态度等方面的研究。

例如，在有关“健康咨询干预对社区中风患者家庭主要照顾者的健康促进行为的影响”研究中，研究者选择符合观察条件的中风患者的家庭主要照顾者 200 名，随机分为四组，A_1 和 A_2 为实验组；B_1 和 B_2 为对照组。对实验组的家庭照顾者进行为期 2 周的除社区常规护理之外的健康咨询干预，对照组的家庭照顾者则不给予健康咨询干预。健康咨询干预开始前，用同样的方法测量 A_1 和 B_1 组家庭照顾者的健康促进行为情况。培训结束后，再用同样的方法测量四组全部家庭照顾者的健康促进行为情况并进行比较。采用这种研究设计方法就是为了避免前测量本身对研究对象的影响。在此例中，前测量时需测量照顾者目前的健康促进行为状况，如营养、锻炼等方面的行为，前测量后照顾者有可能会对自己的健康促进行为加以重视，例如加强锻炼和增加营养等，这样在后测量中引起的健康促进行为的变化就可能不纯粹是健康咨询干预的效果，而仅仅是由于前测量引起的。因此，为了能进一步说明到底哪些变化是健康咨询干预的效果，哪些是由于前测量引起的变化，研究者可以用四组研究对象来进行比较，从而排除前测量对实验结果的干扰。

（三）实验性研究的优点与局限性

1. 优点　实验性研究是检验因果假设最有说服力的一种研究设计。由于这种设计通过随机取样和随机分组，以及设立对照组，最大限度地控制了外变量对于依变量的影响，从而比较准确地解释了处理因素与结果即自变量和依变量之间的因果关系，反映研究的科学性和客观性较高。

2. 局限性　实验性研究在护理问题的研究中尚不能很广泛地应用，主要原因如下：①实验性研究需要严格地控制干扰变量，但是由于大多护理问题的研究对象是人，较难有效地控制某些干扰变量，如心理社会状况、认知状况等问题，因此降低了实验性研究在护理研究领域被应用的普遍性。②出于伦理方面和实际研究情况的考虑，很难做到完全应用随机的方法进行分组。③在实际工作中，由于种种原因，难以找到完全相均衡的对照组而使实验性研究的应用受到限制。

二、类实验性研究

类实验性研究（quasi-experimental study），又称为半实验性研究，与实验性研究方法基本相似，即研究设计中一定有对研究对象的护理干预内容，不同之处是类实验性研究设计内容缺少按随机原则分组或没有设对照组，或两个条件都不具备。类实验性研究结果对变量间因果关系的论述强度不如实验性研究结果的可信度高，但由于在实际对人的研究中，很难进行完全的实验性研究，特别要达到随机分组比较困难，因此类实验性研究在护理研究中较为实用。

（一）类实验性研究中常用的科研设计类型

类实验性研究设计包含多种类型，本节仅介绍 3 种护理研究者最常使用的设计类型。

1. 不对等对照组设计（nonequivalent control group design） 该设计包括干预措施和两组或两组以上的研究对象，这两组或者两组以上的研究对象是非随机分组的，进行实验前和实验后测量或只进行实验后测量（图 5-4）。

实验组（非随机分组）——干预——→干预后测量

对照组（非随机分组）————→干预后测量

结果比较：

- 干预前实验组和对照组的比较
- 实验组干预前后的比较
- 干预后实验组和对照组的比较

图 5-4 不对等对照组设计

此种研究设计与实验性研究的唯一不同之处就是没有随机分组。例如，研究者欲研究某项新政策对社区护士工作积极性的影响，由于在一个社区内只能实行一种政策，不可能随机化。因此，研究者只能选择另一个相似的并且没有实行新政策的社区作为对照。在这种情况下，研究中的实验组与对照组的研究对象并不是随机分配的。但该方法简单，易于掌握，可操作性强，实施方便，短时间内可获得较大的样本，尤其是当某一社区合格的研究例数较少或不同社区本身施行不同的做法时，该设计方法就更为适用。但是因为没有随机分组，因此实验组与对照组的可比性就相对较差，从而影响结论的可信度和说服力。

2. 自身实验前后对照设计（one group pretest-posttest design） 该设计是类实验性研究中最简单的一种设计方法（图 5-5）。这种设计方法既没有对照组也没有随机分组，即只有实验组一组。

实验组： 实验前测量 ——干预——→ 实验后测量

对照组： 没有，不存在

结果比较：

- 比较实验组在干预前和干预后的测量数值

图 5-5 自身前后对照设计

例如，某研究探讨某干预措施对于改善高血压患者服药依从性的效果。研究者选择符合研究对象入选标准的高血压患者50名，首先测定他们在1个月内的服药依从性，然后对他们进行干预，干预完成1个月后再测量他们的服药依从性，并与干预前的依从情况进行比较，看有无改善。自身前后对照设计虽然较为常用而且也合乎逻辑，但是实验前测量不足以替代对照组的功能，因此不能很科学地解释结果。研究者在解释结果时切忌过于绝对。

3. 时间连续性设计（time series design） 时间连续性设计其实是自身前后对照设计的一种改进。当自身变量的稳定性无法确定时，可以应用时间连续性设计，在干预前后进行多次的观察与测量（图5-6）。如上例中，可以在对高血压患者进行干预前每个月测定一次他们的服药依从性，连续测定3次，干预后再连续测定3次，每个月测定1次。通过对各个阶段服药依从性的比较，分析干预措施的有效性

实验组 实验前测量（N 次）——→干预——→实验后测量（N 次）

M_1，M_2，M_3，…，M_N　　　　M_1，M_2，M_3，…，M_N

结果比较：

- 比较实验组干预前和干预后不同测量时间点的数值

图 5-6 时间连续性设计

（M_N = 第 N 个测量时间点）

（二）类实验性研究的优点和局限性

1. 优点 与实验性研究相比，类实验性研究在进行人群的干预研究时可行性高，较为实用，不易触犯伦理原则。

2. 局限性 由于类实验性研究有时无法进行随机取样和随机分组，使得研究中已知的和未知的干扰因素无法像实验性研究那样随机均衡地分布在各组中，特别是对于无对照组的类实验性研究，如自身前后对照设计和时间连续性设计，效果的判断更是很难完全归因于干预措施，因此类实验性研究所获得的结果不如实验性研究的可信度高。

三、非实验性研究

非实验性研究（non-experimental study）是指研究过程中对研究对象不施加任何护理干预和处理的研究方法。这类研究常在研究对象处于完全自然状态下进行，其研究结果可用来描述和比较各变量的状况。非实验性研究的结果虽不能解释因果关系，但却是实验性研究的重要基础。许多研究都是先由非实验性研究提供线索，再由类实验性研究或实验性研究予以验证的。

（一）非实验性研究中常用的科研设计类型

非实验性研究一般分为描述性研究、相关性研究和比较性研究3种设计类型。

1. 描述性研究 描述性研究（descriptive study）是在一个特定的领域获得研究对象的有关特征的研究。它的目的是通过观察、记录和描述以了解研究对象在自然状态下的特征。如了解高血压患者的服药依从情况，成年哮喘患者的自理行为，或者了解急诊科护理人员的心理压力状况等的研究均属于描述性研究。

通过描述性研究可以了解疾病、健康或事件的基本分布特征，为进行相关性研究和实验性研究提供基础。如“临床护理人员护理研究开展状况的调查”即为描述性研究，通过描述性研究后可以进一步调查影响临床护理人员开展科研活动的因素，在其基础上可以确定给予哪些干预措施以进一步促进临床护理人员开展科研活动。

描述性研究设计中常见的有现况调查和纵向研究等方法。

（1）现况调查（cross-sectional study）：又称为横断面调查，是在某一特定人群中，用普查或抽样调查的方法，在特定时间内收集与健康或疾病有关的特征的一种研究方法。现况调查包括普查和抽样调查两种常见类型。

1）普查：是根据研究目的在特定时间内对特定范围内的所有对象进行调查或检查。它的主要目的是对总体的一般状况做出全面的、精确的描述，从而把握总体的全貌，得出具有普遍意义的结论。在社区护理研究中，普查是一种常用的研究方法。例如，某社区卫生服务中心欲了解该社区≥60岁老年人的慢性疾病罹患情况，就可以使用普查的手段进行调查。在普查前研究者一定明确开展普查的范围和调查的对象，以及具体开展普查的时间和步骤，以免由于普查时工作量较大而遗漏某些调查对象，造成普查结果的偏倚。

2）抽样调查：是从研究人群的全体对象中抽取一部分进行调查，根据调查结果估计出该人群的患病率或某种特征的情况，是一种以局部估计总体的调查方法。

抽样调查比普查花费少、速度快、容易集中人力和物力。例如，欲调查某市产妇的母乳喂养情况，就可以采用分层整群随机抽样的方法，先随机抽取出将要调查的几个社区，然后再对这几个社区中的全部产妇的母乳喂养情况进行调查，再用调查得来的结果对该市的总体情况进行推断，这就是抽样调查。

（2）纵向研究（longitudinal study）：是对一特定人群进行定期随访，观察疾病或某种特征在该人群及个体中的动态变化，即在不同时间对这一人群进行多次现况调查的综合研究。例如，研究结肠癌造口患者出院后的自我照顾造口能力的变化情况，研究者分别在出院后的1个月、3个月和6个月收集相关的资料。再如，探讨老年痴呆患者家庭照顾者的健康状况的变化情况，可以从照顾者开始承担照顾任务时开始进行定期随访，每隔半年进行一次照顾者健康状况的评估，如连续观察多年，将可以提供照顾者健康状况的动态变化趋势及特点，以及寻找到影响照顾者健康的因素，为下一步以促进照顾者健康状况的护理干预措施以及痴呆患者的居家照顾质量提供依据和方向。

2. 相关性研究　相关性研究（correlational study）是探索变量之间的关系的研究。它与描述性研究相一致的是在研究中没有任何人为的施加因素，不同点是相关性研究要有比较明确的几个观察变量，以便检测所观察的变量间是否有关系。相关性研究比描述性研究有更多的“探索”原因的作用，可为进一步的类实验性研究或实验性研究提供基础。如欲研究老年慢性病患者的生活质量的状况，研究者很想了解到底是哪些因素影响了患者的生活质量，如患者的自理能力受损是否是影响因素之一。通过进行相关性研究，研究者可以判断出“自理能力”和“生活质量”这两个变量间是相关还是不相关以及两者的关系如何，研究结果可以为进一步的实验性研究提供思路。如结果提示老年慢性病患者的自理能力越差则生活质量越差，就可在此基础上设计进一步的实验性研究，即通过对老年慢性病患者进行某些功能训练或者慢性病患者居家环境的重新布置等以提高患者的自理能力，进而观测患者的生活质量是否随之提高。

值得注意的是，即使通过相关性研究发现两个变量之间存在很强的相关关系，也不能得出结论说一个变量是另一个变量的原因，即有相关关系不能证明有因果关系。例如，很多研究证明癌症患者的社会支持和抑郁呈显著的负相关关系，也就是说，没有足够社会支持的患者比有强大社会支持的患者抑郁程度高。在此结果的基础上，我们不能肯定地说由于社会支持的缺乏导致抑郁程度的增高。因为针对这个相关的结果，我们可以有多种解释（图5-7）。

如A解释认为人的情绪状态受他是否有足够的社会支持的影响。B解释认为抑郁的癌症患者比情绪状态好的癌症患者更难表达他们对社会支持的需要，因此，患者的情绪状态影响了其所能接受到的社会支持。C解释则认为有可能有第三个变量同时影响社会支持和抑郁，例如患者的家庭结构如婚姻状况等，此时社会支持程度与抑郁状况之间的相关不是直接的相关，而是通过家庭结构来彼此联系的。由此可以看出，对相关性研究结果下结论时一定要慎重，不能从相关关系中推断出因果关系。

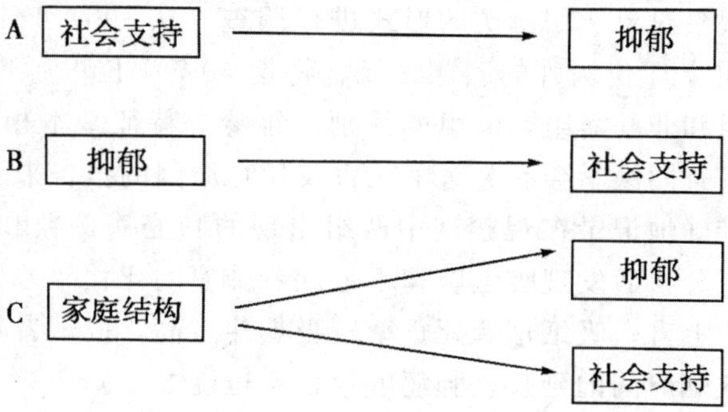

图 5-7 癌症患者抑郁和社会支持间关系的多种解释

3. 比较性研究　比较性研究（comparative study）是在自然状态下，对两种或两种以上不同的事物、现象、行为或人群的异同进行比较的研究方法。

比较性研究同描述性研究的区别在于描述性研究是对一种现象的描述，而比较性研究是针对已经存在差异的至少两种不同的事、人或现象进行分析比较的研究。根据其研究目的，可以将比较性研究分为病例对照研究和队列研究两种。

（1）病例对照研究（case-control study）：是回顾性研究，是将现已确诊患有某疾病的一组患者作为病例组，不患有该病但具有可比性的另一组个体作为对照组。和一般的回顾性研究不同的是，病例对照研究中对照组和病例组的病例在主要背景方面（例如年龄、病情、病程等）具有可比性，从而增强所要探究的“因”的推断力。通过调查回顾两组过去的各种可能存在的危险因素，测量并比较病例组与对照组间各因素存在的差异。病例对照研究方法，从因果关系的时间顺序来看是从“果”查“因”的研究方法，也就是从已患病的病例出发，去寻找过去可能与疾病发生有关的因素；它同时也是一种回顾性的研究，即有关危险因素的资料是通过回顾调查得到的。如护理研究者可以使用这种类型的研究设计，对已经确诊为2型糖尿病5年的已经出现并发症的和未出现并发症的两组患者进行比较，了解在确诊以来两组患者预防并发症发生的自护行为，例如是否严格遵循医疗方案、随诊频率、自我保健意识和行为等，以找出造成目前两组患者病情差异的原因，得到的研究结果可以为今后帮助2型糖尿病患者预防并发症的发生提供有利的信息。

（2）队列研究（cohort study）：属于前瞻性研究，是观察目前存在差异的两组或两组以上的研究对象，在自然状态下持续若干时间后再比较两组的情况。

研究方法是从一个人群样本中选择和确定两个群组，一个群组暴露于某一可疑的致病因素（如接触X线、联苯胺、口服避孕药等）或者具有某种特征（如某种生活习惯或生理学特征，如高胆固醇血症），这些特征被怀疑与所研究疾病的发生有关，这一群组称为暴露群组；另一个群组则不暴露于该可疑因素或不具有该特征，称为非暴露群组或对照群组。两个群组除暴露因素有差别外，其他方面的条件应基本相同。这两个群组的所有观察对象都被同样地追踪一个时期，观察并记录这个期间内所欲研究的疾病或某研究特征的发生情况，并进行比较。如果两组比较的结果证明两组患者在某研究疾病的发病率或死亡率或者某特征出现的概率上确有差别，则可以认为该因素（或特征）与所研究的疾病或某特征间存在着联系。

最典型的前瞻性队列研究的实例就是英国医师 Doll 和 Hill 从 1951 年开始对居住在英国的注册医师就吸烟与医师肺癌的关系进行长达 20 年的前瞻性队列研究。该研究选择在全英登记注册的医师作为观察对象，用函访的形式进行调查。从 1951 年 10 月 31 日开始函访了 59 600 位医师，得到 40 701 位医师的满意答复，将这 40 701 位医师作为研究对象，按照有无吸烟习惯分为暴露组和非暴露组，两组的性别、年龄等特征基本相同。在随后的 20 年观察期内，通过信函或者查阅医学会有关医师死亡及死亡原因的报告来了解两组医师肺癌的发生及死亡情况，详细准确地记录在观察期中两组出现的肺癌病例数和死亡数。20 年随访结束后，通过对结果进行分析后发现吸烟者和不吸烟者肺癌的死亡率差异显著，而且随着吸烟量的增加，肺癌死亡率上升。吸纸烟者死亡率较吸烟斗者高，戒烟者较持续性吸烟者肺癌的发病率低，而且随着戒烟时间的延长，肺癌的死亡率也随之下降。

（二）非实验性研究的优点和局限性

1. 优点　非实验性研究是在完全自然的状态下进行研究，因此是最简便、易行的一种研究方法。同时，非实验性研究可以同时收集较多的信息，特别适用于对研究问题知之不多或研究问题比较复杂的情况，用来描述、比较各种变量的现状。另外，非实验性研究可以为实验性研究打下基础，是护理研究中较常用的一种研究方法。

2. 局限性　非实验性研究没有人为的施加因素，即无护理干预措施，也无法控制其他变量的影响，因此一般情况下无法解释因果关系。

以上介绍的实验性研究、类实验性研究及非实验性研究 3 种研究方法的设计内容不同，各有优点和局限性，采用哪种设计方法，并不能完全说明研究者研究水平的高低。研究者只有根据研究目的和具体的研究条件选用恰当的研究方法，所得的研究结果才能真正说明问题。图 5-8 将本节中所描述的科研设计类型进行了简单归纳，以方便读者记忆。

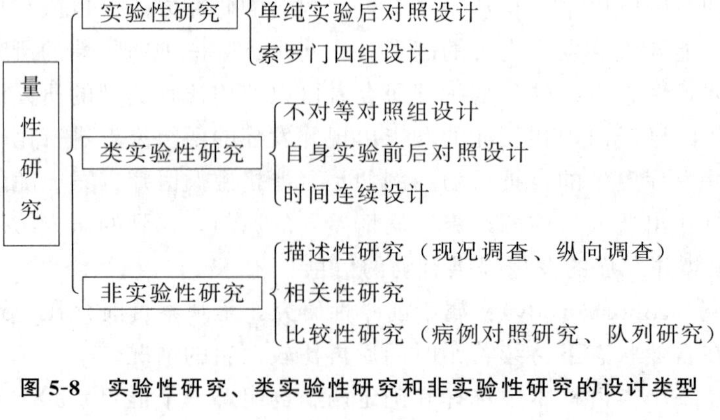

图 5-8　实验性研究、类实验性研究和非实验性研究的设计类型

第三节　质性研究设计

无论是质性研究还是量性研究，它们都是具有科学性的研究方法，从不同的角度对护理实践中的问题进行研究，所获得的资料都是有价值的，其研究结果也能相互补充。所以，在护理研究中，质性研究和量性研究是同等重要的，应给予同等重视。

一、质性研究中的常用研究方法

质性研究主要包括现象学研究法、根基理论研究法、人种学研究法等类别。

1. 现象学研究（phenomenology）　现象学研究法是一种观察特定的现象，分析该现象中的内在成分和外在成分，把其中的重要因素提炼出来，并探讨各要素之间及各要素与周围情景之间的关系的一种质性研究方法。

现象学研究法最初由 Husserl 和 Heidegger。发展而来，目的在于描述人们亲身的经历，用归纳、描述的方法来捕捉研究对象的某种“真实的体验”。例如有关癌症晚期患者照顾者的照顾体验的研究。通过个人深入访谈和小组专题访谈了解照顾者在照顾癌症晚期患者过程中的亲身经历和其内心的真实感受，并归纳总结其“真实的体验”。研究者通过反复阅读访谈资料，找出有意义的部分进行编码和分类，提炼主题，并通过对访谈结果的分析，可以有助于找出帮助照顾者应对的策略。

【例 5-1】　现以美国亚利桑那大学护理学院的 Janice Crist 教授的文章《接受家庭照顾对老年人的意义》为例，对现象学研究做一简单介绍。［Crsit，J. D.（2005）. The meaning for elders of receiving family care. Journal of Advanced Nursing，49（5），485-493］

1. 研究目的：探讨接受家庭照顾对老年人的意义。

2. 研究对象：采用方便取样方法，从美国西北部的城市选取老年人进行访谈。研究对象来自于家庭照顾保健机构，成人照顾中心，以及神经系统疾病门诊。入选标准为：65 岁及以上，患有慢性疾病，家中有至少一名家庭成员提供每天照顾。老年人神志清楚，愿意参与研究。研究者在对第 9 个访谈对象进行访谈时，发现出现数据饱和现象，即从访谈内容中没有发现新的资料，第 9 个研究对象提供的信息与前面 8 名患者提供的信息是重复的。此时达到了数据饱和状态（saturation)，所以研究者停止了资料收集工作。因此在此研究中共收录了 9 名研究对象，其中 5 名女性，4 名男性，他们接受家庭照顾的时间从 1 年半至 30 年不等。

3. 资料收集方法：使用开放式问题，采用个人深入访谈法收集资料，同时配以实地的观察，以求对研究对象所描述的体验有深刻的理解。每个研究对象均接受访谈 5 次，在访谈过程中同时观察记录老人接受家庭照顾的自然状况及与照顾者之间的互动情况。最初的访谈以围绕接受家庭照顾的大致感受为开端，在其后的访谈中逐渐深入询问某些前次访谈中发现的主题，以获得有关该主题的更丰富的资料。访谈在研究对象的家中进行，每次 30～60 分钟。

4. 资料整理与分析：资料整理与分析与资料收集过程同步进行。每次访谈结束后，将录音及观察资料整理成眷本。资料的分析由一个资料分析小组的成员们共同完成，以保证资料分析与解释的准确性，避免个人偏倚。资料分析小组的3位成员均为家庭护理专家或者有关现象学研究法的专家。小组成员仔细阅读访谈记录，小组会议上进行深入讨论，确定有意义的内容，并进行编码、分类。根据编码和分类，提炼主题，找出反映主题的相关文字与描述。每次小组讨论均录音并在会后誊写成文字后交给小组各成员传阅，以进一步澄清和确认会议讨论后得到的结论，以及下一步访谈中要询问的问题、使用的方法以及注意事项等。研究的最终结果是由小组成员多次讨论、分析，最后达成共识而得到的。

5. 提高研究可信度的方法：通过以下方法提高研究可信度。①成立资料分析小组，共同进行资料的分析、主题的提炼，完成结果的报告，达到小组共识，以避免个人偏倚。②所有访谈资料、现场观察资料、会议讨论内容及决定等均通过录音或者现场记录等方法保持资料完整，并整理成誊本。③将通过小组讨论后得出的主题以及相应的解释在下一次与研究对象见面时提供给他们，征求其意见，确保得出的主题与解释是与研究对象的自身体验一致的。

6. 研究结果：研究发现一些有关接受家庭照顾的研究领域中未发现的新内容。主要有4个主题：①自主个体，即老年人将接受家庭照顾融入自己的日常生活中，他们仍将自己看做是有自主权的个体。②正向关系，即接受照顾的老人和他们的照顾者之间有正向的、积极的关系。③可接受性，即老年人同意自己接受家庭成员的照顾，是和老年人与照顾者之间的积极关系密切相联系的，老年人把这种照顾看做是彼此间爱的体现。④平衡性，即老年人可以在接受过度的家庭照顾以及保持自主之间维持平衡。

7. 结论：此研究结果与以往研究结果不同，揭示了老年人在接受家庭照顾过程中的正向体验，特别是老人在与照顾者之间有正向、积极的关系时，这种正向体验更突出。这一研究结果使得护理人员从一个新的角度看待老年人的家庭照顾问题，而不仅仅是以以往的负面观点看待老年人的家庭照顾，即以往的家庭照顾研究发现当老年人接受家庭照顾时，他们常感到丧失自我的独立性价值（因为西方的文化一直强调个体的独立性和自主性）。同时研究结果也提示，帮助照顾者与老人之间建立一个良好的关系，有助于老年人以积极的态度更好地接受家庭照顾。

2. 根基理论研究法（grounded theory） 此研究方法是在20世纪60年代由社会学家Glaser和Strauss提出的，强调通过系统地收集资料同时分析资料进而产生理论的过程。其主要目的是对现实中的现象进行深入解释，产生理论。

根基理论研究法是一种由具体到抽象的建立理论的方法，而收集的资料则是理论的根基。根基理论认为，只有从资料中产生的理论才具有生命力，如果理论与资料相吻合，理论便具有实际的用途，可以被用来指导人们具体的生活实践。因此，根基理论的概念框架来自于资料而不是先前的研究。研究者在资料收集和分析的过程中采用不断比较的方法，去发现不同的研究对象所提供的资料之间的相同点和不同点，将片断资料组合成有功能的整体框架，进而形成理论。

典型的使用根基理论研究法进行研究的案例就是有关临终患者的心理特点的研究。这是由美国的Kubler-Ross博士对数百名临终患者进行的长时间的研究。研究者通过深入观察、访谈等方法，获得大量临终患者心理变化的第一手原始资料。通过对这些资料的归纳、分析，他总结出临终患者心理活动的基本变化规律，将患绝症的患者从获知病情到临终时的心理反应过程分为5个阶段，分别是否认期、愤怒期、商讨期、抑郁期和接受期。Kubler-Ross博士的这一研究结果有利于临床医护工作者更好地了解临终患者的心理特征和变化规律，并能很好地理解和及时观察患者在每个时期行为态度上的细微变化，以便适时为临终患者提供恰当的心理支持。

3. 人种学研究法（ethnography） 人种学研究法起源于人类学研究，目的是通过对某种文化或文化亚群的深入研究以理解他们的语言、价值观念、行为特征和习俗等。人种学研究法通过实际参与人们自然情形下的生活、深入观察、深度会谈、档案或文史资料查寻，探讨一定时间内人们的生活方式或体验。在健康保健领域，人种学研究法最适合于探讨不同文化环境中人们的健康信念、健康行为、照顾方式等。

例如，有关云南少数民族地区妇女产后的健康照顾行为的研究，研究者通过深入到云南少数民族地区产后妇女的家庭中，采用观察法、会谈法、记录现场日记等形式了解妇女产后的健康照顾行为，分析是什么因素影响了这些行为，根据研究结果和相关分析，给出相应的建议。

在人种学研究中，“文化或文化亚群”的含义可以较为宽广，如某些特定的民族或文化背景等；它的含义也可相对狭窄些，如吸毒人群、艾滋病患者群、围绝经期的妇女、某些医疗护理机构的医护人员或患者等（如在老人院工作的护理人员）。如国外的护理研究者曾对护理院的护理人员与老年痴呆患者之间的互动方式进行了研究，通过人种学研究法发现了护理人员与老年痴呆患者之间的互动行为和互动特点，分析了导致这种互动行为和特点的因素，如护理人员对痴呆疾病的认识和理解、对老年痴呆患者的照顾方式的不同理解和解释，护理院的环境特点，以及护理院的相应护理条例等。该研究的结果可以为促进护理院中老年痴呆患者的护理质量提供相应的措施和依据。

二、质性研究设计的特点

从上面有关质性研究的描述中，研究者可以看出质性研究与量性研究在研究设计中的不同之处：

1. 质性研究具有整体性，深入探索事物的内涵和实质，而不是仅截取某一个片断。

2. 质性研究要求研究人员深入研究情景，并在此情景中生活或工作相对长的时间，建立与研究对象间的信任关系，从而获得研究对象的真实经历或体验。

3. 质性研究的设计具有灵活性，可在资料收集过程中随时进行调整。例如质性研究在自然场景中进行，可随研究进展而改变研究场所。如研究结肠造口患者术后逐渐适应造口的经历和体验，该研究可首先在医院对即将出院的术后造口患者进行访谈，了解他们在术后短暂几天内的经历和适应体验，随后研究者随患者回到家庭和社区中，继续对他们的经历和体验进行研究。而定量研究的研究场所往往是固定不变的，并控制研究条件，使资料收集过程具备一致性。

4. 质性研究往往采用立意取样的方法选取研究对象，即根据研究人员对研究对象的特征的判断有目的地选取研究对象。量性研究则首选概率抽样法进行样本的抽取，以增加样本的代表性。

5. 质性研究一般综合多种资料收集的方法，例如会谈法、观察法、档案资料收集法等。

6. 质性研究的资料收集与资料分析是同步进行的，是一个连续的过程。在分析资料的基础上确定下一步的研究策略、决定是否需要继续收集资料还是结束资料收集阶段等。样本量在研究工作开始时是不确定的，通过以收集资料、分析资料、再收集资料、再分析资料的方式最后确定收集的资料是否达到饱和，即新的样本也不能再提供新的信息，此时即可结束资料收集阶段。

7. 质性研究的资料收集和分析具有一定的主观性，为了提高结果的可信度和真实性，研究者可以通过有目的地选取有代表性的、典型的研究对象，提高研究对象的代表性；请研究对象对整理后的资料进行确认，澄清模糊不清之处，以确保资料的真实性；资料分析过程中可采取由多人组成的研究小组进行讨论，对分析得到的结果达成共识；清晰、具体地报告研究过程，以提高研究的可信度等。

质性研究是与量性研究一样有价值的研究方法。在本书中，质性研究方法不做详细介绍，如感兴趣的读者可以翻阅其他相关书籍和杂志，如有关社会学研究方法的一些书籍或者质性研究文章，从中得到具体的指导。

第四节　抽样方法

一、基本概念

1. 总体　理论上讲，总体就是根据研究目的而确定的同质研究对象的全体。实际上，当研究有明确具体的研究指标时，总体是指性质相同的符合研究要求的所有观察单位的该项变量值的全体。如欲研究北京市 2006 年 10 岁健康儿童身高的情况，其研究对象就是北京市 2006 年 10 岁的健康儿童，其研究指标是身高值，其研究总体就是北京市 2006 年所有 10 岁健康儿童的身高值。当研究没有明确具体的研究指标时，其研究总体就只能是性质相同的符合研究要求的所有观察单位了。如研究某社区老年人的社区护理需求情况，没有明确而具体的研究指标，这时研究总体就是某社区所有老年人。

2. 样本　在实际工作中，由于研究总体经常是比较大的，对所有研究对象进行研究是不可能的，因此研究者常常通过样本对总体进行研究。样本就是从总体中随机抽取的部分观察单位，是实际测量值的集合。如上面的例子中，欲研究北京市 2006 年 10 岁健康儿童的身高情况，研究者随机抽取了北京市 2006 年的 1000 名 10 岁健康儿童对其身高进行测量，此时的样本就是指这 1000 名北京市 2006 年 10 岁健康儿童的身高值。当研究指标不具体、不明确时，如欲研究糖尿病患者的自我护理情况，研究者选取了 1000 名糖尿病患者进行调查，此时这 1000 名糖尿病患者就是样本。

3. 抽样　抽样（sampling）是从总体中抽取一定数量的观察单位组成样本，然后用样本信息推断总体特征。例如调查某地 2006 年 7 岁正常男童的身高体重，可从某地 2006 年 7 岁正常男童中，随机抽取 1000 名男童，逐个进行身高和体重的测量，得到 1000 名男童的身高体重的测量值，再推断总体（某地 2006 年 7 岁正常男童的身高体重的值）。抽样的目的是用样本信息推断总体特征，因此，抽样原则是必须保证样本的来源可靠并对总体具有代表性。

（1）保证样本来源的可靠性：是指样本中每一个观察单位都必须来自于同质的总体，即严格遵循研究对象的纳入标准和排除标准。

（2）选取有代表性的样本：代表性指样本能充分反映总体的本质。可以从两个方面来保证样本对于总体的代表性：①抽样遵循随机化原则。②保证足够的样本量。样本量太少，所得的指标不够稳定，结果不具有代表性；样本量过大时，又会增加实际工作的困难，造成不必要的人力、物力、财力的浪费，同时也会引入过多的干扰因素。样本量的确定不是一个简单的公式就能解决问题，涉及比较复杂的统计学方法和原理，在本书中不做介绍，读者可参阅相关的统计学书籍进行学习。这里只介绍一些决定样本量的经验法。一般而言，有关计数资料和等级资料的非实验性研究，所需的样本量较计量资料要多，一般需要50～100例，而有关计量资料的研究在误差控制较好的情况下可以为30～40例即可；确定正常值范围的研究项目至少需要100人以上；在相关性研究中，每个变量至少需要20～30例；在探讨多个自变量与一个因变量间的关系的研究中，每个变量则至少需要10例样本。

在质性研究中，样本量的确定没有统一的公式可以计算，研究者也不能在研究开始前就明确需要具体多少的样本量。样本量的大小是由研究目的、研究对象的特点以及具体的抽样方法所决定的。在收集资料和分析资料的反复、同时的进行过程中，研究者会发现既使再增加样本量，也没有新的信息或者内容呈现出来，此时的这种状态就称为数据饱和（saturation）。在质性研究中，当数据饱和现象出现时，即意味着样本量足够了，可以结束资料的收集过程了。一般而言，当质性研究的问题涉及的范围较广时，所需样本量则大于研究问题涉及的范围较小时所需的样本量；另外，当研究对象善于表达自己的所思所想，提供的信息内容很丰富时，所需的样本量则相对少一些。从经验上而言，国外质性研究者认为人种学研究所需要的样本量较大，常常为25～50人；现象学研究则需要的样本量较少，10人或更少些；根基理论研究所需的样本量则介于两者之间，需要20～30人。

抽样的方法有多种，归纳起来可以分为概率抽样与非概率抽样。概率抽样的基本思想就是随机抽样，因此从理论上讲其获得样本的代表性要优于非概率抽样。

二、概率抽样

概率抽样（probability sampling）是用随机的方法抽取样本，使总体中的每一个研究个体都有相同的概率被抽中。最为常用的概率抽样方法有单纯随机抽样、分层抽样、整群抽样和系统抽样。

1. 单纯随机抽样（simple random sampling） 是概率抽样中最基本的一种方法，其基本原理是使每个抽样个体被选入样本的机会完全相等。如将目标人群中的每一个个体都作为抽样的对象，哪一个个体进入样本完全随机决定。常用的方法有抽签法、查随机数字表法等。具体的操作方法是：先将总体的全部研究个体统一编号，再用抽签法或随机数字表法，随机抽取部分个体组成样本，直至达到预定的样本含量为止。

例如，以抽签法抽取样本为例，某医院护理部欲对该院内30个病房的护理质量进行调查，她若选择其中的15个病房作为样本，可以先把30个病房以任意顺序编号为1～30，并做成签，充分混合后，从中随机抽取15个签，与这15个签相对应的病房即为所要调查的样本。抽签法比较简便，随时可用，几乎不需要专门的工具。

又如，以查随机数字表为例，从某校2000名护生中随机抽查100名，了解她们毕业后从事社区护理工作的态度。先将2000名护生统一编号为：000，001，002，…，1999。查随机数字表（见附录三），任意指定起始位置，向右依次抄录100个4位一组的随机数字，在后面若出现与前面相同的数字则跳过去继续往下查，如得到0873，3732，5405，6930，1609，9588，…凡首字≥8者减8，≥6者减6，≥4者减4，≥2者减2，依次得到0873，1732，1405，0930，1609，1588，…编号与这些随机数字相同的护生，即为样本的观察单位。

单纯随机抽样的优点是简便易行，计算抽样误差比较方便，其缺点在于做大规模调查时，对总体中所有的个体一一编号是非常困难的，费时、费力，在实际工作中可行性差。同时，抽出的样本可能会相对集中，或间隔过大。此时，当总体内差异较大时，样本的代表性则难以保证。例如，要对某地区医院的护理质量进行调查，由于该地区有不同级别的医院若干所，若按照单纯随机抽样，就可能导致各级医院在样本中分布不均，从而影响样本对总体的代表性，最终导致结果的偏差。因此，单纯随机抽样只适用于总体含量不大，且研究对象间变异不甚显著的情况。

2. 系统抽样（systematic sampling） 又称为等距抽样或机械抽样，即先将调查总体的全部观察单位按某一特征顺序统一编号，再规定抽样间隔 H，通常 H 为总体例数 N 与样本例数 n 之比（即 $H=N/n$）。然后用随机方法确定一个小于 H 的数字 k（$k<H$），编号为 k 者为第一个抽取对象，以后每隔 H 个单位抽取一个观察单位，所抽取的个体组成样本，直至选够规定的样本数。需要注意的是抽样的起点必须是通过随机确定的，这样系统抽样才是一种随机抽样的方法。

例如，欲调查某大学一年级学生的心理健康状况。该大学共有 2000 名一年级学生，按系统抽样抽取例数为 200 的样本，其具体抽样过程是：总体例数 $N=2000$，样本例数 $n=200$，所以抽样间隔 $H=2000/200=10$，先在 1～10 之间随机确定一个数，假设通过使用随机数字表后确定这个数为 8，每间隔 10 个观察单位抽取一个，那么学生学号为 8，18，28，38，…，1998 者即为样本的观察对象。

系统抽样是单纯随机抽样的简单变化，同样适用于总体含量不大，且内部差异小的调查对象。与单纯随机抽样相比较，它更易实施，且样本分布更为均匀，抽样误差比单纯随机抽样要小。其缺点是有时总体观察单位按顺序存在周期性变化趋势时，将产生明显的偏差。比如欲调查某医院内护士参加继续教育的动机及参加情况。从医院护理人员的总名单可知该医院内共有 1000 名护士，如果样本量仅仅需要 100 人，研究者可以采用系统抽样方法进行样本的抽取，抽样间隔为 1000/100=10。研究者先在 1～10 之间随机确定一个数，假设正好确定的随机数字为 2，那么每隔 10 个观察单位抽取一个，即护士名单上为 2 号，12 号，22 号，…，1992 号的护士即为抽取的样本。若该护士名册有一定的排列规则，即每个病房的护士排在一起，每个病房都有 10～11 名护理人员。在排每个病房的护士名单时前几名（2～3）的护士均为主管护师以上职称的。此时的现象就是我们所说的总体观察单位按顺序存在周期性的变化趋势。按照所介绍的抽样间隔和抽样方法进行抽样，研究者会发现样本中绝大部分都是主管护师以上职称的护士，而缺少护师职称或者还未晋升护师职称的护士，此时的样本势必给研究结果带来误差。因此，护理人员在选用系统抽样法进行抽样前，一定要明确总体观察单位是否在排列顺序方面存在周期性变化趋势。另外，必须指出的是，应用系统抽样时，一旦确定了抽样间隔，就必须严格遵守，不得随意更改，否则，可能造成另外的系统误差。

3. 分层抽样（stratified sampling） 又称为分类抽样，是先按对观察指标影响较大的某种特征，将总体分成若干差别较大的层，然后从每一层中随机抽取一定数量的观察单位，合起来组成样本。抽样时样本中每一层的个体数量，要根据它们在总体中所占的比例确定。如欲研究某市社区护士的职业态度，该市社区护士中本科学历的护士占 5%，大专学历的占 30%，中专学历的占 65%，假如欲从中抽取一个 100 人的样本，那么就应该从本科、大专、中专的护士中分别随机抽取 5 人、30 人、65 人，合起来组成所需的样本。

分层抽样是建立在按标准分组和随机原则相结合的基础上，分层可以使层内具有均质性，然后在均质的各层内以随机方式抽出恰当的个体数。这种抽样方法可以更好地保证样本对总体的代表性，因此，适合于总体含量大、构成复杂且内部差异明显的调查。

4. 整群抽样（cluster sampling） 是先把个体聚集成群，然后随机抽取其中的几个群，被抽到的群中所有个体组成样本。例如，在某护校学生近视率的调查中，该校共 20 个班，每班均有 40 个人。这时可采用以“班”为单位，使用随机数字表或抽签的方法随机抽取 5 个班，然后对抽到的 5 个班的所有学生进行调查。

整群抽样的优点是易于组织实施，容易控制调查质量，省时、省力、省钱。且当群间差异越小，抽取的群数越多时，样本的代表性就越好。

上述 4 种抽样方法中，单纯随机抽样是最基本的方法，也是其他抽样方法的基础。4 种抽样方法按抽样误差由小至大排列为：分层抽样＜系统抽样＜单纯随机抽样＜整群抽样。在实际调查研究中，具体选用哪种抽样方法要根据观察单位在调查总体中的分布特征而定。

上述的 4 种基本抽样方法都是通过一次抽样产生一个完整的样本，称为单阶段抽样。而在实际研究工作中，面临的总体常常非常大，情况复杂，分布面广，很难通过一次抽样产生完整的样本，因此需要根据实际情况将整个抽样过程分为若干个阶段进行，将两种或几种抽样方法结合起来使用。例如欲调查某卫生服务中心所负责的社区内居民的健康状况，该社区共由 20 个居委会所组成，预计社区人口数达到 10 万人左右，预调查 2000 名居民。首先可以先将 20 个居委会进行编号，用单纯随机抽样的方法抽取出 10 个居委会。然后根据各个居委会所管辖的人口数占该社区中总人口数的比例，决定从这 10 个抽出来的社区中应再抽取多少居民进行研究。此时对这 10 个区中居民的抽取方法可以采用单纯随机抽样方法或者整群抽样方法（如以楼房的楼号为单位进行整群抽样）。

三、非概率抽样

非概率抽样（nonprobability sampling）是指抽样时没有采取随机抽样的方法，不是总体中的每一个研究个体都有机会被选择进入样本。非概率抽样主要有 4 种方法：方便抽样、定额抽样、目的抽样和滚雪球抽样。

1. 方便抽样（convenience sampling，accidental sampling） 又称为便利抽样或偶遇抽样，即从总体中选择最容易找到的人或物作为研究对象。例如，教师用本校的学生，护士调查本医院的患者等都是方便抽样。方便抽样的优点是方便、易行，能够节省时间和费用。其局限性是抽到的样本代表性差，抽样误差较大，是抽样方法中准确性和代表性最差的一种方法，应尽量避免使用。但有时由于各种条件的限制，在研究中只能采用这种方法，在分析结果时，应特别慎重地对待和处理各种研究数据。

2. 定额抽样（quota sampling） 又称配额抽样，是指先将总体按某种或某些特征分成不同的类别，然后依照每一类中个体数占总体的比例来抽取相应数目的个体构成样本的方法。例如，研究者欲调查某医院不同职称护士对心肺复苏术的操作熟悉程度，准备抽取 40 人的样本进行检测。该医院护士中护师、主管护师、副主任护师、主任护师的人数分别占 60％、25％、10％、5％，进行配额抽样，从 4 个级别的护士中分别按方便抽样方法抽取 24 人（护师）、10 人（主管护师）、4 人（副主任护师）、2 人（主任护师），将抽出的对象合并组成研究样本。

定额抽样是在方便抽样的基础上增加了分层配额的抽样策略，注重样本与总体在结构比例上的一致性，因此，定额抽样比方便抽样的代表性强。

3. 目的抽样（purposive sampling） 是指研究者根据自己的专业知识和经验以及对调查总体的了解，有意识地选择某些研究对象。这些研究对象对所要研究的问题非常了解，或者在研究对象中非常典型。例如，某护理人员欲进行有关社区护士应具备的能力的研究，计划使用专家访谈的方式来进行资料的收集。她在仔细了解了数名专家的情况下，有目的地从中选择了几位专家进行了访谈，如有对社区护理工作有长期实践经验的社区护理专家、护理教育专家等。此时所使用的方法就是目的抽样。

目的抽样虽然没有采取随机抽样，但是仍然有很强的实用性，如在质性研究中常常被用来作为抽取样本的方法。其缺点是没有客观的指标来判断所抽得的样本是否真正具有代表性。

4. 滚雪球抽样（snowball sampling） 又称为网络抽样（network sampling），指当研究者对总体人群的确切范围所知较少而又想了解他们的相关情况时，可以利用社会网络的优势和朋友间具有共性的特点来进行抽样。具体方法是：先访问具有代表性的某人，然后由被访问者推荐，再访问第二人，访问第二人后，由第二人推荐，再访问第三人，如此继续下去，像滚雪球一样，逐渐增加样本人数，从而达到研究目的。网络抽样在寻找某些特殊总体中的个体时非常有用，如吸毒者、酗酒者、艾滋病患者等，因为这些个体一般不愿意让人们了解他们，很难找到。

5. 理论抽样（theoretical sampling） 理论抽样是用于根基理论研究中的独特的抽样方法。它发生在资料收集和分析的连续过程中，是研究者为了进一步形成和完善研究所发现的相应的理论内容及框架，而做出的下一步收集何种样本的决定。如某研究者使用根基理论研究法进行有关母亲照顾双胞胎子女的照护历程。她最初的目的抽样的样本是双胞胎子女已经1周岁或1周岁以上的母亲们。研究者认为这些母亲们可以回忆和提供过去1年中照顾双胞胎子女的经历和过程。然而，研究者在访谈过程中发现，很多母亲都提到她们记不清双胞胎子女出生的最初3个月到底是如何经历的，那是个记忆模糊的阶段。为了深入地了解双胞胎儿童出生3个月内的母亲的照顾历程，该研究者又增加了新的样本，即对双胞胎子女出生仅3个月或不足3个月的母亲们进行访谈。此时研究者使用的抽样方法就是理论抽样。

值得注意的是，在量性研究中，如果研究条件允许，最好采用概率抽样方法，非概率抽样在抽样的正确性和样本的代表性方面都不如概率抽样。但有时条件不许可，亦可考虑使用非概率抽样，但要警惕抽样误差对研究结果的影响，在分析数据和进行报告时要加以说明。

表5-1对量性研究和质性研究中常用的抽样方法进行了归纳。

第五节 偏倚与控制

护理研究是以人为主要研究对象，因此在研究过程中由于人与人之间的个体差异较大，研究条件难以控制等许多因素而影响研究结果，使科研工作的质量受到干扰，影响科研结果

表 5-1 量性研究和质性研究中常用的抽样方法

抽样方法	适用范围	
	量性研究	质性研究
概率抽样		
单纯随机抽样	√	
分层随机抽样	√	
整群抽样	√	
系统抽样	√	
非概率抽样		
方便抽样	√	√
定额抽样	√	√（但较少用）
目的抽样	√	√
网络抽样	√	√
理论抽样		√

的准确性及结论的推广利用。因此，护理研究人员应具备相应的能力去认识和分析影响护理研究质量的因素，避免、排除或减少它们对研究工作的干扰，确保研究结果的可靠性以及结论的准确性和科学性。

一、基本概念

在研究过程中，由于受种种因素的影响，研究结果与真实情况间往往存在一定差异，有时甚至会得出错误的结论。导致这种差异的原因有两个，一个是随机误差，另一个就是系统误差，也就是所说的偏倚。

1. 随机误差　随机误差是指随机抽样研究中由于个体间差异所导致的样本值与总体值间的误差，它是不可避免的。这是因为大多数研究不可能囊括所有的符合条件的研究对象即研究总体，而只能涉及总体中的一个样本群体，在抽样过程中势必导致随机误差的发生。

在随机抽样方法中，抽样误差由小到大的抽样方法依次为：分层抽样，系统抽样，单纯随机抽样，以及整群抽样。因此，在随机抽样中可以采取适当的措施减少随机误差，如尽量采取分层抽样或系统抽样以减少随机误差，但无论如何却不能消除随机误差。

2. 偏倚　系统误差即偏倚（bias)，是指研究结果系统地偏离了真实情况。与随机误差不同，偏倚是研究中可以克服的，也应当努力去克服的误差。偏倚的存在使得研究结果或高于真值或低于真值，因而具有方向性。在研究工作中定量地估计偏倚的大小很困难，而确定偏倚的方向却相对较容易。当偏倚使研究结果高于真值时，称之为正偏倚，反之，偏倚使研究结果低于真值时，则称之为负偏倚。

假设要确定某市男性成年人的平均体重，该城市共有 500 万男性成年人口。研究者可以从该城市的所有成年男性中随机抽取 100 名，测定其体重，用 100 个测量值的平均值作为该市成年男性平均体重的估计值。如果在测量中使用了质量不过关的体重计，测量值不准确，每千克比正常磅秤少 50 g，结果测量的体重估计值会趋向偏低。这类既使增加测量人数也无法降低的误差即为系统误差，也就是偏倚。偏倚的存在将危害研究结果的真实性，如果在护理研究工作中不采取必要措施来控制偏倚，将会得到错误的结论，导致研究工作的失败。

在科学研究的各个阶段都可以出现由各种原因引起的偏倚。在医学研究中，偏倚按其在研究过程中出现的阶段，主要归纳为 3 种：选择性偏倚、信息性偏倚、混杂性偏倚。无论何种类型的偏倚，它们均属于系统误差。

二、偏倚的常见类型与控制方法

（一）选择性偏倚

1. 概念　选择性偏倚（selection bias）是指由于被入选到研究中的研究对象与没有被入选者在某些特征上存在差异所造成的系统误差。此种偏倚在确定研究样本、选择对照组的过程中很容易产生，也可由于资料收集过程中研究对象的失访或无应答等情况造成。

2. 类型　选择性偏倚通常可分为 4 种：入院率偏倚、诊断性偏倚、无应答偏倚和分组偏倚。

（1）入院率偏倚：又称为伯克森偏倚（Berkson's bias），是指当利用医院就诊患者或住院患者作为研究对象时，由于入院率不同而导致的偏倚。不同疾病的患者在不同医院的就诊率或住院率是不相同的。这种差异可能与疾病的严重程度、患者就医的条件、人群对某一疾病危害的了解程度、医疗费用的支付方式、患者的经济条件、不同医院的专科特长、就诊方便程度以及对医院的信任程度等因素有关。

例如，某研究者欲研究哮喘患者的自我照顾行为，如她选择病房的住院患者作为研究对象，对患者在入院前的居家自我照顾行为进行调查，那么所得出的结论就不能完全代表哮喘患者的自我照顾行为。因为住院的哮喘患者有可能是由于自我照顾行为不佳而导致哮喘反复发作，在此人群基础上得到的数据可能反映出哮喘患者的自理行为较差，得出的研究结果与实际的哮喘人群的自理行为间会有一定的偏差，也就是偏倚。因此，研究者应考虑以社区的哮喘患者为研究对象，从而降低入院率偏倚。

（2）诊断性偏倚：指选择用做研究的病例，诊断不准确或纳入标准和排除标准不统一而引起的偏倚。因此在选择研究对象时，应有统一的纳入标准与排除标准，并严格遵循。特别在将某种疾病的患者作为研究对象时，一定要保证诊断明确。诊断标准应注意采用世界卫生组织或全国统一标准，在无统一标准时，应结合参考文献、研究的实际条件以及其他卫生保健人员的意见后自行制订，并尽可能通过专家的认可。

（3）无应答偏倚：在研究设计中应予调查，但调查对象由于各种原因没有按照要求回答调查内容，称为无应答。无应答有两种情况，一是因调查对象的健康状况不佳、对调查内容不感兴趣、年龄太大、涉及个人隐私等而拒绝回答；二是由于失访而无应答，即在随访研究中，研究对象未能按计划被随访到，中途退出研究，如因观察时间较长研究对象不能坚持而退出研究，搬迁或死亡而退出研究等。

一项研究的无应答者可能在某些重要特征或某些因素上与应答者有所区别。如果无应答者超过一定比例，就会使研究结果产生偏倚，即无应答偏倚。

因此，在研究过程中，为了保证研究结果的真实性，应保证一定的应答率。应答率＝（实际调查人数÷应调查人数）×100％。一般应答率应达到 90％以上，如果应答率低于 70％，则偏倚较大。在研究过程中，如果发现某一组研究对象的应答率特别低，应作专项分析，查明原因。

（4）分组偏倚：指组成实验组的成员，完全与整体情况存在差别，特别是在健康状况上有明显的差异，称为分组偏倚。例如，在一项关于冠心病的预防研究中，招募志愿者作为实验组参与该项研究，同期观察一些非志愿者作为对照。得出的初步结论是实验组比对照组能够较好地预防冠心病的发生。后经过分析发现，志愿者本身就有较好的健康状况，非常关注自己的身体健康，在注意身体锻炼，低胆固醇饮食等方面均优于非志愿者，而非志愿者则多为健康状况较差，患各种慢性病的人。此时所出现的偏倚就是分组偏倚。因此，在研究中应尽量避免某种对研究结果有影响的因素在实验组和对照组之间不一致，否则就会产生误差，出现分组偏倚。

3. 选择性偏倚的控制方法

（1）科研设计严谨，设立并严格掌握研究对象的纳入与排除标准：无论是何种类型的研究，研究对象的选择、纳入与排除都必须有严格、明确的标准，这样才能使研究对象较好地代表其总体。例如，在研究某药物治疗压疮的疗效观察中，有关研究对象的纳入标准必须严格确定压疮的部位、局部组织的损害程度、患者的年龄等，否则会影响结果的分析。制定明确的纳入与排除标准也有利于其他研究者在不同地区、不同的时间里，按此标准进行重复性验证。

另外，在研究设计过程中，如条件允许，应严格按照随机化原则进行抽样和分组。如在现况研究中严格按照随机化原则进行抽样，使得样本的情况与所来自的总体特征基本一致。在实验性研究中，严格按照随机原则分组，使各组除研究因素外，其他基本特征均衡相似。

（2）设立多组对照：以医院患者为研究对象的研究，最好选择多组对照，并有一组医院外的一般人群。通过比较不同对照组的结果，可判断是否存在偏倚，以便得出更可靠的结论。

（3）提高应答率，减少失访率：在研究中，如果能随访全部的研究对象或获得尽可能高的应答率，就可以缩小选择性偏倚。因此研究者应注意在研究时采取相应的措施，尽量取得研究对象的合作，提高研究对象的依从性，以减少被研究对象的无应答、失访或中途退出等情况发生。做好研究的组织和宣传工作，向研究对象介绍研究的意义，选择简便、易行的调查方法，以及对调查内容中的敏感问题应尽量设计好，量表的设计不能过于繁杂，不要设计难以明确回答的条目等。对研究中由于研究时间长、研究的范围广或涉及对象多，难以避免的无应答偏倚，要对无应答者出现的原因进行分析，针对原因采取补救措施，努力争取按原设计获得研究对象的资料。

（二）信息性偏倚

1. 概念　信息性偏倚（information bias）又称为观察性偏倚，常发生于研究实施阶段，指研究中有关研究对象的或来自于研究对象的信息是错误的，因而产生系统误差。

信息性偏倚在各种类型的研究中均可发生，可来自于研究对象、研究者本身，也可来自于用于测量的仪器、设备和方法等。

2. 类型　信息性偏倚可分为 4 种：回忆偏倚、报告偏倚、诊断怀疑偏倚和测量偏倚。其中回忆偏倚和报告偏倚主要针对研究对象而言，而诊断怀疑偏倚和测量偏倚则主要针对调查者而言。

（1）回忆偏倚：回忆偏倚是指研究对象在回忆过去发生的事件或经历时，由于记忆失真或记忆不完整，其准确性、可靠性存在系统误差所产生的偏倚。回忆偏倚最常发生于病例对照研究中。如病例组可能对某种病因或影响因素有一定的了解，而有利于或促进他们回忆，而对照组未患有相应的疾病，不了解这些因素，回忆也不够积极，在此情况下就易产生回忆偏倚。例如，采用病例对照研究方法研究婴儿出生缺陷与哪些因素相关，研究过程中需要分娩结束后的母亲进行怀孕过程中某些特殊事件的回忆以获得有关信息。一般认为生育了严重出生缺陷婴儿的母亲能够准确地回忆出怀孕早期的许多暴露情况，如服用非处方药物或有发热经历，因为她所经历的不良妊娠结果对母亲产生了刺激，使她努力思考可能的影响因素。但是生育了正常婴儿的母亲未受到不良妊娠结局的刺激，不会努力回忆怀孕过程中的一些有可能相关的事件，最终则可能造成两组回忆信息的偏倚。

在研究中如果是采用病历资料进行分析的回顾性调查，研究者要考虑到这种资料可能与研究者所设计收集的资料有一定的差异，可能会有某些研究项目在病历资料中没有记载，造成缺项的出现，此时研究者要考虑回忆偏倚对研究结果准确性的影响。

（2）报告偏倚：指研究对象因主观因素的原因对主观症状的判断不统一，以及有意地夸大或缩小某些信息，此时所发生的系统误差就是报告偏倚。

被调查者的行为和态度对研究结果的影响很大。如研究的评定指标是以被调查者的主诉内容为指标，则很容易受被调查者主观因素的影响而发生报告偏倚。例如，在调查老年脑卒中患者的家庭照顾者负担时，由于中国的传统观念认为家庭成员应尽心尽力地照顾好家中患病老人，因此照顾者在描述他们的照顾负担时有可能刻意地掩盖内心中对于照顾的负面情绪，使得最终获得的调查资料与实际情况间存在差异，造成信息性偏倚。

（3）诊断怀疑偏倚：诊断怀疑偏倚指研究者事先已知研究对象的某些情况，以一种主观偏见或愿望在诊断过程中去搜索某种结果，使研究结果出现偏倚。如研究者在主观上倾向于应该出现某种阳性结果，因此做出诊断或分析时，倾向于自己的判断。例如，在一项研究太极拳对脑卒中患者平衡功能的效果研究中，研究者最初所设定的科研假设是打太极拳可以促进脑卒中患者的平衡功能。因此，研究者对打太极拳的脑卒中患者的平衡功能进行评定时有可能去尽可能地发现平衡功能得到促进的依据。

（4）测量偏倚：研究者在对研究对象进行某些指标的测量时所产生的系统误差。原因主要有：研究者技术不熟练；所使用的仪器、设备校正不准确；测定方法的标准或程序不统一，以致多个收集资料者之间的收集资料方法不一致；研究者对实验组与对照组的研究对象的态度、询问方式不同等。此外，调查所用的调查表其设计的科学性、记录是否完整，调查人员的认真程度以及收集资料的技巧、态度等，均可影响所收集资料的准确性，最终产生测量偏倚。

3. 信息性偏倚的控制方法

（1）采用盲法收集资料：在研究中，由于研究者和研究对象都易受到心理因素的影响，容易出现先入为主或思维定式，引起信息性偏倚。使用盲法是避免研究者和研究对象发生信息性偏倚的较为有效的方法。如本章第一节中所描述的，盲法又分为单盲法和双盲法。

单盲法（single-blind method）即实施研究方案时，研究对象或者研究者（资料收集者和分析者）不知道所在的分组或者被施加的干预措施。如有关太极拳对于脑卒中后患者肢体恢复功能的影响的研究中，主要研究设计者可以让研究中的资料收集者不知道患者具体分配在哪一组（太极拳组或常规护理组），这样可以避免资料收集者在干预完成后收集资料时有意识地强化太极拳组肢体功能的恢复程度。

双盲法（double-blind method）是指在实施一个实验方案时，研究者（如资料收集者和分析者）和研究对象双方都不知道分组情况或者所施加的干预措施。双盲法可以减少来自研究者和研究对象两方面主观因素所造成的偏倚。在临床的药物研究中常常使用。

如果在研究中使用盲法收集资料有一定的困难，则尽可能利用实验室检查结果、查阅研究对象的诊疗护理记录或健康体检记录等作为调查信息来源。在收集资料时还可以有意识地将调查范围扩展一些，如在询问时可同时收集一些与调查内容看似无关的变量（虚变量）来分散调查人员与被调查者的注意力，以减少主观因素对信息准确性的影响。如在调查运动方式与老年人认知功能维持状况间的关系时，可在调查表中加入其他有关饮食摄人的情况，以免被调查对象的注意力过度集中于运动方式上，主观上导致所提供的运动方式的信息的准确性。这种方法在不能应用“盲法”收集信息的研究中特别适用。

（2）制定严格的资料收集和质量控制方法：要设计科学、统一的调查表，对调查人员要进行统一的培训，使其了解调查项目或调查内容的含义，统一标准、统一方法、统一调查技巧，以科学的态度进行资料的收集；研究中使用的仪器、设备应提前做好质量检测和标定，试剂、药剂应符合测试要求；对研究对象要做好宣传组织工作，以取得研究对象的密切合作，如实、客观地提供拟获取的信息。

（3）尽量使用客观的指标：尽量使用客观的指标，以避免研究者和研究对象人为的偏倚。在问卷调查法是唯一的收集资料的方法时，研究者应尽量采用封闭式问题进行资料的获取。

（三）混杂性偏倚

1. 概念　混杂性偏倚（confounding bias）是指在研究过程中，由于一个或多个混杂因素（即外变量）的影响，缩小或夸大了研究因素（自变量）与疾病或事件（即依变量）之间的联系，从而使两者之间的真正联系被错误地估计，此时出现的偏倚即为混杂性偏倚。

常见的混杂因素有年龄、性别、社会经济状况、婚姻状况、疾病的严重程度、患病的持续时间、药物或治疗的依从性等。混杂因素只有在比较的两组间分布不均，而且可以影响结果的情况下才能起混杂作用，产生混杂性偏倚。如在吸烟与肺癌关系的病例对照研究中，年龄就是混杂因素。如果病例组和对照组间年龄分布不均衡，吸烟组老年人多，或非吸烟组老年人多，则有可能夸大或缩小吸烟与肺癌的关系。

2. 混杂性偏倚的控制方法

（1）随机化：在研究中，如研究者对混杂因素的情况不太了解，应遵循随机化分组原则，使混杂因素在各对比组间分布均衡。

（2）分层：如研究者对混杂因素有一定的了解，可按混杂因素的不同水平进行分层，在各层内部进行随机分组。如年龄是一个混杂因素，研究者可按不同的年龄段进行分层。分层后，按分层进行资料收集和统计分析，得出的结论是不同层次的比较，这样结论更客观、可靠。

（3）匹配：又称为配对，是一种常用的避免混杂性偏倚的重要方法。它是指在为确定的研究对象选择对照时，使对照能够针对一个或多个潜在的混杂因素与确定的研究对象相同或接近，从而消除混杂因素对研究结果的影响。配对在非实验性研究和类实验性研究设计中均可应用。配对可使两组研究对象的特点保持相对的一致性，以增强实验结果的可比性。配对时常考虑匹配性别、年龄、疾病类型等因素，其他因素如暴露的期限，疾病的发展阶段，疾病的严重程度以及以前的治疗方式等也可加以配对。

配对时须注意：①不能将要研究的因素进行配对。②配对项目不宜太多，项目越多越难找到合乎条件的对照组。而且所匹配的因素愈多，丢失的信息也愈多。一般认为，只匹配主要的或明显的混杂因素即可。最常用的是 1∶1 配对，即一个患者对应一个对照。

（4）限定研究对象：如已知某个因素为混杂因素，在选择研究对象时，可对此加以限制。如研究吸烟与肺癌的关系时，年龄和性别可能是混杂因素，此时研究者可选择同一年龄组、同一性别的人群作为研究对象。

（5）数据分析时使用多因素分析：在计算机上运用多因素分析的统计方法如分层分析法、Logistic 回归分析等方法来分析疾病或者某现象出现的复杂的、多变的原因，可在一定程度上控制混杂因素的影响。

严谨的研究设计对是否能获得有价值的研究结果至关重要，同时它也是保证科研论文质量的重要前提。本章介绍了如何在确立了研究问题和明确了研究目的的基础上进行科研活动的设计。科研设计的类型有多种，选择的关键在于研究者的科研目的以及研究方案实施的可行性。研究者在进行科研设计时还要考虑如何控制干扰变量对研究结果的影响，即控制偏倚。在进行研究设计时，可以与有经验的其他研究人员进行讨论，并可以参考文献中相似研究中所采用的科研设计方法，对自己的科研设计方案进行完善。正式开始研究前进行小的预试验也可以帮助研究者确认所采用的科研设计方案是否可行、有无需要进一步补充和完善。

（刘　宇）

第六章　资料收集的方法

当研究者就已确立的研究问题进行了文献检索和回顾，并确定了研究方案后，下一步就是进行资料的收集。常用的收集资料的方法有问卷调查法、访谈法、观察法、测量法和档案记录法。

第一节　概　述

收集资料是整个研究过程中很具体的工作环节，也是经周密设计后通过不同方法从研究对象（样本）处取得数据和资料的过程。资料收集工作非常重要，因为科研结果要从收集到的实际资料或数据中推论出来，即通过综合分析研究，把收集到的资料经过思考进行处理和深化，上升为理性认识。资料的真实和准确与否直接关系到研究结果的真实性和科学性，所以应严格按照设计方案规定的方法和要求进行资料积累。

资料可来源于现有资料和新收集的资料。某些历史性研究可从现有的资料，例如期刊、日记、信件、报纸、会议记录、病史、报告等处收集。对此类资料应对其价值、准确性等仔细评估和分析，再加以应用。对已有研究报告的分析又称荟萃分析，是对公开发表的具备同类主题的相关研究报告进行编码、统计、分析、总结的过程。利用现有资料的方法具有省时、省力、经济的特点，但应根据研究目的而定。

一、设计收集资料的方案前应考虑的问题

1. 采用结构式还是非结构式方法收集资料　结构式资料收集是按照提前设计的特定结构（例如问卷）进行资料收集，而非结构式资料收集，即是提出开放性问题，在一个或几个主题下让研究对象自由阐述。半结构式资料收集则按事先设计的提纲进行。结构式资料收集法往往花费较多时间和精力设计研究工具，该方法可对资料作出精确的统计分析，但不足之处是资料不够深入。

结构法所收集的资料一般可作精确的统计分析，但前提是必须事先设计出严谨的研究工具（例如问卷），或应用现有的具有较好信度和效度的量表。而非结构法收集的资料比较深入，也无需设计或寻找合适的研究工具，但缺点是收集资料时如果研究对象不善于表达，则研究进展有一定难度，且资料较难进行分析。

2. 采用定量还是定性方法收集资料　用定量研究法进行资料收集时必须用数字将资料量化，使之可测量可统计；但定性研究法则采用非结构式或半结构方法收集资料，资料以文字形式表示，一般无需将资料用数字量化。例如对患者压力状态用定量方法式应将资料转化数据形式以便进行统计分析，例如 1 分＝几乎没有压力，2 分＝有时有压力，3 分＝经常感

到有压力，4 分＝一直感到有压力。而用定性的方法则对资料进行描述、分类、诠释，例如：患者叙述手术前 1 天是住院以来感到压力最大的时候，使他辗转反侧，几乎彻夜未眠。

【例 6-1】 在评估患者住院期间的焦虑时，若采用结构式方法收集资料，可让患者对下述问题做出回答。

自住院以来，您感受到的焦虑：

（1） 几乎没有

（2） 有时有

（3） 经常有

（4） 一直有

若采用非结构法收集资料，则可以问以下问题：自住院以来，您是否感受到焦虑？如果有，是怎样的焦虑？能否谈谈您的具体感受？

3. 资料是否要求严格的客观性　大多数研究要求所收集的资料具有客观性，即是按同样的标准做出判断，不受个人感受和信仰等因素的影响。但定性研究，在资料收集过程中研究人员的主观判断是非常重要的。

4. 是否存在霍桑效应的影响　如果研究对象意识到他们正在参与研究，则可能或多或少地改变自己的行为和反应状态，称为霍桑效应。这种现象会影响资料的有效性，尤其是评价项目实施后效果这类评价性研究；但若不让研究对象意识到参与研究，则又产生伦理问题。当这一矛盾不可避免时，研究人员的培训特别是资料收集的方法和技巧的训练，以及研究人员以中性的不加评判的态度进行资料收集是关键。

二、收集资料方案的设计

收集资料方案的设计应紧紧围绕研究目的，特别是定量研究，必须事先经过严谨设计，形成成熟的资料收集方案，并严格按方案进行资料收集。设计收集资料方案的步骤如下：

1. 明确资料收集的目的　在定量研究中，所收集的资料应首先能验证科研假设，回答所有的研究问题，能描述样本的主要特征，包括人口统计学特征、健康状况特征以及治疗状况特征，同时，资料还应有助于分析可能存在的偏差（如识别抽样所致的不均衡），认识组内差异（如各年龄组间的差异），解释各种可能的结果包括预料之外的结果，另外还应获取一些研究管理方面的资料（如调查员是谁、调查日期和时间等）。

2. 选择资料收集的方法　明确资料目的后，第二步是选择收集资料的方法。资料的收集的方法主要包括：问卷调查法、访谈法、观察法、测量法与档案记录法等。可采用其中一种，或结合几种方法于一项研究中。资料收集方法的选择还与时间、经费、人力资源等因素有关。例如：生理指标（如睡眠型态等）的获取可通过问卷调查法、访谈法、观察法、电子仪器监测法等手段获取。某些生理现象无法观察，只能通过问卷调查法或访谈法获取，例如疼痛、恶心、头晕、乏力、瘙痒、认知改变等。

3. 选择或编制研究工具　无论使用已有的研究工具还是编制新的研究工具，都应反映研究的理论框架或概念框架。在应用现存的研究工具时还应考虑其来源、费用、是否反映概念的内涵、使用方法、评分方法、常模、可比性、是否合适研究对象的程度，是否在时间、场所等方面易于管理、该研究工具以往的应用情况、其信度效度指标等。若上述要求均不能满足，则应自行设计研究工具。不过对于没有经验的研究者来说，自行编制一份既准确又有效的研究工具是有相当难度的。如果决定选择现有的研究工具，则应注意尊重版权问题，一般应与原作者联系，获取其同意。

4. 预试验　预试验的目的是测试资料收集的时间、研究工具的应用情况、研究对象的反应、研究工具的文字是否通顺易懂、是否要培训调查员等。同时预试验还可获取研究工具的某些基本特征（例如某些信度和效度指标）。

5. 设计资料收集的形式和程序　一般应事先设计研究工具应用手册，内容包括样本、入选标准、知情同意书、研究工具的指导语、使用说明、注意事项以及评分系统等。另外，还应考虑下类问题：资料收集的场所、环境要求，对研究目的、过程的解释，研究对象能否中途退出，参加研究对其治疗和护理的影响、问卷内容的编排顺序等。最后还应考虑收集资料所必需的文具及其他用品等。

6. 实施资料收集的方案　资料收集方案确定后应严格按方案进行资料收集。

（1）选择研究人员：研究人员的选择取决于其以往的研究经历、是否熟悉研究对象的特征等。研究人员应具备良好的人际沟通能力，语言和语气应不带任何评判性。

（2）培训研究人员：某些研究需要多个研究人员参与，要根据研究人员以往的研究经历决定是否要培训研究人员。若必须进行培训，则应制订培训手册，包括该研究背景、如何与研究对象进行接触和交流、如何做到知情同意，收集资料的步骤和技巧（包括如何建立相互关系，如何避免偏差，如何获得更多更深入的回答，如何进行记录、如何结束会谈等）。

第二节　问卷调查法

问卷调查法（questionnaire）是指研究者通过书面形式直接从研究对象处获取研究资料的方法。研究者将所希望获取的资料以书面形式写出，分发给研究对象，研究者通过言语和文字向研究对象收集资料。问卷法是调查研究中最多选用的方法，常用的问卷有公认的量表或研究者自行设计的问卷两种类型。问卷调查法可获取个人背景、信念、态度意见、知识水平、倾向，或对事件的看法、认识等方法的资料。

一、量表

量表（scale）是由一组封闭式问题组成的以评分的方式衡量人们态度和行为的收集资料的工具，在问卷调查法中广泛应用。大多数量表都用于心理社会变量的测量，但也可测量一些生理指标如恶心、疼痛、功能状态等。量表可包括以下几种方式：

1. 评定量表（rating scale）是测量人们的行为、态度等，由一组有序排列的类别答案构成的量表。调查对象根据填表要求，选择符合情况的选项，如以下几项来自护士与患者之间沟通方式的评定量表。

【例 6-2】　以下几项来自护士与患者之间沟通方式的评定量表：

（1）护士到我的病室来的情况是：

①很少	③当我叫她们时
②有时	④经常来看看

(2) 当护士走进我的病室时，她通常：

①不太说话　　③说一些无关紧要的事

②谈一些我不想说的话题　　④说一些与我有关且我感兴趣的事

(3) 当护士和我交谈时，她通常显得：

①并不感兴趣　　③很礼貌但总保持距离

②急匆匆的　　④非常真诚地关心我

2. Likert 量表（Likert rating scale） 是以心理学家 Rensis Likert 的姓命名的，是最常用的评定量表。它由一组句子组成，测量人们对某一主题（如目前的情绪状态，对工作的满意度，对专业的认知等）的看法，并呈现按程度轻重排列的评定标准。Likert 量表一般由 10～20 个项目组成，答案一般为 5 个类别，表示赞同的程度或行为出现的频率，也有 7 分制的答案和 4 分制的答案。

【例 6-3】 护士工作满意度量表（部分内容），见表 6-1。

您是否满意如下工作状况，请选择最能代表您观点的选项，并在相应的空格中划“√”。

表 6-1　　护士工作满意度量表（摘选部分）

项　目	非常不满意 (1)	不满意 (2)	一般 (3)	满意 (4)	非常满意 (5)
工作条件					
护士的收入					
医院的管理方式					
工作的稳定性					
工作时数					

表 6-2　　状态-特质焦虑量表（摘选部分）

项　目	完全没有 (1)	有些 (2)	中等程度 (3)	很明显 (4)
我感到心情平静				
我感到安全				
我感到紧张				
我感到安定				

3. 语义差异量表（semantic difference scale） 由 Osgood，Suci & Tannerbaum 于 1957 年设计，主要评定人们对某一概念（如目前的护理形式、患者的情感等）的态度。一般由两个反义词形容、5～7 个等级组成，要求被评者指出他目前所处的位置，评定方式类似 Likert 量表。

【例 6-4】 评估患者感情的语义差异量表，见表 6-3。

在下列问题中有数对意思相反的形容词，请您根据目前的感觉选择合适的答案。

表 6-3　　评估患者感情的语义差异量表

	1	2	3	4	5	6	7	
变化的	□	□	□	□	□	□	□	稳定的
举棋不定的	□	□	□	□	□	□	□	自信的
沮丧的	□	□	□	□	□	□	□	高兴的
孤立的	□	□	□	□	□	□	□	合群的
混乱的	□	□	□	□	□	□	□	有条理的
漠不关心的	□	□	□	□	□	□	□	关切的
冷淡的	□	□	□	□	□	□	□	热情的
被动的	□	□	□	□	□	□	□	主动的
孤僻的	□	□	□	□	□	□	□	友好的
不适的	□	□	□	□	□	□	□	舒适的
神经质的	□	□	□	□	□	□	□	平静的

4. 视觉类似物量表（visual analogue scale，VAS）　普遍用于人们对某种经历的感受，例如疼痛、乏力、恶心、呼吸困难等。传统的视觉类似物量表是用一条 100 mm 长的直线表示程度的差异，目前又设计出脸谱、阶梯等用形象图形表示的形式。应用时请被评者指出自己目前所处的位置。

【例 6-5】　您认为下列哪一幅脸最接近您目前的疼痛感受（图 6-1）？

图 6-1　面部表情疼痛测量图

0. 非常愉快，无疼痛；1. 有一点疼痛；2. 轻微疼痛；3. 疼痛较明显；4. 疼痛较严重；5. 剧烈疼痛，但不一定哭泣

二、自设问卷

（一）问卷的编制

问卷是调查的一种工具，通过受访者回答问题而不是观察行为反应得到研究资料，用问卷收集资料可以应用于各种领域的问题。量表是问卷的类型之一，一般可根据研究目的进行文献查询，寻找是否有合适的现存问卷，如果有合适的现存问卷则可直接应用。但在大多数情况下要根据研究目的对现存问卷做一定的修改，如项目的增加、言词的改动等。如果没有合适的现存问卷，则需编制新的问卷。问卷编制时应事先考虑以下几个问题：指导语、问题的类型、问卷的内容、问卷的用词、问卷答案的设计、问题的排列方式，等等。

1. 问卷编制的方法和步骤

（1）首先确定研究目的并拟订需要了解的内容和相关问题：按心理测量学的原理，问卷内容可按照推理法进行编制，即根据研究目的和理论依据推论出能测评这些内容的项目。该步骤一般通过查阅相关文献、回顾以往经验、参考专家意见以及参考相关调查表等方式完成，并要对测量的概念做出明确的可操作性的定义。如家庭支持，其可操作性的定义为：从家庭成员处获得支持的程度。在自设问卷的开始阶段，研究者可以列出想要调查的几个大方面的问题。例如，想要研究哮喘患者的自理行为，可以将自理行为分为饮食、用药、环境管理、体育锻炼、症状监测等几大方面。

（2）发展问题：将想要获取的信息或资料用问题的形式表达出来。如上例所谈到的，欲研究哮喘患者的自理行为，将自理行为分为饮食、用药、环境管理、体育锻炼、症状监测等几大方面之后，运用多个具体的小问题进一步说明每个方面的内容。如环境管理方面的内容，就可以用询问患者扫地的方式、扫床的方式、是否养宠物、是否经常晾晒被褥等小问题进行进一步的展开。开始时不用考虑用词是否恰当，是否类似或重复等，尽可能写下每个大题目下可能包含的小题目。

又如研究护理教育师资队伍质量问题，可先拟定出几个有关教师质量方面的大题目，如老师教学效果如何、老师态度是否和蔼、教学方法如何等，若直接用这些问题设置在问卷内，答案是会很笼统的，而且回答者判断是或否的标准也不会一样，所以问卷结果就很难分析。可以将“老师教学效果如何”展开为学生的考试成绩是多少，是否提高；学生回答提问错误率是否减少；对学习的兴趣是否增加等几个具体问题，用这几个问题的综合答案来判断老师教学效果好还是不好，还可以具体指出表现在哪些方面。又如“老师态度是否和蔼”也同样可以发展为几个具体问题：老师是否训斥学生；老师是否总是微笑待人；老师是否总是耐心回答学生的提问等。从答案的肯定或否定是可以综合判断老师对学生的态度是否和蔼，并且也能有事实依据说明。由上可见问题展开越具体和周全，答案判断会越准确和有说服力，结果易于深入分析。最后对问题进行组合、整理和精选，根据研究目的和相关理论框架，将问题分为重要的和次要的，必须问的和可以删减的及需要补充的问题等，如此就可逐步组成问卷初稿。将问卷初稿用于小规模的预调查，以发现问卷中存在的问题以及在实际应用中可能遇到的问题等，并根据反馈的信息来修改问卷。

一般而言，问题大致可分为3个层次：

1）表浅层次问题：此层次的问题多为一般背景资料的问题，如性别，年龄、学历、职称和职务等，都是比较具体的问题，答案也会是真实的。

2）第二层次问题：此层次的问题会较深入，可能涉及个人隐私或个人看法，因此答案不一定达到完全真实，故设计问卷和收集资料需要技巧，根据研究者的经验设计，可以用不同的问题问同一件事。例如，当研究者欲了解护士对其专业的认同感，尤其是如何看待自己是护理队伍中的一员时，可以用以下两个问题询问该内容：①你是否为自己是护理队伍中的一员而感到骄傲（该问题从正性的一面进行提问）。②你是否为自己是护理队伍中的一员而感到羞愧（该问题从负性的一面进行问题）。若研究对象对第一个问题回答“是”，对第二个问题回答“否”，说明其观点是一致的。若其观点出现矛盾，需要对调查对象资料的可信性进行质疑。

3）第三层次问题：此层次的问题会更深入、更涉及个人隐私，被调查者可能拒绝回答某些问题或不愿意真实地回答，则会给资料分析造成困难。若调查对象能真实地回答问题，给予准确答案，结果将会很有意义。例如，社区护士为了有针对性地对青少年进行性健康教育，欲了解青少年的性知识和性观点，这些作为极为敏感的问题，可能调查对象不能配合回答，研究者可考虑更为合适的收集资料的方法以及场所等策略以获得这些资料。

（3）通过专家评估，根据项目的准确性、适合性、相关性将项目分类：①与主题直接相关的。②与主题间接相关的。③与主题有关但不重要或已包含在其他问题中的。④与主题不相关的。

（4）对问卷中的项目进行处理：保留第一类问题，对第二类问题进行进一步审查，删除第三类和第四类问题。一般应避免极端正向或负向的问题或陈述。

（5）对问题进行整理归纳：将问题分类，同类问题放在一起问。问题的提问形式一致。

（6）估计问卷长度：一般用于成人的问卷，完成时间不应超过 30 分钟；针对儿童的问卷，完成时间不应超过 15 分钟。

（7）设计答案形式：详见“答案的设计和评分”部分。

（8）润饰文字：问卷的文字应简洁、通顺、易懂，忌使用专业术语。

（9）将问卷的部分问题设计成反向提问的形式，并对该类问题做标记。

【例 6-6】 您如何看待护理专业？请在相应的空格中划“√”。

（注：提问方向中“＋”为正向提问；“－”为负向提问）

提问方向	内　容	从来没有	偶尔	有时	经常	几乎总是
＋	我对护理专业强烈认同。					
－	我找借口解释自己成为护士的理由。					
－	我觉得护理专业阻碍我的发展。					
＋	我认为护理专业很重要。					
－	我批评护理专业。					
＋	我为自己是护理专业的一员而感到高兴。					
＋	我自认为我属于护理专业。					
－	我不愿意说自己是护理专业的一员。					
－	我极力掩饰自己从事护理专业的事实。					
＋	我觉得自己与其他护理专业人员联系紧密。					

（10）对问卷信度和效度的测定：自行设计的问卷在完成后应通过大样本测试，进行向分析和信度、效度的测量，一般每个项目需 10 名样本进行测试，以形成该问卷的常模。

（11）运用现存问卷时，应首先对问卷进行评估，若有较大的修改或问卷为翻译版，修订版在正式应用之前应作预试验，以 10～20 名样本为宜，进一步检验问卷中可能存在的内容、文字、排版等问题，做出必要修改后方可运用于正式调查中。

2. 问卷的用词要求

（1）清晰：首先要澄清想要得到的资料的性质。设计问题时应避免使用冗长的句子，描述尽可能简明、准确、精炼；避免在一个问题中问两个问题，例如：“你是否喜欢在 ICU 工作并与医师保持密切接触？”可以将以上问题分为两个问题，即“你是否喜欢在 ICU 工作？”“你是否与医师保持密切接触？”此外，在对非专业人士使用的问卷中应避免使用专业术语，例如：“造瘘口是否有渗血？”可以改为“伤口是否有出血？”

（2）用词要适合被问者的文化程度：语言文字应平实并考虑到教育程度较低者是否能理

解问题。如果被问者的文化程度可能参差不齐，应考虑文化程度最低者的理解力，这样才有可能使全部被问者明白问卷的内容。例如，当询问调查对象是否有高血压家族史时，可采用通俗易懂的语言，如“您家人是否患有高血压”。

(3) 尽量减少偏差：不要暗示答案，例如：“你是否认为护士的角色非常重要?”这样的问题实际上已经隐含了“护士的角色重要”，只是让被问者回答，是否是“非常重要”，还是“重要”。通过此问题获得的资料缺乏真实性。因此，可以将问题设计为“您如何看待护士的工作?”答案包括：“非常重要、重要、一般、不重要、非常不重要”，让调查对象进行选择。

(4) 处理敏感问题和个人资料的方法：设计问卷时应考虑到问题的措辞是否可能遭人拒绝，例如家庭收入、年龄、婚姻关系等，采用列出范围让对方选择的方法比用开放式让对方写出具体数字更能获得有效答案；问题应无倾向性，应制造一种包容的氛围，对答案的对与错不加评判；措辞应具鼓励性并有礼貌；某些敏感性问题采用第三人称的方法更能让人接受，例如：“我化疗后的脱发使我感到外出见朋友很尴尬”，改为“化疗后的脱发让人感到外出见朋友时会很尴尬”。

3. 答案的设计和评分　一般而言，问题的提出有两种形式：开放式问题和封闭式问题。开放式问题没有预先设定任何答案，如“您为什么选择这家医院?”而封闭式问题则需要预先设定答案，让研究对象在事先设定的答案中进行选择。

常见的封闭式问题有以下类型：

(1) 根据问题的性质，答案一般可采用两分制、四分制、五分制、七分制等形式分类并计分。两分制问题，又称是非题型问题，答案以“是”、“否”的回答方式表示。两分制的问题答案简单且界限清晰，适合于收集事实信息，也适合于收集小儿的资料。五分制的问题是在 Likert 量表中最常用的。要注意的是答案的覆盖面应广，能够包含所有可能的答案，但答案不能太长；一般主张尽可能将可能的答案都列举出来，例如：答案中应包括被测者认为“不清楚”或“不合适”的可能，但对答案的分析应加以注意。某些情况下采用四分制的答案，去除“不合适”的可能，称之为必选项目 (forced choice)。对于事实性问题，应设有“其他”一栏。

(2) 多选题式问题：该类问题一般提供 3～7 个答案。此类问题适合于收集态度和意见等方面的资料。要注意的是答案的覆盖面应广，一般主张尽可能将可能的答案都列举出来，对于事实性问题，应设有“其他”一栏。

【例 6-7】 答案性质举例：

两分制

1. 我经常胃痛　　A. 是　　B. 否

2. 您是注册护士吗?　　A. 是　　B. 否

3. 您是否是初次怀孕?　　A. 是　　B. 否

四分制

表示赞同程度的（括号内为分值）：

非常同意（4），同意（3），不同意（2），非常不同意（1）。

1. 您如何看待“与艾滋病患者握手可以感染艾滋病病毒”的观点?

A. 非常同意　B. 同意　C. 不同意　D. 非常不同意

表示满意程度的（括号内为分值）：

非常满意（4），满意（3），不满意（2），非常不满意（1）。

2. 您对您自己的工作环境满意吗?

A. 非常满意　　B. 满意　　C. 不满意　　D. 非常不满意

五分制

表示行为出现频率的(括号内为分值):

一直(5),经常(4),有时(3),偶尔(2),从来不(1)。

1. 您头痛吗?

A. 一直　　B. 经常　　C. 有时　　D. 偶尔　　E. 从来不

表示赞同程度的(括号内为分值):

非常同意(5),同意(4),不清楚(3),不同意(2),非常不同意(1)。

2. 您同意"老年痴呆是一种不可逆转的疾病"这一观点吗?

A. 非常同意　　B. 同意　　C. 不清楚　　D. 不同意　　E. 非常不同意

表示满意程度的(括号内为分值):

非常满意(5),满意(4),一般(3),不满意(2),非常不满意(1)。

3. 您对您的月收入满意吗?

A. 非常满意　　B. 满意　　C. 一般　　D. 不满意　　E. 非常不满意

【例 6-8】 答案选题举例:

调查者只可选择一个答案。

1. 您的文化程度是:

①文盲　②小学　③初中　④高中/中专　⑤大专　⑥本科　⑦硕士及以上

2. 您此次怀孕是第几次妊娠?

①1 次　②2 次　③3 次及以上

3. 您所在病房的护理方式是什么?(请选择最能代表该病房护理工作的一种方式)

①功能制护理　②小组护理　③责任制护理　④不知道

调查者可以选择两个及两个以上的答案。

1. 您认为分娩后您获得的信息支持主要来源于:(可多选)

①医师　②护士　③家人及朋友　④有关书籍　⑤电视、网络　⑥其他

2. 您希望通过下列哪些途径获得哮喘疾病的相关信息?(可多选)

①宣传手册　②电话咨询　③定期家访　④专家门诊　⑤电视、广播　⑥其他

(3) **编序式问题:要求研究对象对所列的选择项目按某种程度进行排序,一般排序项目不应该超过 10 个。**

【例 6-9】 编程式问题举例:

1. 人们对生活的价值不尽相同,以下列举一些人们认为重要的东西,请你按自己的观点将下列项目从最重要到最不重要排序:

①成功和成就　②家庭关系　③友谊和社会关系　④健康　⑤金钱　⑥宗教信仰

最重要:

最不重要:

2. 请将您认为在工作中最重要的 3 个因素按次序罗列出来。

①工作环境　②人际关系　③工资　④晋升机会　⑤工作性质　⑥工作兴趣

最重要的 3 个因素是:(1) ________________　(2) ________________ (3) ________________

(4) 等级式问题：要求研究对象在一个有序排列的等级上进行选择，一般分为 7、9、11 个奇数项的等级，以便有中位点。

【例 6-10】 工作满意度等级表（表 6-4）。

以下 1～9 表示您对工作的满意程度。1 为最不满意，9 为最满意，请您标出您目前对工作的满意度所在的位置：

表 6-4　　工作满意度等级表

项　目	1	2	3	4	5	6	7	8	9
工作环境									
收入									
晋升机会									
同事关系									

(5) 检核表式问题：是由几组形容词、名词、陈述句组成的就某一主题的一览表。被评者将表中所列内容与自身的行为逐一对照，将适合其行为特征的项目挑选出来。检核表一般较经济有效，也易于回答。

【例 6-11】 请您圈出符合您今天感受的词。

1. 不快　2. 主动　3. 沉闷　4. 委靡　5. 沮丧　6. 沉着冷静　7. 痛苦　8. 阴郁　9. 孤独　10. 自由自在　11. 失落　12. 破碎

(6) 为获得有效的资料，问卷中部分问题可设计为反向提问的方式，对这些问题计分时也反向计分。

【例 6-12】 表 6-5，用 Likert 量表测量人们对精神患者的态度时，第 2、第 3、第 6 项为反向计分：

表 6-5　　关于精神患者态度的调查表

评分方向	项　目	非常同意 5	同意 4	不确定 3	不同意 2	很不同意 1	计分
正向	1. 精神病患者经治疗后能成为正常的、有作为的人	√					5
反向	2. 有精神病史的人不应生育孩子					√	5
反向	3. 应严格限制精神病患者的活动				√		4
正向	4. 精神病患者能与医护人员建立健康的人际交往关系				√		3
正向	5. 应尽量让精神病患者走出精神病院，回到他平时生活环境中				√		4
反向	6. 不能轻易相信精神病患者，应对他们进行严格监控					√	5
总分							26

(二) 问卷内容的排列顺序

问卷应从一般性的问题开始，例如性别、年龄、学历、入院时间、医疗保险性质等，该问题比较具体，属表浅层次问题，一般答案也是真实的。第二层进入实质性问题，如心理状况、健康功能状况等。同一主题的问题应集中在一起；敏感的问题一般放在问卷的最末，在研究对象熟悉调查内容后逐渐进入情景，如：涉及疾病对患者婚姻关系和性关系的影响方面的内容。开放式问题应放在问卷的最后，并在卷面留出足够的空间让研究对象书写。对某些排列时有跳跃的问题，应明确标明如何填写。

【例 6-13】 选项排列举例：

如：护士是您的首选职业吗？

①是　　②否，如果否，那您的首选职业是：________________

又如：

1. 你是护理学会的成员吗？

①是　　②否，如果否，请直接回答问题 3

2. 你加入护理学会多少年了？

①1 年　　②1～3 年　　③3～5 年　　④5 年以上

3. 你订阅了多少份护理杂志

①无　　②1～3 本　　③3 本或 3 本以上

（三）编写指导语

问卷前应有简短的指导语，目的是说明调查的目的、填写的方法、填写问卷大致需要的时间、对保密性的承诺等。例如下列为“患者满意度调查表”的指导语：“为促进医院的护理服务质量，我们将调查患者住院后对护理工作的满意度。请您回忆住院以来的护理情况，并花 10 分钟左右的时间在下列列举的情形中不符合您想法的相应程度上划圈。本调查不记名，不影响您的任何治疗和护理，您所提供的资料将作为医院提高护理质量的参考，并严格保密。谢谢您的合作。”

又如，“护士工作调查”问卷的指导语为“该问卷为护理硕士生课题研究所用，旨在了解中国医院护士的工作现状。请您表述自己的观点。您有权拒绝回答不愿意回答的问题。该问卷不记名，不公开。研究者将尊重您的自主自愿以及保护您的隐私”。

在用问卷法收集资料时，若被调查者文化程度较低，或因其他原因无法自己填写问卷的，可由研究人员逐字逐句念题，若对方对某些项目不能理解，应用不加评判的方式将问题的原意告知对方。

（四）国外量表的翻译和应用

在护理研究领域，有大量量表是由国外护理研究人员或其他领域的研究人员编制的。近年来，国内越来越多的护理人员引进国外的量表进行研究，这就存在着如何对国外量表进行翻译的问题，翻译后的量表既要合适中国的文化特点，又不偏离原文的愿意，同时要保证翻译后的量表具有较好的信度和效度。一般情况下，国外量表的翻译可以按照以下几个步骤进行。

1. 翻译　首先将国外量表翻译成中文。最好选择两个或多个有经验的翻译者，彼此独立地将外国语言的量表翻译成汉语。量表最初发展所应用的语言的版本是一个量表的源量表，因此要求翻译者既熟悉源量表的语言及文化背景（目的是要准确地翻译过来，不要产生歧义，甚至误译），又要求汉语功底好，能够准确地用通俗的词语表达源量表想要表达的意思。然后这些翻译者对他们所翻译出来的版本进行讨论，最后形成一个大家达成共识的中文版本的量表，在翻译过程中，由于语言表达方式上的文化差异会直接影响译文的可读性和可理解性，因此主张直译与意译相结合，以使翻译后的量表适合中国文化习俗。

2. 回译　回译（back-translation）就是请语言功底好、对源量表不知情的一位或多位翻译者将翻译成中文的量表再翻译回去。请双语专家对源量表与回译后的“源量表”进行细致的比较、分析，找出表面上看来不同的部分，对其中文版中的对应内容进行相应的修改。反复使用回译技术，直到两个量表在内容、语义、格式和应用上相一致。此时应请有关专家对修改后的中文版量表的表面效度进行评判。

3. 检测　应寻找一定数量的双语样本（既懂中文又懂源语言的样本）进行两量表之间的等同性检验。让这些研究样本对两种语言版本的量表进行作答，然后比较源量表和中文版量表所得总分之间的相关性以及各项目得分的相关性。相关程度越高，表示两个版本量表的等同性越好。但有时在研究中获取双语样本的难度较大，也可选取一定数量的只懂中文的研究样本进行预期试验，以检测量表的内部一致性。一般来讲，可接受的信效度系数均应大于0.7。同时，通过预试验，也可了解中文版量表的文字是否通俗易懂，是否符合中国人的表达习惯等。

【例 6-14】 Warr 等人设计的工作满意度量表是国际上现代护理管理研究中使用较为广泛的一个经典的量表，因此有必要将其应用于中国护理管理研究。但是，由于该量表的设计与发展是基于西方哲学理念，其所测量的护士工作满意度是否能够真正反映中国护士对该概念的理解仍需深入地、科学地探讨。

量表介绍：Warr 等人设计的护士工作满意度量表是一个包含 15 个项目的 Likert 量表，答案分为 5 个级别，即“非常不满意，不满意，一般，满意，非常满意”，分别按 1～5 分计分，得分越高表示满意度越高。Warr 等人报道该量表的信度（Cronbach'α 系数）为 0.88。

量表翻译与回译：选择 3 名精通中、英文的从事护理工作的人员进行该量表的翻译和审核。先由一名人员将量表翻译成中文，之后由另一名人员进行回译，即在未阅读该量表英文版的前提下，将已译成中文的量表翻译成英文。最后由第 3 位人员将回译的英文版量表与原量表进行对比，并再次校订该量表的翻译。护士工作满意度量表（中文版）见表 6-6。

表 6-6　护士工作满意度量表

您是否满意如下工作状况，请选择最能代表您观点的选项，并在相应的空格中划“√”。

内容	非常不满意	不满意	一般	满意	非常满意
1. 工作条件					
2. 选择你自己工作方式的自由性					
3. 你的同事					
4. 你的良好工作表现得到认可的程度					
5. 你的直接领导					
6. 你所承担的职责					
7. 护士的收入					
8. 发挥你自己能力的机会					
9. 领导与下属的关系					
10. 将来提升的机会					

续表

您是否满意如下工作状况，请选择最能代表您观点的选项，并在相应的空格中划“√”。					
内容	非常不满意	不满意	一般	满意	非常满意
11. 医院的管理方式					
12. 所提建议受重视的程度					
13. 工作时数					
14. 工作内容的变化性					
15. 工作的稳定性					

量表表面效度和内容效度的测量：邀请3位护理管理专家进行该量表表面效度和内容效度的测量。首先，从量表的表面上看3位专家基本同意此量表是在测量护士的工作满意度。然后各位专家就量表中每一项与所测概念（工作满意度）的相关程度进行评判，最后基于3位专家的意见计算内容效度指数（content validity index，CVI），即在15项中就所测概念的相关性达成一致同意的项目的比例。该量表CVI为0.89，视为具有较高的内容效度。

量表结构效度的测量：方便选取三家医院632名护士填写护士工作满意度量表，回收量表512份，回收率80%。将数据输入统计软件SPSS13.0进行因子分析以评价该量表中文版的结构效度。Warr等人基于西方理念设计的护士工作满意度量表中文版的结构组成基本上符合中国人群对工作满意度的认知，即工作的满意度可以由工作的状态和工作中的人际关系两部分来体现。在工作状态部分（因子1），通过因子分析可归属为该部分的11个条目从汉语语义上也同样符合上述归属。在工作中的人际关系部分（因子2），有3个条目（你的直接领导、你的同事、领导与下属的关系）在汉语语义上可归属为该部分，但是第4条目（你的良好工作表现得到认可的程度）的归属值得进一步的探究。从统计学研究的角度，即因子分析方面，此条目倾向归属于“工作中的人际关系”（因子2），然而从中国人的一般认知角度分析，这样的归属缺乏认同。因此可以进一步的修改问卷条目，重新测量修改后的量表的结构效度。

三、问卷调查法收集资料的形式

问卷法包括邮寄问卷法，现场发放、收回问卷法，通过电话访谈完成问卷调查法3种。

1. 邮寄问卷　即研究者通过邮寄的方式将调查问卷发放给研究对象，研究对象填写好问卷后，再邮寄给研究者。

一般而言，邮寄问卷应包括3部分内容。

(1) 问卷首页：在调查问卷首页，注明研究目的和意义，表述邀请研究对象参加的意向和谢意，以及维护研究对象的知情同意权和隐私权等。必要时，还可填注研究者除邮寄地址以外的联系方法、工作单位和有关部门同意本研究的其他相关证明。向研究对象展示调查问卷的首页，其目的是让研究对象了解重视该研究，这是研究对象愿意填写问卷的前提。同时，它也是尊重研究对象的一种表现。另外，当研究对象在填写问卷有疑义时，可及时联系研究者。

(2) 问卷正文：为问卷的核心部分。问卷设计，排版及印刷都会影响到研究对象是否愿意填写问卷。比如，如果研究对象多为老年人时，应注意问卷正文字体的大小、色彩、行间距等，可选择白纸黑字、较大的字体、较宽的行距以便于老年人阅读和填写。如果研究对象为年轻人，可采用较为活泼的排版形式以吸引他们填写该问卷。

(3) 写明回寄地址并贴足邮票的信封：当研究对象填写完调查问卷正文后，可直接放入由研究者准备好的信封（注有研究者地址和邮资）并邮寄回研究者。这是保证邮寄调查问卷回收率的一个重要环节。研究者的充分准备和细致考虑，一方面体现了对研究对象的尊重，另一方面也为研究对象提供了邮寄便捷。

虽然邮寄法问卷发放的范围较广，但回收率较低，一般回收率在60%以上被认为较为满意。其主要原因是：研究者与研究对象缺乏直接的沟通；研究对象对问卷内容不感兴趣；研究对象由于某种原因（如工作忙等）忽略或忘记填写并寄回问卷；问卷邮寄过程中出现了一些问题等。因此，护理研究者除充分准备完整的问卷外，若在一定时间内未收到研究对象的回寄问卷（2～3周），可再次寄信或电话联系研究对象，必要时在信中再附一份同样的调查问卷。

值得注意的是，近几年来随着网络的发展和普及，通过互联网发放调查问卷也较为常见。与传统的邮寄方式相比，网络问卷调查更为快捷和经济。但使用时应注意：避免由一位研究对象填写多次调查问卷；研究对象使用互联网完成问卷的可行性等。因此，护理研究者可以将传统邮寄问卷与电子网络邮寄问卷相结合，取长补短，以收集到全面，真实的研究资料。

2. 现场发放、收回问卷　研究者将研究对象组织起来，向研究对象说明研究目的和填写问卷的要求，然后由研究对象自行填写问卷。研究者将研究对象填写好的问卷当场收回。这种问卷收集方法效率高、花费时间少，但收集到的资料的深度受限。研究者应注意事先的组织准备工作以及临场的协调，如充分考虑场地的大小、是否便于研究对象填写，以及如何保证资料的不公开性等。

3. 通过电话访谈完成问卷调查　研究者也可通过电话访谈完成问卷调查。研究者按照问卷内容提问，对于封闭式问题要给出可选答案，研究对象回答问题，研究者进行填写。虽然该方法与邮寄问卷相比，可能问卷回收率较高，但是花费大。

上述方法在资料收集后都应对资料进行检查，看是否有遗漏的问题，并进行编号，注明资料收集人的姓名和收回日期。

四、问卷调查法的优缺点

一般而言，问卷调查法最大的优点是省钱、省时，而且便于对研究对象提供的资料进行保密，也不会因资料收集者的不同而影响研究对象完成问卷。但是，问卷调查一般的回收率相对较低（若回收率低于60%，需要慎重考虑该研究的有效性），另外研究对象可能经过反复斟酌，掩饰了其观点和看法，而未提供真实的资料。

第三节　访谈法

一、概述

访谈法（interview）是指研究者通过与研究对象进行面对面的、有目的的会谈，直接从研究对象处获取资料的方法。访谈法是一种口头形式的自陈法，一般可收集到较深入的资料，它是护理研究中常用的一种收集资料的方法。比如，护理管理者为了解护士对于倒夜班的看法，可以面对面与护士进行谈话，获得他们对该问题的观点、态度和意见等。

1. 访谈问题的设计　设计访谈问题的原则是从广泛、普遍的问题开始，逐步过渡到具体的、敏感的问题。由于访谈需要研究者与研究对象面对面地进行，因此广泛、普遍的问题易于两者展开话题，相互熟悉，是进一步的交谈的基础。访谈的问题一般按内容分组，应注意内容安排的合理性和逻辑性。一方面访谈主题要明确，另一方面要保证研究对象有一定的表述空间。由于访谈不同于一般性的聊天，因此研究者要特别注意设计访谈问题，充分利用与研究对象的访谈以获得所需资料。访谈的问题要围绕研究目的。例如，为了解护理管理者对临床型护理研究生的需求，可以设计如下访谈问题：①您认为临床型护理研究生是否可以促进医院护理水平的提高？②您认为临床型护理研究生的培养方向应该是什么？等等。此外，设计访谈问题时应注意语言适当，适合研究对象的年龄、文化程度和喜好。对于非专业人士，应采用通俗易懂的语言，便于研究对象理解访谈问题。

2. 访谈者的培训　若一项研究需要多个访谈者通过访谈获取研究对象的资料，在正式通过会谈法收集资料之前，必须对研究人员进行培训，以避免人为的偏差。可以通过模拟访谈、角色扮演等方法培训访谈者。一般要求访谈者的语言表达不应带有任何倾向性，同时对敏感问题应事先承诺保密。会谈者注意自己的语言、语音语调，还要注意身体语言的恰当应用，例如：手势、姿势、与研究对象之间的身体距离等形式。另外，对尚无访谈经验的访谈者应加强沟通能力的培训，比如，如何展开话题，如何引导研究对象进一步深入表述观点与感受，如何倾听其表述等。

3. 访谈的准备　在正式访谈之前，研究者应与研究对象预约访谈的时间和地点。研究者应准时到达预约地点，衣着应适合访谈的环境，并为研究对象所接受。访谈的地点应安静，避免干扰。研究者在访谈前首先应让研究对象放松，关心询问有关的情况（如家庭背景、治疗状况等）以解除对方的紧张和戒备心理。此外，研究者还应将研究的目的、程序及保密原则等向研究对象做适当的解释。例如：“下面我将询问您一些有关……的问题，您可在下列答案中选择您的回答（结构式）……或可以谈谈您的看法（非结构式）……如果您不介意我会对您的答案做适当的记录，如果不清楚，可能会请您做些解释……”

4. 访谈的技巧　在访谈中，人际间交谈的互动性对访谈的进展起着决定性的作用。研究者首先必须熟悉访谈的内容。访谈过程中的语气应友好、平和。访谈应从广泛的问题开始，尽可能在研究对象熟悉的环境中进行。研究者应善于运用倾听技巧和交流技巧，鼓励研究对象进一步交谈。访谈的整体氛围应该是接纳性、包容性的。研究者的个人观点和情感不应表露，不应该表现出任何惊讶、失望、赞许等情感，也不应影响研究对象的交谈。访谈结束后研究人员应对访谈要点作简短总结，让研究对象有机会补充、纠正或澄清自己的观点。

对于开放性的问题，研究者可采用一些中性的、鼓励性的语言向研究对象提问，以了解更多的信息，例如，“还有呢?”“还有其他原因吗?”“你为什么有这种感受?”“答案并没有对与错，我只是想了解你是如何想的?”“你能举个例子说明一下吗?”等。此外，访谈的记录不应打扰访谈的正常进行。访谈结束时研究者应作适当的总结，并感谢研究对象的参与，为访谈画上一个句号，不要给研究对象一种草草收场的不良印象。

5. 访谈的记录　访谈的记录可分为现场记录、随后记录和现场录音、录像等方式。现场记录能保证访谈内容不被遗忘，但会在一定程度上影响访谈的进行。随后记录常常会造成访谈内容部分遗忘。现场录音或录像是较好的记录方法，但是必须事先获得研究对象的同意，同时录音一般可能会造成研究对象的紧张。

二、常用类型

根据研究目的、所需研究资料的特点以及研究对象的参与能力等因素，访谈法分为结构式访谈、半结构式访谈和非结构式访谈 3 种类型。

1. 结构式访谈　结构式访谈是研究者在与研究对象的访谈中严格按事先准备好的书面程序进行访谈的方法。研究者在采用结构式访谈前，需详细列出访谈的程序和具体内容。在访谈中，研究者严格控制访谈的进展。结构式访谈通常适用于如下情况：①研究者已拥有大量系统性的相关文献。②研究者对访谈内容之外的其他内容或资料不感兴趣。③访谈需要在研究者严格控制下进行等。

例如，护理研究者为了解在产妇母乳喂养的情况，可以选择结构式访谈的方法获取相关资料。首先研究者需制定访谈的程序和内容，如“您能说说母乳喂养的好处吗?”“您平时怎样喂养宝宝呢?”“您如何进行乳房护理呢?”等，制订时应注意访谈内容是否全面，内容安排是否具有逻辑性，问题是否易于理解、便于回答。在访谈中，研究者按已拟定好的访谈程序和内容与产妇进行面对面的交谈，从而了解产妇母乳喂养的情况。

2. 半结构式访谈　半结构式访谈指研究者在与研究对象的访谈中按事先准备的访谈大纲进行访谈的方法。在访谈中，研究者只是部分地控制访谈的进展，鼓励研究对象就某一主题（即研究者的研究主题）进行自由谈论。若研究对象的回答比较表浅，研究者可以引导研究对象深入地交谈下去。与结构式访谈相比，研究者通过半结构式访谈可能会获得更多的信息和资料，但同时由于研究者部分地控制访谈，可在一定程度上避免研究对象的谈论内容偏离访谈主题的现象。

例如，某研究旨在了解产妇如何与婴儿进行沟通，研究者可设计一半结构式访谈，明确访谈的主题，即“产后，您怎样对您的宝宝讲话、如何进行抚触?”这样，当产妇谈及其他内容时，如产妇自身的饮食、运动、工作时，研究者可通过强调访谈主题，避免或减少访谈内容的偏题现象。

3. 非结构式访谈　非结构式访谈即以开放式问题的形式询问一个或几个范围较广的主题，是一种自然的交谈的方法。一般不对场所进行挑选，而在与研究对象有关的自然场所进行，如护士工作的病房、患者的病室中等。非结构式会谈法由于形式灵活自由因而具备较强的优势，特别对未知的新领域的探索性研究尤为适合，研究者通过非结构式访谈可能获得的信息很多。但是该方法耗时，而且由于研究者在这样一个自然交谈中很难控制访谈的进展，因此非结构式访谈要求研究人员具备较强的会谈技巧和分析解释结果的能力，对于研究者的组织能力是一个挑战。另外，非结构式访谈对研究对象的要求也较高，需要研究对象积极参与交谈，有较为丰富的交谈内容，能够清楚地表达自己的观点和感受。

例如，社区护理研究者可通过非结构式访谈了解医院护理管理者的管理模式。研究者并不确定访谈程序和内容，只是作为访谈的组织者，召集多个较为资深的护理管理者参加以管理模式为主题的访谈。一般而言，资深的护理管理者对其管理模式具有专业的认知，较为丰富的管理经验以及一定的表达能力。因此，在这样的情形下非结构式访谈较易进行。

由此可见，三种访谈类型各有利弊。通常在选择其一时，需考虑如下问题：①需要系统性的资料还是非系统性的资料。②是否需要控制访谈的进行。③研究对象是否有可能真正参与此类型的访谈。④研究者是否有可能组织此类型的访谈。⑤所研究的问题有哪些特殊性。

三、访谈法的优缺点

1. 访谈法的优点　由于访谈法需要研究者与研究对象面对面交谈，增加了彼此的沟通，其主要优点是：

（1）应答率较高：当研究者与研究对象面对面交谈时，大多数研究对象均有反应，能够提供相应的信息和资料。

（2）适合于不能填写问卷的研究对象：当研究对象有书写障碍时，如文化程度低或受客观条件限制无法填写问卷，研究者可以通过访谈法从研究对象处直接获取资料。

（3）所获资料较为完整、丰富：由于研究者组织参与访谈，可以及时解答研究对象认为较为困惑的问题，也可通过鼓励研究对象交谈，获取更为丰富的资料。

2. 访谈法的缺点　虽然访谈法具有上述优点，但同时也存在一些缺点：

（1）费时：由于访谈者多需要研究者一对一与研究对象进行交谈，并且完成一次访谈所需的时间远远超过研究对象填写一份问卷的时间，因此研究者往往需要花费大量的时间收集资料。

（2）花费大：研究者需要预约研究对象，并前往预约地点见面、交谈，电话费、交通费支出较大。此外，若研究对象采用现场录音或录像的记录方式，所需设备较为昂贵。

（3）影响因素较多：如研究对象可能因为需要面对面与研究者交谈，而有意改变自己的观点或行为，造成结果偏差。又如人际间的互动关系会影响资料的收集以及所收集资料的质量，如研究对象的年龄、性别、种族、社会地位等，以及研究者与研究对象的关系等。

第四节　观察法

观察法（observation）是研究者通过对事物或现象仔细观看和认真考察，以获得第一手资料的方法。可观察的现象包括：个人特征和情形、活动形态、语言性沟通行为、非语音性沟通行为、护理技术熟练程度、环境特征等。观察法适合于不容易测量的情形。例如：护士的护理行为。观察是认识现象的一种手段，是通过视觉和思维对现象做出详细记录和判断的过程，由于在护理研究的过程中，大部分护理问题是很难测量的，所以观察法是护理研究中常用的收集资料的方法之一。

一、观察法的分类

观察法按观察情形分类有自然观察法和标准情形观察法，按观察结果分有结构式观察法和非结构式观察法。

（一）按观察情形分类

1. 自然观察法（natural observation） 是在日常工作或生活情形中对调查对象的行为的观察。例如：观察临床护士的行为。应用自然观察法研究者可观察到的行为范围较广，但需要研究者花费较多的时间与研究对象进行接触。如要观察临床护士的行为，为确保所观察到的护士的工作行为可以代表其日常工作，研究者需要对所选择的临床护士至少连续 1 周（必要时连续 1 个月）的工作行为进行逐一的观察，假设选择 50 名临床护士作为观察对象，由 1 名研究者进行自然观察，研究者至少需要 1 年的时间完成资料的收集。

此外，观察者必须具备深刻的洞察力。由于研究者需要观察研究对象在自然状态下的行为，这些行为可能缺乏较强的目的性和集中性，因此需要研究者具有较强的洞察力才能获得有效的研究资料。

2. 标准情形观察法（standard observation） 是在特殊的实验环境下观察调查对象对特定刺激的反应。例如：观察新生儿对抚触的反应。

标准情形中的观察是预先精心设计的，按一定的程序进行，每一个观察对象都接受同样的刺激，故称为标准观察，观察到的结果具有较高的可比性。但可观察到的行为与自然观察相比较为有限。

（二）按观察结构分类

1. 结构式观察法 结构式观察法有已设计好的、正式的记录格式，以规定研究者要观察的现象和特征以及进行记录的方式。在结构式观察法中，研究者事先确定观察样本和观察项目，设计记录观察结果的表格，并对资料进行准确的分类、记录和编码。

（1）制订分类系统：制订分类系统是运用结构式观察法收集资料的第一步。研究者应注意将计划观察的行为或现象归于不同的类别，要避免类别的重复。例如，研究者要观察社区护士解决问题的行为，设计的分类系统为：①寻找信息。②给予信息。③问题的描述。④提出建议。⑤建议支持性措施。⑥建议不宜采取的措施。⑦总结性行为。⑧其他。研究者还应对每个类别所属的行为作出详细的说明。

分类系统还可采用“列项”的方式，即先列出各类可能的行为，然后观察这些行为出现的频率。例如，将中风后患者日常活动进行分类：①饮食行为（用手抓饭吃、用匙吃饭、用吸管喝水、用杯子喝水）。②个人卫生（洗脸、刷牙、剪指甲、梳头）。③穿衣服的技巧（解/扣扣子、拉/解拉链、系/解鞋带、系/解皮带）。研究者通过观察记录研究对象（中风患者）每天出现这些行为的次数。

此外，结构式观察还可结合评定量表的形式进行记录，即研究者将观察到的行为在评定量表上作相应的评定和记录。评定量表法不但可以记录行为出现的频率，还可做一定的定性特征的记录，例如：Weiss（1992）对治疗性抚触的研究将抚触分为四个维度：①抚触部位。②抚触方法。③抚触持续时间。④抚触深度。对抚触深度的观察采取评定量表的方法记录，即是将抚触深度按轻度、中度、较深、深度进行评定，并进行定性描述，这样可获得程度更深而更广的资料。

（2）观察样本的选择：观察样本可按时间进行选择，例如每小时观察 10 名样本，时间段的选择可通过预试验确定；也可按时间进行选择，选择完整的行为，例如护士的交接班、急诊室中患者心肌梗死患者的抢救等。

（3）观察法的辅助工具：应用观察法收集资料，特别是某些健康状况和身体功能方面的资料，可使用一些辅助工具帮助资料的获取，例如听诊器、B超、X线等。同时可用录像的方式记录观察信息，以便事后反复观察，捕捉细节变化，但应获得观察对象的事先同意。

（4）结构式观察法的要素：①明确观察目标和内容。②对观察内容作操作性说明。③观察人员的培训：由于观察法容易受人为的感觉和判断力的影响，所以当观察员大于3名时，应制订观察员手册，对研究的目的、行为特性、选样方法、归类系统、记录工具的应用等进行培训，以统一观察标准。④观察者和被观察者的互动关系：可通过前驱观察，以决定要观察的变量。⑤对分类系统及观察的记录表格进行预试验，并根据结果做适当修改。

（5）观察员的训练：①纠正因人为因素造成的影响，在观察过程中，观察员应以中性的、非判断性的态度去看待所观察的现象和行为，不应将自己以往的价值观念加于其中。②对研究目的、行为特征、选样方法、归类方法、记录工具的应用进行培训，以保证资料的准确性。③无论是运用结构式观察法还是非结构式观察法，研究人员都应该在正式观察和记录之前，用一定的时间和研究对象在一起，建立初步的关系，称为观察前准备阶段，以使双方尽量熟悉、充分放松（特别是应用录音机或录像机进行记录的观察）。

2. 非结构式观察法　非结构式观察法是指研究者的观察在自然情形下进行，并且不对研究情形施加任何干预，以观察和记录人们的行为和经历的自然发生、发展过程。质性研究的资料收集常采用非结构式观察法。

（1）观察的方法：定性研究中应用非结构式观察法，首先要收集一些所观察场景的环境特征方面的资料，例如病房的物理环境、布局、护理人员的组织结构图等，然后寻找观察的重点。可以以时间为观察单位，以观察时间的自然状态。具体地讲，所观察的内容应包括：①所研究的场景的物理环境。②研究对象的特征。③研究对象的活动和相互的作用方式。④研究对象的活动过程（包括频度、持续时间）。⑤其他因素，指隐藏在行为后面的信息，或非语言性沟通的方式等。

（2）记录的方法：非结构式观察记录的方法通常为现场笔记（field note）或日记的方式，将情景过程记录下来，或通过事后会议记录有关资料，同时进行相应的整理和分析。这种方式比流水账式的记录更深入，涉及面更广，更具有分析性和诠释性，不但包括对信息的记录，而且包括对所记录资料的综合、理解；不但包括所观察到的信息（observational note），还包括对其意义的分析（theoretical note），对如何观察到这些资料的方法的描述可能影响观察对象的行为和表现，可现在头脑中记忆所要记录的要点，然后找时间速记下来，最后进行整理。

研究者采用非结构式观察法收集的资料较深入、系统、全面，方法也灵活，因此非结构式观察非常适用于探索性研究，但是该资料收集方法也存在一些缺点，如较主观，研究者本身的价值观和观察过程中情感的融入可能对资料的分析带来偏差。

无论是运用结构式观察法还是非结构式观察法，研究者都应该在正式观察和记录之前，用一定的时间与研究对象在一起，建立初步的关系，称为观察前准备阶段，以使双方尽量熟悉、充分放松。

二、观察者与被观察者的关系

观察者在对研究对象进行观察时，两者之间的关系可分为4类。

1. 局外观察者（complete observer） 观察者经正式介绍后进入观察领域，但不参与被观察者的活动。也可是观察者隔着单面透视玻璃，用录像等方法进行观察，可使被观察者行为自然，但应事先告知对方观察的目的，以尊重其隐私权。

2. 参与性观察者（observer-as-participant） 观察者作为参与者进入观察领域，但其活动以观察为主，参与为辅。例如研究人员在参与护理工作中观察护士活动，但因被观察者知道自己在被观察而可能刻意改变自身行为，所以影响结果的真实性。只有延长观察时间，建立自然的互动关系，才可获得真实自然的资料。

3. 观察性参与者（participant-as-observer） 观察者作为参与者进入观察领域，其活动以参与为主，观察为辅。观察者参与活动，使观察时尽量维持自然情景，被观察者表现出真实的状况。例如：护士在护理过程中观察患者的行为，患者就不会觉得是在被观察，因此能达到接近自然情景的效果。但由于观察者是“外来者”，而不是被观察全体中的一员，所以仍不易得到完全真实的资料。处理办法仍然是延长观察时间，充分进入情景，并增加参与的程度，只有通过双方相互熟悉和适应，达到自然程度，观察者才能获得较多、较深入、较真实的资料。

4. 完全参与者（complete participant） 观察者完全以参与者的身份进入观察领域，观察者本身就是观察群体中的一员，所以可以获得一些局外人所不能获得的资料，但也会因此忽视某些现象或因为习以为常而不以为然，同时也可能因身处其境不能客观地分析现象。

为减少人为造成的不自然性并保证观察结果的真实性，以第三、第四种互动关系较好。特别在定性研究中，研究人员的角色起码是参与性观察者，Leininger（1985）指出研究人员应逐渐进入研究场景，首先通过观察、倾听获得整体印象，然后逐渐参与研究对象的活动，并逐渐加深参与程度，成为主动参与者，以深入研究其行为，最后通过反思性参与（reflective participation）观察和理解研究对象的活动。如果没有与研究对象建立相互信任，则所获得的资料很可能受研究对象的防御和戒备心理影响而不能深入到事物的本质中去。

三、观察法的优缺点

观察法是护理研究者常用的一种通过观察研究对象而直接获取资料的方法。其优点表现在：

1. 适合于不易被测量的情形，如对行为和活动以及现象的研究。

2. 通过应用观察法研究者可获得更为深入的资料，尤其是质性研究多采用非结构式观察法获得深入、细致的研究资料。

观察法也存在一些缺点，主要表现在：

1. 伦理问题 因观察法要求被观察者的行为直接在观察者的直视下进行，可能涉及的伦理问题较多且复杂，因此其可行性需要研究者慎重考虑。

2. 结果偏差 被观察者可能因为知道被观察而有意改变其行为，从而造成结果的偏差。这一现象又称为霍桑效应。

3. 主观性 由于观察结果受观察者的主观判断能力和分析能力的影响较大，所以所获资料的主观性较强，可能导致结果偏差，尤其是非结构式观察。

4. 耗时　与其他资料收集的方法相比，一般而言观察法需要研究者花费大量的时间观察研究对象以收集相关资料。

第五节　测量法与档案记录法

一、测量法

在护理研究中，单一的资料收集的方法已越来越不能满足对各种资料的收集。除问卷调查法、访谈法和观察法以外，测量法也是一种常用的资料收集的方法。它是指研究者借助特别的仪器设备和技术测量出准确的数据作为研究资料的方法。在护理领域最常用的是生物医学测量法。

1. 生物医学测量法（biophysiology measurement）的目的

（1）测量与护理有关的基本生理过程：例如研究青少年在愤怒和平静状态下的血压变化。

（2）选择护理干预方法：例如心脏外科手术患者术后 3 种体位（仰卧，左侧卧位，右侧卧位）对血气分析结果的影响；新生儿开始沐浴的不同时间（出生后 4 小时，8 小时）对其体温的影响等。

（3）评价护理干预效果：常将改进的新干预方法与传统的护理常规做比较，例如：音乐疗法对心外科术后患者心率、血压、对声音耐受度的作用；放松技术和意念想象疗法对冠心病患者生理心理功能的影响等。

（4）改进标本采集方法：例如血红蛋白在床旁测量的结果与标本收回实验室测量的结果的比较；血糖标本采取时间和留置时间的研究等。

（5）测量患者的生理功能：例如研究患者在术前或进行有创性检查前紧张状况下的生理指标（心率、血压、皮质醇激素水平）与生理社会变量（情绪、应对反应）之间的关系；心内科患者的血浆白蛋白，血细胞比容与压力性溃疡的发生率之间的关系等。

2. 生物医学测量法的种类

（1）机体指标的测量（Vivo measurement）：通过体检生理指标的测量直接从生物体测得结果，例如：脉搏，血压的测量，心电图的测量，指尖血氧饱和度的测定等。

（2）实验指标的测量（Vitro measurement）：不是从生物体体内直接测量结果，而是抽取标本后通过进行实验室检验测得结果，包括化学测量法，微生物测量法，组织细胞学测量法。例如：血气分析指标的测定，细菌菌落计数，生物活检进行病理检查等，一般需通过专门的检验技术人员完成。

3. 生物医学测量法的优缺点

（1）优点：生物医学侧疗法所获得的结果客观、精确、可信度高，在护理研究工作中，应重视应用该方法来测量数据和收集资料，以提高护理研究的水平和深度。由于该方法涉及专科基础，受仪器功能和精确度的影响，护理研究人员在应用时往往应获得该领域的专业人员的合作，一般在选用和生物医疗仪器协助资料获取时，应考虑系列相关因素，包括研究经费是否提供条件；是否要进行人员的培训；测量是有创性还是无创性，是否掌握仪器的安全性能；是否了解仪器的敏感度和并熟练掌握其使用方法。

（2）缺点：该方法不适用于收集研究对象的心理、社会方面的资料。

二、档案记录收集法

档案记录收集法既通过查阅有关记录和档案而获得研究资料的一种方法。

1. 资料的来源　资料可来源于医院、学校、行政管理部门等机构的有关记录和档案资料，例如：病史、医嘱、护理计划等。在“论点分析性研究”中则广泛从报纸、信件等公开或未公开的资料中获取资料。护理研究者可根据研究目标，确定需要的研究资料，在得到相关部门的许可后，可查阅有关记录和档案资料。

（1）疾病报告：国家规定所有医务人员都有义务和责任填写法定传染病报告单，向防疫机构报告，以便国家及时了解疫情的发生和流行的分布情况，及时采取防治措施。除了国家规定要报告的法定疾病外，各个地方依据情况也同时规定某些严重危害人群健康的慢性病登记报告，如恶性肿瘤、结核病、职业中毒和职业病等，以便了解其在人群中流行分布的规律，危害人群健康和生命的程度，为防治决策提供科学依据。

例如：社区医务人员的工作直接面向社区人群，因此有关传染病及其他慢性病的报告和登记应是全面、完整和准确可靠的第一手资料。社区护理研究者可充分参考、利用这些资料进行分析、整理。

（2）医疗、护理服务工作记录：护理对象接受的医疗、护理的工作记录是卫生服务重要的原始资料之一。这些记录应包括：

一级预防服务：计划免疫和各种健康促进手段。

二级预防服务：通过健康筛查发现无症状期的患者；对疾病进行早期诊断和早期治疗。

三级预防服务：防治合并症或进行康复训练等，使患者早日回归社会或带病正常生活。

（3）健康检查资料：一般而言，体格检查资料比较系统、完善，可以为观察疾病的发生、发展提供有用的信息。另外，随着人们健康意识的提高，越来越多的人主动进行健康检查，很多护士，尤其是社区护士已开始系统地记录社区居民的健康状况，并输入计算机系统，形成资料库或数据库，这为护理研究者提供了便利的资料来源。

（4）专题疾病的调查：根据不同人群的健康状况特点，护士会重点针对一些疾病进行调查和随访，并记录相关资料。如近年来随着人口老龄化的出现，对老年人常见疾病的关注非常突出，因此护士已开始进行高血压、心脏病、糖尿病的追踪调查。

2. 档案记录资料的收集方法　社区护理研究者可根据研究目标，确定需要的研究资料，在得到相关部门的许可后，可查阅有关记录和档案资料。档案记录收集法经济、无需研究对象合作，而且无应答偏差，但是也存在一些缺点，如可收集的资料有一定的选择性，资料可能不够完整。另外，可能涉及伦理问题，无论档案资料的来源如何，例如社区医院/社区健康服务中心的疾病记录，无论是公开的还是非公开的，社区护理研究者都必须遵守职业道德，尊重、保护当事人的隐私权。

3. 优缺点

（1）优点：经济，无需对象合作，无应答偏差。有选择性，资料可能不够完整。

（2）缺点：涉及伦理问题。

（陆　虹）

第七章　研究工具性能的测定

在收集资料的过程中，要使用到各种各样的研究工具，如收集资料所用的问卷、量表或测量仪器等。这些研究工具质量的高低，将影响所收集到资料的准确程度和可靠性，从而影响研究结果的可信性以及根据结果所引发的结论等。因此，评价一个研究工作的科学性，应包括对其所使用的研究工具的质量进行评价。在护理研究中，研究工具的信度和效度是用来反映研究工具质量高低的最常用的两个指标，有高信度和高效度的研究工具是良好科研的必备条件。

第一节　研究工具的信度

一、概念

信度（reliability）是指使用某研究工具所获得结果的一致程度或准确程度。当使用同一研究工具重复测量某一研究对象时所得结果的一致程度越高，则该工具的信度就越高。同时，越能准确反映研究对象真实情况的工具，其信度也就越高。如使用体重计对同一患者、同一情况下进行体重的重复测量，第一次测量与第二次测量间仅隔 2 分钟。如果两次测量得到的数值是一致的，则说明这台体重计的信度较高。相反，如果测量出的丽个数值之间有较大的差别，则说明这台体重计的信度低，可信度较差，要慎重使用。

稳定性、内在一致性和等同性是信度的 3 个主要特征。

二、信度的测量方法

（一）重测信度

1. 定义　重测信度（test-retest reliability）常用来表示研究工具的稳定性的大小，即指用同一工具两次或多次测定同一研究对象，所得结果的一致程度。一致程度越高，相关系数越趋近于 1，则说明研究工具的稳定性越好，重测信度也就越高。

2. 计算方法　重测信度用重测相关系数来表示，相关系数越趋近于 1，则重测信度越高。具体做法是使用研究工具对研究对象进行第一次测试，隔一段时间以后对同一研究对象再使用同一研究工具进行测量，然后计算两次测量结果的相关系数，这个系数反映了研究工具重测信度的高低。

【例 7-1】　下面以人格问卷的研究为例，对 10 人在使用人格问卷第 1 次测试 1 周后进行第 2 次测试，两次测试得分如表 7-1 所示。

表 7-1　　人格问卷重测值

研究对象	第一次测试	第二次测试
1	23	27
2	44	38
3	35	37
4	53	49
5	44	46
6	26	28
7	32	34
8	28	25
9	38	34
10	39	36

该问卷的重测信度即为两列数据间的相关系数。具体计算公式为：

$$r=\frac{\sum(X-\overline{X})(Y-\overline{Y})}{\sqrt{\sum(X-\overline{X})^2\sum(Y-\overline{Y})^2}}=\frac{\sum XY-\frac{\sum X\cdot\sum Y}{n}}{\sqrt{\left[\sum X^2-\frac{(\sum X)^2}{n}\right]\left[\sum Y^2-\frac{(\sum Y)^2}{n}\right]}}$$

$\sum X$：第 1 次测试 10 名研究对象各得分之和

$\sum Y$：第 2 次测试 10 名研究对象各得分之和

$\sum XY$：10 名研究对象各自第 1 次与第 2 次测试得分乘积后的和

$\sum X^2$：第 1 次测试 10 名研究对象各得分平方之和

$\sum Y^2$：第 2 次测试 10 名研究对象各得分平方之和

n：样本例数

用表 7-1 的例子来进行计算如下（$n=10$）：

$\sum X=23+44+35+53+44+26+32+28+38+39=362$

$\sum Y=27+38+37+49+46+28+34+25+34+26=354$

$(\sum X)^2=(362)^2=131044$

$(\sum Y)^2=(354)^2=125316$

$\sum XY=23\times27+44\times38+35\times37+53\times49+44\times46+26\times28+32\times34+28\times25+38\times34+39\times26=13421$

$\sum X^2=232+442+352+532+442+262+322+282+382+392=13884$

$\sum Y^2=27^2+38^2+37^2+49^2+46^2+28^2+34^2+25^2+34^2+26^2=13076$

$$r=\frac{\sum(X-\overline{X})(Y-\overline{Y})}{\sqrt{\sum(X-\overline{X})^2\sum(Y-\overline{Y})^2}}=\frac{13421-\frac{362\times354}{10}}{\sqrt{\left[13884-\frac{131044}{10}\right]\left[13076-\frac{125316}{10}\right]}}\approx0.93$$

将各式计算出来的结果带入重测信度的计算公式中，最后计算结果为 $r=0.93$，即人格问卷的重测信度为 0.93。对重测信度的计算也可使用计算机软件进行，如目前较为流行的 SPSS 统计分析软件，将两次重测数值输入计算机后，即可通过计算机运算求得重测相关系数。

在使用重测信度时，需考虑以下几个问题。

(1) 两次测量之间的间隔时间：总的原则是时间的间隔要足够长到使第1次的测量对第2次的测量结果不会产生影响，但是也不能太长以免客观情况发生改变。在进行重测信度的测量时，有的研究在对研究对象进行第1次测量后紧接着就可进行第2次测量，也有的研究则需相隔两周或者更长时间再测量第2次。这就需要研究者根据研究工具所要测量的研究变量的具体情况确定间隔时间。如检验体重计的重测信度，可以在测量完第1次数值后马上进行第2次的测量。如要考护生会不会药物的剂量换算，可在刚考完收回考卷后立刻再考一次同样的考卷，只需将两次题目的次序颠倒打乱，使学生不容易将两次题目互相比较。通过这两次考试分数所得的相关系数，即可反映考卷这一研究工具的重测信度的大小。相反，假如研究工具是用来了解患者的人格类型，刚给完问卷立刻再问一次就没有多大意义，因为患者会记得他刚才的答案，这样得到的重测信度会非常高，但是可能只是代表患者的记忆力的好坏，并不一定代表研究工具的重测信度高。在这种情况下可间隔两周后再进行第2次测量。一般而言，通常建议的测量间隔时间在2～3周以上。

(2) 研究工具所测量的变量的性质：由于重测信度的计算需要间隔一段时间再进行测量，因此当研究工具用于评估性质相对稳定的问题，如个性、价值观、自尊、生活质量、体重，生活习惯等变量时，可用重测信度来表示研究工具的信度。而诸如测量态度、行为、情感、知识等性质不稳定变量的工具，则不宜使用重测信度来反映其稳定性的高低。例如，某护士用一问卷对一组患者进行测量以了解患者对护理工作的满意程度，过1周后她再次使用该问卷对这一组的患者进行测量，以了解该问卷的重测信度如何。这时可能会发生患者第2次的答案与第1次的答案有很大的不同，这并不能说明研究工具的信度低、不可信，而极有可能是因为这一星期病房里发生了一些事情使患者对护理工作的认识发生了改变。因此，在使用重测信度来表示研究工具的稳定性时，应考虑此研究工具用来测量的变量性质如何。只有用来测量的变量较稳定时，才适合选用重测信度来表示研究工具的质量。

(3) 测量环境的一致：在进行重测时，应尽量保证第2次测量的环境与第1次测量的环境相同，以减少外变量的干扰。如保持相同的测试者、相同的测量程序、相同的测量时间以及相似的周围环境等。

(二) 折半信度、Cronbach'α 系数与 KR-20 值

此三种方法均可用来反映研究工具的内在一致性这一特征。

内在一致性 (internal consistency) 是指组成研究工具的各项目之间的同质性或内在相关性，内在相关性越大或同质性越好，说明组成研究工具的各项目都在一致地测量同一个问题或指标，也说明工具的内在一致性越好，信度越高。如某问卷用于测量患者的抑郁程度，如果组成这个问卷的所有问题都是与抑郁相关的则说明此问卷的内在一致性好，信度高，如果其中有一道或几道问题是用来评价患者的焦虑情绪的，则此问卷的内在一致性就差，信度就低。

内在一致性的测量多用于某些问卷和量表的信度测试等。值得注意的是，如果某些问卷或量表中所涵盖的条目是用来测量多个独立的概念的，那么内在一致性的测定应该分别针对这些个若干概念而测定，而不是去测定整个问卷的内在一致性。如某量表用于测量痴呆患者家庭照顾者的照顾体验，该问卷共有40个条目4个分量表组成，分别测量角色冲突、经济负担、躯体负担以及社交活动受限等4个概念，研究者在报告内在一致性时应该分别报告各

分量表的内在一致性，而不是去测试 40 个题目之间的内在一致性，因为很明显这 40 个题目之间并不是都在测量同一概念的。

1. 折半信度（Split-Half Reliability） 是测定内在一致性的最古老的方法之一。具体做法是将组成研究工具的各项目（如组成一份问卷中的各个题目）分成两部分，分别加以计分，对这两个部分的数值进行相关分析，然后采用 Spearman-Brown 公式计算信度。折半方法常用的有前后折半法、奇偶折半法。现在以上面所涉及的患者对护理工作满意度的问卷为例进行折半信度的介绍。因为该问卷测量的变量"满意度"为不稳定性变量，不适宜用重测信度进行信度测定，所以研究者可以考虑用折半信度进行其信度的测量。假设该问卷共有 20 题组成，你已对 10 名患者进行了预调查。奇偶折半即指从每个患者所答的问卷中你可以得到两个数值，一个数值是 10 道奇数题的得分（即 1、3、5、7、9、11、13、15、17、19 题各题分数之和），另一个数值是 10 道偶数题的得分（即 2、4、6、8、10、12、14、16、18、20 题各题分数之和）。前后折半法则是从第 1 题到第 10 题得到第 1 个总分，从第 11 题到第 20 题得到第 2 个总分。目前常用的折半方法为奇偶折半。

下面为护理工作满意度问卷的折半信度的具体计算方法。10 名患者的问卷总分、10 道奇数项题目得分和 10 道偶数项题目的得分如表 7-2 所示：

表 7-2　　护理工作满意度问卷的折半情况

研究对象	总分	奇数项得分	偶数项得分
1	89	48	41
2	89	46	43
3	94	48	46
4	86	44	42
5	97	53	44
6	85	44	41
7	97	50	47
8	83	43	40
9	88	45	43
10	96	49	47

根据在重测信度中所列的相关系数 r 的计算公式得出奇数项题目得分与偶数项题目得分的相关系数为 0.66。此时应使用 Spearman-Brown 公式计算折半信度：$r_{xx}=2r_{hh}/(1+r_{hh})$。其中，$r_{xx}$ 代表研究工具的信度，r_{hh} 代表两折半组间的相关系数。此题中，$r_{hh}=0.64$，所以 $r_{xx}=(2\times0.66)\div(1+0.66)=0.795\approx0.80$，即该护理工作满意度问卷的折半信度为 0.80。

2. Cronbach'α 相关系数与 KR-20 值（Kuder-Richardson formula 20） 折半信度的主要不足是不同的折半方法会导致不同的结果。如按奇偶项进行折半与按前后项进行折半计算所得的信度就很可能不同。而 Cronbach'α 与 KR-20 值法所计算的是工具中所有题目间的平均相关程度，避免了折半信度计算的缺点。KR-20 值是 Cronbach'α 的一种特殊形式，适用于二分制的研究工具，即回答"是"或"否"、"正确"或"错误"的研究工具。两者的计算较为复杂，可通过计算机来进行，如目前流行的 SPSS 统计分析软件都有 Cronbach'α 与 KR-20 值的计算程序。

（三）评定者间信度和复本信度

评定者间信度和复本信度均用来表示研究工具的等同性这一特征。研究工具的等同性（equivalence）常在以下两种情况下考虑：

1. 不同评定者使用相同工具，同时测量相同对象时，需计算评定者间一致程度　一致程度越高，则该测量工具等同性越好，信度越高。如使用观察法收集资料时，不同观察者使用同一研究工具进行观察时会产生观察者偏倚。因此这种情况下的研究工具应包括两部分，即所使用的观察表及进行观察的观察者们。在计算评定者间信度时，可以用评定者间的评定结果的一致程度来表示。如两个观察者使用同一评定工具同时观察某护士在进行护理操作中的洗手情况，可用两个观察者最后所得的两份评定表中取得的一致结果的项目数，除以一致结果和不一致结果的项目的总数来简单估算信度。如果观察结果是用数字表示的，则可计算观察者们的观察结果之间的相关系数，用此系数可以表示评定者间信度的大小。

如在此例中，假设两个观察者同时观察某一护士在进行护理操作中的洗手情况，两个人都同时使用含有 20 个条目的洗手行为观察表格进行观察，观察结束后对比两人之间的评定结果。两份评定表中评定结果相同的条目有 15 条，其余 5 条评定结果不一致，因此评定者间信度就可计算为 15/(15＋5)＝0.75。

2. 两个大致相同的研究工具若同时被用于研究对象，需计算复本信度　这种情况在护理研究中比较少见，除了进行某些方法学研究或有关教育方面的研究。如教师想使用两份形式不同但考核内容相同的试卷，测量学生学完某课程后在知识方面的掌握情况。这两份试卷的得分所反映的学生掌握知识的情况是否一致则需要用复本信度来表示。可让学生连续回答这两份试卷，两份试卷被回答的先后顺序是随机确定的，然后计算出两份试卷得分的相关系数，即复本信度的大小。如果相关系数越趋近于 1，则试卷的等同性就越好，复本信度就越高，即两份试卷的得分所反映的学生掌握知识的情况是一致的。

在进行预试验时，一般选取 10～20 例样本进行研究工具信度的测试，既使这个研究工具已在其他的研究中显示出可接受的信度和效度。相关系数达到多少可认为信度好呢？很多人会提出这个问题。目前尚未有一个适用于各种不同情况下的统一的信度标准。一般认为相关系数高于 0.7 时工具的信度才理想。当信度不够理想时，则需要对研究工具进行完善和修改。介绍研究工具的信度时，最重要的是要报告出工具的信度数值，并说明它是怎么计算出来的。这样，别的读者就能自己判断该工具的适当性并根据自己的具体情况进行使用。另外需要注意的是，并不是所有的研究工具都要报告出它的稳定性、内在一致性和等同性。研究者要根据工具的特点以及所研究的变量性质进行抉择。如有关测量个体人格类型的问卷，因所测量的变量相对稳定，所以研究者可以同时报告它的重测信度（表示工具稳定性的特征）和 Cronbach'α（表示工具内在一致性的特征）。如某问卷是用来测量患者对护理工作满意度的，则不适合报告此工具的重测信度因为它所测量的变量“满意度”是一个不稳定的概念，会随外界情况的改变而改变。此时可以报告该问卷的 Cronbach'α 即可。

第二节　研究工具的效度

效度（validity）是指某一研究工具能真正反映它所期望研究的概念的程度。反映期望研究的概念的程度越高，效度越好。可以用表面效度、内容效度、结构效度、效标关联效度等来反映一个研究工具的效度。但是效度的好坏并不似信度那样易于用数值进行评价，一些测量效度的方法没有数字的依据。

一、表面效度

表面效度（face validity）是由评估人根据自己对所要测量的概念的理解，尽其判断能力之所及来断定工具是否适当。例如有一个护士设计了一个含有 30 道题的问卷，用于测量医院内合同制聘用护士心理压力源的。假如测表面效度，则护士自己可以一题题仔细推敲是否都与评价合同制聘用护士的心理压力源有关，或者同时请若干个聘用护士仔细阅读每一个条目并判断是否该条目在询问她们所感受到的压力源。假如是，这个问卷就有了表面效度，即从表面上看来，这份工具确实在测量合同制聘用护士的心理压力源。因为表面效度是一种停留在问卷表面的测定，它对研究工具的效度的评价是用“有或无”来反映的，而未体现效度在程度上的高低问题，因此一般不能作为工具质量的有力证据。但是它往往用于研究工具效度测定的开始阶段，为其他效度的测定提供基础资料。

二、内容效度

内容效度（content validity）是根据理论基础及实践经验来对工具是否包括足够的项目而且有恰当的内容分配比例所做出的判断。内容效度需建立在大量文献查阅、工作经验以及综合分析、判断的基础之上，多由有关专家委员会进行评议。专家人数最低不少于 3 人，最多不超过 10 人，5 人较为合适。专家的选择应与研究工具所涉及的领域相关。如某研究工具是用来评定哮喘患者疾病自我管理能力的，则所请专家应对哮喘护理或 Orem 的自理理论较为熟悉。专家们应对研究工具中的各条目是否与所要测量的概念有关做出评价，并可以按照“非常同意”、“同意”、“不同意”、“非常不同意”等级别对各个条目进行评定，同时给出修改意见。之后，研究者必须依照专家意见对研究工具进行修改，修改后邀请这些专家再次给予评议。但应注意两次评议时间最好间隔 10～14 天，以免由于时间过近，专家们对第一次的评议结果尚有印象，而影响第二次评议结果。请专家进行内容效度的评定时，可以采用表格的形式进行（表 7-3），简单直观，并能根据专家的意见进行修改。

表 7-3　您是否同意下列的条目，请您在相应的空格内画“√”，并填写具体的修改意见

问卷条目	评价意见				
	非常同意	同意	不同意	非常不同意	修改意见
1. ×××××××					
2. ×××××××					
3. ×××××××					
4. ×××××××					
5. ×××××××					

三、效标关联效度

效标关联效度（criterion-related validity）侧重反映的是研究工具与其他测量标准之间

的相关关系，而未体现研究工具与其所测量概念的相符程度。相关系数越高，表示研究工具的效度越好。效标关联效度可分为同时效度（concurrent validity）和预测效度（predictive validity）两种。

1. 同时效度　同时效度是指研究工具与现有标准之间的相关。如要验证测量“腋温”是否是测量体温的有效方法，已知测量口温是有效的测量体温的方法，可以用口温数据作为参考标准，计算腋温与口温数值之间的相关程度，若相关系数高，则表示同时效度高。显然，在这种情况下，被选作标准工具的性能影响着研究工具的效度。又如，某护理人员发展一个新的简单的问卷测量痴呆患者照顾者的负担，为了验证问卷的质量，可以在预试验时发给痴呆患者家庭照顾者两份问卷，一份为这个自设问卷，一个为目前国际上使用较为广泛的由美国学者 Zarit 设计的照顾负担量表。在这两份问卷填写完毕收集上来之后，研究者可以检测自设的负担问卷得分与 Zarit 的负担量表得分之间的相关性，若相关系数高，则表示同时效度高。一般而言，当相关系数大于或等于 0.70，研究工具则被认为是质量较好，可接受的。

2. 预测效度　预测效度是指测量工具作为未来情况预测指标的有效程度。例如，研究者用人的应激控制能力来预测其未来的健康状况。这个应激控制量表的效度即可用预测效度来表示。研究者可选择一群目前健康的人群做测试，让他们填写应激控制量表，然后根据填写的结果做出预测，预测哪些人将来会得病，哪些人将来依旧健康。等到数年后研究者根据这群研究对象的实际健康状况与预测的结果进行比较，即可得出预测效度。同时效度和预测效度的主要区别是时间上的差异。

四、结构效度

结构效度（construct validity）重点是了解工具的内在属性，而不是关心使用工具后所测得的结果。它主要回答“该工具到底在测量什么?”“使用该工具能否测量出想研究的抽象概念?”这类问题，结构效度反映的是工具与其所依据的理论或概念框架的相结合程度，概念越抽象就越难建立结构效度，同时也越不适宜使用效标关联效度进行评价。结构效度的建立最为复杂，目前有关结构效度的数字计算，应用最多的是因子分析。通过因子分析，可以发现问卷或者量表中的条目关系是否体现该问卷所测量的概念或概念框架。举例而言，如欲测量某个自设的哮喘患者自理行为的问卷，在设计过程中该自理行为主要体现在两个方面，一个是有关药物使用的自理行为，另一个是关于生活环境的自理行为，每个方面都由 5 道题目组成。如果各个条目设计确实反映其所欲反映的概念，则在进行结构效度的分析时，通过因子分析后会发现用于反映药物自理行为的 5 道题之间的相关性很强，强于与另外反映生活环境自理行为的 5 道题之间的相关性；反之，另外反映生活环境自理行为的 5 道题之间的相关性也很强，但是同样的与反映药物自理行为的题目间的相关性较弱。这就说明这 10 道题目是反映出两个内在的概念框架的，与问卷设计者在设计时的最初想法是一致的，即 5 道题是用于反映药物使用的自理行为，5 道题用于反映管理生活环境的自理行为。此时的结果即说明该问卷的结构效度较高，该问卷能反映所要研究的概念。

只要研究工具存在，就势必有它的信度和效度。研究工具的信度和效度不是“有”或“无”的问题，而是程度上“高”或“低”的问题。一个研究工具的信度和效度并不是截然孤立的，两者存在一定的关系。信度低的工具效度肯定不高，试想该研究工具都不能准确地反映被研究对象的情况，我们又怎能奢望它能真正达到我们所要研究的目的呢？但信度高的工具也仅能说明有效度高的可能性。如用校正好的体温计测量患者体温以反映其焦虑水平，校正好的体温计信度高，因其能较准确地反映患者的体温情况，但其效度不高，因“焦虑”的概念不能简简单单地用体温数值来表示。

第三节　国外量表的翻译和应用过程的性能测定

在护理研究领域，有很多量表是由国外护理研究人员或其他领域的研究人员编制的。近年来，国内越来越多的护理人员引进国外的量表进行研究，这就存在着如何对国外量表进行翻译的问题。翻译后的量表既要适合中国的文化特点，又不偏离原文的意思，同时要保证翻译后的量表具有较好的信度和效度。一般而言，国外量表的翻译可以按照以下几个步骤进行。

一、翻译

首先将国外量表翻译成中文。最好选择两个或多个有经验的翻译者，彼此独立地将外国语言的量表翻译成汉语。这就要求翻译者既熟悉原量表语言及其文化背景（就是要准确地翻译过来，不要产生歧义，甚至走样），又要求汉语功底好，能够准确地用通俗的词语表达原量表想要表达的意思。然后这些翻译者对他们所翻译出来的版本进行讨论，最后形成一个大家达成共识的中文版本的量表。在翻译过程中，由于语言表达方式上的文化差异会直接影响译文的可读性和可理解性，因此主张直译与意译相结合，以使翻译后的量表适合中国文化习俗。

这里列举一个简单的例子，即如何将美国学者 Zarit 的痴呆患者照顾者负担问卷翻译成中文的过程，以便读者理解。Zarit 的痴呆患者照顾者负担问卷为英文版本，研究者首先请两位既懂英语又懂中文的中国精神科医师将其翻译为中文。两人在翻译的过程中是独立进行的，彼此互不商量。因此，翻译后的中文版本有两个。然后两位双语精神科医师和研究者在一起针对他们所翻译的两个中文版本的痴呆患者照顾者负担问卷进行比较、分析，对两个中文翻译版本中不一致的地方进行讨论，最后达成共识，形成一份 Zarit 的痴呆患者照顾者负担问卷的中文翻译版本。这里所描述的过程就是国外量表的中文翻译过程。

二、回译

回译就是请语言功底好、对原量表不知情的一位或多位翻译者将翻译成中文的量表再翻译回去。请双语专家对原量表与回译后的“原量表”进行细致的比较、分析，找出表面上看来不同的部分，对其中文版本中的对应内容进行相应的修改。反复使用回译技术，直到两个原量表在内容、语义、格式和应用上相一致。此时应请有关专家对修改后的中文版量表的表面效度进行评判。

这里再次以 Zarit 的痴呆患者照顾者负担问卷为例，进行有关回译过程的描述。如在上个段落中所描述的，在获得一份共识后的 Zarit 的痴呆患者照顾者负担问卷的中文版本后，研究者又邀请另一位双语专家把该中文版的问卷翻译成英文，这个双语专家从没有涉及过最初的由英文版本翻译成中文版本的过程，即他不知晓最初的英文版本问卷中的内容。在双语专家将中文版本的问卷翻译成新一版的英文问卷后，研究者，进行翻译的双语专家等将这个新的版本的英文问卷与原英文版的问卷相比较、分析，对于新英文版本与原英文版之间的内容不一致之处，他们首先仔细查对翻译后的中文版本，看是否是由于中文翻译的问题导致新的英文版本内容与原版本内容不同，还是由于双语专家选择不同的英语词汇进行翻译的问题。如果是由于翻译的中文版本在翻译的内容上与原版本有差异，则要修订所翻译的中文版本。此过程反复进行，直到翻译后的英文版本的痴呆照顾者负担问卷与原英文版本的问卷在内容、语义、格式和应用上相一致。此时，经翻译后的中文版本问卷也经过反复修订后备用。随后，研究者邀请一名有经验的老年科护士以及来自痴呆患者照顾者支持小组的 3 名照顾者组成讨论小组，对该翻译后的中文版本问卷进行表面效度的评判与讨论。讨论中，大家一致认为该中文版本的问卷确实是在询问痴呆照顾者的负担，问卷中的语句描绘得也较为清楚，照顾者填写起来没有困难。在此，回译过程完成。

三、检测原量表与中文版量表之间的等同性

应寻找一定数量的双语样本（既懂中文又懂原语言的样本）进行两量表之间的等同性检验。让这些研究样本对两种语言版本的量表进行做答，随后比较原量表与中文版量表所得总分之间的相关性以及各项目得分的相关性。相关程度越高，表示两版本量表的等同性越好。但有时在研究中获取双语样本的难度较大，也可选取一定数量的只懂中文的研究样本进行预试验。通过预试验，可以进一步了解中文版量表的文字是否通俗易懂，是否符合中国人的表达习惯等，同时也可进行量表的信度检测。

再以上面所列举的 Zarit 的痴呆患者照顾者负担问卷为例，研究者将反复修订的中文版本的问卷发给 30 名痴呆患者照顾者。间隔 2 周后，再将该问卷发给这 30 名痴呆患者照顾者。经统计学分析，此中文版本的痴呆患者照顾者问卷的重测信度为 0.88。研究者同时也对该中文版本的问卷进行了结构效度的分析，结果也表明该问卷只有一个因子组成，这个结果与 Zarit 在设计英文版的痴呆患者照顾者负担问卷时的初衷是一致的，即各个问题都是围绕照顾者的客观负担感受而设计的。因此，经翻译后的中文版本的 Zarit 痴呆患者照顾者负担问卷被验证具有较好的信度和效度，可以用于下一步的正式研究中。

国外量表的翻译和该量表性能的验证过程是一个复杂的、较为耗费时间的过程。但研究者必须认真遵循研究工具翻译和性能验证的基本步骤，以保证翻译后的国外量表的质量，使其适合在中国人群中使用和推广。

（刘　宇）

第八章 研究资料的分析方法

在研究过程中，收集到原始资料后，应根据研究目的和资料的性质，选用恰当的方法对原始资料进行整理和分析，从而根据分析结果得出相应的结论。

第一节 概 述

在量性研究中，正确运用统计学分析方法，是保证研究结果科学性和准确性的前提之一。因此，应了解统计学中的基本概念、常用的统计学方法及选择原则，从而恰当地选择统计学方法，并对统计结果做出正确解释。

一、统计学中的几个基本概念

1. 变异 各个体之间的差异，称为变异。例如，同一年龄、同一性别的儿童身高、体重各不相同，这就是个体的变异。变异是生物医学数据最显著的特征，但在这些变异性的现象中却蕴藏着必然的规律性。统计的任务就是从事物的同质性与变异性的数量表现出发，通过一定数量的对比和分析，揭示事物的本质特征和规律。

2. 总体与样本 总体是根据研究目的而确定的同质观察单位的全体。例如，要研究北京市合同制护士的工作满意度，那么研究的总体就是北京市所有的合同制护士；要研究2型糖尿病患者的自我管理行为，所有确诊的2型糖尿病患者就是研究的总体。为了节省人力、物力和财力，常常从总体中抽取样本进行研究，根据样本信息来推断总体特征。因此，从总体中随机抽取的部分观察单位，就称为样本。如上面第一个例子，可从总体中随机抽出200名合同制护士进行研究，组成样本。

3. 抽样误差 在抽样时，由于总体中的各个体之间存在差异，因此，从样本所获得的指标与总体的实际指标不一定相等。由于抽样的偶然性而出现的样本指标与总体指标之间的差异，称为抽样误差。只要是抽样研究，就必然存在抽样误差，这是无法避免的，但可通过下列方法减少抽样误差：①尽可能采取随机抽样的方法，提高样本的代表性。②增加样本量到适当水平。③选择变异程度小的研究指标等。

4. 概率 是描述随机事件发生可能性大小的一个度量，统计学上用符号 P 表示。P 值范围在0～1之间，越接近1，表示事件发生的可能性越大；越接近0，表示事件发生的可能性越小。统计分析中的很多结论都基于一定可信程度下的概率推断。通常将 $P\leqslant 0.05$ 或 $P\leqslant 0.01$ 称为小概率事件，表示该事件发生的可能性很小，看做事物差异有统计学意义的界限。

5. 假设检验 又称为显著性检验，是应用统计学原理，由样本之间的差异，去推断样本所代表的总体之间是否有差异的一种推断方法。

在抽样研究中，由于抽样误差的存在，当两个或多个样本所得的数据之间有差异时，不能由其直接推断出总体之间也存在差异。此时，需要进行假设检验，推断这种差异是由抽样误差所致，还是总体之间有本质差异。

【例 8-1】 某研究者要比较城乡 6 岁男孩的身高有无不同，分别从城乡两地随机各抽取 100 名 6 岁男孩，测出其平均身高分别为 119.85 cm 和 117.92 cm。从数值上看，样本中城市男孩的平均身高（119.85 cm）高于农村男孩（117.92 cm）。但单凭样本均数的差异不能直接推出“城市 6 岁男孩的平均身高高于农村”的结论，即该样本所代表的总体也存在差异。因为样本均数的差异可能是由抽样误差造成的。此时，须进行假设检验，以判断样本差异由抽样误差所致的概率有多大，从而推断总体本质上是否存在差异。

假设检验的基本步骤如下：

(1) 建立假设：①H_0：零假设，即两总体均数相同。②H_1：备择假设，即两总体均数不同。针对例 8-1，H_0 指城乡 6 岁男孩的平均身高无差异；H_1 指城乡 6 岁男孩的平均身高有差异。

(2) 确定检验水准：用 α 表示，通常取 0.05 或 0.01。

(3) 计算统计量：根据研究目的和资料类型，选择适当的公式计算统计量，如 t 值、F 值、χ^2 值（将在本章第二节介绍这些方法）。

(4) 确定 P 值：可通过查询相应的统计用表得到 P 的近似值，如 t 界值表（附录 1）、χ^2 界值表（附录 2）。目前常用计算机软件进行统计学分析，可在提供 t 值、F 值或 χ^2 值的同时，直接给出 P 值，不需再查表。

(5) 做出统计推断：如果 $P>\alpha$，则认为 H_0 发生的可能性较大，可得出“差异无统计学意义”的统计结论，针对例 8-1，可认为“城乡 6 岁男孩的平均身高差异无统计学意义”；如果 $P<\alpha$，则认为 H_0 发生的可能性很小，属于小概率事件，因此拒绝 H_0，接受 H_1，可得出“差异有统计学意义”的统计结论，即可认为“城乡 6 岁男孩的平均身高差异有统计学意义”。

二、资料的类型

不同类型的资料，所采用的统计学分析方法有所不同。因此，要选择恰当的统计学分析方法，首先应正确区分研究资料的类型。通常根据资料的性质不同，将其分为计量资料、计数资料、等级资料。

1. 计量资料　又称为定量资料。指用定量方法测定某项指标量的大小而获得的资料。这类资料一般有度量衡单位，如年龄（岁）、病程（年）、血压（mmHg）、身高（cm）等。

2. 计数资料　又称为无序分类资料。指按照某种属性或类别分组，计数各组的例数而得到的资料。这类资料是定性的，表现为互不相容的类别，如性别（男/女）、职业（工人/农民/干部等）、是/否、满意/不满意等，分别计数不同类别的例数，即为计数资料。

3. 等级资料　又称为半定量资料或有序分类资料，介于计量资料和计数资料之间。指按照某种属性的不同程度分成等级，计数各组的例数而得到的资料。该类资料具有半定量性质，表现为等级大小或属性程度，如文化程度（小学及以下、中学、大专、本科及以上）、满意度（非常满意、一般、不满意）、治疗效果（治愈、显效、好转、无效）。

在资料分析过程中，根据分析目的，各类资料间可以相互转化。例如，年龄是一个计量资料，若以 60 岁为界，分为老年组与非老年组，并计数各组的人数，此时就转化成了计数资料；若分为青少年、成年人和老年人三组，分别计数各组人数，又转化成了等级资料。再如，护理研究中经常用到量表，如焦虑自评量表，若以量表的总分作为分析变量，则为计量资料；若根据评分标准，以 40 分为界，将总分转化为无焦虑和有焦虑，并分别计数两组的例数，此时则由计量资料转化成了计数资料。

第二节　量性研究资料的统计学分析方法

量性研究资料的统计分析包括两个方面：①统计描述：即描述数据的分布规律和特征，常用均数、标准差、中位数、率、构成比等统计指标，以及统计表、统计图等进行描述。②统计推断：即由样本信息推断总体特征，常用 t 检验、方差分析、χ^2 检验、秩和检验等比较组间有无差异，以及相关分析、回归分析等探讨变量之间的关联性。统计学分析方法的选择取决于研究目的、科研设计类型和资料类型。下面分别介绍不同类型资料常用的基本统计学分析方法。

一、计量资料的统计学分析方法

计量资料常采用的统计学分析方法可概括为图 8-1。

- 计量资料
  - 正态分布
    - 统计描述：均数±标准差
    - 比较组间差异：
      - 单样本与总体比较：单样本 t 检验
      - 两个独立样本比较：独立样本 t 检验
      - 配对资料的比较：配对 t 检验
      - 多个独立样本比较：单因素方差分析
    - 分析两变量间相关性：Pearson 相关分析
  - 偏态分布
    - 统计描述：中位数、四分位数间距
    - 比较组间差异：
      - 单样本与总体比较：单样本秩和检验
      - 两个独立样本：Mann-Whitney U 检验
      - 配对资料：Wilcoxon 符号秩和检验
      - 多个独立样本：Kruskal-Wallis 秩和检验
    - 分析两变量间相关性：Kendall 相关分析

图 8-1　计量资料常采用的统计学分析方法

（一）统计描述

根据计量资料数据的分布形态，可分为正态分布（图 8-2）和偏态分布（图 8-3）两种。对于呈正态分布的计量资料，通常采用均数±标准差进行描述；对于呈偏态分布的计量资料，则采用中位数、四分位数间距等。

1. 均数　反映一组呈正态分布的资料在数量上的平均水平，用 $\overline{X}$ 表示。计算公式为：

$$\overline{X}=\frac{X_1+X_2+\cdots+X_n}{n}=\frac{\sum X}{n}$$

式中 X_1，X_2，…，X_n 为各观察值，$\sum X$ 为各值的总和，n 为样本数。

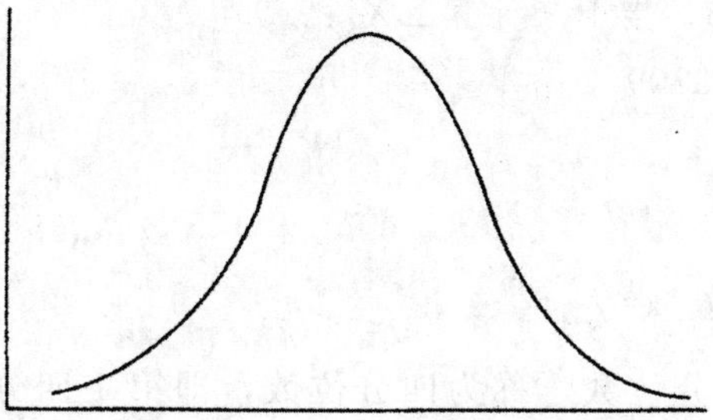

图 8-2　正态分布

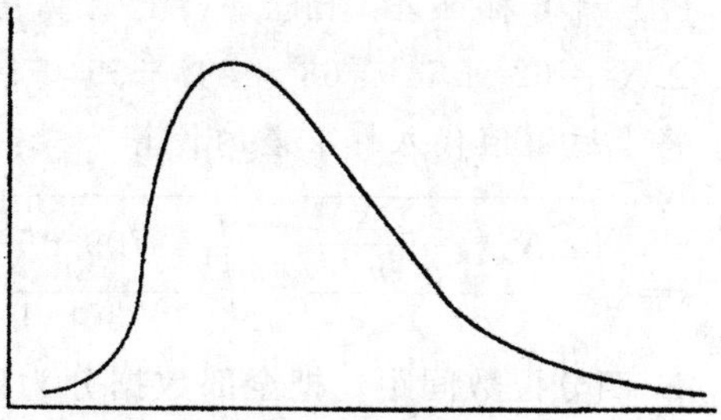

图 8-3　偏态分布

2. 中位数　当数据呈偏态分布时，可将所有数据从小到大排列，用位置居于中间的那个数值来反映这组数据的平均水平，即中位数，用 M 表示。计算公式为：

n 为奇数时，$M=X_{\frac{n+1}{2}}$（即位次居中的数值）

n 为偶数时，$M=\dfrac{X_{\frac{n}{2}}+X_{(\frac{n}{2}+1)}}{2}$（即位次居中的两个数值的平均值）

3. 标准差　反映一组数据的平均离散水平，用 s 表示。标准差越大，表示个体间变异越大。一般用均数±标准差来描述正态分布计量资料的分布特征。标准差的计算公式为：

$$s=\sqrt{\frac{\sum X^2-\frac{(\sum X)^2}{n}}{n-1}}$$

式中，$\sum X^2$ 为各值平方的总和，$\sum X$ 为各值的总和，n 为样本数。

【例 8-2】　某社区护士测得 30 名糖尿病患者的年龄（表 8-1），请计算该组患者年龄的均数、标准差。

表 8-1　　30 名糖尿病患者的年龄分布

病例号	年龄（岁）	病例号	年龄（岁）	病例号	年龄（岁）
1	62	11	56	21	62
2	74	12	71	22	68
3	68	13	77	23	75
4	54	14	69	24	52
5	59	15	62	25	86
6	83	16	53	26	74
7	64	17	78	27	66
8	50	18	83	28	67
9	87	19	65	29	75
10	75	20	66	30	74

（1）计算均数：

$$\overline{X}=\frac{\sum X}{n}=\frac{62+74+68+54+59+\cdots+74}{30}=\frac{2055}{30}=68.5\text{（岁）}$$

(2) 计算标准差：因上一步已计算出$\sum X=2055$，接下来计算$\sum X^2$：

$\sum X^2=62^2+74^2+68^2+54^2+59^2+\cdots+74^2=143709$

将上述数值代入标准差的计算公式：

$$s=\sqrt{\frac{\sum X^2-\frac{(\sum X)^2}{n}}{n-1}}=\sqrt{\frac{143709-\frac{2055^2}{30}}{30-1}}=10.07\text{（岁）}$$

4. 四分位数间距　把全部数据分为四部分的百分位数，称为四分位数，即第 1 四分位数（P_{25}）、第 2 四分位数（P_{50}，即中位数 M）、第 3 四分位数（P_{75}）。四分位数间距是由第 3 四分位数和第 1 四分位数相减而得，用 Q 表示，$Q=P_{75}-P_{25}$。一般用中位数和四分位数间距一起来描述偏态分布资料的分布特征。

（二）统计推断

比较两组或多组计量资料的均数有无差异时，需进行假设检验。当资料呈正态分布时，常采用 t 检验（包括单样本 t 检验、两独立样本 t 检验、配对 t 检验）、方差分析等；当资料呈偏态分布时，可采用秩和检验（参见“等级资料的统计学分析”）。若要分析两变量之间有无关联性，可进行相关分析。

1. 单样本 t 检验　即研究中只有一个样本，将样本均数 $\overline{X}$ 与已知总体均数 μ_0 进行比较。计算公式为：

$$t=\frac{\overline{X}-\mu_0}{s/\sqrt{n}}$$

式中 $\overline{X}$ 为样本均数，μ_0 为总体均数，s 为样本标准差，n 为样本数。

自由度：$\upsilon=n-1$

【例 8-3】 某护士采用焦虑自评量表，对 50 名肾移植术后患者进行测评。结果：该组患者量表得分为 31.63±9.21 分，已知该量表的常模（正常人）得分为 29.78±10.07 分。问肾移植术后患者焦虑平均得分与常模是否有差异？

例题分析：该例中要分析的变量“焦虑得分”是计量资料，欲比较肾移植术后患者（样本）与常模（总体）是否有差异，故选用单一样本 t 检验。步骤如下：

(1) 建立检验假设：H_0：肾移植术后患者的焦虑平均得分与常模相同。H_1：肾移植术后患者的焦虑平均得分与常模不同。

(2) 确定检验水准：取 α 为 0.05。

(3) 计算 t 值：由题可知，$n=50$，$\overline{X}=31.63$，$s=9.21$，$\mu_0=29.78$。将各值代入单样本 t 检验的公式。

$$t=\frac{\overline{X}-\mu_0}{s/\sqrt{n}}=\frac{31.63-29.78}{9.21/\sqrt{50}}=1.420$$

(4) 确定 P 值：自由度 $\upsilon=n-1=50-1=49$，查 t 界值表（附录五），得 $t_{0.05,49}=2.009$。本题中，$t=1.420<2.009$，故 $P>0.05$。

(5) 做出统计推断：因 $P>0.05$，所以不拒绝 H_0，可认为“肾移植术后患者的焦虑平均得分与常模相同”。

2. 两独立样本 t 检验　适用于两个独立样本的均数比较。计算公式为：

$$t=\frac{|\overline{X}_1-\overline{X}_2|}{S_{\overline{X}_1-\overline{X}_2}}$$

式中 $\overline{X}_1$ 和 $\overline{X}_2$ 分别为两样本的均数，$S_{\overline{X_1}-\overline{X_2}}$ 的计算公式为：

$$S_{\overline{X_1}-\overline{X_2}}=\sqrt{S_c^{\,2}\times\left(\frac{1}{n_1}+\frac{1}{n_2}\right)}$$

其中：$S_c^{\,2}=\dfrac{S_1^{\,2}(n_1-1)+S_2^{\,2}(n_2-1)}{n_1+n_2-2}$

自由度：$\upsilon=n_1+n_2-2$

【例 8-4】 欲探讨家庭康复指导对脑卒中患者日常生活能力的影响。将 60 例脑卒中出院患者分为两组，各 30 例。干预组定期家访，提供家庭康复指导；对照组不进行家访。3 个月后，采用日常生活能力量表（ADL）对两组患者进行测评（ADL 得分越高，日常生活能力受损越严重）。结果：干预组患者 ADL 得分为 30.45±4.82 分，对照组为 37.58±5.89 分。问家庭康复指导对改善患者日常生活能力是否有效？

例题分析：该例中要分析的变量“ADL 得分”是计量资料，是两个独立组（干预组与对照组）之间的比较，故选用两独立样本 t 检验。步骤如下：

(1) 建立检验假设：H_0：家庭康复指导对改善患者 ADL 无效。H_1：家庭康复指导对改善患者 ADL 有效。

(2) 确定检验水准：取 α 为 0.05。

(3) 计算 t 值：由题可知，$n_1=30$，$n_2=30$，$\overline{X}_1=30.45$，$\overline{X}_2=37.58$，$s_1=4.82$，$s_2=5.89$。

先计算 $S_c^{\,2}$：

$$S_c^{\,2}=\frac{S_1^{\,2}(n_1-1)+S_2^{\,2}(n_2-1)}{n_1+n_2-2}=\frac{4.82^2\times(30-1)+5.89^2\times(30-1)}{30+30-2}=28.9623$$

然后计算 $S_{\overline{X}_1-\overline{X}_2}$：$S_{\overline{X}_1-\overline{X}_2}=\sqrt{S_c^{\,2}\times\left(\dfrac{1}{n_1}+\dfrac{1}{n_2}\right)}=\sqrt{28.9623\times\left(\dfrac{1}{30}+\dfrac{1}{30}\right)}=1.3895$

将各数值代入两独立样本 t 检验的公式：

$$t=\frac{|\overline{X}_1-\overline{X}_2|}{S_{\overline{X}_1-\overline{X}_2}}=\frac{|30.45-37.58|}{1.3895}=5.131$$

(4) 确定 P 值：自由度 $\upsilon=n_1+n_2-2=30+30-2=58$，查 t 界值表（附录五），得 $t_{0.05,58}=2.000$，本题 $t=5.131>2.000$，故 $P<0.05$。

(5) 做出统计推断：因 $P<0.05$，所以拒绝 H_0，接受 H_1，可认为“家庭康复指导对改善患者 ADL 有效”。

3. 配对 t 检验　适用于配对设计的计量资料。配对设计包括以下情形：①同一研究对象分别接受两种不同的处理。②同一研究对象接受一种处理前后的比较。计算公式为：

$$t=\frac{\bar{d}}{s_d/\sqrt{n}}$$

式中 d 为每对观察值之差，$\bar{d}$ 为差值的均数，s_d 为差值的标准差。

自由度：$\upsilon=n-1$

【例 8-5】 某研究采用自身对照的方法，对 20 例脑卒中患者提供家庭康复指导，分别在指导前和指导后 3 个月，采用日常生活能力量表（ADL）进行测评，结果见表 8-2。问家庭康复指导后，患者日常生活能力是否有改善？

表 8-2　　　　　　　　　　　　　　**20 名脑卒中患者两次 ADL 得分情况**

病例号	康复指导前	指导后 3 个月	d	d^2
1	33	29	4	16
2	29	27	2	4
3	35	26	9	81
4	38	32	6	36
5	27	25	2	4
6	26	25	0	0
7	32	28	4	16
8	31	25	6	36
9	29	24	5	25
10	39	32	7	49
11	40	31	9	81
12	28	25	3	9
13	32	27	5	25
14	31	25	6	36
15	39	34	5	25
16	27	25	2	4
17	35	28	7	49
18	37	29	8	64
19	26	22	4	16
20	43	38	5	25
			$\sum d=99$	$\sum d^2=601$

例题分析：要分析的变量“ADL 得分”是计量资料，进行自身前后比较，因此属于配对设计，应选用配对 t 检验。步骤如下：

(1) 建立检验假设：H_0：家庭康复指导后，日常生活能力无改善。H_1：家庭康复指导后，日常生活能力有改善。

(2) 确定检验水准：取 α 为 0.05。

(3) 计算 t 值：由表 8-2 可知，$n=20$，已计算出 $\sum d=99$，$\sum d^2=601$。

计算 $\bar{d}=\dfrac{\sum d}{n}=\dfrac{99}{20}=4.95$

计算 $s_d=\sqrt{\dfrac{\sum d^2-\dfrac{(\sum d)^2}{n}}{n-1}}=\sqrt{\dfrac{601-\dfrac{99^2}{20}}{20-1}}=2.4165$

将各值代入配对 t 检验的公式：

$$t=\frac{\bar{d}}{s_d/\sqrt{n}}=\frac{4.95}{2.4165/\sqrt{20}}=9.161$$

（4）确定 P 值：自由度 $\upsilon=n-1=20-1=19$，查 t 界值表（附录五），得 $t_{0.05,19}=2.093$。本题中，$t=9.161>2.093$，故 $P<0.05$。

（5）做出统计推断：因 $P<0.05$，所以拒绝 H_0，接受 H_1，可认为"家庭康复指导后，患者日常生活能力有改善"。

4. 方差分析 方差分析有很多种，这里仅介绍单因素方差分析，适用于 3 组或 3 组以上独立样本的均数比较。

【例 8-6】 某护士将糖尿病患者随机分为 3 组，分别采用 3 种健康教育方式进行糖尿病患者自我血糖管理方法的宣教，半年后，测定 3 组患者的糖化血红蛋白含量，欲比较 3 种健康教育方式对血糖控制的效果有无差异。

例题分析：该研究将患者随机分配到 3 个组，分别接受不同的干预，要分析的变量"糖化血红蛋白含量"是计量资料，为 3 个独立样本之间的均数比较，故可采用单因素方差分析。

方差分析的统计量为 F 值，当 $P>0.05$ 时，说明各组均数之间的差异无统计学意义；当 $P<0.05$ 或 0.01 时，说明各组间均数不全相等，但不能说明哪两个组之间存在统计学差异。此时应进一步做样本均数的两两比较，以判断哪两个组别之间存在差异。方差分析的计算公式较为复杂，本书不做具体介绍，感兴趣的读者可参见统计学书上的相关内容。在本章所附的 SPSS 统计分析软件的应用中，将介绍如何在 SPSS 统计软件中进行方差分析的运算。

5. 计量资料的相关分析 当两个变量均为计量资料，且符合正态分布时，通常采用 Pearson 相关分析，以探讨两个变量之间的关联性。例如，分析护士年龄与工作倦怠得分之间的相关性。

相关系数用 r 表示，范围在 $-1\sim1$ 之间。r 的绝对值大小表示相关的密切程度，越接近 1，表示相关程度越大；越接近 0，表示相关程度越小。"+"表示正相关，"－"表示负相关。r 的计算公式为：

$$r=\frac{\sum(X-\bar{X})(Y-\bar{Y})}{\sqrt{\sum(X-X)^2\sum(Y-Y)^2}}=\frac{\sum XY-\frac{\sum X\cdot\sum Y}{n}}{\sqrt{\left[\sum X^2-\frac{(\sum X)^2}{n}\right]\left[\sum Y^2-\frac{(\sum Y)^2}{n}\right]}}$$

计算出 r 值之后，还需对其进行假设检验，以判断两变量之间的相关是本质存在，还是由抽样误差所致。本章所附的"SPSS 统计分析软件的应用"中，将介绍相关分析的计算方法，分析结果中会同时给出 r 值和 P 值。P 值代表两变量之间在统计学意义上有无相关性，当 $P>0.05$ 时，表示无相关性；当 $P\leqslant0.05$ 或 $P\leqslant0.01$ 时，表示有相关性，相关的程度和方向须看 r 值的大小及其正、负号。例如：由"$r=0.127$，$P>0.05$"的结果，可得出"二者无相关性"，r 值是由抽样误差所致；由"$r=-0.456$，$P<0.01$"的结果，则得出"二者呈负相关"。

二、计数资料的统计学分析方法

计数资料常用的统计学分析方法可概括为图 8-4。

- 计数资料
  - 统计描述：率、构成比、相对比
  - 比较组间差异
    - 两个样本率的比较：四格表 χ^2 检验
    - 配对资料的比较：配对设计 χ^2 检验
    - 多个样本率或构成比的比较：行×列表 χ^2 检验
  - 分析两变量间的相关性：关联性分析

图 8-4　计数资料常采用的统计学分析方法

（一）统计描述

常用相对数指标进行统计描述，包括率、构成比、相对比。

1. 率　反映某现象发生的频率，常以百分率（%）、千分率（‰）、万分率（1/万）、十万分率（1/10 万）等表示。计算公式为：

$$率=\frac{某时期内发生某现象的例数}{同期可能发生某现象的总例数}\times 100\%$$

【例 8-7】 800 名护士参加了技能操作考试，其中 687 名护士考试合格，则合格率为 $\frac{687}{800}\times 100\%=85.9\%$。

2. 构成比　反映某一事物内部各构成部分所占的比重或分布，通常以百分数（%）表示。计算公式为：

$$构成比=\frac{某一组成部分的例数}{同一事物各组成部分的总例数}\times 100\%$$

【例 8-8】 某医院近 5 年医院感染的部位构成情况见表 8-3。

表 8-3　某医院近 5 年医院感染的部位构成情况

感染部位	人数（n）	构成比（%）
呼吸道感染	65	52.4
泌尿系感染	38	30.6
皮肤感染	34	27.4
合　计	124	100.0

需注意：不能将构成比与率相混淆。构成比只能说明事物各组成部分的比重或分布，并不能说明某现象发生的频率。例如表 8-3 中，52.4% 是构成比，代表呼吸道感染在发生医院感染的人群中所占的比例，是 65 除以 124 所得，不能得出“呼吸道感染的发生率是 52.4%”的错误结论。要计算呼吸道感染的发生率，应将 65 除以该医院近 5 年因患呼吸道疾病住院患者的总人数。

3. 相对比　指两个相关指标之比，说明两指标间的比例关系。两个指标可以性质相同，例如不同时期发病数之比；也可以性质不同，例如护士人数与床位数之比。通常以倍数或百分数（%）表示。

计算公式为：

$$相对比=\frac{甲指标}{乙指标}\times 100\%$$

式中两指标可以是绝对数、相对数或平均数。

（二）统计推断

两个或多个样本率/构成比的比较通常采用 χ^2 检验，包括配对设计样本、两个独立样本、多个样本率或构成比之间的比较；若要分析两个计数资料之间有无相关性，可采用关联性分析。

1. 四格表 χ^2 检验　用于两个样本率的比较。四格表是指由 4 个数据组成的表，这 4 个数据分别用 a、b、c、d 来表示（表 8-4），这 4 个数据是整个表的基本数据，其余数据都是从这 4 个基本数据推算出来的，这种资料称为四格表资料。

表 8-4　两所医院护士技能操作考试合格情况

医院	合格数	不合格数	合　计
医院 A	36（a）	24（b）	60（$a+b$）
医院 B	48（c）	12（d）	60（$c+d$）
合计	84（$a+c$）	36（$b+d$）	120（N）

四格表 χ^2 检验的计算公式如下：

（1）当总例数 $N\geqslant40$，且所有格子的 $T\geqslant5$ 时，用四格表专用公式：

$$\chi^2=\frac{(ad-bc)^2N}{(a+b)(c+d)(a+c)(b+d)}$$

自由度：$\upsilon=$（行数-1）×（列数-1）

T 表示理论数，每个格子理论数的计算公式为：$T=\frac{n_R n_C}{N}$。式中 n_R 表示该格子所在行的合计，n_C 表示所在列的合计，N 为两组总例数。

在进行 χ^2 检验时，可先计算四格表中最小的 T 值，即最小行合计与最小列合计所对应的那一格子的理论数。因为只要最小的 $T\geqslant5$，其他理论数就一定也大于 5。例如，表 8-4 中，四个格子中最小的是 $T_{12}=(60\times36)/120=18(>5)$，故应采用四格表专用公式计算 χ^2 值（总例数 $N\geqslant40$，且所有格子的 $T\geqslant5$）。

（2）当总例数 $N\geqslant40$，但 $1\leqslant T<5$ 时，用四格表校正公式：

$$\chi_c{}^2=\frac{[\,|ad-bc|-N/2]^2N}{(a+b)(c+d)(a+c)(b+d)}$$

（3）当总例数 $N<40$，或 $T<1$ 时，用 Fisher 确切概率法（可用统计分析软件进行计算）。

【例 8-9】　卫生局在两所三甲医院中各抽取 60 名护士，进行护理技能操作考试，结果见表 8-4。问两所医院护士的考试合格率有无差异？

例题分析：在例 8-9 中，要分析的变量“考试合格率”是计数资料，为两家医院即两个组之间的比较，因此采用四格表 χ^2 检验，具体步骤如下：

（1）建立检验假设：H_0：两医院护士的考试合格率相同。H_1：两医院护士的考试合格率不同。

（2）确定检验水准：取 α 为 0.05。

（3）计算 χ^2 值：首先确定采用哪个公式进行运算。前面已经提到，表 8-4 四个格子中最小的理论数为 18（$T>5$），故推断所有格子的理论数均>5，应采用四格表专用公式。将数据代入公式：

$$\chi^2=\frac{(ad-bc)^2N}{(a+b)(c+d)(a+c)(b+d)}=\frac{(36\times12-24\times48)^2\times120}{60\times60\times84\times36}=5.714$$

（4）确定 P 值：自由度 $\upsilon=(2-1)\times(2-1)=1$，查 χ^2 界值表（附录六），得 $\chi^2_{0.05,1}=3.84$，本题中，$\chi^2=5.714>3.84$，故 $P<0.05$。

（5）做出统计推断：因 $P<0.05$，所以拒绝 H_0，接受 H_1，可认为“两所医院护士的考试合格率不同”。

2\. 配对设计的 χ^2 检验　适用于配对设计的计数资料，常用于两种检验方法、诊断方法的比较。

配对 χ^2 检验的计算公式如下。

（1）当 $(b+c)\geqslant40$ 时，用专用公式：$\chi^2=\frac{(b-c)^2}{(b+c)}$

（2）当 $(b+c)<40$ 时，用校正公式：$\chi_c^2=\frac{(|b-c|-1)^2}{(b+c)}$

【例 8-10】　某护士同时采用两种记忆量表对 200 名老人进行记忆筛查，结果见表 8-5，欲判断两种量表的测查结果有无差异？

表 8-5　　两种记忆筛查量表的测查结果

量表 A	量表 B		合计
	+	−	
+	35（a）	10（b）	45
−	8（c）	147（d）	155
合计	43	157	200

例题分析：本例中，要分析的变量“阳性率”是计数资料，为配对资料的比较，故采用配对设计的 χ^2 检验。步骤如下：

（1）建立检验假：H_0：两种量表的测查结果相同。H_1：两种量表的测查结果不同。

（2）确定检验水准：取 α 为 0.05。

（3）计算 χ^2 值：首先确定采用哪个公式。因本例中 $(b+c)=18<40$，故选用校正公式。

$$\chi_c^2=\frac{(|b-c|-1)^2}{(b+c)}=\frac{(|10-8|-1)^2}{(10+8)}=0.056$$

（4）确定 P 值：自由度 $\upsilon=(2-1)\times(2-1)=1$，查 χ^2 界值表（附录六），得 $\chi^2_{0.05,1}=3.84$，本题中，$\chi^2=0.056<3.84$，故 $P>0.05$。

（5）做出统计推断：因 $P>0.05$，所以不拒绝 H_0，可认为“两种量表的测查结果相同”。

3\. 行×列表 χ^2 检验　用于多个样本率的比较、两个或多个样本构成比的比较。计算公式为：

（1）当各格子的 $T\geqslant1$，且 $1\leqslant T<5$ 的格子数不超过格子总数的 1/5 时，可用下列专用

公式计算：

$$\chi^2=N\left(\sum\frac{A^2}{n_R n_C}-1\right)$$

自由度：$\upsilon=$（行数－1）×（列数－1）

式中 A 表示各格子的实际数值，n_R 表示每个格子所在行的合计，n_C 表示每个格子所在列的合计。

(2) 若不符合上述条件，可通过以下方法解决：①增加样本量，使理论数 T 增大。②根据专业知识，考虑能否删去 T 太小的行或列，或将 T 太小的行或列与性质相近的邻行或邻列合并。③用 Fisher 确切概率法（可用统计软件进行计算）。

【例 8-11】 某护士调查了 90 名肾移植术后患者的焦虑发生率，将患者按照文化程度分为 3 组，即小学组、中学组和大学组（表 8-6），欲比较不同文化程度的患者焦虑发生率有无不同？

表 8-6　　不同文化程度的肾移植术后患者焦虑发生情况

文化程度	有焦虑的例数	无焦虑的例数	合计	焦虑发生率（%）
小学组	9	16	25	36.0
中学组	15	27	42	35.7
大学组	8	15	23	34.8
合计	32	58	90	

例题分析：该例中要分析的变量“焦虑发生率”是计数资料，欲比较 3 组患者间的焦虑发生率有无差异，共 6 个格子，可采用行×列表 χ^2 检验。步骤如下：

(1) 建立检验假设：H_0：不同文化程度的患者焦虑发生率相同。H_1：不同文化程度的患者焦虑发生率不全相同。

(2) 确定检验水准：取 α 为 0.05。

(3) 计算 χ^2 值：首先确定采用哪个公式。计算最小理论数的方法同四格表 χ^2。先计算本例中的最小理论数，即 $T_8=\frac{n_R n_C}{N}=\frac{23\times32}{90}=8.17$（>5），推断所有格子的理论数均大于 5，故采用行×列表 χ^2 检验的计算公式：

$$\begin{aligned}\chi^2&=N\left(\sum\frac{A^2}{n_R n_C}-1\right)\\&=90\times\left(\frac{9^2}{25\times32}+\frac{15^2}{42\times32}+\frac{8^2}{23\times32}+\frac{16^2}{25\times58}+\frac{27^2}{42\times58}+\frac{15^2}{23\times58}-1\right)\\&=0.0086\end{aligned}$$

(4) 确定 P 值：自由度 $\upsilon=(3-1)\times(2-1)=2$，查 χ^2 界值表（附录六），得 $\chi^2_{0.05,2}=5.99$，本题中，$\chi^2=0.0086<5.99$，故 $P>0.05$。

(5) 做出统计推断：因 $P>0.05$，所以不拒绝 H_0，可认为“不同文化程度的肾移植术后患者焦虑发生率相同”。

4. 计数资料的关联性分析　当两个变量为计数资料时，不宜采用线性相关分析的方法计算关联性，此时可采用关联性分析。

【例 8-12】 某护士调查了肾移植术后患者的焦虑发生情况，欲分析性别与焦虑发生率之间有无相关性。具体结果见表 8-7。

表 8-7　　男性和女性肾移植术后焦虑的发生情况

性别	总例数	有焦虑	无焦虑
男性	46	2	44
女性	44	9	35
合计	90	11	79

例题分析：因“性别”和“是否发生焦虑”均为计数资料，不能做线性相关分析，可进行 χ^2 检验，做关联性分析。

(1) 建立检验假设：H_0：性别与焦虑发生无关联。H_1：性别与焦虑发生有关联。

(2) 确定检验水准：取 α 为 0.05。

(3) 计算 χ^2 值：首先确定应用哪个公式进行运算。先计算最小理论数，本例最小理论数为 46×11/90＝5.62(＞5)，故推断所有格子的理论数均＞5，因此，可采用四格表专用公式进行运算。

$$\chi^2=\frac{(ad-bc)^2N}{(a+b)(c+d)(a+c)(b+d)}=\frac{(2\times35-44\times9)^2\times90}{46\times44\times11\times79}=5.438$$

(4) 确定 P 值：自由度 $\upsilon=(2-1)\times(2-1)=1$，查 χ^2 界值表（附录六），得 $\chi^2_{0.05,1}=3.84$，本题中，$\chi^2=5.438>3.84$，故 $P<0.05$。

(5) 做出统计推断：因 $P<0.05$，所以拒绝 H_0，接受 H_1，可认为“性别与焦虑发生存在关联性”。

相关程度可用 Pearson 列联系数表示。计算公式为：$r=\sqrt{\frac{\chi^2}{\chi^2+n}}$

将该例中的相关数值代入公式：

$$r=\sqrt{\frac{\chi^2}{\chi^2+n}}=\sqrt{\frac{5.438}{5.438+90}}=0.24$$

由此可得出，性别与焦虑发生率存在低度相关。

三、等级资料常用的统计学分析方法

等级资料常用的统计学分析方法可概括为图 8-5。

等级资料
- 统计描述：构成比
- 比较组间差异
  - 两个独立样本：Wilcoxon 两样本秩和检验/Mann-Whitney U 检验
  - 配对资料：Wilcoxon 符号秩和检验
  - 多个独立样本：Kruskal-Wallis 秩和检验
- 分析两变量间的相关性：Spearman 相关分析

图 8-5　等级资料常用的统计学分析方法

（一）统计描述

通常用构成比来描述，计算方法同计数资料。例如，某医院中护理人员的学历构成（表8-8）；患者对护理工作满意度的级别分布；依从性（好、中、差）的分布情况。

表 8-8　某医院护理人员的学历构成情况

学历	人数（n）	构成比（%）
中专	165	13.3
大专	613	49.2
本科	467	37.5
合计	1245	100.0

（二）统计推断

比较组间有无差异时，通常采用秩和检验；分析两变量之间的相关性时，可采用Spearman 相关分析。

1. 秩和检验　该方法属于非参数统计方法，适用范围广，可用于：①等级资料的比较。例如，比较两组患者文化程度的构成有无差异。②呈偏态分布的计量资料的比较。例如，两组患者的病程分别为 3.3±4.5 年和 2.9±3.8 年，数据分析提示为偏态分布，不适于采用 t 检验，应进行秩和检验。

根据设计类型的不同，可选用不同的秩和检验方法。①配对设计：可采用 Wilcoxon 符号秩和检验。②两个独立样本比较：可采用 Wilcoxon 秩和检验或 Mann-Whitney U 检验。③多个独立样本比较：可采用 Kruskal-Wallis H 秩和检验。

下列以两个独立样本的秩和检验为例，介绍具体的运算方法。

【例 8-13】 卫生局抽查了北京市两个城区 25 所社区医院的护理质量，结果见表 8-9，问两个城区社区医院的护理质量有无差异。

表 8-9　两个城区社区医院的护理质量

城区	医院例数	护理质量（n）			
		优	良	中	差
A	10	3	4	2	1
B	15	4	5	4	2

例题分析：该例中，要分析的变量“护理质量（优、良、中、差）”是等级资料，是两个独立组的比较（即城区 A 与城区 B），故采用两独立样本的秩和检验。步骤如下：

（1）建立检验假设：H_0：两个城区社区医院的护理质量相同。H_1：两个城区社区医院的护理质量不同。

（2）确定检验水准：取 α 为 0.05。

（3）计算统计量：

1）编秩（表 8-10）：①列出各等级的例数：见第（2）栏和第（3）栏。②计算各等级的合计例数：见第（4）栏。③确定秩次范围，见第（5）栏：例如，“优”这一等级的合计例数是 7，则秩次范围为 1～7；“良”这一等级的累计合计例数为 7＋9＝16，则秩次范围为 8～16，以此类推。④计算平均秩次，见第（6）栏：求秩次范围高限和低限的平均值。例如，“优”这一等级的平均秩次为（1＋7）/2＝4，以此类推。

表 8-10　两个城区社区医院护理质量的等级与秩和计算

护理质量	例数			秩次范围	平均秩次	秩和	
	城区 A	城区 B	合计			城区 A	城区 B
(1)	(2)	(3)	(4)	(5)	(6)	(7)＝(2)×(6)	(8)＝(3)×(6)
优	3	4	7	1～7	4	12	16
良	4	5	9	8～16	12	48	60
中	2	4	6	17～22	19.5	39	78
差	1	2	3	23～25	24	24	48
合计	10	15	25			123	202

2）求秩和：以各等级的平均秩次与例数相乘，分别计算两组各等级的秩和，见第（7）栏和第（8）栏。例如，城区 A“优”这一等级的秩和计算方法为（2）栏×（6）栏＝3×4＝12。依次计算出各等级的秩和之后，最后再计算总秩和。本例中，城区 A 的总秩和 T_1＝123，城区 B 的总秩和 T_2＝202。

3）计算统计量：若两组例数（$n_1=n_2$）相等，则取任一组的秩和为统计量；若两组例数不等，则取例数较小者对应的秩和为统计量。本例中，例数较小的组（城区 A）对应的秩和为 123，故统计量 T＝123。

（4）确定 P 值：查 T 界值表（附录七），先从左侧找到 n_1（两组例数较小者），本例为 10；再从表上方找到两组例数之差（n_2-n_1），本例为 15－10＝5。在两者交叉处即为 T 的临界值，本例概率为双侧 0.05 所对应的 T 界值为 94～166。将计算出的 T 值与 T 临界值相比，若 T 值在界值范围内，则 P 值大于相应的检验水准；若 T 值等于界值或在界值范围外，则 P 值等于或小于相应的检验水准。针对本例，因 T＝123，在 T 界值（94～166）范围内，故 $P>0.05$。

（5）做出统计推断：因 $P>0.05$，所以不拒绝 H_0，可认为“两个城区社区医院的护理质量相同”。

若 n_1 或 n_2-n_1 超出了 T 界值表的范围，可用正态近似检验，具体见例 8-11。

【例 8-14】 某护士将高血压患者随机分为两组，即干预组和对照组。干预组实施为期一年的系统的社区管理，而对照组不提供特殊干预。一年后，两组患者的服药依从性见表 8-11。问社区管理对提高高血压患者的服药依从性是否有效。

表 8-11　两组高血压患者的服药依从性比较（n）

组别	总例数	依从性		
		好	中	差
干预组	60	31	25	4
对照组	80	20	39	21

例题分析：该例中，要分析的变量“依从性（好、中、差）”是等级资料，为两个独立样本的比较，故采用两独立样本的秩和检验。步骤如下：

（1）建立检验假设：H_0：社区管理对提高高血压患者的治疗依从性无效。H_1：社区管理对提高高血压患者的治疗依从性有效。

（2）确定检验水准：取 α 为 0.05。

（3）计算统计量：

1）编秩：见表 8-12。

表 8-12　两组高血压患者的治疗依从性等级与秩和计算

依从性	例数			秩次范围	平均秩次	秩和	
	干预组	对照组	合计			干预组	对照组
(1)	(2)	(3)	(4)	(5)	(6)	(7)=(2)×(6)	(8)=(3)×(6)
好	31	20	51	1～51	26	806	520
中	25	39	64	52～115	83.5	2087.5	3256.5
差	4	21	25	116～140	128	512	2688
合计	60	80	140			3405.5	6464.5

2）求秩和：见表 8-12。可得干预组的总秩和为 3405.5，对照组的总秩和为 6464.5。

3）计算统计量：该例中较小的组别 $n_1=60$，超出了 T 界值表的范围，需用近似正态检验。

$$Z=\frac{|T-n_1(n_1+n_2+1)/2|-0.5}{\sqrt{n_1n_2(n_1+n_2+1)/12}}=\frac{|3405.5-60\times(60+80+1)/2|-0.5}{\sqrt{60\times80\times(60+80+1)/12}}=3.4697$$

（4）确定 P 值：查标准正态分布表（相当于 t 界值表中 $\upsilon=\infty$ 时对应的值，见附录五），因查得 $t_{0.05,\infty}=1.96$，本例 $Z=3.4697>1.96$，故得出 $P<0.05$。

（5）做出统计推断：因 $P<0.05$，所以拒绝 H_0，接受 H_1，可认为“社区管理对提高高血压患者的治疗依从性有效”。

值得注意的是，有些研究者采用行×列表资料的 χ^2 检验代替秩和检验。例如，比较两组患者病情严重度（轻、中、重）时，由于病情严重度为等级资料，应该用秩和检验，但有研究者用行×列表资料的 χ^2 检验进行统计学分析，这种做法不妥。因为行×列表 χ^2 检验只能推断两组或多组间构成比的差异，不能推断出等级强度上的差异。

2. 两等级资料的相关分析　当两个变量为等级资料时，可采用 Spearman 等级相关分析计算二者的相关性。

Spearman 相关分析适用于下列条件：①两变量均为等级资料。②两变量虽为计量资料，但不服从正态分布。③两变量中其一为计量资料，其一为等级资料。常用的分析方法是 Spearman 等级相关分析。例如，探讨糖尿病患者治疗依从性（好、中、差）与血糖控制间是否有相关性时，因治疗依从性为等级资料，血糖为计量资料，此时可采用 Spearman 等级相关分析。

Spearman 相关系数用 r_s 表示，取值范围及其含义与 r 相同，在附录四“SPSS 统计分析软件的应用”中，将介绍 Spearman 相关分析的计算方法。

四、统计表和统计图

统计表和统计图是统计描述的重要方法，可以代替冗长的文字叙述，从而更加直观地、形象地、清晰地描述统计数据，是科研论文中数据表达的重要工具。

（一）统计表

统计表是以表格的形式，有条理地罗列数据的分布及其统计结果，方便阅读、比较和计算。

1. 统计表的种类　统计表可分为简单表和组合表。

（1）简单表：纵标目（数字上方的文字）只有一个层次，如表 8-13。

表 8-13　两组患者不同时间糖化血红蛋白含量（%）　←表号、表题

组　别	基　线	3 个月	6 个月
对照组	9.8±1.1	10.2±1.3	9.6±0.8
干预组	9.9±1.2	8.7±0.8	7.6±0.9

←顶线　←分界线　←底线

（2）组合表：纵标目有两个或多个层次，如表 8-14。

表 8-14　两所医院护士技能操作考试合格情况　←表号、表题

组　别	总例数	合　格		不合格	
		例数（n）	合格率（%）	例数（n）	不合格率（%）
医院 A	48	42	87.5	6	12.5
医院 B	46	38	82.6	8	17.4
合计	94	80	85.1	14	14.9

←顶线　←分层线　←分界线　←底线

2. 统计表的结构与绘制要求　统计表由表题、标目、线条、数字、备注等部分组成。

（1）标题：即表号和表题，用以概括表的主要内容。每个表均应有相应的表号和表题，写在表的上方中央。

（2）标目：包括横标目（数字左边的文字）和纵标目（数字上边的文字），分别说明表格中每行和每列数字的含义。注意标明单位，如"%"、"岁"、"mmHg"等，这些单位不要重复出现在数字中。

（3）线条：简单表一般是三条线（如表 8-13），即顶线、底线、分界线（将标目和数字分隔开）；组合表还有分层线（如表 8-14），将两层纵标目分隔开。另外，可有合计线（如表 8-14）。统计表中不应有竖线、斜线和多余的横线。

（4）数字：一律用阿拉伯数字表示，同一列数字应个位对齐、小数点后位数保持一致。表中数值为"0"者记为"0"，缺失数字用"…"表示，无数字用"——"表示，不要留空项。

（5）备注：如果有必要对表中的某些文字或数字进行解释或说明，可在表中相应位置用"*"等符号标出，将解释写在表的下面。

下面举一个统计表格式不当的例子（表 8-15）：

表 8-15　　　　　　　　　　某基层医院医师和护士论文发表情况

期刊类别	护　士		医　师	
	例数	百分比	例数	百分比
核心期刊	7	5.8%	21	17.5%
非核心期刊	12	10%	27	22.5%

表 8-15 在绘制格式上存在下列问题：①表题位置不对。②有竖线和多余的横线。③同一列数字个位未对齐、小数点后位数不一致。④百分数对应的数字不应重复出现%，应将其标在纵标目中。该表修改如下（表 8-16）：

表 8-16　　　　　　　　　　某基层医院医师和护士论文发表情况

期刊类别	护　士		医　师	
	例数（n）	百分比（%）	例数（n）	百分比（%）
核心期刊	7	5.8	21	17.5
非核心期刊	12	10.0	27	22.5

3. 绘制统计表的注意事项

（1）重点突出：一个统计表以表达一个中心内容为宜，不要把过多内容放在一个庞杂的大表里。

（2）层次清楚：通常统计表就如完整的一句话，主语和宾语分别作为横标目和纵标目，构成完整的一句话。

（3）简洁、明了：表中的文字、数字和线条尽量从简，不要出现过多重复的字符。

（4）统计表与文字描述结合使用：用了统计表后，可用文字对表格中的内容进行总结或补充。但是，不要用文字简单重复表格中的数字，这样浪费篇幅和读者的时间。

（二）统计图

统计图是用图形将统计结果形象化，易于进行结果的分析和比较，并给读者留下深刻的直观印象。但统计图一般不能提供确切数值，因此不能完全代替统计表，必要时可与统计表一同列出。

1. 统计图的种类　统计图的种类很多，一般根据资料类型和分析目的，选择不同种类的图形，常用的有以下几种。

（1）圆图：适用于构成比资料，描述各类别所占的构成比。以一个圆形的总面积为100%，将其分割成若干个扇面，表示事物内部各部分所占的比例（图 8-6）。各构成部分的扇面或矩形可用不同颜色或花纹区别，需用图例说明。也可将各类别的名称和数值标在相应的扇面或矩形旁。

（2）直条图：用相同宽度的直条长短，表示几个相互独立组别的某指标数值的大小。通常横轴是几个独立的组别或事物，纵轴为某统计指标。又可分为单式直条图（图 8-7）和复式直条图（图 8-8）两种。

注意事项：①纵轴刻度一般从 0 开始。②各直条宽度应相等。③在复式直条图中，同一组的直条间不留空隙。

（3）线图：以线段的升降表示一个事物随另一个事物数值变化的趋势（图 8-9）。通常横轴是时间或其他连续性变量，纵轴是某统计指标，可以是算术尺度，也可以是对数尺度。

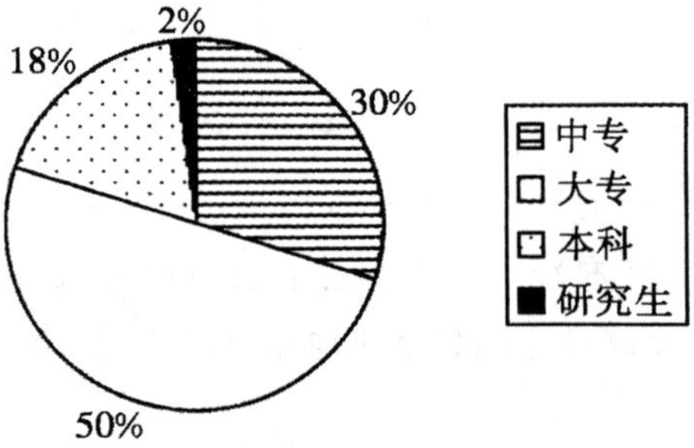

图 8-6　某医院护士学历构成情况

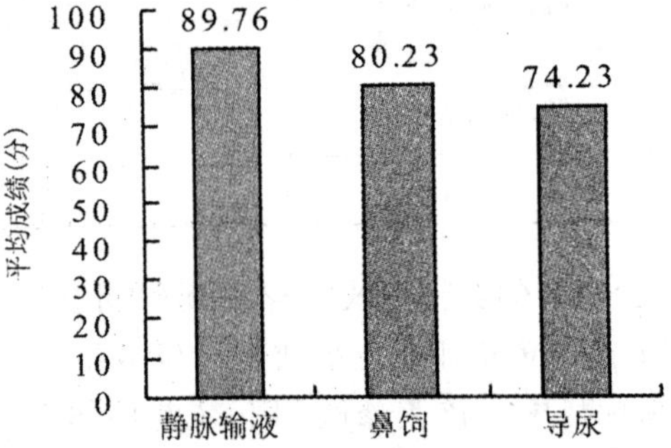

图 8-7　护生在三项技能操作中的平均成绩

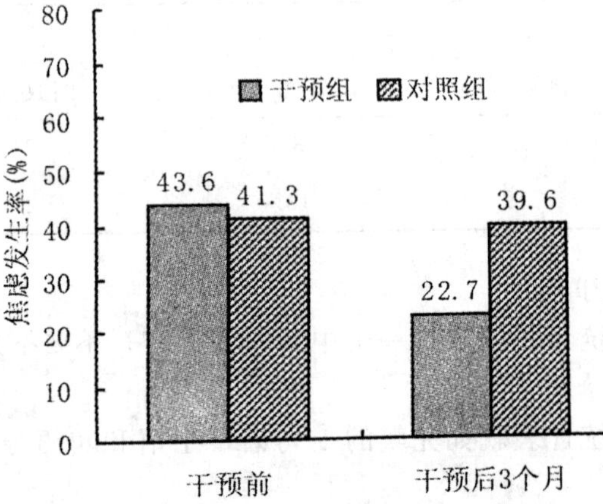

图 8-8　两组患者干预前后焦虑发生率的比较

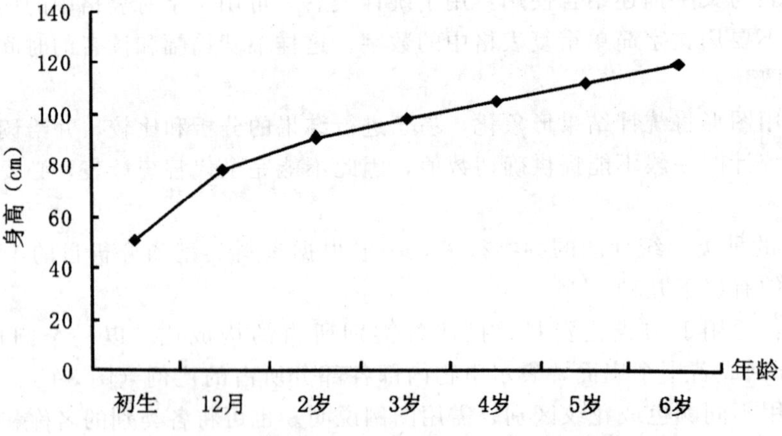

图 8-9　6 岁以内儿童身高随年龄的增长情况

注意事项：①相邻的点用直线连接，不可用光滑的曲线连接。②不同指标或组别可以用不同的线型表示，如实线、虚线等，并用图例说明。③如果纵轴是算数尺度，一般以 0 为起始点。

2. 统计图的结构及绘制要求

（1）图号和图题：扼要说明图的内容，写在图的下方中央位置。

（2）纵轴和横轴：

1）刻度应均匀等距，标明数值。横轴尺度自左至右，纵轴尺度自下而上，数值一般由小到大。纵轴刻度一般以0点为起始点。

2）在横轴下方和纵轴外侧，用文字标明各轴代表的含义，并注明单位。

3）纵轴、横轴的比例以5∶7或7∶5为宜。

（3）图例：统计图中用不同线条或色调代表不同事物时，需用图例说明。

第三节　质性研究资料的基本分析方法

质性研究的资料分析与资料收集同步进行，资料分析以语言文字而非数字为基础。在资料进行分析过程中，研究者需运用自己的归纳和推理能力，对资料进行分类和诠释。

一、质性研究资料分析的基本步骤

质性研究的资料分析过程大致包括下列基本步骤，即将资料转录为文字、反复阅读文字资料、编码、归类、提炼主题。

1. 将资料转录为文字　将录音或观察资料整理为文字，内容和方法为：①记录会谈的内容。②记录会谈中的感叹词和情感变化，写在括号内，如（流泪、叹气）。③两段话之间略去的部分用省略号“…”表示。④会谈中的停顿用破折号“——”表示。⑤研究对象一般用编号或代码表示。⑥不同对象的会谈内容分行记录。⑦在记录的左右边界留出空挡，左边界一般用于编码，右边界一般用于对会谈内容的评价。此外，应注意会谈中语调和语气的变化，这些信息有助于资料的分析。

2. 反复阅读文字资料　研究者应反复阅读整理好的文字资料、反复听取录音或观看录像、回忆当时的情形，找出其中有意义的陈述，进行反思、分析，使自己真正深入到资料当中，寻找其间的关联和逻辑关系。例如，在下列陈述中，“我认为典型的照顾一定要贡献自己许多，如果我能给患者提供信息、与其交谈、一起度过时光的话，我觉得这就是照顾，患者会觉得自己被照顾、有照顾自己的人在。有时候确实精疲力尽，因为一整天都要把自己贡献许多、把自己贡献给工作，如果不那样的话就不能进行照顾”。提取出的有意义的陈述是“照顾需要贡献自己许多；因为整天贡献自己许多，有时会累得精疲力尽”。

3. 进行编码　对有意义的陈述进行编码，可用词语或句子代表一个编码，例如，“我害怕不能活下去”，可编码为“濒死的恐惧”；“谁也不来帮我，我觉得孤家寡人一个”，可编码为“缺乏支持”；“生病时，我们都需要有人在身边”，可编码为“他人的必要性”。可进行编码的内容包括：①反复出现的事物或观点。②现象或事物的形式。③现象或事物的变异性。一般来说，最初的编码涉及面广，通过不断与原始资料进行对照、修订而逐渐缩小范围，但最初的编码不应超过10个。编码建立在对原始文字资料的反复阅读基础上，一般先对前3份研究对象的文字资料进行编码，然后将该编码用于其余的资料中，适时比较、修改。最后将形成一份编码手册，其中包括每类编码的特征和范例。

4. 对编码进行归类　分析编码之间的关系，将相关的若干编码归为一个类别。例如，可将“害怕”、“手发抖”、“声音变调”、“心都跳到嗓子那里”等归纳为“恐惧”。

5. 提炼主题　随着分析的深入，各类别、研究对象、行为、事件之间的相互关系逐渐出现，这时可根据编码和类别，提炼出主题。例如，在“对老年痴呆亲属照顾者真实体验的质性研究”中，将照顾者的体验提炼出 5 个主题，即“心理负担过重”、“照顾任务繁重”、“经济负担过重”、“缺乏照顾技能”、“被患者的问题困扰”。

二、各种质性研究法的资料分析过程

在遵循质性研究资料分析基本步骤的基础上，不同质性研究法的资料分析过程有具体的步骤和方法。

（一）现象学研究

在现象学研究中，研究者通常就某一个主题请研究对象描述他们的经历。有时也将观察资料以及病史、档案、历史记录等作为现象学研究的资料。在进行资料分析时，一般通过编码→分类→解释现象的实质和意义→提炼主题来完成。Giorgi 将现象学研究法资料分析过程分为以下 6 个步骤。

1. 反复阅读前三份会谈的书面资料，寻找可能的主题，建立编码纲要和编码原则。可根据出现的频率来确定初步的分类类别和主题，然后删除重叠的、模糊的、复杂的类别。对各类别的分类原则进行描述说明。

2. 反复阅读其余的会谈资料，根据编码纲要进一步提炼主题。在此过程中，应定期与研究小组成员讨论编码系统，及时发现问题，返回原始资料重新分析资料，修订编码系统。

3. 进一步提炼主题和类别。应注意：对一些看似与研究问题无关的主题，也应进行仔细分类。

4. 对各类别中研究对象的感受、想法、反应等进行反思，对各类别、主题形成初步的描述，以反映现象及各要素之间的关系。

5. 将形成的最终资料返回给研究对象，以确认资料的准确性。

6. 形成结构化的描述和对现象的诠释。最终以描述性的文字报告研究结果，常引用研究对象的原话描述其经历，以支持主题的内容。

（二）根基理论研究

根基理论研究法一般采用参与性观察并记录现场笔记的方法收集资料，有时也同时采用会谈法、历史资料、档案资料作为资料的补充。资料的收集和分析同时进行，通过对片段资料的分析，经过编码-归类-找出核心变量-饱和的过程，进行资料整合、概念化，直到浮现理论。

1. 编码和归类　通过反复阅读书面资料，找出有意义的陈述，进行编码，并将相关的行为归纳为一个类别。

2. 连接各类别　通过对各类别直接关系的理解，连接各类别，形成有关命题，这是根基理论的雏形。

3. 寻找额外分类　继续收集资料，发现对现象有重要意义的其他分类。

4. 缩减分类类别　可将部分类别合并成高一级的类别。

5. 寻找类别的排除指征　寻找不符合分类标准的指征。

6. 出现核心变量，达到资料饱和　核心变量是可将各种资料连贯起来的变量，可表明资料的变化性。该变量一再出现，就可成为理论的基本变量。核心变量具有以下 6 个基本特征：①在资料中高频出现。②可连接各种资料。③作为中心，可解释所有资料中的大多数变量。④对一个更普遍、形式的理论具有暗示作用。⑤随着它的细节化，可推动理论的形成。⑥包含最大量的变量。当所有编码都出现过，不再有新的概念，则达到分类饱和状态，可从中推论概念框架和理论。

7. 文献查寻　目的是检查已形成的理论与以往理论之间的关系。

8. 对概念进行修正和整合　评判性地回顾和检查理论与原始资料，构筑理论。

（三）人种学研究

人种学研究法一般综合采用参与者观察、深入会谈、焦点小组访谈以及历史资料和背景资料查寻等方法收集资料。资料的分析过程包括：①整理资料。②重新阅读资料。③将资料分成易于分析的片断。④编码及归类，对各类别进行比较。⑤探索类别之间的关系，对各类别进行组合。⑥提取概念或主题。⑦解释主题的含义。最终形成对该文化特征的详尽描述。

总之，质性资料的分析建立在对资料细致、审慎的阅读和思考上。Morse & Field (1995) 将质性资料分析的活动概括为3个方面。①理解：指理解资料的含义，知道“发生了什么”，只有在对资料有了深刻理解的基础上，才可能对现象进行深入、整体、全面地描述。②综合：指对资料进行排序、重组、分类，通过对资料的综合，可抓住现象的本质、范畴、变异性。③理论化：指对现象作出可能的解释、捕捉要素，并通过概念化将资料的进行提炼、升华。

（王志稳）

第九章　护理论文的撰写

所谓论文，是指对某一问题进行讨论或对某一专题进行研究的文章。护理论文是指护理科学技术领域中的学术论文，是将护理科学研究中的研究目的、采用的方法和获得的结果用恰当的方式、严谨的科学态度、准确的语言进行科学的整理、归纳和分析等一系列思维劳动以后而形成的文字记录和总结。护理论文是对护理研究及其结果分析的系统阐述和深入表达，是护理研究成果的一种表现形式，也是护理研究工作的总结。护理论文可促进护理学科的发展和完善护理学科体系，加快科研信息的传播和学术交流，也是提高广大护理人员学术水平的重要途径。

目前国内护理期刊常见的护理论文有 4 种：护理研究论文、护理个案论文、护理经验论文和护理综述论文。每种论文都有其基本写作格式与要求，选用何种格式进行论文写作，应根据写作目的而确定。开题报告的书写及实例可参见附录九、附录十。

第一节　护理研究论文

一、概念

护理研究论文是指按照护理研究设计方案，有目的地、有计划地、有步骤地完成某项护理研究课题而获得第一手研究资料，并通过资料整理、分析后撰写的学术论文。护理研究论文是护理论文的重要类型之一，使所研究的课题能从感性认识上升到理性认识，是传播科研成果、交流实践经验和启迪学术思想的重要文献形式。

一篇完整的科研论文按提供信息的不同分为三大组成部分：信息点部分，包括题目、作者情况、摘要、关键词、参考文献；信息主体部分，包括前言，材料和方法、结果、讨论；补充部分，包括致谢、图、表、照片、作者附言等。

护理研究论文的格式有统一的要求，国际医学期刊编辑委员会根据实践和国际上沿用的惯例，在《生物医学期刊投稿统一要求》[Br Med J，1988，296（6619）：401-405] 中，规定论文格式应由文题、作者署名、摘要、关键词、正文和参考文献等部分组成。论著的篇幅一般为 3000～5000 字，平均 4000 字左右。其中，前言占 5%～8%，材料和方法、结果各占 25%～35%，讨论占 30%～50%。

二、护理研究论文的特征

1. 思想性　与社会科学论文比较而言，护理研究论文涉及的思想政治问题较少，性质也没有那么严重，但仍应保持清醒的头脑，注意护理研究论文思想政治上的合格性。

2. 科学性　科学性是指科技成果客观、真实与严密的程度，科研工作者应以严谨的科学态度和客观真实地记述自己的工作情况、经验教训和科研成果。科学性是护理研究论文基本属性中最重要的，是科研论文的根本和生命，是成果得以成立的先决条件和前提要素。

3. 先进性（创新性）　科研论文的先进性或创新性是指前人没有做过或没有发表过的新内容，论文的理论水平、实践水平和学术见解等是否达到或超过国内、国际先进水平，所报告的内容是否是鲜为人知的、非模仿抄袭的、非常规的。科学研究中允许重复或模仿他人的工作、验证他人的创造性劳动成果，但是必须仿中有创。创新性反映了论文的学术水平和学术地位，体现在：对既定说法的纠正、补充或对空白的填补。如关于糖尿病健康教育的研究已较多，如果探讨健康教育对糖尿病患者血糖控制的效果，就缺乏创新性。而某作者以此为切入点，探讨糖尿病患者运动会对血糖控制的影响。该研究的创新点在于糖尿病患者运动会——这种新的健康教育方式，因此也存在被应用的价值。这也提示研究者在选题时，应进行充分的文献检索，避免选题内容与已有的研究工作完全重复。

4. 实用性　护理学是一门实践性很强的学科，护理研究论文的实用性体现在其实际指导意义和参考价值上。护理研究论文应当源于实践并能指导实践，有利于增进人类的健康和满足患者的护理需求，能解决护理实践过程中发生的问题，提高护理质量，促进学科发展。因此，实用性是评价一篇论文是否有发表价值的一个重要方面。例如，某论文对血压与动脉血气穿刺成功率的相关性进行研究，得出“血压高者动脉血气穿刺成功率高”的结论。此论文虽有创新性，但研究结果对临床工作无指导意义，缺乏实用性。

5. 可读性　护理研究论文的写作不同于科普读物，更不同于文学作品和新闻报道。它要求应用科学的语言、规范的名词术语、标准化的量和单位以及统一的格式，以较小的篇幅，传递较多的科技信息。良好的可读性还体现在：文字简洁、语法正确、表达清晰、结构严密、层次分明、思路清晰、逻辑性强。

三、护理研究论文基本格式要求

（一）文题

文题即文章的题目，是文章的总纲，是对论文主要内容和中心思想的高度概括。一篇论文的题目是给编辑和读者的第一印象，是文章精髓的聚光镜，对论文起着画龙点睛的提示、评价、吸引和检索作用，具有举足轻重的地位。文题拟得精而妙，不仅可以吸引读者兴趣，给予简明的主题提示，并且一睹文题便知全貌，使信息传播达到良好效果。

确定文题是护理研究论文写作的第一步，是撰写论文的关键，必须新颖、切题、简明、规范，因此，必须遵循一定的原则和技巧，满足一定的写作要求。

1. 新颖　护理论文的新颖，意味着对常规护理方法或理论的突破和创新，文题应反映论文中最本质、最有价值、最新颖、最有特点的内容，要体现新观点、新认识、新方法，要有特色和新意，不落俗套，避免与已有文献的题目雷同。老套的文题对读者的吸引力不大，也反映出选题的学术水平不高，甚至把文章内容中的一些创新点也掩盖了。例如“压疮的护理”，读者只读文题可能会感到内容无新意，不值得一读，其实此文介绍了应用中药、西药配合给药治疗压疮，疗效颇佳，所以此研究论文的文题应改为“应用中药、西药配合给药治疗压疮的疗效观察/研究”则更新颖。缺乏特色的文题常常会使论文在初审时就不获通过。

2. 切题　要用具体、准确、规范的词语表达论文的特定内容，反映文章的性质，概括护理研究、探讨的深度和广度，既不可过大，也不可过小，更不可题不符文，应集中表达论文的主题内容，与主题无关或关系不大的内容不必涉及。若题目过大，会让人摸不着边际，不能准确了解文章的真实内容。如“冠心病患者的护理”一文，牵扯内容广泛，写作时必然面面俱到，不深不透。根据该文章的具体内容，将其改为“冠心病患者睡眠中心律失常的护理观察”，则使得文题有很好的针对性。如若题目过小，未准确反映题目主要内容和精华部分也不合适。例如：对采用母乳、牛乳、混合乳三种不同方式喂养的268例健康婴儿的头发样品进行微量元素测定的文章，题目如用“母乳喂养婴儿头发中微量元素含量的测定”就不能概括文章的主要内容，不如改为“对不同喂养方式婴儿头发中微量元素含量的比较”。

3. 简明　文题中文字的数量要用尽量少的文字高度概括论文的中心内容，使之言简意赅。文题不能太长，一般不超过20个汉字为宜，英文题目一般不超过10个英文实词，文题一般也不加标点符号。如“一例羊水栓塞致心脏骤停20分钟及多器官功能衰竭的抢救与护理”的题目，共28字太长，可改为“一例羊水栓塞致心脏骤停20分钟的抢救与护理”或“一例羊水栓塞致多器官功能衰竭的抢救与护理”，依文章内容，若侧重写心脏骤停20分钟的抢救与护理，则选前者，若侧重多器官功能衰竭抢救则选后者，总之经修改后可使题目简短和突出主题。若遇文题必须长时，可用附题说明，在附题前用一个破折号与主题分开，副标题（附题）是对文题的说明和补充，在标题不能完全表达论文主题时采用。如“老年急性胆道感染患者的护理讨论——附50例观察报告”。

4. 规范　文章题目中所使用的医学名词必须选用当前医学和护理学公认的词汇，以利于国内外期刊的索引与检索。题目中的文字尽量不用简称和缩写，如需用时一定要用公认的简称和外文缩写。文题用词要符合语言逻辑，使之成为能明确表达题意的短句，不至于产生歧义。如“脑卒中患者功能康复锻炼的体会”，该题缺少动词，使行为主体不明确，易误认为行为主体是“脑卒中患者”，如改成“对脑卒中患者实施功能康复锻炼的体会”就更加明确了。

（二）作者署名和单位

作者署名应包括作者的姓名、工作单位、地址和邮政编码。作者署名标明了科研成果的归属，是作者对文章内容负责的一种表现，同时也便于杂志编辑和读者与作者联系和进一步进行学术讨论。作者署名是非常严肃的问题，必须遵守科学道德，实事求是。若作者在两位以上时，一般按参加研究工作的多少和实际贡献大小排列作者的先后名次，要求将主要作者放在前面，排名顺序不应受职务、职称、资历或者其他因素的影响。其中，论文的第一作者应是研究工作的构思、设计、执行和论文的主要撰写者。作者署名的形式有集体署名和个人署名两种，如集体署名可以写某某协作组等。科研论文的作者署名要用真名而不用化名、笔名或假名，以示文责自负。署名多在文题之下，多个作者姓名之间要空一格，但不需加标点符号。作者的工作单位和地址可以根据杂志的要求放在文题下面或题页下方位置。目前各期刊在作者姓名及其工作单位和地址的书写方式上要求不尽相同，投稿时可根据杂志的具体投稿要求进行书写。在论文发表前若某单位参加者已调往其他单位时，可在该作者署名的右上角加注符号，并在同页脚注中说明。

（三）摘要

摘要即文章的内容提要，也是论文的一个重要组成部分。摘要是论文内容高度概括的简短陈述，它使编辑和读者能够迅速和准确的了解论文的主要内容。目前不少杂志要求摘要书写用最扼要的文字，从目的、方法、结果、结论四个方面来概括叙述。“目的”主要陈述研究的宗旨、研究和解决的问题；“方法”主要陈述研究对象、研究途径、实验范围、分析方法等；“结果”主要陈述研究得出的重要数据及其统计学意义；“结论”主要论述论文关键的论点以及经验教训和应用价值。摘要应着重说明研究工作的创新内容，使读者能在较短时间内了解论文的概况。摘要部分不列图或表，也没有引文，尽量不用缩略语，一般不分段落而是独立成章的，文字在200字左右为宜。

【例9-1】 两种不同采血标本法对血清钾离子的影响

摘要 目的：通过对两种不同采血标本法的比较，探讨采血标本时不取下针头将血液缓慢注入干试管会不会导致溶血。方法：采取随机配对的方法将受试者分为实验组和对照组，在其他条件相同的情况下，实验组抽血后不取下针头，对照组抽血后取下针头将血液缓慢沿试管壁注入干试管内，观察两组血清钾离子均值有无差异性。结果：两种不同采血标本法采的血液所测的血清钾离子均值差异无显著意义（$P>0.05$），用实验组方法采血标本不会导致溶血，并可减轻护士因职业暴露而感染经血液传播疾病的危险。

一般投稿文章字数在3000字左右时，可不用写摘要，而当文章过长如超过5000字以上时，为了帮助读者很快了解论文大意，决定有无阅读全文必要时，可先写200字左右的摘要，放在文章正文之前（也有在文章最后附摘要），也有些杂志要求每篇投稿都附上摘要（看投稿须知）。另外在参加学术会议前，常需要先寄出论文的摘要，等接到会议通知后再寄出全文。

（四）关键词

关键词是从文章中选取的，反映文章的主要内容、在表达论文内容主题方面具有实在意义、起关键作用的单词、词组或短语。关键词是20世纪60年代初期出现的一种检索语言，80年代应用于医护学术刊物。书写关键词的目的是为了便于读者了解论文的主题，起到帮助人们在检索过程中能通过此词迅速查到文献的作用。同时利于计算机收录、检索和储存文献。

一般一篇文章选3～5个关键词，并可附与中文相对应的英文关键词。要选好关键词必须了解全文的内容和特点，从论文题目、摘要及主要内容中抽取最重要、最关键、最能代表论文主题或反映文章实质内容的、概念精确专指性好的原形词。关键词的选择可参考美国出版的*Index Medicus*中医学主题词表（Medical Subject Handings，MeSH）。另外，1984年中国医学科学院情报所翻译的《医学主题词注解字顺表》和中国科技情报所及北京图书馆主编的《汉语主题词表》等也可作为参考。关键词要求使用原形词，不能用缩写词，应尽可能用规范化语言，以便论文能被国内外文献检索系统收录，提高论文的引用率。关键词应置于摘要之后，另起一行进行书写，各关键词之间采用空一格或用分号隔开，最后一词末不加标点符号。

（五）正文

论文的正文是文章的核心部分，包括前言（introduction）、材料与方法（materials and methods）、结果（results）和讨论（analysis and discussion）四部分。国内称之为四段式，国外简称为IMRAD。但此格式并非一成不变，研究者可以根据文章的实际内容进行必要的调整，但对大多数研究论文或初学者而言，采用四段式写作是必要的。

1. 前言 又称为引言或导言，主要叙述本课题的研究背景和研究预期目的，即介绍立题的依据，研究工作的重要性和假设等。前言不宜过长，也不宜做自我评价和用国内首创、填补空白等字描述，点明主题即可。

国外护理研究论文前言部分还包括多个文章内重要名词和理论框架的介绍，及文献回顾（文献查证）等内容。文献回顾主要是为了了解本次研究问题以往所做过工作的深度和广度，以便能在前人的基础上作进一步的研究，因此在论文中要叙述关于文献内容的报告，将所看过的参考文献中相关内容归纳和进行综合叙述，以显示本次研究的知识背景和连贯性，使读者了解前人对本类问题的研究水平和结果，并有助于理解和考虑进一步的研究方向。

在书写前言部分时，常见问题如下：

（1）立题依据不充分：有些论文的前言部分未阐明立题依据，直接介绍研究目的；有些虽阐述了立题依据，但所用到的一些重要依据和观点缺乏文献支持，从而导致立题依据不充分，说服力差。

（2）内容与主题不相关：在阐述立题依据时，应密切结合该研究的主题，但有些论文却论及许多与主题无关，或关联不大的内容。例如，某论文探讨的是“社区随访脑卒中患者依从性的影响”。该论文在前言部分论述了目前脑卒中的患病率、脑卒中患病的危险因素，社区人群对脑卒中危险因素缺乏认识及其知识需求。这些内容虽与本研究主题有一定关系，但关联不大，应着重阐述脑卒中患者的依从性及其影响因素、依从性差的不良后果等，从而引出本文的主题。

2. 材料与方法　又称为“对象与方法”或“资料与方法”，主要介绍该研究是如何实施、如何获得研究结果的，目的是使读者了解研究的具体内容，便于对研究结果进行评价，同时也便于验证。这部分内容应具体描述，不能过于简单，因为它是获得研究结果和论点依据的重要步骤，也是判断论文科学性和先进性的主要依据。

主要包括3方面的内容：①研究对象或材料：应介绍研究对象或材料的入选条件或标准、排除标准、获取的来源、抽样方法和样本量等。②研究方法：主要介绍研究步骤、资料的收集方法、选用的研究工具（如问卷或量表的来源、主要内容、评分标准、信度和效度等）、用于评价的指标或评价标准；研究对象如有分组，还要具体介绍其分组方法；研究中如果有干预，还应具体介绍干预措施、干预流程等。③资料整理与分析：主要介绍数据整理和分析时所采用的方法，如采用的统计软件和具体选用的统计分析方法。

3. 结果　结果是将收集到的原始资料和数据，经过核对、整理、归纳和必要的统计学处理后，用文字叙述或图表的形式，准确、客观、具体地报告出来。结果部分是论文的核心，是讨论部分论述观点的依据和基础。

撰写结果时应注意：①按一定的逻辑顺序描述结果：作者需经过思考和分析之后将认为需要展示的结果以一定的逻辑顺序进行描述，一方面使读者更容易理解，另一方面也要与讨论部分涉及的编排顺序相一致。②当文字描述冗长时，可采用统计图或统计表来报告结果，应用时应注意图表的绘制要符合规范。③文字叙述与图表不重复使用：已用文字描述清楚的就不必再列图或表；列出图表后，可用文字对图表中表达的内容进行扼要的分析、总结或补充。④注意结果的客观性和科学性：不论结果是阳性还是阴性，只要是真实的，都是有价值的，都应实事求是地报告出来，避免篡改数据或者只描述对论点有利的阳性结果。⑤统计学表达正确：涉及的统计学术语应按照杂志的要求描述确切，使用规范符号。

4. 讨论　讨论部分是科研论文的精华和中心内容，是针对研究结果的各种现象、数据及资料进行阐释，结合相关理论和他人研究结果做出科学合理的分析和解释。总的书写要求是论点明确、论据充分。

撰写时要注意：①以结果为基础，抓住重点、层次分明地进行分析和展开讨论。②可以与前人研究结果进行比较，分析结果相同或者不同的原因，从研究结果中分析出本次研究的创新点或文章结果可为护理实践提供的指导意义。③要注意结合相关理论陈述论点，用已有的理论对结果进行分析。④避免重复描述结果，或大量罗列文献，而看不出作者是如何解释结果和阐述自身观点的。⑤结论是从研究结果中概括出来的新论点，一般应慎重，常不能通过一次或几次研究工作就很快下结论，而是要有很多次重复后才能确定，所以论文最好不列结论一项，可结合在讨论分析中叙述。

（五）参考文献

正文完成之后即为参考文献的撰写。参考文献是撰写论文时引用的有关期刊、书籍等资料，凡是引用前人已发表文献中的数据或观点等，都要在文中引用处予以标明，并在文末列出具体的参考文献，说明其出处。研究者一定要认识到，列出参考文献表明科研工作的继承性和尊重他人研究成果的科学态度，反映论文有真实可靠的科学依据，给读者提供必要的信息。同时，参考文献的数量和质量也反映出作者对本课题的了解程度，在一定程度上反映出论文的水平和质量。参考文献一般 5～10 篇，最好以近来 3～5 年内的最新文献为主，在该研究领域有开创性贡献的旧文献也可以适当引用，但不宜过多。文献的种类很多，一般常引用的是期刊和书籍，而文摘、内部刊物和网上的文章等均不列入参考文献中。参考文献在正文中标注时，一定在引用文字最后的右上角，标注一个带阿拉伯数字的方括号角码，如用“[1]”，角码号所采用的顺序编码与文后列出的参考文献序号要相对应，说明文中某些论点、数据、资料或方法的出处。

参考文献的书写方式：

1. 期刊　方式：序号　作者名. 文章题目. 杂志名称，年，卷（期）：起止页码

【例 9-2】　[1] 姜晓丽，朱京慈，刘玮琳. 临床护理专家综合评价指标体系的构建研究. 解放军护理杂志. 2005，22（3）：1-3

[2] 沈美萍，周文艳，周笑君等. 40 例 1 型糖尿病儿童心理行为调查分析. 中华护理杂志. 2006，41（9）：810-812.

注：期刊文章作者不超过 3 人者全部写出作者名，超过者只写前 3 位，后加“等”字。

2. 书籍方式：序号主编名. 书名. 版次. 出版地：出版社，年. 起止页码

【例 9-3】　[1] 肖顺贞. 护理学研究. 3 版. 北京：人民出版社，2006. 1-24

[2] 梁万年. 临床医学研究方法. 北京：北京科学技术出版社，2002. 132-157

注：若参考的书籍为第 1 版，则在文献书写时可不必标明版次。

四、实例分析

论文题目：“住院患者手术前应激反应的观察与分析”

（一）前言部分

1. 文章第 1 段内容

外科手术治疗对于患者来说是一件既盼又怕的事情，尽管患者在入院之前对此已有一定的思想准备，但是在手术即将实施之前仍会产生强力的应激反应，影响手术进行和术后恢复。因此研究患者术前应激反应，有助于防治心身疾病，取得患者术前、术中和术后的配合，减少并发症。本文对 52 名住院患者术前应激反应进行了观察和分析，结果报告如下。

2. 分析　本文前言部分明确介绍了研究问题的背景和提出问题的依据，如选题理由为“在手术即将实施之前仍会产生强烈的应激反应，影响手术进行和术后恢复”。同时也描述了

研究的预期目的是“研究患者术前应激反应，有助于防治心身疾病，取得患者术前、术中和术后的配合，减少并发症”。因此前言部分不论写多少，内容一定要包括为什么选本研究主题的理由（背景）和研究的预期目的，使读者对研究主题有基本了解。前言部分不要写得太长，要简明扼要和有吸引力，切忌啰嗦冗长或列出许多与本文无关的资料。

（二）材料与方法部分

1. 文章第 2 段内容

（一）观察病例：52 名被观察病例均是患口腔、眼或耳鼻咽喉等疾病需要手术而住院的患者，其中男 28 例，女 24 例，年龄 14～66 岁。（二）观察项目：患者入院时，接到手术通知时（术前 1 天），手术前日晚睡前，手术前 30 分钟（未注射术前用药）和术后 7 天或 10 天的血压和脉搏。（三）调查量表：对每个术后患者采用 Zung 编制的焦虑自评量表（简称自评量表）进行回顾性调查，并对表中的每个症状加了时间限制，接到手术通知始终无相应感觉者为 1 分；接到手术通知后即刻出现相应感觉而又很快消失者为 2 分；接到通知后，一天内症状不能消失为 3 分；接到通知直到手术时均有相应感觉者为 4 分。采用 1～4 分计分法。

2. 分析　材料与方法部分应详细介绍研究设计内容，如研究对象，根据本文题目是研究术前患者的应激反应，故文内定为对“52 名住院需手术患者进行观察，男性 28 例，女性 24 例，年龄 14～66 岁”。这些具体数字虽是在收集资料后整理出来的，实际上是在设计时已作出考虑和规定出样本数，然而调查中会有些出入，如设计规定 50 例，实际是 52 例。本文确定观察项目有血压、脉搏和焦虑自评表 3 项，还规定收集资料的具体时间和对资料的计算方法，特别对自评量表，属选择题（定性资料），而研究者人为将这些资料按 1～4 分计分法转变为定量资料，以便于计算分析。由上可见，文章第 2 段材料与方法的书写要求把研究设计内容和具体做法描写清楚，若文中应用了新的研究方法或对常规方法有所改进时，则应作详细具体介绍，便于重复验证，也体现了文章的科学性。

（三）结果部分

1. 文章第 3 段内容

（一）不同性别的患者术前应激反应比较：女性的术前应激反应比男性更为强烈，主要表现为女性患者术前 30 分钟与入院血压和脉搏的变化比值＞男性患者的比值（收缩压 t 检验 $P<0.01$，舒张压差 $P<0.05$，脉搏变化比值 t 检验 $P<0.01$）。（二）自评量表得分不同的患者术前应激反应的比较：根据患者自评量表的平均值划分为两组，低分组（得分 20～29）和高分组（得分＞30）。自评量表得分高的患者术前应激反应较得分低的患者强烈。高分患者术前 30 分钟的血压、脉搏与入院时血压、脉搏的变化比值明显大于低分组的患者（t 检验 P 值均＜0.01）。（三）住院患者手术前自评量表评定结果分析：本组患者自评量表最低得分 20 分，最高得分 61 分，平均得分为 29.10±8.41 分。

2. 分析　本文报告 3 项结果，都作了统计学处理和分析，计算均数和标准差，也用 t 检验进行两组比较，找 P 值进行判断，第 3 项结果还加用表格来反映自评量表内各因子的情况，以便对患者紧张和焦虑情绪的深入分析。因此结果部分要求先把全部资料整理后，准确报告统计学处理的数据，而不是把原始数据端出。归纳资料找出最有新意的内容，用文字或各种统计图表准确无误地表达出来。图表占较大篇幅，故一篇文章中不宜选用太多，2～3 个为宜，凡能用文字说明问题的就用文字解释。

（四）讨论部分

1. 文章第 4 段内容

由于外科手术治疗会造成机体的创伤，甚至现代科学技术已基本上达到手术中无痛的要求和大大提高了手术中的安全性，但是，人们仍认为手术治疗是一件十分可怕的事件，尤其在手术即将实施之前的一个短时期内，这种恐惧可达到极点，机体由此而产生一系列的应激反应。早在 1926 年 Cannon 就明确指出心理因素可影响血压和心率，现代应激（stress）理论认为，人在危急状态下，神经——内分泌系统会释放儿茶酚胺，从而导致血压和心率改变，这是机体的一种适应性反应。在各种应激反应的类型中，生活事件（life events）的刺激显得格外重要，生活变化在机体内引起的应激反应较其他的反应更为重要且严重。在生活事件中，特定的时间尺度是十分重要的。因此本文应用血压和脉搏两项生命指标来观察住院患者手术前期（术前 24 小时）的应激反应。研究表明患者在手术前期血压和脉搏波动较大，出现“双峰”现象，即患者接到手术通知时和手术即将实施前 30 分钟，尤其是后者变化更为显著。同样的应激因素对不同的个体引起的反应不尽相同，这与个体的遗传素质、人格特征和社会环境等都有一定关系。本文研究结果表明不同性别的患者对手术的应激反应不同，女性较男性更为强烈。本文引用 Zung 编制的焦虑自评量表对手术前患者焦虑程度进行评定，研究结果表明，术前患者应激反应程度与精神因素有着十分密切的关系，过分紧张恐惧和焦虑可使应激反应强度大大增加，从而导致机体更强烈的应激反应。因此，提示我们对术前患者加强心理护理，充分发挥社会支持系统的缓冲作用，这能降低手术应激源的强度，解除患者对手术的恐惧和不安心理，有利于患者在手术前、手术中和手术后的配合，减少术后并发症，促进机体早日康复。

2. 分析　讨论部分是论文的最后一段，主要对研究结果做出理论性的分析，指出所得结果的意义及其内在的规律。写这一部分时应注意：①密切结合本文的结果，做出相应的理论分析。如该文讨论部分中有三处写了研究结果表明……或本文研究结果表明……都与文中结果部分的内容紧密呼应。②写讨论部分要注意结合相关理论陈述论点。如列文中引用 1926 年 Cannon 学说指出“心理因素可影响血压和心率”，接着又指出“现代应激理论认为，人在危急状态下，神经-内分泌系统会释放儿茶酚胺，从而导致血压和脉搏改变，这是机体的一种适应性反应”等，由此引用两个理论说明研究者选用血压和脉搏两项生命指标来观察患者手术前的应激反应是合理的。综上可见，讨论部分是全文的精华，要注意结合相关理论并与本文结果部分相呼应，切忌大量抄录与研究结果无关的文献资料，下结论要慎重。在全文的最后需要有结束语，应是作者对自己所写论文的一个评价和内容总结，并指出本文的意义和价值所在，但字数不要很多。因此写结束语的目的主要是对文章进行小结和提高认识，同时也可指出论文局限性方面，但不写如本文资料不足，作者学历浅薄，望多批评指出等词句，在论文中不应用此类文字。

本例文最后没有列出参考文献是不足之处。

一篇好的学术论文，除内容新颖、有创新、符合科学性和实用性外，还应注意文字通顺，语法修辞及避免错别字等问题，因为这些方面也反映了作者严谨的科学态度。

科研工作结束后，要尽快完成论文，并投稿刊物争取发表，以便及时进行学术交流。投稿刊物前学先看一下该刊物的“投稿须知”，根据要求准备好论文寄出，注意不要一稿同时投寄两种刊物造成重复。

第二节　护理个案论文

一、概念

个案研究（case study）是针对个案护理（case nursing）的资料进行研究，了解资料的内涵，探讨未知领域或对新措施、新理论进行深入分析，写出论文的过程。个案研究属于质性研究的一种。所谓个案，从广义而言可指特定的个人、家庭、团体或社区，把它们看做一个整体，有系统地对其背景、现状发展、行为或相关因素、理论框架进行深入分析，探讨解决问题的方法。某些时候，在研究样本来源有困难而无法进行大样本研究时，也可选用个案研究方法对少量样本进行探讨。个案研究的资料可来源于样本的互动过程或病历记录，也可采用各种测量工具和收集资料的方法，如问卷法、访谈法、观察法等，取得资料进行分析和解释，在此基础上还可提出进一步的研究方向和可行性。由于个案研究侧重对少量样本进行深入分析和解释，所以资料收集要求尽可能丰富和全面，研究结果虽较难大规模推广，但可获得一些新观点、新知识，并可为进一步研究提供依据。

由于护理工作的服务对象是人，而人是存在个体差异的，每个人都有各自不同的生理、心理和社会背景，所以个案研究可以对一个病例个体化护理的经验和问题进行研究，总结护士做过的工作和从中得出的经验或体验。同时也可以通过对个案护理中罕见事件的观察或对反常规事件的研究，重新认识原有的理论，并提出新的观点和见解，为揭示事物的内在规律和本质提供新的线索和参考依据。

二、护理个案论文的特征

个案研究的特征可归纳为：

1. 个案研究是指有系统地针对个人、家庭、社会及各专科住院患者等护理工作进行总结和深入探讨分析。

2. 个案研究论文是一种临床护理论文，也是学术论文的一种形式。

3. 个案研究论文须按护理程序思路写文章，并要侧重写护士自己的资料。

4. 按护理程序进行个案研究，是符合当前世界注重程序的目标护理趋势。

三、护理个案研究的步骤

个案研究过程可按以下步骤进行：

1. 选定研究对象　个案研究选择的研究对象，要求为研究者至少每天都可以观察到的个案，故通常选住院患者，以便连续观察和获得详细资料。

2. 找出个案的健康问题或有关的护理诊断　以文献资料和有关护理理论或概念框架为依据，从健康问题中确定研究问题和目的。

3. 针对研究问题制订相应的护理计划和护理措施　在护理计划的实施过程中，应密切观察和详细记录个案的变化。

4. 整理结果或护理效果。

5. 做出评价　结合护理理论或概念框架，评价护理效果，引出新的观点和认识。

四、护理个案论文的基本格式要求

个案研究论文书写格式多样，如国外的个案研究文章联系面广，注重密切联系护理理论和概念。一般而言，个案研究论文的撰写格式主要按护理程序思路进行资料组织和论文写作。

个案研究论文主要由文题、作者署名、摘要、关键词、正文和参考文献几部分内容组成。其中文题、作者署名、摘要、关键词、参考文献等部分的要求与护理研究论文中的要求相一致，其正文写作格式如下。

1. 序言　序言部分内容包括提出本文研究问题的依据和写论文的目的，及所选定个案的情况介绍。介绍个案的要点应与文章后面护理计划和措施所要解决的问题相呼应，不要过多叙述医师做的事，应多选与护理有关的内容进行介绍。

2. 对个案进行评估，提出研究问题　本段应扼要描述护理评估的主要内容，提出研究的护理问题，做出护理诊断、护理计划与措施。针对确定的护理问题，制订出相应护理计划并提出具体目标，如近期（几天内）做什么，远期（几周）做什么，达到什么目标等，对护理措施的完成时间和内容都应有具体介绍。

3. 护理效果　通过列表或文字叙述报告护理效果，叙述要真实，有依据和有比较。

4. 评价效果　最后一段对研究中护理计划的实施结果，需要结合相关护理理论进行评价，在护理计划和时间结果之间进行比较，通过患者健康状况的变化来判断效果，从中获得新知识和新观点，以指导临床实践。

5. 参考文献　个案研究论文的最后部分为参考文献。在个案研究中阅读文献是很重要的，因为个案研究论文的写作要求密切结合相关理论。复习文献内容直接关系到个案研究论文的水平，所以在论文的最后应把主要参考文献列出，供读者查阅。

五、实例分析

（一）论文题目

1. 题目

沟通，整体护理的需要——1例心肌梗死患者的护理

2. 分析　标题题目、确切，标题能反映出文章要给介绍的主要内容，且文题很有特色，可引起读者的兴趣。个案研究的文题要求带有艺术性，并能突出文章的精华。本文题目“沟通，整体护理的需要”就是一个很好的命题，使人一目了然本文在论述护患沟通的重要，并与整体护理相联系，是很新颖的题目。为了避免标题太长，作者另加用副标题的形式“——1例心肌梗死患者的护理”，即通过1例心肌梗死患者的资料来讨论护患沟通的问题，表达很明确，很有吸引力。个案研究论文的标题切忌写成1例某某患者的护理体会，没有特点，也看不出写1例患者的主题内容是什么。

（二）序言部分

1. 原文

心肌梗死是心血管系统疾病中常见的危重病症，往往来势凶险。常由于各种原有引起急性冠状动脉血液供应障碍，使心肌发生严重持久的缺血而导致部分心肌发生坏死。持续和不

缓解的疼痛，也给患者带来痛苦的折磨与复杂的心理反应，如焦虑、濒死的恐惧感等，都会直接影响病情。

随着现代模式的转变，护理学亦从疾病的护理发展到以患者为中心的整体护理。关键的一点在于护士与患者之间的沟通，即护士与患者要充分交流信息与交换意见，以得到互相了解，使患者安心接受治疗、护理与合作。取得良好的治疗效果。下面介绍我们护理1例心肌梗死患者的情况。

2. 分析　本文的序言部分较长，包括文章第1～10段，病历介绍内容很详细，并把收集资料过程、患者健康问题和护士对患者的具体护理内容都结合在一起介绍，叙述很具体，但最好再简练些。作者在序言部分介绍了选题依据和写文章的目的，如文章第1段“使心肌缺血……持续性的不缓解的疼痛，给患者带来痛苦的折磨与复杂的心理反应，如焦虑、濒死的恐惧感等，都会直接影响病情”。又如文章第2段“……关键的一点在于护士与患者之间的沟通，几乎是与患者要充分交流信息与互换意见，已得到互相了解，使患者安心接受治疗、护理与合作，取得良好的治疗效果”。

在序言部分还有病历简介，描述患者的病情和健康问题等，介绍的内容要和后面确定需要研究的护理问题相呼应，并对临床表现最好按时间顺序进行描述，在本文中作者分成几小段介绍病情，如第3段描写：“用平车把患者推送入院”，使读者了解患者的病情严重程度。

（三）个案评估部分

1. 原文

周某某，女，40岁。急诊心电图检查提示为急性前间壁、高侧壁心肌梗死，于1989年12月8日下午4:30由平车推送入院。

入病房监护室时，患者表情痛苦，面色苍白，四肢冷。护士即给患者插鼻导管，以2～4 L/min流量持续给氧，开始心电监测，做全导心电图，并留心电图固定标志，建立静脉通道。此时测血压为17.3/13.3 kPa。与此同时，经医师向家属（患者丈夫）简单地了解病情，知道患者发生持续心前区疼痛，同时伴有疼痛向后背及双肩放射的症状已约有4小时，当即决定进行溶栓治疗。护士为患者采取溶栓前的各种血标本，化验乳酸脱氢酶（LDH）、谷草转氨酶（GOT）、肌酸磷酸肌酶（CPK）及凝血时间，以便了解病情的发展及作为溶栓过程中对照，并遵照医嘱由静脉快速推注肝素6250 U，随即接上维持剂量，以尿激酶75万U加入200 mL葡萄糖注射液中静脉滴注（25滴/min），要求在2小时内全部滴入，以保证药物在血液中的浓度，并在有效时间内溶解血栓。

此时患者不愿讲话，也无力讲话，护士告诉她：“入院是及时的，病一定能够治疗好”，并告诉她要安静休息，这个病房24小时都会有护士在她身边。看来，护士的话起到了让她放心、解除紧张情绪的作用，她开始闭目休息。

护士决定每半个小时测血压1次，至平稳后再改为2小时或4小时1次，每3小时取血标本送检LDH、CPK、GOT 1次。因为定时送检标本，分别了解各种酶的高峰时间，对心肌梗死有重要的诊断价值。心电图每3小时做1次，连续24小时，严密监视心电示波，以了解病情变化。

晚6:30，患者感到恶心，呕吐1次为胃内容物，量少。护士协助她漱口并擦洗干净。溶栓药物于晚7:30顺利滴完后，改用5%葡萄糖注射液500 mL+肝素12 500 U，极化液（5%葡萄糖注射液500 mL+胰岛素8 U+15%氯化钾注射液10 mL）静脉滴注，以继续营养心肌，防止血栓再形成。此时患者述心前区疼痛明显减轻，但仍有胸闷。心电图出现偶发房性期前收缩及室性期前收缩，做心电图S-T段较入院时明显下降，提示心电图在向好的方向转变。患者血压自5:30后一直保持在12.7～14.7/9.33～12.0 kPa之间。溶栓药液输完后即做的凝血时间试验结果大于2小时，远远超出正常范围（正常值4～12分钟），提示应观察并及早发现溶栓并发症——出血。值班护士注意观察患者皮肤、黏膜、牙龈、尿量及尿色等，并在清晨1:00协助患者解小便800 mL，未见异常，1:30患者入睡。

次晨患者精神委靡，不愿睁眼。护士协助洗漱、更衣，测血压为190/60 mmHg（2.0/8.0 kPa），四肢温暖，再次测凝血时间结果为5分钟20秒，已恢复正常。继续给予肝素、极化液静脉滴注。由护士喂食粥数匙。

上午我看望她，并开始有了目的地交谈。她告诉我，既往身体健康，除经常头痛、感冒外，从来没有患过大病，每年体检均未发现问题。我向她介绍了监护病房的设施及用途，并说明为了保证医疗效果和良好的休息环境，监护病房谢绝探视，我也向她介绍了旁边床位的患者。之后告诉她根据对她病情监护的情况，今日护理安排是开始健康恢复的早期活动，即用餐时可以坐起来吃饭，其他时间仍要卧床休息。今后每天活动安排将有护士给予指导，并陪伴进行，不会对病情产生影响。她当时表示疲惫，诉说心前区仍有憋闷问题，想睡。

3. 提出护理问题和措施　文中介绍对患者的具体护理内容，找出主要护理问题，制订护理计划和措施等，用附表列出（见表9-1）。在护理患者工作中，作者有目的地与患者交谈，进行沟通，并根据病情和确定的护理问题，做出护理计划、措施内容和完成的步骤以及对护理效果的评价，都可以按时间顺序列表，他人一目了然。个案护理研究论文的护理问题和措施包括护理效果，多用列表方式总结。如文中下表列出本人提出的3个护理问题（护理诊断）：心前区不适、潜在性的便秘和协助健康恢复，然后就有相应的护理计划和措施过程，最后一项是针对3个护理问题的护理效果做出总结，如心前区不适1周后消失，各项生命体征正常；便秘问题入院第3天开始有大便；协助健康恢复问题，顺利完成每天活动而未出现不适症状。

（四）效果评价部分

1. 原文

我同责任护士一起为患者找出主要护理问题，并制订护理计划（表9-1）。12月9日制订计划，12月15日进行评价。

表9-1　　护理问题、计划、实施及评价情况

问题	计划	实施	评价
心前区不适感，由于病后心功能不全	基于持续心电监测及生命体征的监护，并发现及预防并发症	1. 遵医嘱准时给药 2. 持续2～4 L/min给氧 3. q6h测血压，q8h测体温，q4h做心电图，按医嘱执行到病情平稳	自12月13日开始心前区不适消失，各项生命体征未见异常
潜在性的便秘由于非排便方式改变	给予药物预防	给麻仁润肠丸1丸，2次/d口服	入院第3天开始每天有大便
协助健康恢复	制订具体活动量安排	由护士指导、陪伴进行	顺利完成每天活动而未出现不适症状

说明：活动量见后“附活动量安排”。

当日午饭时我和护士为患者摇起床头，协助她自己进食。这时她心率为130次/min，心电示波有偶发室性期前收缩，但无自觉症状。

睡午觉时，她又感到深吸气时心前区隐痛，做心电图较前无明显改变。

晚饭也是协助她坐起自己进食的，饭后护士为她进行常规晚间护理，她于7:30入睡。

第3天，患者神情明显好转，开始主动与护士谈话，每餐能进主食75 g。她想解大便，要求自己去厕所，护士再次向她讲明活动量不能猛然增加，防止过度加重心脏负荷的道理，她服从安排，在床边坐盆解了大便。

在护士监护、指导与患者的良好配合下，她的病情逐渐好转，第6天由监护室转到普通病房。她很高兴，要求自己搬东西，看得出她心理上的放松。环境变了，患者活动不是在护士的直接监护下，更需要她与护士的认真合作。我决定立即与她谈话，告诉她下步的安排与注意事项；除上厕所、洗漱及在走廊内短距离散步外，每天上午、下午均需卧床休息4小时。她保证会按要求做，因为她对发病时的疼痛已感到恐惧。入院后第2周末，除日常生活全部自理外，按护理计划她已能在走廊内来回散步，至第3周以后能下楼散步而无任何不适症状。

在对此患者的护理过程中，我体会到：我的工作始终与沟通相伴随，按护理程序，从收集资料→计划→实施→评价，每一步都离不开与患者的有效沟通，达到护患双方为了一个共同目标而努力。这样就可以顺利按计划进行护理，避免各种并发症的发生，使患者能在短短3周内恢复了正常生活能力。所以我认为沟通是整体护理的需要，护士要真正做好护理工作，就必须要接近患者，全面了解患者，及时进行有效的沟通，成为患者的知心朋友和护卫者。

附活动量安排：

第1天：绝对卧床，活动肢体，大小便均在床上，协助进食。

第2天：协助患者坐起进食。

第3天：在床边坐、站，每天2次，上午、下午各15～30分钟。

第4天：在床边坐、站，每天2次，上午、下午各10～15分钟。

第5天：在室内床边散步，每天2次，上午、下午各5～10分钟。

第6天：由监护病房，可去厕所，但必须由护士陪护。

2. 分析　最后部分是评价护理效果，作者通过护理本例患者的过程中，描写许多实例说明有效地与患者沟通是整体护理的需要，并在全文结束语中提出做好护理工作就必须要接近患者、全面了解患者、进行及时有效地沟通新认识和新观点。如文中最后提到“……我体会到我的工作始终与沟通相伴随，按护理程序……每一步都离不开与患者的有效沟通，达到护患双方为了一个共同的目标而努力。……所以我认为……护士要真正做好护理工作，就必须要接近患者、全面了解患者、及时进行有效的沟通，成为患者的知心朋友和护卫者”。文章的论点有一定的深度，但最后没有附上参考文献是本文的不足之处。

第三节　护理经验论文

一、概念

护理经验论文是护理期刊中较常见的一种论文形式。它是护理人员将其对某一护理问题通过长期的护理实践积累而总结出来的护理经验和体会，汇成文字而写成的专业文章。

护理经验论文主要来自于长期护理实践中日常资料的积累，来自于日常临床护理工作的经验和体会。其写作的意义在于将日常护理工作中的经验进行总结，为进一步深入地探讨某一方面的临床护理问题提供参考和线索。

该类论文选题广泛，内容丰富。既可写成功的经验，也可写失败的教训；既可总结多年护理工作概况和护理教学实践的体会，也可总结某种疾病的护理方法或效果的具体经验体会。

二、护理经验论文的特征

1. 改变“以医代护”的旧模式　首先应加强和充实护理内容，适当压缩和删减有关医学专业知识，如诊断依据、治疗措施等，使文章以护为主，以医为辅。其次，要“医为护用”，即以医理作为护理措施方法的依据。

2. 经验要具体、有的放矢、针对性强　不论是成功的经验或是失败的教训，都要如实反映，并阐明自己的见解，使读者能有所获益。

3. 边叙边议　把病例阐述和讨论糅合在一起，使经验体会既有事实，又有理论依据和充分证据。

4. 撰写形式灵活　不受固定格式约束，篇幅可长可短，短的可就一个问题进行讨论，长的可将阐述的问题及经验分几个标题讨论，也可抓住一两个关键性问题做重点分析讨论。

三、护理经验论文的基本格式要求

护理经验论文常见的基本格式主要包括：题目、作者和单位、摘要、关键词、正文和参考文献等部分。护理经验论文的正文部分又由前言、临床资料与方法、护理效果、讨论与分析等几部分组成。其结构与护理研究论文格式基本一致。

1. 前言　要求同护理研究论文，但要简述出所采用的护理措施或方法对某种疾病护理的意义和目的，并说明具体的观察时间。

2. 临床资料与方法　重点介绍护理实践中的具体方法，以便于读者了解、学习和借鉴。此部分内容主要包括：①临床资料：介绍观察对象的基本特征，包括年龄、性别、观察例数、病情介绍和诊断标准。②护理措施：描述研究者欲着重介绍的本次护理中所使用的各种护理方法和措施，如药物护理方法、心理护理方法、饮食护理方法、手术前后护理方法、仪器护理使用方法、健康教育护理措施、康复护理措施等。③介绍护理效果判断的标准。

在描述临床资料与方法时，要特别注意避免抽象或空洞。例如，在某护理经验论文中，作者描述其方法是“为患者提供心理支持，以降低患者的不确定感。护士应使用良好的沟通技巧，使患者愿意与护士交流，从而……”该段描述可操作性较差，未具体描述采用哪些方法提供心理支持，采用哪些沟通技巧等，他人无法借鉴。

3. 结果/护理效果　主要叙述采取护理措施后的护理效果，并对观察患者采取护理措施前后的情况进行比较。可以通过典型病例的介绍，从护理对象反馈的情况，反映出护理经验的意义和价值，也可同时有一些必要的数据帮助说明护理的效果。

要注意避免经验论文的护理效果较空洞，例如，“全面提高了护士素质”、“提高了患者的满意度”，却缺乏一些必要的数据支持。也要避免有些描述不切实际，例如，某经验论文介绍了培养新护士的做法和体会，在结果中，除了提到有关新护士的评价指标外，还提到“提高了患者的生活质量”，这一效果就不大切合实际。

4. 讨论与分析　主要分析和解释产生护理效果的原因和作用机制，同时也可与以往的护理方法或措施相比较，在分析的基础上得出一定的护理经验和结论。在进行分析和解释时，应结合一定的理论依据来进行说明，以增加该护理方法的科学性，提高论文的学术水平，并能由此总结出新的认识和观点。

四、实例分析

（一）论文题目

老龄原发性高血压患者的社区干预护理体会

（二）前言部分

1. 原文

加强社区的卫生保健，是医院卫生工作发展的重要组成部分。原发性高血压是一种常见病和多发病，也是引起脑卒中和冠心病的危险因素，老龄高血压患者除坚持药物治疗外，加强社区卫生保健对于减少高血压并发症甚为重要。

2. 分析　此护理经验论文的前言较为简洁，介绍了所采用的护理措施或方法是“加强老龄原发性高血压患者的社区卫生保健”，其护理的意义和目的是“加强社区卫生保健对于减少高血压并发症甚为重要”。欠缺的是前言中对具体观察时间未做介绍。

（三）临床资料与方法部分

1. 原文

1. 临床资料

1.1　一般资料　选择老龄原发性高血压患者351例，其中60～70岁106例，70岁以上245例。男247例，其中曾有吸烟饮酒史者109例，单纯吸烟者32例，只饮酒者26例。女104例，其中有吸烟史者25例，有饮酒史者18例。高血压病程1～10年207例，11～20年93例，20年以上51例。心脑血管意外事件史：中风9例，心肌梗死5例。

1.2　老龄原发性高血压患者的心理特点　人到老年，随着机体各种功能的衰退，生理和心理活动发生一系列的变化，离退休影响、新老疾病的困扰等易产生孤独感、怀旧感、失落感和忧郁感，进而加重高血压的病情。因此，要根据老年人的心理特点进行疏导工作。

1.3　老龄原发性高血压患者的健康需求　随着年龄的增加，血压逐渐增高，且波动性大，影响健康。老人们对自身的健康状况越来越重视，希望能够经常得到有关健康方面的指导和帮助，以达到强身健体、改善生活质量的目的。我们举办的卫生保健讲座和咨询活动，95%以上的原发性高血压患者积极参加，学习有关原发性高血压卫生保健和饮食的知识。

2. 社区康复护理的操作程序

2.1 建立社区康复指导机构 由心血管内科医师1人，护理人员3人组成。

2.2 社区康复护理的操作方法

2.2.1 建立老龄原发性高血压患者的个人健康档案，有详细体检与实验室资料，便于掌握他们的健康状况。

2.2.2 定期巡诊 每周星期一定期测量血压和体检，如有特殊情况随诊。每年发放宣传资料2100份，开展咨询和健康讲座每月1～2次，接受咨询3000人次。将医疗、保健、康复和饮食咨询指导融为一体，指导老年人注意休息和适当活动，戒烟忌酒，清淡低盐低脂饮食等，为他们提供全面的社区卫生保健服务。

2.2.3 建立保健卡 我们为每位原发性高血压患者设立保健卡，将他们的健康状况、主要疾病、用药禁忌、家庭地址、联系电话等内容编在保健卡上，以便联系和应急处理。

2.2.4 开设家庭病床 开设家庭病床11张，专人上门提供病情观察、导尿、按摩、肢体功能锻炼等康复服务。

2.2.5 会同社区和家庭进行思想精神护理，加强与家人和居委会的沟通，取得支持和配合。协助居委会开设老年人协会，开展象棋、书法、保健操、歌咏、舞蹈、文艺晚会等有益的文化娱乐活动，倡导健康的生活方式，保持乐观的情绪，增强老年人战胜疾病的信心。

2. 分析 本文的“资料与方法”分两部分介绍，即“临床资料”和“社区康复护理的操作程序”。在“临床资料”部分作者介绍了选择研究对象的情况，并重点介绍了老年原发性高血压患者的心理特点和健康需求。“社区康复护理的操作程序”部分对具体的操作方法作了详细说明，包括建立社区康复指导机构、建立个人健康档案、定期巡诊、建立保健卡等，使读者明确具体的操作步骤，便于经验的推广；不足之处是未明确介绍护理效果判断的标准。

（四）护理结果部分

1. 原文

3. 结果

通过我们进行社区保健干预，350例老龄原发性高血压患者，在连续3年的社区健康服务中，只有3例出现血压波动需进一步临床治疗，其余病例的血压都基本控制在正常范围内，未发生心脑血管意外事件。

2. 分析 作者对研究对象的血压控制情况和并发症发生情况进行了介绍，说明社区康复护理的应用取得了较好的护理效果。

（五）讨论与分析部分

1. 原文

原发性高血压病发病率颇高，且呈现群体发病现象，应用群体的方法来防治，可取得良好的效果。国内外经验表明控制原发性高血压最有效的方法是社区防治，其主要目标是在一般人群中预防原发性高血压的发生，在高危人群中降低血压水平，提高原发性高血压患者的管理率、服药率和控制率，最后减少并发症发生[1]。普及社区健康，需要全科医务人员做大量工作。

原发性高血压病最易发生心脑血管意外事件，最常见的并发症是脑血管意外，其次是原发性高血压性心脏损害或心力衰竭，再次是肾衰竭[2]。倘若开展经常性的社区健康服务，使血压能经常保持正常，则不易发生心脑肾等并发症。

原发性高血压病是可预防的，健康的生活方式、合理的饮食、控制体重、低盐饮食、适量运动、戒烟忌酒和心理平衡，可降低原发性高血压的发病率。在社区干预过程中，医务人员与患者保持经常性接触，缓冲患者的紧张情绪，及早发现病情变化，及时采取相应对策，防患于未然。因为同患者密切的交谈中，可以疏泄其焦虑或抑郁情绪，所以心理治疗是无形的药物[3]。同时也增进了患者对原发性高血压病知识的了解，提高患者战胜疾病的信心。为了更有效地防治原发性高血压病，尚要重视心理和社会环境，运用生物-心理-社会的现代医学模式，积极开展公共教育、专业人员教育和原发性高血压患者教育，是社区健康教育的重要内容。

参考文献（3 篇，略）

2. 分析　讨论与分析部分：讨论部分作者主要分析和解释产生护理效果的原因："原发性高血压病呈现群体发病现象，应用群体的方法来防治，可取得良好的效果"；且"国内外经验也表明控制原发性高血压最有效的方法是社区防治"。文章的讨论部分对得出的经验和结论进行了很好的概括和分析。

在撰写护理经验论文时，也可以把护理效果和体会合为一段进行书写，重要的是要把"如何做的"、"这样做的效果"、"为什么会有此效果"和由此得出的体会介绍出来，以供他人借鉴。注意切忌将护理经验论文写成工作汇报的形式，否则会降低论文的学术性。

第四节　护理综述论文

一、概念

护理综述论文是护理论文的一种特殊体裁，是对特定护理主题在特定时间和领域内的情报资料的综合叙述，是作者在阅读大量原始文献后，对文献中提出的或探讨的某些护理问题的进展情况，经过将各种资料归纳、总结、对比、分析和评价，加上自己的观点而写成的一种专题性的学术论文。综述论文的任务是向同行或有关学科的读者展示某一学科领域或课题范围内的工作，常有一定的回顾性和系统性。简言之，综述就是总结、分析、评价和综合已发表的资料撰写成的论文。

综述论文与科研论文的区别主要在于综述论文资料来自文献，而科研论文资料数据是由研究者通过科研设计，自己收集到的。撰写综述论文是积累、理解和传播资料的过程，可使作者和读者对所论述的问题的发生、发展、历史背景和现状的来龙去脉有一个比较完整的了解，也是培养资料综合能力和提高科研能力的过程。

根据综述内容及写作的目的，一般有以下几种分类方法：①按照时间划分：回顾性综述、现状性综述、前瞻性综述。②按是否参考作者意见划分：归纳性综述、评论性综述。③按内容划分：动态性综述、成就性综述、争鸣性综述。

二、护理综述论文的特征

1. 信息性　文献综述将原始文献的同类内容加以归纳，使之集中化、系统化，同时又综合了各种讨论或争论的问题，因而可提供大量信息，一篇高质量综述所含的信息量相当于数十篇甚至数百篇文献的信息量。通过阅读综述，读者可用较少的时间获得较多的信息，及时了解某一学科领域或某一方面的发展概貌，从中了解新知识和吸取经验。此外，综述也指出了存在的问题及今后的发展趋势，为读者选择科研方向、寻找科研课题提供了重要的线索。

2. 新颖性　文献综述所引用的文献一般是近 3～5 年内发表的，新近发表的新鲜材料能够对医疗护理工作有指导作用，对读者引发兴趣可有所启发。国内期刊要求文献多少不一，一般 20～30 篇，其中近 3 年发表过的文献应占到 70%以上。

3. 综合性　文献综述综合了某一学科领域在一定时期内的研究概况，既有纵的描写，又有横的对比，并进行分析比较，可以令人开阔眼界。

4. 评述性　文献综述的作用不仅对某一学科领域的文献资料进行综合描述，而且在分析研究的基础上，发表自己的见解和观点，即所谓“评论”，对研究现状进行了优缺点的分析以及对今后应从哪些方面去研究和加以改进提出了期望。

5. 客观性　文献综述的作者在介绍他人的研究进展、成就和观点时，要如实地反映；再以评论形式阐述自己的观点和看法时，也要客观分析，决不能臆想、推测和拔高。

三、综述论文的写作步骤

1. 选题　选题是写好文献综述的首要条件。选题要从实际出发，具有明确的目的，在理论或实践上有一定的意义。一般综述论文选题来源有：从实际工作或科研工作中发现某方面问题需要归纳；某护理问题的研究近年来发展较快，需要综合评价；从掌握的大量文献中选择本学科的新理论、新技术或新动向的题目；与自己科研内容和方向有关的题目。

综述选题时，要注意以下几点：①题目要明确具体，选题的范围不宜太大，越具体越容易收集文献，写作目的性也越明确，容易深入。②题目要结合自己的工作，只有在自己熟悉的工作范围内才能写出切合实际的文章。③要注意客观条件，确定文献的来源是否充足，是否有保证。④题目要有创新、有实用价值。

2. 收集资料　综述论文题目确定之后，即应在可能的范围内广泛收集有关的中文和外文文献资料。文献资料是撰写综述的基础，围绕中心内容的文献越多越全越好。参考文献的多少常被作为衡量一篇综述文章价值的指标之一。选择文献应先看近期的（近 2～3 年），后看远期的。在收集资料时，应注意所收集到的资料应具备以下特点：①选材重点放在新资料上，并注意资料的权威性，必要时也可选用年代较远的但在该领域较权威的资料。②选择具有代表性和典型的材料。③可适当引用一些不同观点的资料。

3. 整理资料　资料收集全后，首先要进行阅读整理、去粗取精。在广泛阅读资料的基础上，再深入复习几篇具有代表性的文章，注意必须找到原文阅读，特别是有权威性的文献应细读。在阅读文献过程中应做好读书卡片或笔记，为综述成文做好准备。阅读文献要达到以下目的：①充分了解学术界在此专题方面的发展情况。②了解与该题目有关的一些材料，为撰写综述打下基础。③在阅读过程中，了解他人的写法，给自己写综述提供参考。

4. 撰写　就文献综述撰写工作而言，一般是阅读和收集文献的时间较长，一旦开始撰写，即应在短期内完成初稿，在初稿每一页应留有一定空白，以便再补充文献，进行下一步的整理修改，最后形成全文。综述文章的完成虽然依靠大量的资料，但绝不是文献资料的罗列堆积，而是一种知识再创造的学术过程，是在作者掌握一定数量的文献资料后，先把文献归类，从中选出有理论和实践意义的资料作为参考，在舍弃一些意义不大的内容后，先列出文献综述的书写提纲，如确定前言写什么、中心部分分几个大标题、下面又有几个分标题、应介绍什么内容、小结的内容写什么等，使文章大体有个轮廓，然后根据此提纲进行写作，切忌将文献综述写成“剪贴”式的文章。

四、护理综述论文的基本格式要求

综述论文的文题、作者署名、摘要、关键词等部分的书写要求与科研论文相一致。

（一）引言（前言）部分

引言（前言）部分主要说明综述的立题依据和综述目的，介绍有关概念或定义和讨论范围，并介绍综述的有关护理问题的现状、存在问题、争论的焦点和发展趋势等。前言应起到概况和点明主题的作用，使读者对综述内容有一个初步了解。前言部分不宜过长，文句要简练，重点突出。

（二）中心部分

中心部分是综述论文的主体部分，也是综述全文的重点。这部分内容包括提出问题、分析问题和解决问题的过程，通过比较各专家学者的论据，结合作者自己的研究成果、经验和观点，从不同角度来阐述有关护理问题的历史背景、现状、争论焦点或存在问题、发展方向和解决办法等。主体部分无固定的写作格式，一般由作者在列出的写作提纲中确定几个要论述的问题，分段叙述。内容要紧扣主题，要有根据，切忌主观臆断。在写作过程中要引用各种文献资料来帮助说明问题，引文资料的选择要具有理论和实践意义，要有创新的内容，并且比较成熟可靠。引用他人资料要严肃，不可歪曲原作精神，要尊重别人的工作。论述问题要明确，对不同观点一般将肯定的意见写在前面，否定的见解写在后面，作者还可结合自己的研究和工作经验发表观点。注意避免只片面描写符合自己观点的资料。

在书写中心部分时，常出现的问题是：

1. 层次混乱　在书写综述时，各层次小标题之间的关系应有逻辑性。有些综述论文同一层次的小标题之间并非并列关系，或小标题与其次级小标题之间并非从属或包含关系，甚至在各小标题之间出现交叉和重叠现象，导致全文层次混乱，结构不合理。

2. 论据不充分　综述论文的论述应建立在有充分文献的基础上，而下列常见问题均会导致论据不充分，或论点说服力差。

（1）缺乏文献支持：有些综述论文在描述某一观点时，或甚至在整段文字中，一篇文献都没有，全部是个人观点或经验的论述，这样的观点缺乏实证支持，因此说服力差，不符合综述论文的写作要求。

（2）文献量少或文献陈旧：有些综述论文虽引用了文献，但仅仅以 1 或 2 篇文献为依据，或引用的文献过于陈旧，同样可导致论述的说服力差。

（3）间接引用：综述论文以大量文献为基础，因此要求作者直接阅读文献的原文，尤其是科研论文，以保证引用的准确性和论据的有效性。但有些综述论文引用了很多间接文献，尤其在文中引用了很多篇综述论文，这样难以保证其准确性。

3. 简单罗列文献　有些综述论文在论述某一主题时，缺乏对文献的归纳和综合，只是将各文献的结果和观点罗列在一起，变成“张某报道……”“王某的研究显示……”这样容易导致内容散乱，缺乏主线。在陈述文献时，可按一定规则，将文献有机归纳在一起，例如，按照某研究主题的年代顺序，或按照观点的正反面来组织文献。

（三）小结

小结部分要对文章的主要内容扼要地做出总结，应与前言部分相呼应。对有关论述的问题、存在的问题和今后研究方向，作者可提出自己的观点和见解。注意对有争议的学术观点，小结时用词要恰如其分、留有余地。

（四）参考文献

参考文献是综述论文的重要组成部分。因为综述论文写作内容主要依据参考文献而来，故综述列出的文献量要比一般科研论文多，一般杂志要求综述文献列出10～20篇。参考文献可标明所引用资料的来源，进而体现综述的可信度，有利于读者据此去查阅原始文献，同时作者的版权也受到了保护和尊重。引用文献的基本原则有：①必须是作者亲自阅读的较新、较有价值的参考文献。②尽量选用权威性如核心期刊发表的文献。③尽量引用一次性文献，不选用未公开发表的文献，避免引用或少引用教材或专科书的资料，因为其为二次文献，时效性较差。④选用权威、知名学者发表的文献。

综述论文初稿完成后，要反复修改和补充，力求完善，包括检查文章内容是否概括了所讨论的护理问题的历史背景，分析推论是否客观，引用文献是否充分等。综述中一般不用图解和照片，若为了说明问题必须用图解时，也需在图的文字叙述中注明“参见原文图解”。综述发表前，最好请有关专家和同行审阅，进行补充和修改，使论点更完善，这也是一种严谨的科学态度。

五、实例分析

（一）论文题目

原发性高血压社区干预研究进展

（二）引言部分

1. 原文

我国1991年对15岁以上94万人群进行抽样普查，原发性高血压标化患病率为11.2%，与1979～1980年相比，10年间患病率增加了25%[1]。目前我国原发性高血压患者已经达到1.3亿[2]。原发性高血压是心脑血管病诸多危险因素中最重要的独立危险因素。此外，我国以原发性高血压及并发心、脑血管疾病为主的慢性病医疗费用以每年17.7%的速度递增[3]，给国家和个人带来严重的社会问题和沉重的经济负担。国内外关于如何控制原发性高血压进行了大量研究，一致认为原发性高血压流行是一个群体现象，对人群采取适当的干预，可降低原发性高血压的发病率、致残率和死亡率[4]。而社区干预是控制原发性高血压最有效的方法，现对原发性高血压社区干预的研究现状综述如下。

2. 分析　文章第1段为综述的引言部分，此部分不宜过长，它以简明的文字介绍文章的立题依据和综述目的，它虽不是论文的主体，但读者通过引言部分可了解本文的轮廓，对综述内容有一个初步了解，并引出正文。本文立题的依据为我国原发性高血压的发病率很高，且呈上升趋势；原发性高血压是心脑血管病诸多危险因素中最重要的独立危险因素；医疗费用逐年递增，给国家和个人带来严重的社会问题和沉重的经济负担。说明原发性高血压是威胁人类健康的重大疾病，需要进行研究。且国内外的研究一致认为对人群采取适当的干预，可降低原发性高血压的发病率、致残率和死亡率。所以作者以此为题进行综述。不足之处是未说明综述的目的，如是为社区护理人员进行原发性高血压患者的干预提供参考，还是通过综述找出原发性高血压社区干预的下一步研究方向。

（三）主体部分

1. 原文

1. 社区干预定义及干预策略

原发性高血压社区干预是指对社区内原发性高血压患者进行有计划、有组织的一系列活动，以创造有利于健康的环境，改变人们的行为和生活方式，降低危险因子，从而促进健康，提高原发性高血压患者的生活质量[5]。干预策略采用全人群策略和高危人群策略相结合的方法[6]。全人群策略是指对干预社区内全体人群进行健康教育，减少原发性高血压的发病。高危人群策略是指对原发性高血压患者进行检查、治疗，减少并发症。

2. 社区干预方法

对文献进行分析，可将干预方法概括为以下几种：合作管理、健康教育、行为干预、心理干预等。

2.1　合作管理　也称医患互动式合作管理[3]。社区建有原发性高血压三级管理网络，专人进行逐级检查指导工作。全科医师任干预的主要实施者，为每个患者建立健康档案，定期查体，定期发放健康知识宣传手册。与患者建立固定的联系，定期对患者进行随访和个体化指导。这种服务模式使干预者和患者能保持持久联系，深受患者和家属的欢迎。

2.2　健康教育　目前国内外学者一致认为，健康教育是控制和预防原发性高血压的重要手段[6]。教育形式包括不定期的医学讲座、定期出宣传板报、赠送宣传画页或小册子、组织看录像等。内容上针对原发性高血压危险因素如肥胖、不合理饮食、过量饮酒、负性情绪等以及原发性高血压病因、临床表现、用药、监测血压进行健康教育。在健康教育时，特别重视对女性的教育[7]，因为女性的知识行为对家人更有影响，在自己接受干预的同时，也让家人接受干预。

2.3　行为干预　即改变患者不良的生活方式，养成良好的行为习惯。首先建立合理的膳食模式[8]，限制钠盐的摄入，采用低脂低热量饮食。为动态观察膳食结构的变化，给患者发放日历，记录每天摄入的食物的种类。限制烟酒。在合理饮食的同时，还要经常参加体力劳动和体育锻炼，促进热量的消耗，减少多余的脂肪，控制体重，增强体力[9]。

2.4　心理干预　最常用的干预方法有心理支持和放松疗法。心理支持是针对原发性高血压患者不同的心理症状，用关怀、启发、鼓励、说服等方式[10]，有的研究者请心理医师给患者做暗示、预防性谈话、强化性治疗[11]，建议患者平时要有一定范围的人际交往，培养自我控制能力，遇事果断，在困难面前不回避，能够扬长避短[12]。放松疗法包括松弛-默想[12]、事件松弛法[12]、气功、太极拳法[12]、放松静坐法[13]、倾听音乐法[13]、兴趣培养法[13]、催眠暗示法[13]、放松训练[14]等。

3. 社区干预效果

3.1　提高原发性高血压患者服药依从性　肖冬梅等[15]通过对老年原发性高血压患者进行社区服药行为干预，干预组的规律服药率提高了 60.32%，间断服药率提高了 55.81%，与对照组相比差异有显著性。张雅雯等[16]对 90 例社区原发性高血压患者的护理干预研究结果显示，实验组患者在按时检查、饮食控制、服药方法、自我监测等 4 个方面行为的遵医率均比对照组患者的高，并且差异有显著性。这些说明通过社区干预，原发性高血压患者对非药物治疗控制原发性高血压知识和对原发性高血压后果的相关知识的知晓率提高，个体能够主动、自觉地改善不良行为，改变了对药物治疗的认识，从而提高了服药依从性。

3.2　对脑卒中发病率和死亡率的影响　20 世纪 90 年代大量文献研究报道表明，社区干预可有效控制脑卒中的发病率和死亡率。方向华等[17]对“中国七城市脑卒中干预试验”的资料做进一步分析，发现3年中干预组脑卒中发病的危险减少了29%，死亡减少了40%。周艳宏等[18]对长沙市部分社区原发性高血压患者进行综合性干预，结果显示干预组脑卒中发病率下降约50%。

3.3 防止临界原发性高血压转为持续原发性高血压 王育珊等[19]对广州市180例老年临界原发性高血压患者进行社区干预，结果干预组在原发性高血压知识和行为改善方面提高很多。两年后由临界原发性高血压发展成原发性高血压的，干预组为30.89%，对照组为58.70%，干预组确诊为原发性高血压的发病率明显低于对照组，差别有显著性。这说明了社区干预可使患者减轻体重、控制钠盐、戒烟戒酒、适量运动、保持心理平衡，是治疗临界原发性高血压的有效措施。

3.4 建立良好的医患关系 医务人员对原发性高血压患者进行各种知识讲座和心理咨询，走进社区，走进患者家中，甚至进行一对一式个体指导，医患沟通极为便捷，患者在治疗中遇到困难能及时得到帮助。

4. 社区干预的实施者

以上大多是社区医师或心理医师的研究结果，护士承担的原发性高血压患者社区干预和对干预的研究不是很多。可能因为我国目前社区护士的角色以二级预防为主，主要护理活动中包括了家访、测血压、健康教育、协助患者进行心电图检查、血化验等[20]。其实护士与患者及其家属的接触是最频繁、最紧密的，这将便于护士有效地进行教育和干预。通过健全社区护理的相关政策、重视护士在社区护理中的作用，加强对社区护士的培训，护士可成为原发性高血压社区护理的主力军。

2. 分析 主体部分的叙述是没有固定格式的，有的综述是按问题的发展依年份顺序介绍，也有的综述是按问题的现状加以阐述的。一般由若干部分组成，每部分均冠以小标题。不论以何种形式论述，这部分内容均包括论点和论据两大部分。一般是先提出问题，然后围绕所提出的问题进行分析与论述。对于层次或观点较多的内容，可根据撰写目的，分别罗列小标题，组成若干个小部分，然后在每个小标题下论述一个观点、一个事件或一个侧面内容。本文中，第2～4部分是文章的主体部分，“社区干预定义及干预策略”、“社区干预方法”、“社区干预效果”和“社区干预的实施者”是作者在文章中论述的主要问题。围绕这几个主要问题，作者从不同角度对原发性高血压的社区干预进行了阐述，并引用大量文献资料对自己的观点进行论述，说明观点的来龙去脉，揭示问题的实质。文章中引用的资料应确切无误，论据、论证充分有力，说理令人信服。对不同观点甚至是相反观点，都要客观如实反映。综述者本人的观点也可以在其中进行表明，但不应占主要地位。

（四）小结部分

1. 原文

5. 小结

虽然原发性高血压社区干预的研究已经很多，但仍有研究的空白，例如，如何建立社区干预管理体系？在众多的综合干预手段中，哪种干预手段起到关键性作用？干预的核心是什么？科学、准确、有效的干预评价标准是什么？这些都是亟待解决的问题。总之，开展原发性高血压患者社区干预，帮助原发性高血压患者掌握知识、树立健康观念、建立健康的行为和生活方式、减少危险因素，促进健康和提高生活质量是有必要和有意义的。

参考文献（20篇，略）

2. 分析　本文第5部分为小结部分，对综述的主要内容进行总结，同时作者还提出了自己的观点，“虽然原发性高血压社区干预的研究已经很多，但仍有研究的空白”，“开展原发性高血压患者社区干预，帮助原发性高血压患者掌握知识、树立健康观念、建立健康的行为和生活方式、减少危险因素，促进健康和提高生活质量是有必要和有意义的”，并进一步提出了原发性高血压社区干预的研究方向。

（陆　虹）

附　　录

附录一　知情同意书范例

知情同意书

亲爱的患者：

我们将邀请您参加一项住院患者的护理服务需求的研究，尽管该研究不会对您带来直接的益处，其结果将有益于护理人员了解住院患者的护理服务需求，并帮助患者满足这些需要。

此项研究已经第一中心医院有关部门批准。研究过程不会对您及家庭带来任何风险或伤害。主要研究过程包括：回答一份关于住院患者护理服务需求的问卷；填写一份一般状况调查表。全部过程将花费您 20 分钟时间。您可以对有关研究的问题作任何的提问，请拨电话 999999999 找刘女士联系。

您可以自主决定是否参加此研究，也可以在任何时间退出研究，这对您不会造成任何影响。

研究数据将被编码，所以不会提及您的名字。在研究进行中或研究报告出版、公开发行时，您的名字也不会被提及。所有的数据将由研究者收集，并被保存在一个安全场所，未经您的允许不会告诉任何人。

我已经阅读这份同意书并资助同意参与这项研究。

研究对象签字　　　　日期　　　　或法定代理人　　　　日期
与研究者的关系：

我已经将研究内容向研究对象作了解释，并且已经得到其对于知情同意的理解。

研究者签字
日期

附录二　科技查新咨询

科技查新是以文献检索为手段，运用分析和对比的方法，为评价科研立项、成果鉴定及专利申请等项目的新颖性和先进性提供科学依据的一种信息咨询服务。其重点是评价项目有无创新点，对研究项目的整体水平、技术水平进行综合评判，并做出结论报告，为专家评议提供全面、准确的客观依据。卫生部1989年正式颁布了《卫生部卫生科技项目查新咨询工作规定》，指出查新咨询工作是科研管理工作的重要组成部分。通过科技查新，可以减少科研重复浪费，提高科技投资效益，避免成果评审失准，增强开发竞争潜力，从情报角度上保证高水平、高起点、高质量，提高总体科技水平。

一、科技查新咨询的意义

1. 为科研立项提供客观依据　科研课题在试点、研究开发目标、技术路线、技术内容、技术指标、技术水平等方面是否具有新颖性，在正式立项前，首要的工作是全面地、准确地掌握国内外的有关情报，查清该课题在国内外是否已研究开发过。通过查新可以了解国内外有关科学技术的发展水平、研究开发方向、是否已研究开发或正在研究开发、研究开发的深度及广度、已解决和尚未解决的问题等。对所选课题是否具有新颖性的判断提供客观依据，防止重复研究开发而造成人力、物力、财力的浪费和损失。

2. 为科技成果的鉴定、评估、验收、转化、奖励等提供客观依据　查新可以为科技成果的鉴定、评估、验收、转化、奖励等提供客观的文献依据，并保证其科学性和可靠性。同时，也加强了科研管理的科学化、民主化和规范化。如果没有查新部门提供可靠的查新报告作为文献依据，只凭专家小组的专业知识和经验，难免会有不公正之处，可能会人为地提高或降低成果等级，既不利于调动科技人员的积极性，又妨碍成果的推广应用。

3. 为科技人员进行项目研发提供大量的、可靠的文献信息　未进行查新前，相当一部分科研人员对本行业的技术信息情况了解得不够详细，而查新机构一般具有丰富的信息资源和完善的计算机检索系统，回溯检索或跟踪检索非常方便，甚至几分钟之前的文献数据都可检索到。通过查新人员的查新，可大量节省科技人员查阅文献资料的时间。

二、查新咨询的程序

1. 查新委托受理　查新委托人根据待查新项目的专业、科学技术特点、查新目的、查新要求以及需要查证其新颖性的科学技术内容，自主选择查新机构。查新机构确定查新员和审核员，向用户说明该课题的委托步骤和手续，并向用户提供查新委托单，说明委托单的填写要求，完成课题登记。并要初步审查查新委托人提交的资料是否存在缺陷；是否符合查新要求；判断查新委托人提交的资料内容是否真实、准确。若接受查新委托，按照查新规范，与查新委托人订立查新合同。

2. 分析课题，确定查新方案　查新员在接待委托用户时，应该向委托人了解查新项目的历史与现状，立项的意图，实验方法，涉及方案，现有技术和技术参数。项目的先进性、创造性、新颖性和实用性所在，提供的主题词和关键词能否反映项目的主要内容。在初步掌握以上情况后，还要进一步精读、研究查新项目的内容，明确查新委托人提出的查新点与查新要求，确定检索文献的类型和检索的专业范围、时间范围，制订周密、科学而具有良好操作性的检索策略。

3. 实施检索　查新检索是查新咨询工作的基础环节，检索工作的好坏直接影响查新结果的质量。可以采用机检为主、手检为辅相结合的手段，提高检索速度，并确保查全。在检索过程中检索的概念要少，同类检索词要多，尽量选用反映课题的主要概念、基本概念的同类检索词，少用或不用次要概念。同一概念有不同的表达形式，应当尽量收齐近义词、同义词、相关词等。另外，要注意分析概念的内涵与外延，对某些概念不能只看表面，应该透过现象看本质，充分理解它的内涵和外延，注意隐含概念的提取。

4. 收集阅读原始文献，综合分析对比　手检、机检完成以后，可得到少则十几篇多则上百篇的相关文献题录或摘要，这就要求先看文摘，对密切相关文献要找出原文阅读分析，根据情况需要再决定是否扩大收集原文范围。在阅读原文的基础上，对与查新课题密切相关的内容、技术指标进行分析、综合、对比后，明确它们的不同点，并按密切相关、一般相关文献的顺序列出检索附件。

5. 专家咨询　查新人员不可能精通各门学科，对检索中遇到的疑点、难点或不清楚的地方，应该及时与有关学科专家咨询，听取专家对所查项目创造性、科学性和实用性的客观评价。

6. 撰写查新报告　查新报告是查新咨询工作的最终体现，应该完整反映查新工作的步骤和内容，供有关人员审查评议。

（1）查新报告基本内容包括：①查新报告编号，查新项目名称，查新委托人名称，查新委托日期，查新机构的名称、地址、邮政编码、电话、传真和电子信箱，查新员和审核员姓名，查新完成日期。②查新目的、查新项目的科学技术要点、查新点与查新要求、文献检索范围及检索策略、检索结果、查新结论、查新员与审核员声明、附件清单。③查新委托人要求提供的其他内容。

（2）撰写查新报告应该注意的几个问题：撰写查新报告必须在全面掌握大量第一手材料的基础上进行，严把质量关，做到客观、公正、全面、准确、清晰地反映查新项目的真实情况，不得误导。撰写过程中必须注意以下几点：①查新报告应当采用描述性写法，使用规范化术语，文字、符号、计量单位应当符合国家现行标准和规范要求；不得使用含意不清、模棱两可的词句；应当包含足够的信息，使得查新报告的使用者能够正确理解。②查新报告中的任何分析、科学技术特点描述、每一个结论，都应以客观事实和文献为依据，完全符合实际，不包含任何个人偏见。③“文献检索范围及检索策略”应当列出查新员对查新项目进行分析后所确定的手工检索的工具书、年限、主题词、分类号和计算机检索系统、数据库、文档、年限、检索词等。④“检索结果”应当反映出所检数据库和工具书中的相关文献情况及对相关文献的主要论点进行对比分析的客观情况。对于检索结果为零的查新项目，一般应该再次检索或扩大检索范围。若国内外的确没有同类研究或查不到相关文献，应当客观写明“利用上述关键词及其组配方式，手检机检多少年限的上述检索工具书和数据库，未检到国内外有关本课题研究内容的相关文献报道”。⑤查新报告中一般不下“水平”结论，因为查新咨询是国内外文献资料的情报调研，主要起公正、客观的证明作用，为鉴定和成果评审及决策提供情报咨询报告，鉴定评级并不是查新员的任务。

7. 查新结果审核　查新员完成查新工作后，应将全部材料（检索结果、查新报告初稿等）交给查新审核员做最终审查。

审核员应从查新策略、查新手段、查新范围以及分析结论予以严格审查，对查新报告的质量做最后的把关。对审查不合格的查新报告，应该退还查新员重查、重写。如查新报告审查通过，则查新员和审核员在查新报告上签字，加盖“科技查新专用章”。

8. 提交报告，文件归档　查新机构按查新合同规定的时间、方式和份数向查新委托人提交查新报告及其附件。查新员按照档案管理部门的要求，及时将查新项目的资料、查新合同、查新报告及其附件、查新咨询专家的意见、查新员和审核员的工作记录等存档。

出具查新报告通常需要 15～20 天的时间，对于内容复杂的项目，则应相应延期。查新报告有效期一般不超过 1 年，逾期必须补查或重查。

附录三　随机数字表

	1	2	3	4	5	6	7	8	9	10	11	12	13	14	15	16	17	18	19	20	21	22	23	24	25
1	03	47	43	73	86	36	96	47	36	61	46	98	63	71	62	33	26	16	80	45	60	11	14	10	95
2	97	74	24	67	62	42	81	14	57	20	42	53	32	37	32	27	07	36	07	51	24	51	79	89	73
3	16	76	62	27	66	56	50	26	71	07	32	90	79	78	53	13	55	38	58	59	88	97	54	14	10
4	12	56	85	99	26	96	96	68	27	31	05	03	72	93	15	57	12	10	14	21	88	26	49	81	76
5	55	59	56	35	64	38	54	82	46	22	31	62	43	09	90	06	18	44	32	53	23	83	01	30	30
6	16	22	77	94	39	49	54	43	54	82	17	37	93	23	78	87	35	20	96	43	84	26	34	91	64
7	84	42	17	53	31	57	24	55	06	88	77	04	74	47	67	21	76	33	50	25	83	92	12	06	76
8	63	01	63	78	59	16	95	55	67	19	98	10	50	71	75	12	86	73	58	07	44	39	52	38	79
9	33	21	12	34	29	78	64	56	07	82	52	42	07	44	38	15	51	00	13	42	99	66	02	79	54
10	57	60	86	32	44	09	47	27	96	54	49	17	46	09	62	90	52	84	77	27	08	02	73	43	28
11	18	18	07	92	46	44	17	16	58	09	79	83	86	19	62	06	76	50	03	10	55	23	64	05	05
12	26	62	38	97	75	84	16	07	44	99	83	11	46	32	24	20	14	85	88	45	10	93	72	88	71
13	23	42	40	64	74	82	97	77	77	81	07	45	32	14	08	32	98	94	07	72	93	85	79	10	75
14	52	36	28	19	95	50	92	26	11	97	00	56	76	31	38	80	22	02	53	53	86	60	42	04	53
15	37	85	94	35	12	83	39	50	08	30	42	34	07	96	88	54	42	06	87	98	35	85	29	48	39
16	70	29	17	12	13	40	33	20	38	26	13	89	51	03	74	17	76	37	13	04	07	74	21	19	30
17	56	62	18	37	35	96	83	50	87	75	97	12	25	93	47	70	33	24	03	54	97	77	46	44	80
18	99	49	57	22	77	88	42	95	45	72	16	64	36	16	00	04	43	18	66	79	94	77	24	21	90
19	16	08	15	04	72	33	27	14	34	09	45	59	34	68	49	12	72	07	34	45	99	27	72	95	14
20	31	16	93	32	43	50	27	89	87	19	20	15	37	00	49	52	85	66	60	44	38	68	88	11	80
21	68	34	30	13	70	55	74	30	77	40	44	22	78	84	26	04	33	46	09	52	68	07	97	06	57
22	74	57	25	65	76	59	29	97	68	60	71	91	38	67	54	13	58	18	24	76	15	54	55	95	52
23	27	42	37	86	53	48	55	90	65	72	96	57	69	36	10	96	46	92	42	45	97	60	49	04	91
24	00	39	68	29	61	66	37	32	20	30	77	84	57	03	29	10	45	65	04	26	11	04	96	67	24
25	29	94	98	94	24	68	49	69	10	82	53	75	91	93	30	34	25	20	57	27	40	48	73	51	92
26	16	90	82	66	59	83	62	64	11	12	67	19	00	71	74	60	47	21	29	68	02	02	37	03	31
27	11	27	94	75	06	06	09	19	74	66	02	94	37	34	02	76	70	90	30	86	38	45	94	30	38
28	35	24	10	16	20	33	32	51	26	38	79	78	45	04	91	16	92	53	56	16	02	75	50	95	98
29	38	23	16	86	38	42	38	97	01	50	87	75	66	81	41	40	01	74	91	62	48	51	84	08	32
30	31	96	25	91	47	96	44	33	49	13	34	86	82	53	91	00	52	43	48	85	27	55	26	89	62
31	66	67	40	67	14	64	05	71	95	86	11	05	65	09	68	76	83	20	37	90	57	16	00	11	66
32	14	90	84	45	11	75	73	88	05	90	52	27	41	14	86	22	98	12	22	08	07	52	74	95	80
33	68	05	51	18	00	33	96	02	75	19	07	60	62	93	55	59	33	82	43	90	49	37	38	44	59
34	20	46	78	73	90	97	51	40	14	02	04	02	33	31	08	39	54	16	49	36	47	95	93	13	30
35	64	19	58	97	79	15	06	15	93	20	01	90	10	75	06	40	78	73	89	62	02	67	74	17	33
36	05	26	93	70	60	22	35	85	15	13	92	03	51	59	77	59	56	78	06	83	52	91	05	70	74
37	07	97	10	88	23	09	98	42	99	64	61	71	62	99	15	06	51	29	16	93	58	05	77	09	51
38	68	71	86	85	85	54	87	66	47	54	73	32	08	11	12	44	95	92	63	16	29	56	24	29	48
39	26	99	61	65	53	58	37	78	80	70	42	10	50	67	42	32	17	55	85	74	94	44	67	16	94
40	14	65	52	68	75	87	59	36	22	41	26	78	63	06	55	13	08	27	01	50	15	29	39	39	43
41	17	53	77	58	71	71	41	61	50	72	12	41	94	96	26	44	95	27	36	99	02	96	74	30	83
42	90	26	59	21	19	23	52	23	33	12	96	93	02	18	39	07	02	18	36	07	25	99	32	70	23
43	41	23	52	55	99	31	04	49	69	96	10	47	48	45	88	13	41	43	89	20	97	17	14	49	17
44	60	20	50	81	69	31	99	73	68	68	35	81	33	03	76	24	30	12	48	60	18	99	10	72	34
45	91	25	38	05	90	94	58	28	41	36	45	37	59	03	09	90	35	57	29	12	82	62	54	65	60
46	34	50	57	74	37	98	80	33	00	91	09	77	93	19	82	74	94	80	04	04	45	07	31	66	49
47	85	22	04	39	43	73	81	53	94	79	33	62	46	86	28	08	31	54	46	31	53	94	13	38	47
48	09	79	13	77	48	73	82	97	22	21	05	03	27	24	83	72	89	44	05	60	35	80	39	94	88
49	88	75	80	18	14	22	95	75	42	49	39	32	82	22	49	02	48	07	70	37	16	04	61	67	87
50	90	96	23	70	00	39	00	03	06	90	55	85	78	38	36	94	37	30	69	32	90	89	00	76	33

附录四 SPSS 统计分析软件的应用

SPSS 是国际上通用的统计软件之一，广泛应用于社会科学、心理学、医学等各个领域。SPSS for Windows 可在 Windows 98/2000/xp 环境下使用，并配有帮助系统，以帮助应用者自学。目前 SPSS 已推出很多版本，各版本的基本统计功能类似，但随着版本的更新，功能日益完善，操作越来越简便。下面以 SPSS 12.0 版本为例，介绍在 SPSS 统计软件中建立和编辑数据文件的操作方法，以及如何运算前面提到的基本统计学分析方法。

一、SPSS 软件的安装

必须将 SPSS 软件包安装在计算机上，才可使用该软件。双击 SPSS 软件包中的“setup”安装文件（附图 1），按指示进行安装。

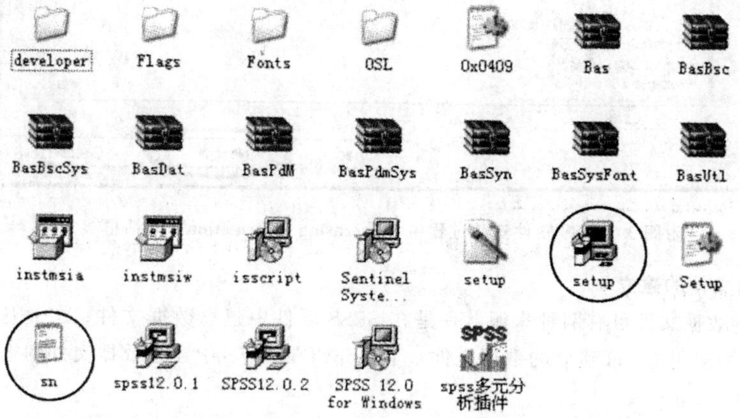

附图 1 SPSS 软件包中的文件列表

在安装过程中，遇到附图 2 所示的对话框时，要求输入“License Code”。

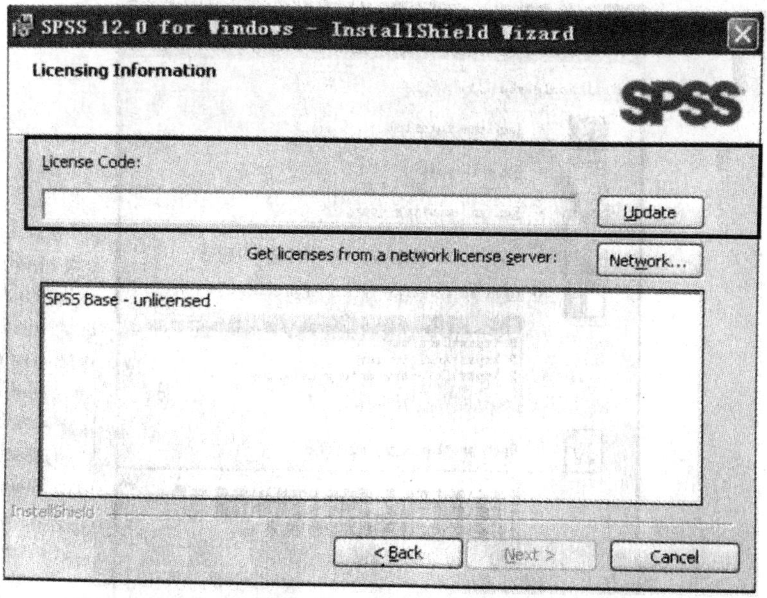

附图 2 SPSS 软件安装过程中“Lecensing Information”对话框（1）

此时，需打开附图 1 中所示的“sn”文件，将该文件中“SPSS 注册码”处的一行数字粘贴在“License Code”处，点击右侧的“Update”按钮（附图 3），即完成注册码信息的填写。然后点击“Next”按钮，接着进行下一步操作，直至安装完成。

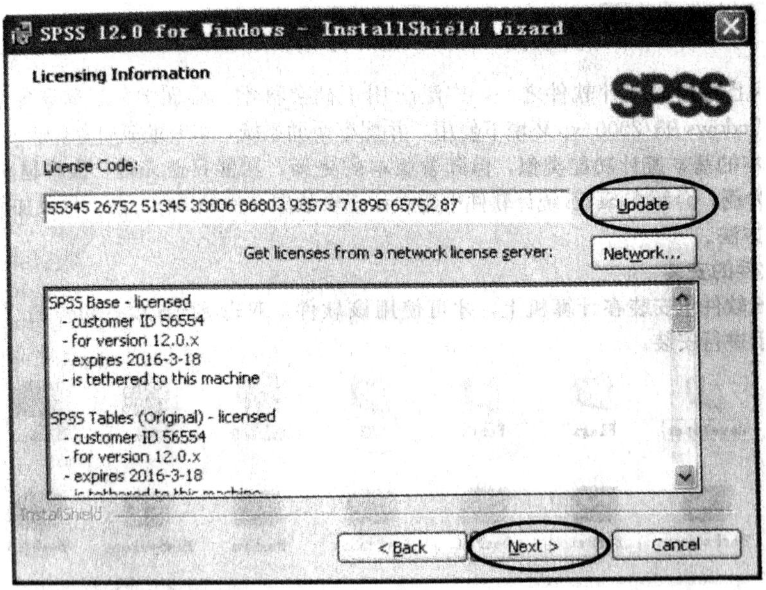

附图 3　SPSS 软件安装过程中“Lecensing Information”对话框（2）

二、SPSS 数据文件的建立

SPSS 所处理的数据文件可有两种来源：一是在 SPSS 软件中建立数据文件；二是从 SPSS 外部调用已建立的数据文件，如使用 Excel 建立的数据文件。下面介绍在 SPSS 中建立数据文件的方法。

（一）打开 SPSS

可通过下列两种方式打开 SPSS：①左键单击计算机桌面左下角的“开始”→“程序”→“SPSS 3.0 for Windows”。②若桌面上有 SPSS 快捷方式图标，直接双击该图标即可。启动 SPSS 后，显示下列对话框（附图 4）。

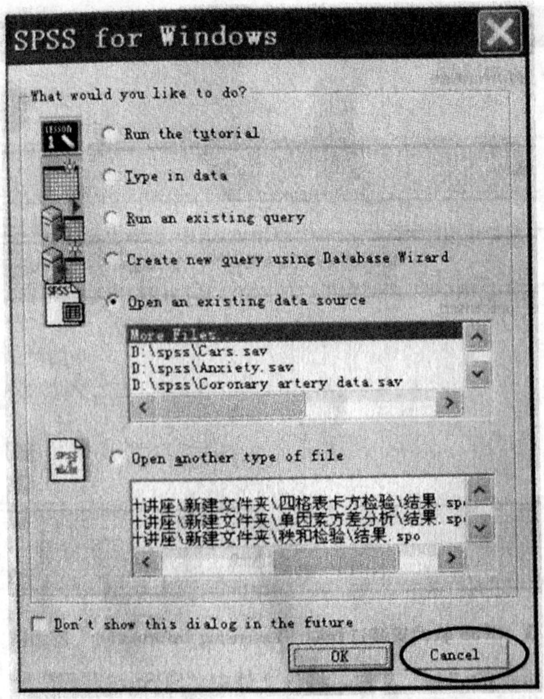

附图 4　SPSS 运行对话框

点击 “Cancel” 按钮，即进入 SPSS 主界面（附图 5）。

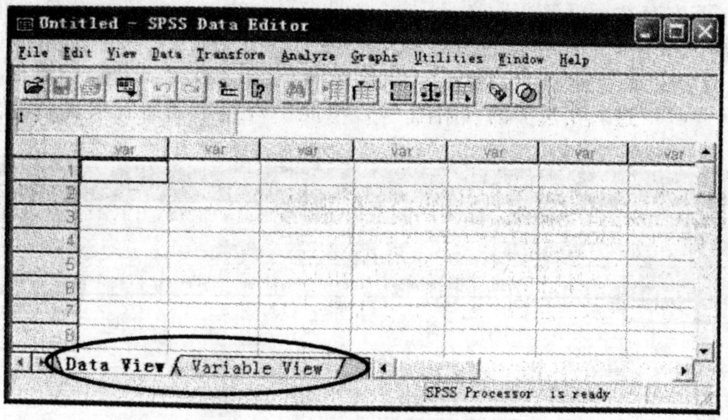

附图 5　SPSS 主界面（数据界面）

在 SPSS 主界面中，最上面一行是主菜单，每个菜单都包括一系列功能，用鼠标左键单击可出现下拉式菜单，以进一步选择和操作。主菜单的含义及其主要功能见表附表 1。

附表 1　　SPSS 主界面中主菜单的含义及常用功能

主菜单	含义	主要功能
File	文件操作	Open 打开数据文件 Save 保存 Save As 另存为 Print 打印 Exit 退出
Edit	编辑	Undo 撤销操作 Redo 恢复操作 Cut 剪切 Copy 复制 Paste 粘贴 Clear 清除
View	视图	Status Bar 状态栏 Toolbars 工具栏
Data	数据编辑	Insert Variable 插入变量 Insert Cases 插入病例 Select Cases 选择病例 Merge Files 合并文件 Split Files 拆分文件 Select Cases 选择病例
Transform	转换	Compute 计算出新变量 Recode 重新编码
Analyze	分析	Descriptive Statistics 描述性统计 Compare means 比较均数 Correlate 相关分析 Regression 回归分析 Nonparametric tests 非参数检验
Graphs	图表	生成与编辑各种统计图表
Utilities	工具	
Window	窗口	包括变量列表、文件信息等
Help	帮助	包括指南、统计学指导、询问等

（二）定义变量

在 SPSS 界面的左下方有 2 个标签（附图 2），一个是“Data View”（数据界面，即主界面），用于进行数据的录入和分析；另一个是“Variable View”（变量界面），用于定义变量。在建立新的数据文件时，首先应点击“Variable View”，进入变量界面（附图 6），将原始资料中的所有项目名称输入在变量界面，即定义变量及其属性。

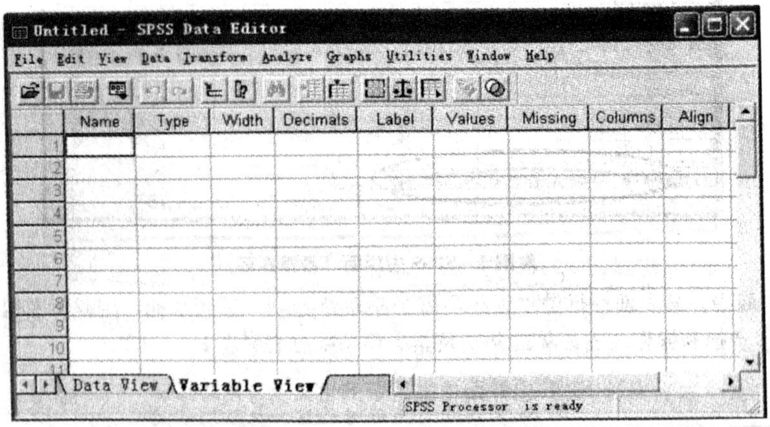

附图 6　SPSS 变量界面

变量界面中的每一行代表一个变量，纵标目中“Name”、“Type”等字段代表每个变量的属性，其含义见附表 2。

附表 2　SPSS 变量界面中各字段的含义

英文字段	含义	备　注
Name	变量名	可用中文、英文
Type	变量类型	包括数值型（Numeric）、字符串型（String）等
Width	变量宽度	决定所录数据的最多位数
Decimals	小数点后位数	决定所录数据小数点后的位数
Label	变量标签	进一步解释变量名所代表的涵义
Values	变量值标签	解释所录数据的涵义
Missing	缺失值	定义缺失值的输入方式
Columns	变量显示宽度	
Align	变量对齐方式	包括左对齐、右对齐、居中对齐

下面以附录“八”所附的问卷（孕早期妇女焦虑情况调查）为例，说明定义变量及其属性的方法。

1. 输入变量名　在“Name”栏中输入变量名。SPSS 统计软件对变量名有一定要求：①可用汉字或英文，但在 11.5 以下的版本中，长度不能超过 8 个字符（即不超过 4 个汉字或 8 个英文字母）。②首字符必须是汉字或英文字母，其后可用字母、数字、下划线“_”、圆点“.”等，但变量名的最后不允许使用圆点“.”。当输入的变量名不符合要求时，会弹出提示框“Variable name contains an illegal character”（变量名包含非法特征）。

结合上述要求，当原有名称字数较少时，可输入原有名称；当原有名称较长时，可用简称或代码。例如，附录“八”中的编号、年龄、文化程度这几个变量，因字数较少，可采用原有名称作为变量名；而“是否为计划怀孕”、“您希望护士提供哪些指导”因字数较多，若采用的是 SPSS 11.5 以下的版本，因仅限 4 个汉字，可将其简化为“是否计划”、“指导”作为变量名。对量表中的条目，通常用一个字母加上条目序号表示，如 a1，a2，…，或 x1，X2，…。输入变量名后，每个变量名后会自动出现默认的变量属性（附图 7）。

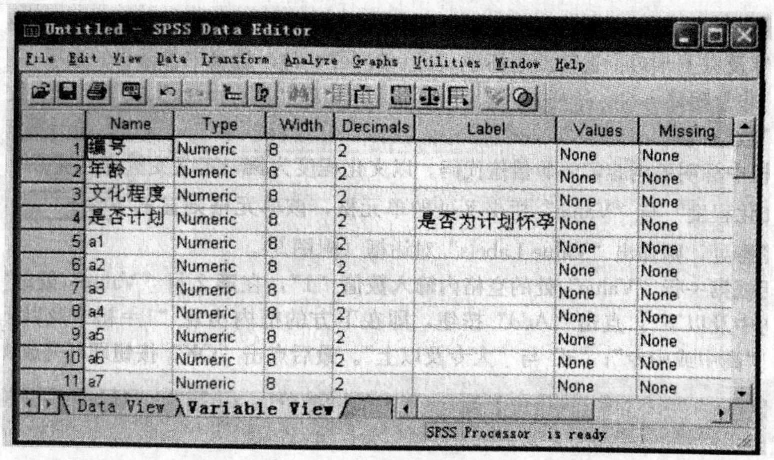

附图 7　各变量名及系统默认的各变量属性

2. 定义变量标签　当变量名使用了简称或代码时，可将完整的名称或涵义写在变量标签（Label）栏里，以进一步解释“Name”栏中的简称或代码，起到提示作用。例如前面提到“计划怀孕”、“指导”这两个变量名，可在相应的变量标签“Label”栏中分别写上“是否为计划怀孕”和“您希望护士提供哪些指导”（附图 7）。变量标签并非必须定义的属性，可根据需要进行定义。如果变量名本身的涵义很清晰，则不必定义变量标签。

3. 定义变量类型　输入变量名后，在“Type”栏中自动出现的变量类型是“Numeric”，即“数值型”。这表示在录入数据时，只能录入数值，不能录入字母、汉字等；如果要录入的资料为汉字，如“调查日期”、“建议”等变量，可点击该变量与“Type”栏交叉处的单元格，再点击该单元格右侧的图标，弹出“Variable Type”对话框（附图 8），可选择“String”类型，此时在录入资料时，可录入汉字、字符串等。

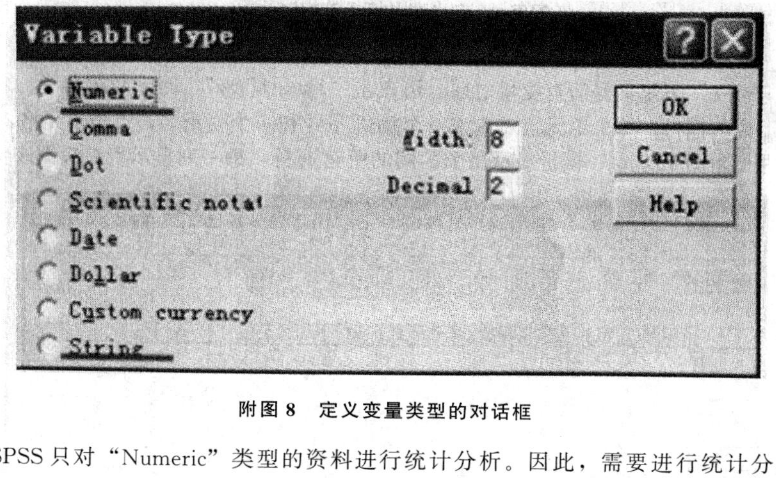

附图 8　定义变量类型的对话框

但应注意：SPSS 只对“Numeric”类型的资料进行统计分析。因此，需要进行统计分析的变量，应采用“Numeric”类型，尽量将原始资料转化为数值进行录入。

4. 调整变量宽度　系统默认的变量宽度“Width”是 8，即在录入资料时，不能超过 8 位数或 4 个汉字。如果要录入的数据宽度超出 8 个字符，可根据需要将“Width”中的 8 改为适当的数字，如 50、100。例如，附录“八”中，“指导”这个变量需输入的汉字可能超过 8，因此，可将其改为 50，这样最多可输入 25 个汉字。

5. 调整小数点后位数　当变量类型为“Numeric”时，“Decimals”栏默认的数字是 2，表示在录入数据时，小数点后自动保留 2 位数字。可根据数据的特点，适当调整小数点后位数。例如，“年龄”这个变量对应的数据均为整数，可将小数点后位数由 2 改为 0。

6. 定义变量值标签　变量值标签（Value）用于解释所录数据的涵义。因计数资料或等级资料的选项往往为汉字，如性别（男、女），此时需将各选项用数值代码代替。例如，文化程度（初中及以下=1，高中或中专=2，大专及以上=3）；是否计划怀孕（是=1；否=2）；量表中各条目的选项（很少=1，有些=2，中等程度=3，非常明显=4）。这样就可以将该类变量设定为“Numeric”类型，录入数值，以进行统计分析。如果采用了数值代码，可在“Value”栏中标明各数值代码的涵义，这样在统计分析的输出结果中，将显示“Value”栏中标明的内容，而非数值代码。以文化程度为例，定义变量值标签的操作步骤如下：

（1）点击“文化程度”与“Value”栏交叉处的单元格，该单元格则显示 None ，鼠标左键单击该矩形框右侧的黑影处，则弹出“Value Labels”对话框（附图 9）。

（2）在该对话框第一行“Value”处的空格内输入数值“1”，在第 2 行“Value”处的空格内输入“1”所代表的涵义“初中及以下”，点击“Add”按钮，即在下方的框内出现“1=初中及以下”字样。然后，依次输入“2”与“高中或中专”；“3”与“大专及以上”。最后点击“OK”按钮即可完成操作。

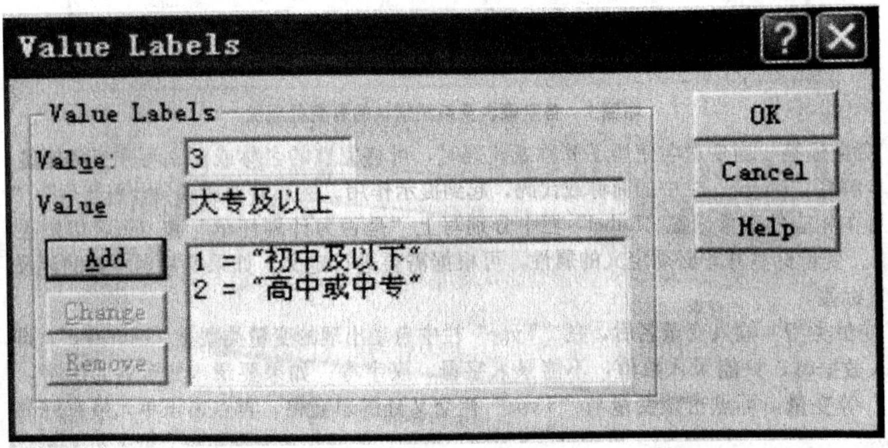

附图 9　定义变量值标签的对话框

（三）录入数据

在“Variable View”下定义好所有变量之后，可点击“Data View”，回到数据界面。在该界面中，各变量名称显示在上方一横行，每个单元格对应着一个病例序号和一个变量名，点击单元格，即可录入数据。录入好的数据文件见附图 10，每一横行显示每个病例的所有资料，每一列显示所有病例该变量的资料。

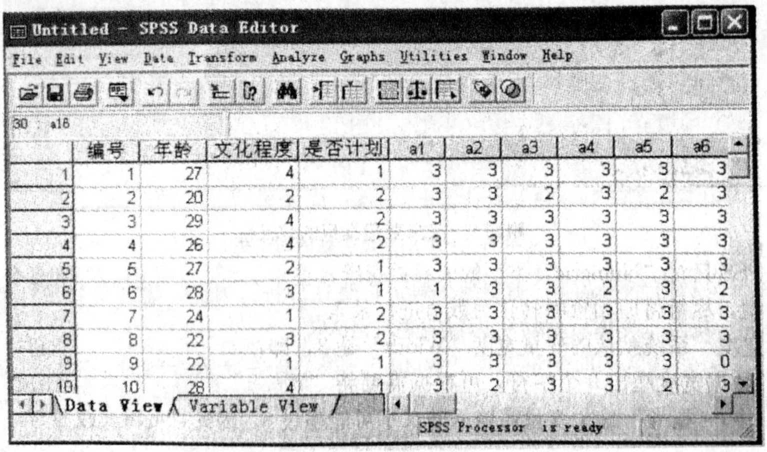

附图 10　SPSS 数据文件（数据界面）

（四）数据文件的保存、退出和导入

1. 保存数据文件　保存方式同“word”文件。在 SPSS 主菜单“File”的下拉菜单中，用鼠标左键单击“Save”，或直接点击保存图标，弹出对话框（附图 11）。在“保存在”栏中输入文件的保存路径（例如，将附录“八”对应的数据文件保存在E盘“护理研究”文件夹中)，在“文件名”栏中输入文件名（本例将文件名设定为“焦虑数据”)，点击“保存”按钮即可。SPSS数据文件的保存类型为“*.sav”。

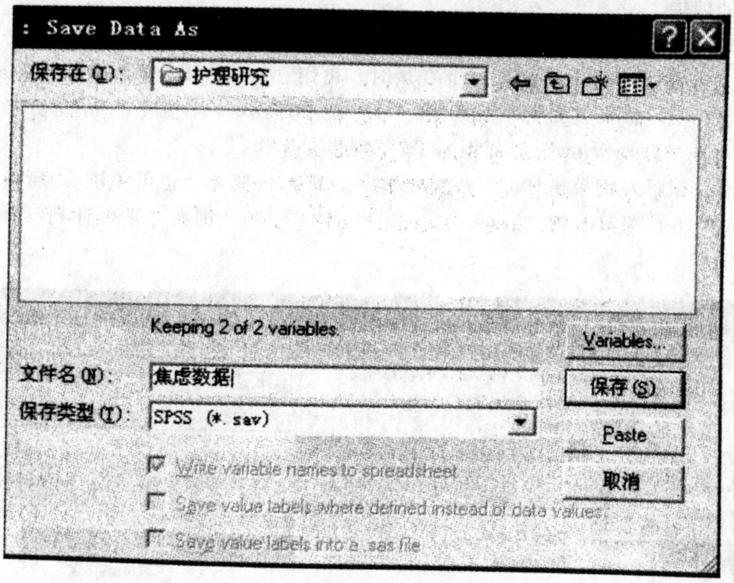

附图 11 SPSS数据文件的保存

在对数据文件进行录入或分析过程中，可随时点击“Save”及时保存，避免计算机突发故障而造成数据丢失。也可在“File”的下拉菜单中，用鼠标左键单击“Save As”，将其保存为另一个文件名。

2. 退出数据文件 保存好数据文件后，鼠标点击界面右上角的 ☒ 图标；或在“File”的下拉菜单中，用鼠标左键单击“Exit”，即可退出SPSS。

3. 数据文件的导入 在进行数据编辑和分析时，可找到保存该数据文件的磁盘位置，双击该文件名，即可打开已保存好的数据文件。也可按照前面介绍的打开SPSS的方式，在图8-10所示的对话框中点击“Ok”按钮，即进入“Open File”对话框（附图12)，找到SPSS数据文件的保存位置，点击“打开”按钮。

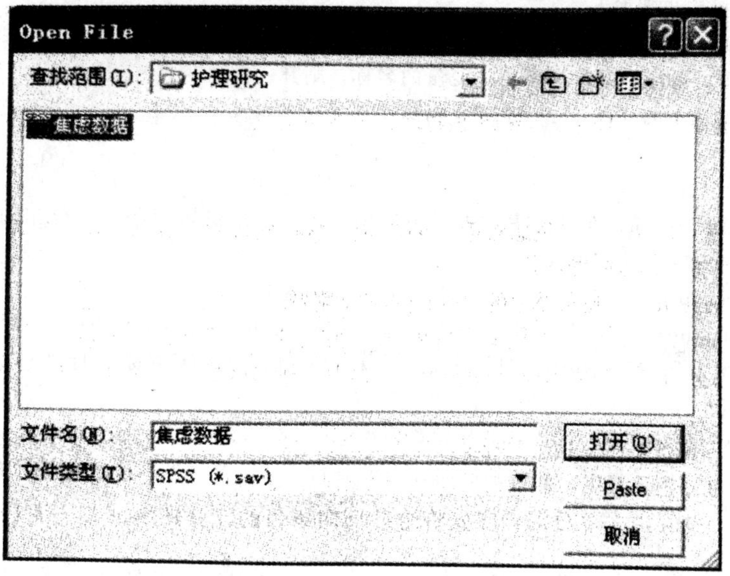

附图 12 SPSS数据文件的导入

在 SPSS 中也可导入 EXCEL 数据文件，但往往需要对变量名及其属性进行重新设定。数据较少时，可采用拷贝、粘贴的方法，将数据粘贴在 SPSS 中。

三、数据文件的编辑

（一）插入或删除变量

1. 插入变量　欲在两个变量之间插入一个变量时，可用“Data”下拉菜单中的“Insert Variable”进行操作。如“焦虑数据”中，欲在“是否计划”和“a1”之间插入一个变量“是否初产”，可在“Variable View”界面下（亦可在“Data View”界面下），按下列步骤操作。

（1）定位插入点：鼠标左键单击“a1”左侧的序号，则整行变黑；也可单击 a1 所在的单元格。

（2）点击“Data”下拉菜单中的“Insert Variable”（附图 13），则在“是否计划”和“a1”之间出现一个新变量“Var00001”。

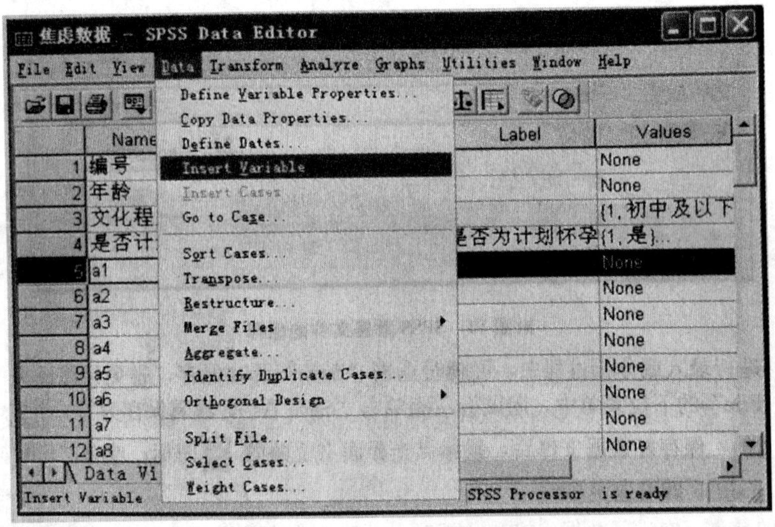

附图 13　插入变量的操作路径

（3）修改插入变量的名称、属性：将默认的变量名“Var00001”修改为“是否初产”，并可根据需要，将“Decimals”栏中的 2 改为 0，在“Label”栏中，定义变量值标签，“是＝1，否＝2”。

2. 删除变量　操作步骤如下：

（1）在“Variable View”界面下，鼠标左键单击要删除变量左侧的序号，则其所在的整行变黑；或在“Data View”界面下，鼠标左键单击要删除变量的名称，则其所在列变黑。

（2）按计算机键盘上的“Delete”键即可删除。若不慎删错，可点击“Edit”下拉菜单中的“Undo”进行恢复。

（二）变量转换

1. 计算出新变量　例如，在“焦虑数据 . sav”中，欲将焦虑量表各条目得分相加，转换出“焦虑总分”这个新变量，可按下列步骤操作：

（1）点击“Transform”下拉菜单中的“Compute”（附图 14）。

（2）弹出“Compute Variable”对话框（附图 15）：在左上角“Target Variable”栏中输入要转换出的新变量名称“焦虑总分”；在“Numeric Expression”栏中，利用该栏下方提供的“＋”等符号键，输入计算公式“a1＋a2…”。

（3）点击“OK”按钮，即转换出新变量“焦虑得分”。

2. 重新赋值　在一些量表中，会遇到反向计分的条目，如附录“八”中的量表，条目 5，9，13，17，19 是反向计分条目。计算焦虑总分时，应先将这些反向条目的计分转换过来，即 1→4、2→3、3→2、4→1。操作步骤为：

（1）点击“Transform”下拉菜单中的“Recode”，可见两个选项（附图 16）：①“Into Same Variables”表示重新赋值后的数据覆盖原数据。②“Into Different Variables”表示在原数据的基础上转换出一个薪变

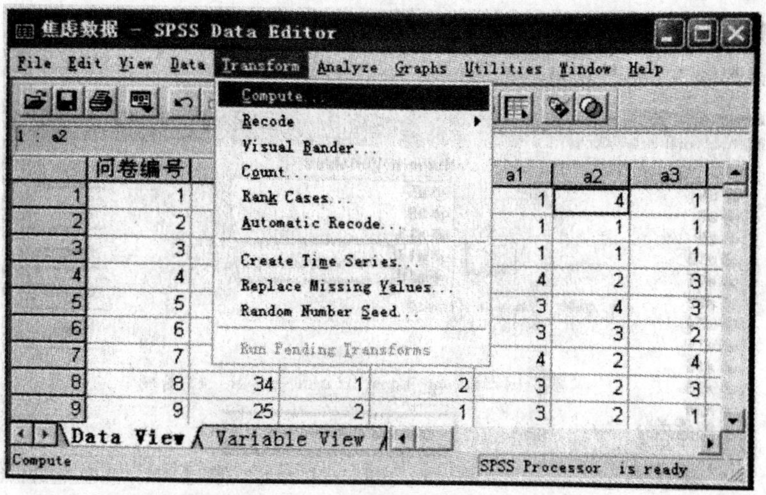

附图 14 计算出新变量“Compute”的操作路径

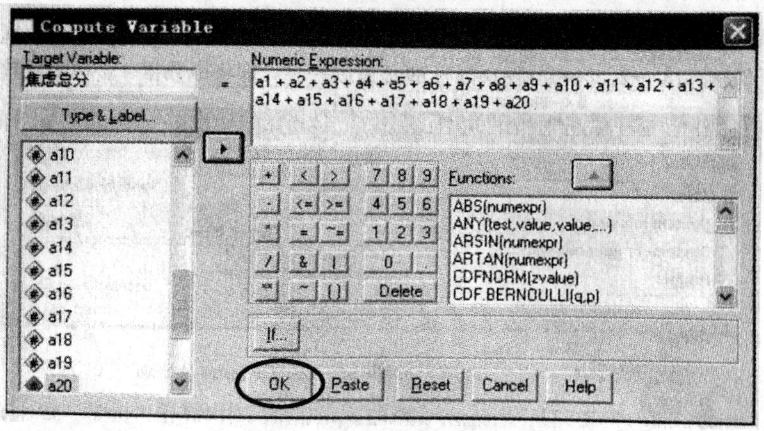

附图 15 “Compute Variable”对话框

量，原数据仍保留。本例中，可直接在原数据上进行转换，因此点击“Into Same Variables”。

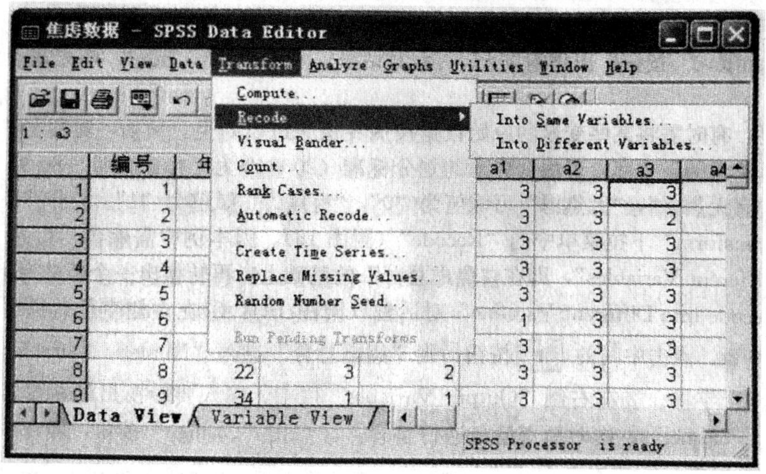

附图 16 重新赋值的操作路径

（2）弹出“Recode into Same Variables”对话框（附图 17）：在左侧变量选项栏中，用鼠标选择 a5， a9，a13，a17，a19 这几个变量，依次点击中间的 ▶ 按钮，则被选变量进入“Numeric Variables”框内。点击下方的“Old and New Values”按钮。

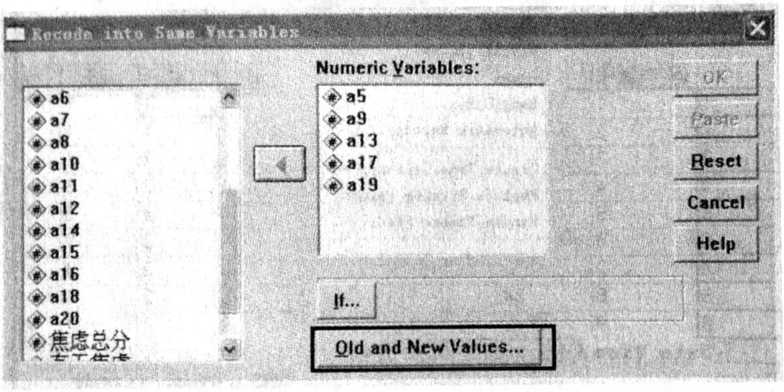

附图 17　Recode into Same Variable 对话框

（3）弹出“Old and New Values”对话框（附图 18）：在左侧 Old Value 栏的“Value”空格中，输入“1”，在右侧 New Value 栏的“Value”空格中输入“4”，点击“Add”按钮，则右下方框内出现“1→4”字样；同样过程，2→3，3→2，4→1（图中显示的是最后一步，即将原数据 4 转换为新数据 1）。

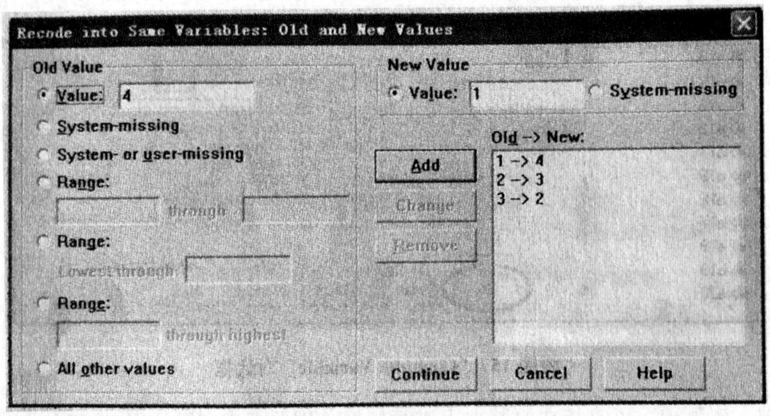

附图 18　“Recode into Same Variables：Old and New Values”对话框

（4）点击“Continue”按钮，回到附图 17 所示对话框，点击“OK”按钮，即完成对计分重新赋值的操作。

为了统计需要，有时需将某些变量的原始数据按照界值分进行归类。例如，转换出“焦虑总分”这个变量后，为了计算焦虑的发生率，可根据焦虑的划分标准（20～40 为无焦虑，41～80 为有焦虑），将“焦虑得分”转换为“有无焦虑”，“无焦虑”可赋值为“0”，“有焦虑”赋值为“1”。操作步骤如下：

（1）点击“Transform”下拉菜单中的“Recode”（附图 16）。因本例中需保留“焦虑总分”这个变量，因此点击“Into Different Variables”，即在“焦虑总分”的基础上，再转换出一个新的变量“有无焦虑”。

（2）弹出“Recode into Different Variable”对话框（附图 19）：①在左侧变量选项栏中，用鼠标选中“焦虑总分”这个变量，点击中间的 ▶ 按钮，则“焦虑总分”进入“Numeric Variable→Output”框内，出现“焦虑总分→?”字样。②在右侧“Output Variable”栏中，输入要转换出的新变量名，即“有无焦虑”，可根据需要在“Label”栏内对新变量名进行解释。③点击“Change”按钮，即在中间栏内出现“焦虑总分→有无焦虑”字样。④然后点击“Old and New values”按钮。

（3）弹出“Old and New Values”对话框（附图 20）：①在左侧“Old Value”栏中，点击第一个“Range”，输入“20 through 40”。②在右侧“New Value”栏中的“Value”处输入“0”，然后点击“Add”按钮，即在右下方的“Old→New”栏内出现“20 thru 40→0”字样。③再在左侧“Old Value”栏中的“Range”处输入

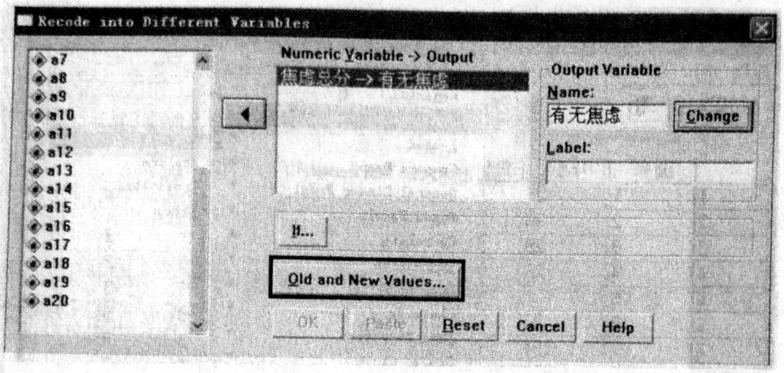

附图 19　Recode into Different Variable 对话框

“41 through 80”，在右侧“New Value”栏中的“Value”处输入“1”，点击“Add”按钮。

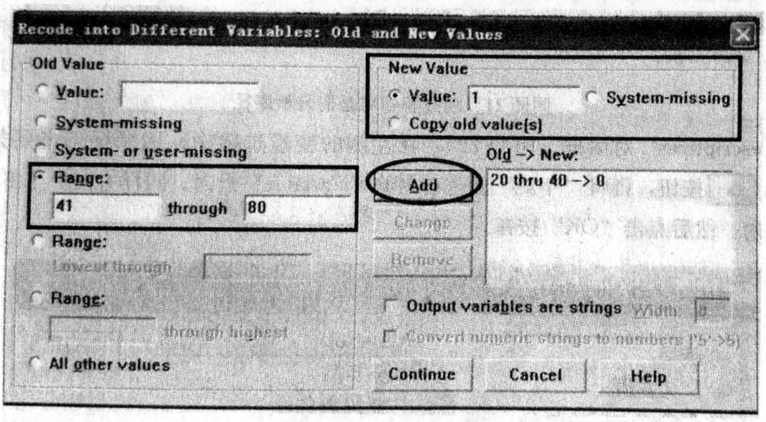

附图 20　“Recode into Different Variables: Old and New Values”对话框

（4）点击“Continue”按钮，回到附图 19 所示对话框，点击“OK”按钮，即转换出“有无焦虑”变量及相应的数据。

四、数据的统计学分析

可利用“Analyze”菜单项中的功能，对数据进行各种统计学分析。基本操作步骤为：①选择分析路径。②在弹出的对话框中选中要分析的变量，点击相应按钮进行分析。③查看“Output”分析结果。下面以附录八对应的数据文件“焦虑数据”为例，逐一介绍各种基本统计学分析方法在 SPSS 中的运算过程。

在附录八示例中，根据研究目的，涉及下列统计学分析：

（1）统计描述：包括孕妇的年龄、文化程度、是否计划怀孕、焦虑总分、有无焦虑等。其中“年龄”、“焦虑总分”为计量资料，需计算均数、标准差；“文化程度”为等级资料，“是否计划怀孕”、“有无焦虑”为计数资料，需计算率或构成比。

（2）比较孕妇焦虑总分与常模有无差异：可进行单样本 t 检验。

（3）分析孕妇年龄与焦虑总分之间有无关联性：可进行 Pearson 相关分析。

（4）比较是计划怀孕者与非计划怀孕者焦虑有无差异：若以“焦虑总分”作为因变量，应进行独立样本 t 检验；若以“有无焦虑”作为因变量，则应进行 χ^2 检验。

（5）比较不同文化程度的孕妇焦虑有无差异：若以“焦虑总分”作为因变量，应进行单因素方差分析；若将“有无焦虑”作为因变量，则应进行 χ^2 检验。

（一）计算均数、标准差

在附录八示例中，“年龄”、“焦虑总分”为计量资料，需计算均数和标准差。操作步骤如下：

（1）选择分析路径：点击“Analyze”→“Descriptive Statistics”→“Descriptives”（附图 21）。

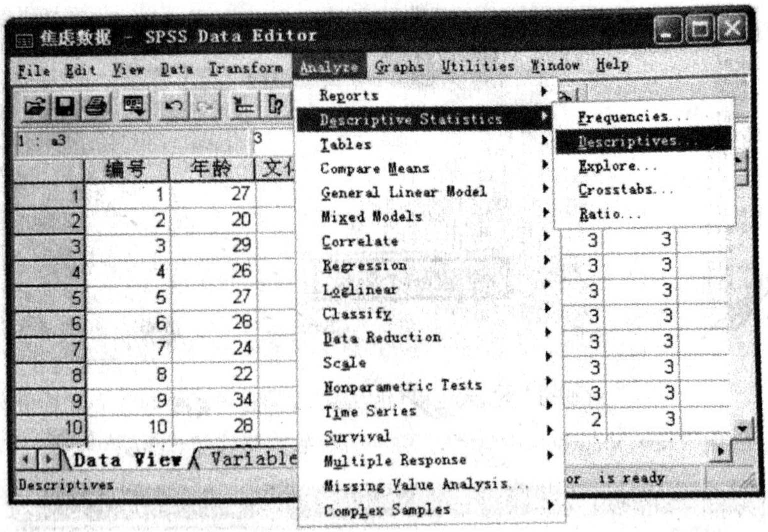

附图 21 均数和标准差的分析路径

（2）弹出“Descriptives”对话框（附图 22）：在左侧的变量选项中，用鼠标单击要分析的变量“年龄”，点击中间的 按钮，则将“年龄”选进右侧的“Variable”框内。同样方法，可将“焦虑总分”选进“Variable”框内。然后点击“OK”按钮。

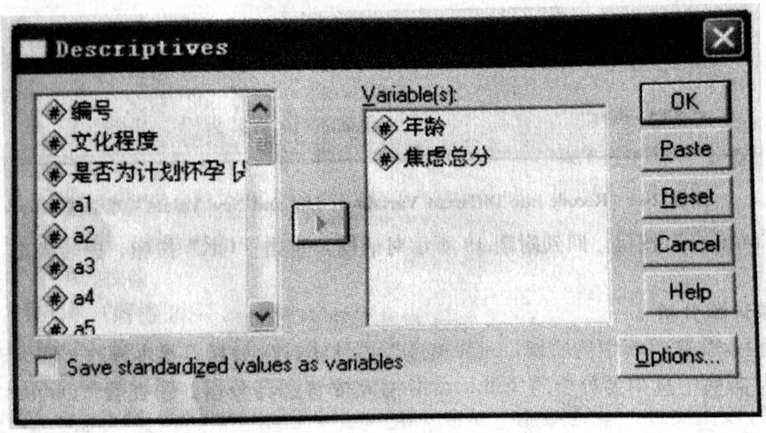

附图 22 “Descriptives”对话框

（3）查看“Output”分析结果（附图 23）：在结果表格中，第 1 列显示分析的变量是“年龄”和“焦虑总分”，第 2 列显示总例数（N）为 120 例。“Minimum”为最小值，“Maximum”为最大值，“Mean”为均数，“std. Deviation”为标准差。“Output”是独立于“焦虑数据”的文件，若需保存，可点击保存图标 ，将其存为一个单独的文件。

除了上述分析路径外，也可通过下列分析路径计算均数、标准差。如果资料为偏态分布，还可计算出中位数、四分位数间距等。操作步骤如下：

（1）选择分析路径：点击菜单项“Analyze”→“Descriptive Statistics”→“Frequencies”。

（2）弹出“Frequencies”对话框（附图 24）：将要分析的变量“年龄”和“焦虑总分”选进“Variable”框内，点击“Statistics”按钮。

（3）弹出“Frequencies：Statistics”对话框（附图 25）：可根据统计分析的需要，选中 Quartiles（四分位数间距）、Mean（均数）、Median（中位数）、Std. Deviation（标准差）、Minimum（最小值）、Maximum（最大值）等，点击右上角的“Continue”按钮，则回到附图 21 所示的对话框，最后点击“OK”按钮。

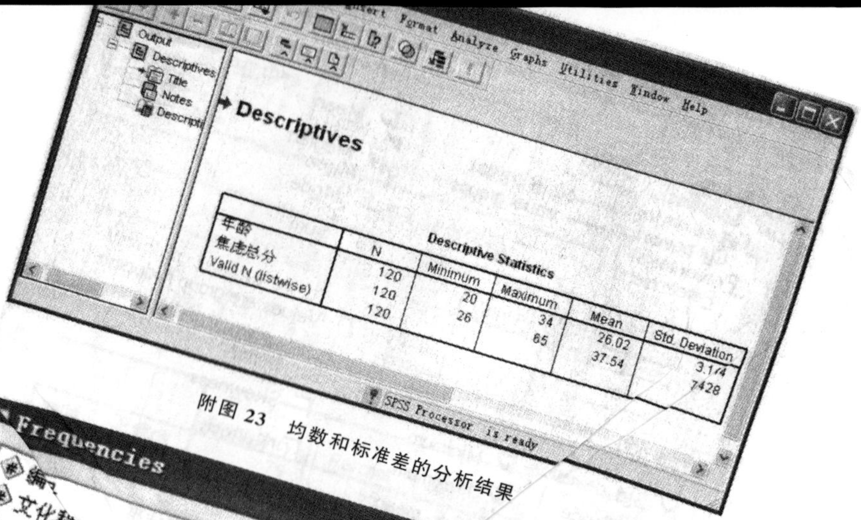

Descriptives

Descriptive Statistics

	N	Minimum	Maximum	Mean	Std. Deviation
年龄	120	20	34	26.02	3.174
焦虑总分	120	26	65	37.54	7428
Valid N (listwise)	120				

附图 23　均数和标准差的分析结果

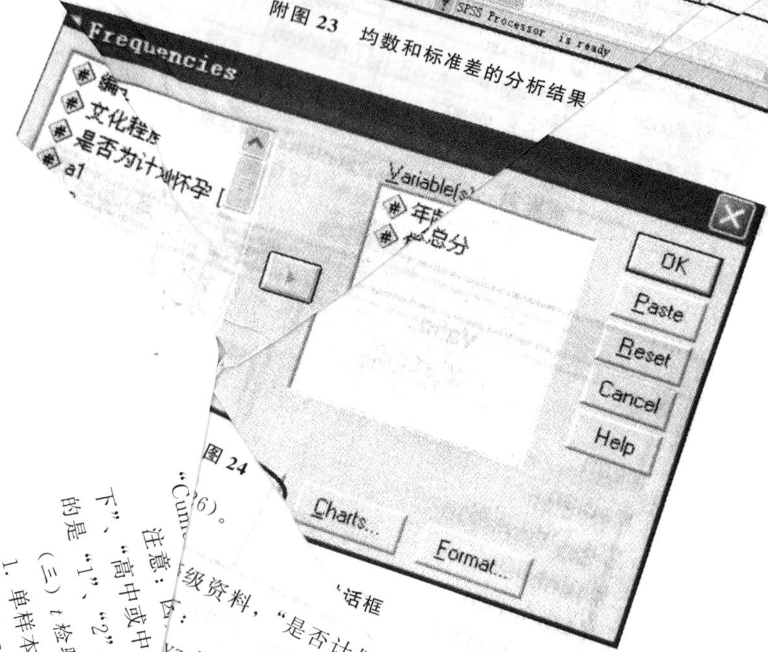

附图 24 …话框

注意：…级资料，"是否计划怀…

…yze" → "Descriptive Statistics"、"无焦虑"为计数资料，需计

…"文化程度"、"是否计划怀孕"、"…uencies"。

…"选进右侧的

在每个变量的结果表格中，第1列显示每个变量…

…的例数（Frequency)、百分比（Percent)。第4列"…Valid

…会对百分比进行校正，从而得出校正…分比；第5列

…的百分比相加而得。

…（Value Label)，因此，…变量值标签，…果中显示的是"初中及以

…文字标签；如果…，则分析结果显示

…得分与常模得分有无差异。已知焦虑量表的

…如下：

"Cum…36)。

下"、"高中或中专"、…

的是"1"、"2"、"3"等数值…

（三）t 检验

1. 单样本 t 检验　在附录八示例中，…

常模得分为 29.78±10.07 分，可进行单一样本 t 检…

T-Test

One-Sample Statistics

	N	Mean	Std. Deviation	Std. Error Mean
焦虑总分	120	37.54	7.428	.678

One-Sample Test

	Test Value = 29.78					
					95% Confidence Interval of the Difference	
	t	df	Sig. (2-tailed)	Mean Difference	Lower	Upper
焦虑总分	11.44	119	.000	7.762	6.42	9.10

附图 30　单样本 *t* 检验的分析结果

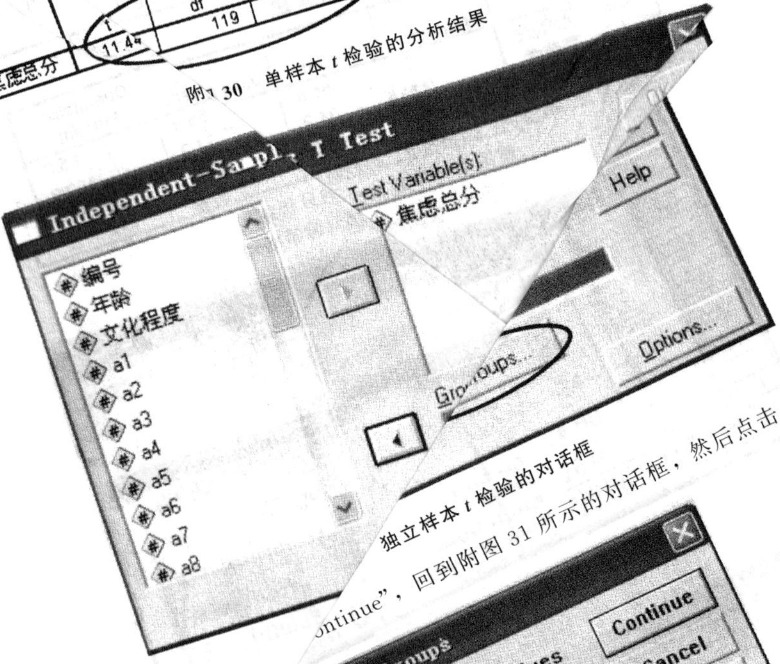

独立样本 *t* 检验的对话框

…ontinue"，回到附图 31 所示的对话框，然后点击 "OK" 按…

…1 和 Group 2 对应的空格内

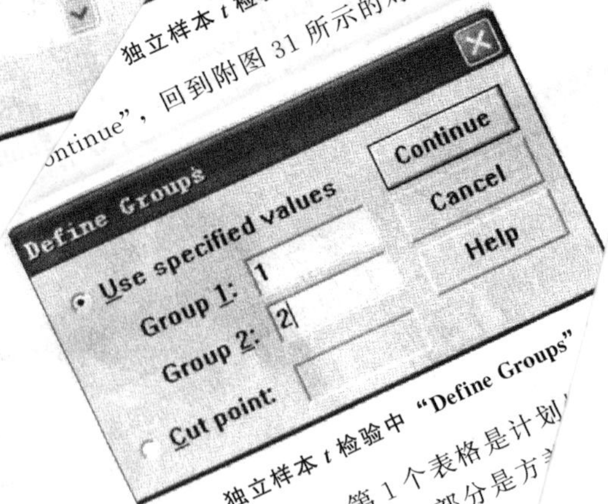

附图 32　独立样本 *t* 检验中 "Define Groups" …

（4）查看 "Outpu… 分析结果（附图 33）：第 1 个表格是计划… 的…数、标准差；第 2 个表…分为两部分，①左边部分是方差… $P>0.05$ 显示方差齐，$P<0.$… 方差…示方差不齐。该例中，… ②右边部分是 *t* 检验的结果，方差… 即 $t=1.06$… 择第一行结果，…290，因… 齐，因此选择第一行结果，… 学意义"。

T-Test

Group Statistics

	是否为计划怀孕	N	Mean	Std. Deviation	Std. Error Mean
焦虑总分	是	63	36.86	7.550	.951
	否	57	38.30	7.282	.965

Independent Samples Test

		Levene's Test for Equality of Variances		t-test for Equality of Means						
									95% Confidence Interval of the Difference	
		F	Sig.	t	df	Sig. (2-tailed)	Mean Difference	Std. Error Difference	Lower	Upper
焦虑总分	Equal variances assumed	.317	.574	-1.062	118	.290	-1.441	1.357	-4.129	1.246
	Equal variances not assumed			-1.064	117.504	.290	-1.441	1.355	-4.124	1.242

附图 33　独立样本 t 检验的分析结果

3. 配对 t 检验　在附录八示例中，假设 3 个月后（孕中期），对同一研究对象进行第 2 次测评，欲比较孕中期和孕早期两次焦虑总分有无差异，应进行配对 t 检验。将第 2 次测量的数据输入“焦虑数据”文件中，可用“焦虑 2”这个变量代表第 2 次的焦虑总分（附图 34），按下列步骤进行配对 t 检验：

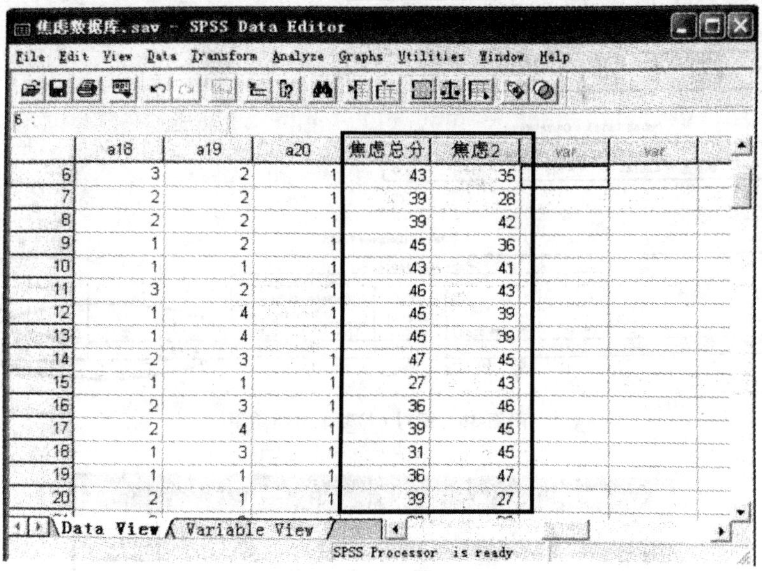

	a18	a19	a20	焦虑总分	焦虑2	var	var
6	3	2	1	43	35		
7	2	2	1	39	28		
8	2	2	1	39	42		
9	1	2	1	45	36		
10	1	1	1	43	41		
11	3	2	1	46	43		
12	1	4	1	45	39		
13	1	4	1	45	39		
14	2	3	1	47	45		
15	1	1	1	27	43		
16	2	3	1	36	46		
17	2	4	1	39	45		
18	1	3	1	31	45		
19	1	1	1	36	47		
20	2	1	1	39	27		

附图 34　用于配对 t 检验的数据文件

（1）选择分析路径：点击菜单项“Analyze”→“Compare Means”→“Paired-Samples T Test”。

（2）弹出“Paired-Samples T Test”对话框（附图 35）：借助计算机键盘上的 shift 键，将“焦虑总分”和“焦虑 2”同时选进“Paired Variables”框内，点击“OK”按钮。

（3）查看“Output”分析结果（附图 36）：第 1 个表格列出了两次焦虑的均数、标准差；第 2 个表格列出了两者的相关系数；第 3 个表格是配对 t 检验的结果，$t=0.333$，$P=0.002$，因 $P<0.01$，故得出“孕早期和孕中期焦虑得分不同”，即孕中期焦虑总分低于孕早期。

（四）χ^2 检验

在附录八示例中，若以“有无焦虑”作为因变量，比较计划怀孕与非计划怀孕这两组孕妇的焦虑发生率有无差异，应进行 χ^2 检验，操作步骤如下：

（1）选择分析路径：点击菜单项“Analyze”→“Descriptive Statistics”→“Crosstabs”。

（2）弹出“Crosstabs”对话框（附图 37）：将“有无焦虑”选进“Row”框内，将“是否为计划怀孕”选进“Column”框内，点击“Statistics”按钮。

（3）弹出“Crosstabs：Statistics”对话框（附图 38）：用鼠标选中左上角的“Chi-square”，然后点击

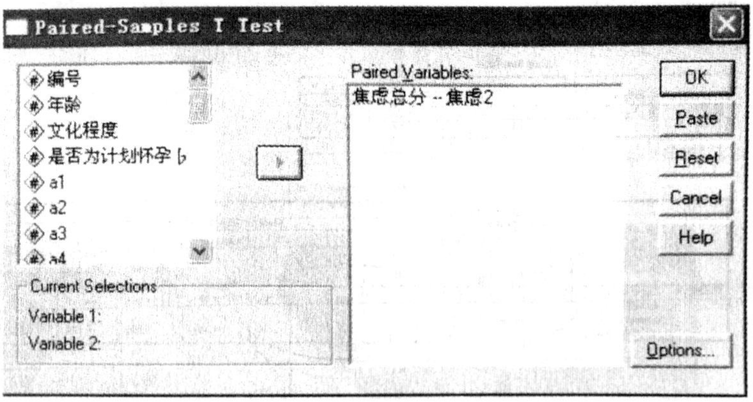

附图 35　配对 t 检验的对话框

T-Test

Paired Samples Statistics

		Mean	N	Std. Deviation	Std. Error Mean
Pair 1	焦虑总分	37.54	120	7.428	.678
	焦虑2	36.07	120	7.658	.699

Paired Samples Correlations

		N	Correlation	Sig.
Pair 1	焦虑总分 & 焦虑2	120	.764	.000

Paired Samples Test

		Paired Differences					t	df	Sig. (2-tailed)
		Mean	Std. Deviation	Std. Error Mean	95% Confidence Interval of the Difference Lower	Upper			
Pair 1	焦虑总分 - 焦虑2	1.475	5.190	.474	.537	2.413	3.113	119	.002

附图 36　配对 t 检验的分析结果

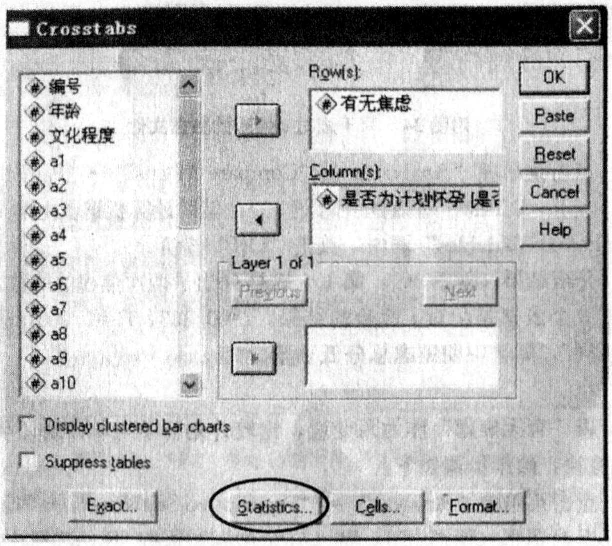

附图 37　“Crosstabs”对话框

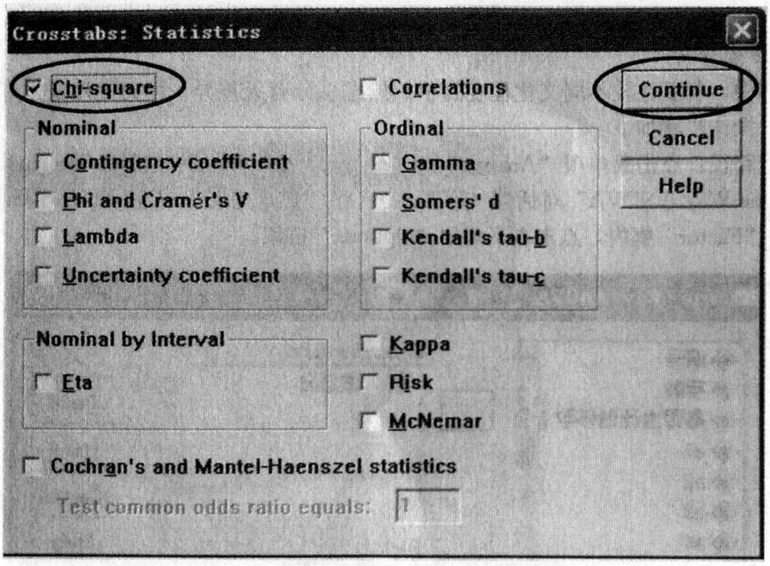

附图 38 “Crosstabs：Statistics”对话框

“Continue”按钮，即回到附图 37 所示的对话框，最后点击“OK”按钮。

（4）查看“Output”分析结果（附图 39）：第 1 个表格列出了有效（Valid）及缺失（Missing）例数；第 2 个表格列出了统计描述的结果；第 3 个表格是 χ^2 检验结果，“Value”为 χ^2 值。首先看表下备注 b，“0 个格子的理论数小于 5，最小理论数为 19.48”，即所有格子的理论数＞5，适用于专用公式，故选择第一行“Pearson Chi-Square”对应的数据，即 $\chi^2=0.947$，$P=0.330$，因 $P>0.05$，故得出“两组孕妇焦虑发生率差异无统计学意义”。

Crosstabs

Case Processing Summary

	Cases					
	Valid		Missing		Total	
	N	Percent	N	Percent	N	Percent
有无焦虑＊是否为计划怀孕	120	100.0%	0	.0%	120	100.0%

有无焦虑＊是否为计划怀孕 Crosstabulation

Count

		是否为计划怀孕		Total
		是	否	
有无焦虑	无焦虑	44	35	79
	有焦虑	19	22	41
Total		63	57	120

Chi-Square Tests

	Value	df	Asymp. Sig. (2-sided)	Exact Sig. (2-sided)	Exact Sig. (1-sided)
Pearson Chi-Square	.947[b]	1	.330		
Continuity Correction[a]	.609	1	.435		
Likelihood Ratio	.947	1	.330		
Fisher's Exact Test				.343	.218
Linear-by-Linear Association	.939	1	.332		
N of Valid Cases	120				

a. Computed only for a 2x2 table

b. 0 cells (.0%) have expected count less than 5. The minimum expected count is 19.48.

附图 39 χ^2 检验的分析结果

如果表下的备注显示，有若干格子的理论数在 1 和 5 之间，应采用校正公式，此时则选择第 2 行数据（Continuity Correction）；如果有格子的理论数小于 1，则选择第 4 行精确概率法（Fisher's Exact Test）对

应的 P 值。

（五）单因素方差分析

在附录八示例中，若要比较不同文化程度的孕妇焦虑总分有无差异，因文化程度分为 3 组，故应进行单因素方差分析。操作步骤如下：

（1）选择分析路径：点击菜单项“Analyze”→“Compare Means”→“One-Way ANOVA”。

（2）弹出“One-Way ANOVA”对话框（附图 40）：将“焦虑总分”选进“Dependent List”框内，将“文化程度”选进“Factor”框内，点击右下角的“Options”按钮。

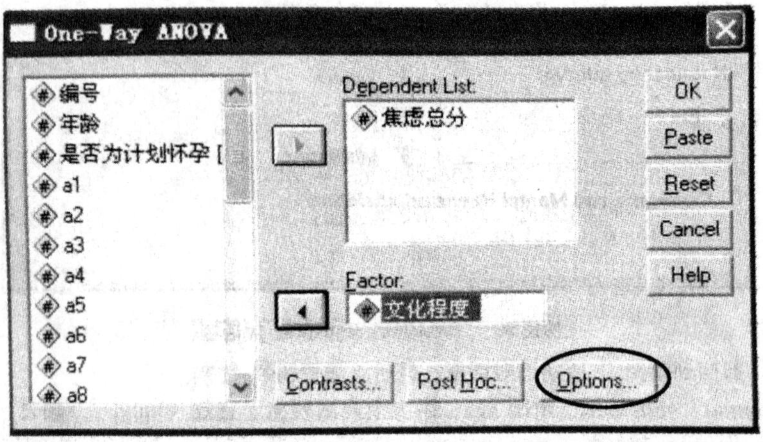

附图 40　“One-Way ANOVA”对话框

（3）弹出“One-Way ANOVA：Options”对话框（附图 41）：用鼠标选中左上角的“Descriptive”，然后点击“Continue”按钮，即回到附图 40 所示的对话框，点击“OK”按钮。

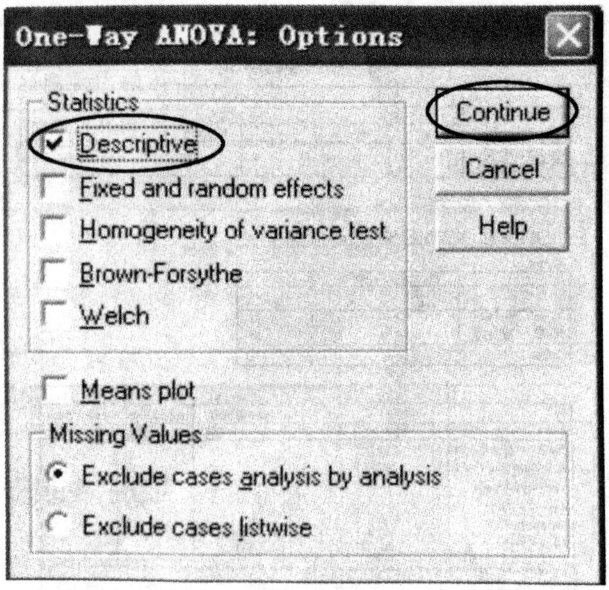

附图 41　“One-Way ANOVA：Options”对话框

（4）查看“Output”分析结果（附图 42）：第 1 个表格列出了统计描述的结果，即不同文化程度孕妇焦虑的均数和标准差；第 2 个表格是方差分析的结果，可见 $F=2.262$，$P=0.109$，因 $P>0.05$，故得出“不同文化程度的孕妇焦虑总分差异无统计学意义”。

Oneway

Descriptives

焦虑总分

	N	Mean	Std. Deviation	Std. Error	95% Confidence Interval for Mean Lower Bound	Upper Bound	Minimum	Maximum
初中及以下	31	39.77	10.092	1.813	36.07	43.48	26	65
高中或中专	38	36.03	7.096	1.151	33.69	38.36	26	58
大专及以上	51	37.31	5.297	.742	35.82	38.80	28	51
Total	120	37.54	7.428	.678	36.20	38.88	26	65

ANOVA

焦虑总分

	Sum of Squares	df	Mean Square	F	Sig.
Between Groups	244.418	2	122.209	2.262	.109
Within Groups	6321.373	117	54.029		
Total	6565.792	119			

附图 42　单因素方差分析的结果

如果方差分析的结果出现 $P<0.05$ 或 $P<0.01$，应进一步进行多个样本均数的两两比较，以判断哪两个组之间存在统计学差异。操作步骤如下：

完成前述的第（3）步后，在附图 40 所示的对话框中，点击下方的“Post Hoc”按钮，弹出“One-Way ANOVA：Post Hoc…”对话框（附图 43），用鼠标选中“LSD”和“S-N-K”，或“Bonferroni”，点击“Continue”按钮，仍回到附图 40 所示的对话框，最后点击“OK”按钮。

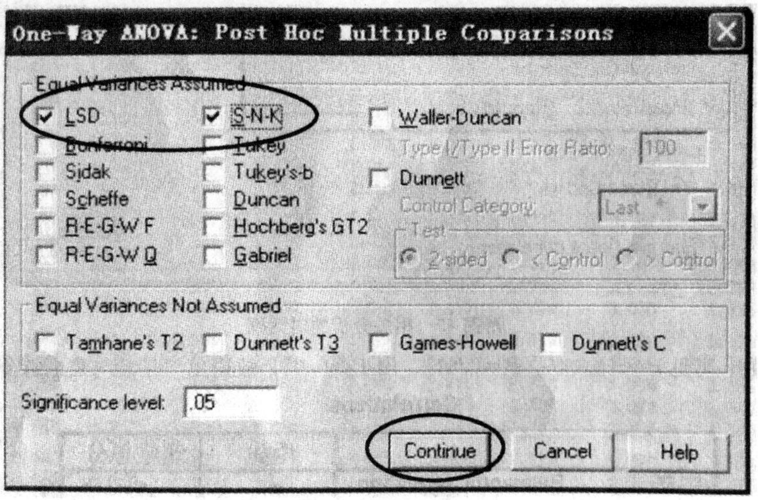

附图 43　“One-Way ANOVA：Post Hoc…”对话框

在“Output”分析结果中，“Post Hoc Tests”对应的表格显示两两比较的结果（附图 44），列出了每两组比较的 P 值，从而可判断每两个组之间是否存在统计学差异。

（六）相关分析

在附录八示例中，若要分析年龄与焦虑总分之间的相关性，因两者均为计量资料，可进行 Pearson 相关分析，操作步骤如下：

（1）选择分析路径：点击菜单项“Analyze”→“Correlate”→“Bivariate…”。

（2）弹出“Bivariate Correlations”对话框（附图 45）：将“年龄”和“焦虑总分”选进“Variables”框内，该对话框中间部分的“Correlation Coefficients”处显示了 3 种相关系数，即 Pearson（适用于呈正态分布的计量资料）、Kendall（适用于偏态分布的资料）、Spearman（适用于等级资料或偏态分布的资料）。系统默认的是“Pearson”，可根据资料的类型选择相应的相关系数，然后点击“OK”按钮。

（3）查看“Output”分析结果（附图 46）：表格中“Pearson Correlation”表示相关系数，“Sig.”表示

Post Hoc Tests

Multiple Comparisons

Dependent Variable: 焦虑总分

	(I)文化程度	(J)文化程度	Mean Difference (I-J)	Std. Error	Sig.	95% Confidence Interval Lower Bound	95% Confidence Interval Upper Bound
LSD	初中及以下	高中或中专	3.748*	1.779	.037	.22	7.27
		大专及以上	2.460	1.674	.144	-.85	5.78
	高中或中专	初中及以下	-3.748*	1.779	.037	-7.27	-.22
		大专及以上	-1.287	1.575	.415	-4.41	1.83
	大专及以上	初中及以下	-2.460	1.674	.144	-5.78	.85
		高中或中专	1.287	1.575	.415	-1.83	4.41

*. The mean difference is significant at the .05 level.

附图 44　单因素方差分析中两两比较的分析结果

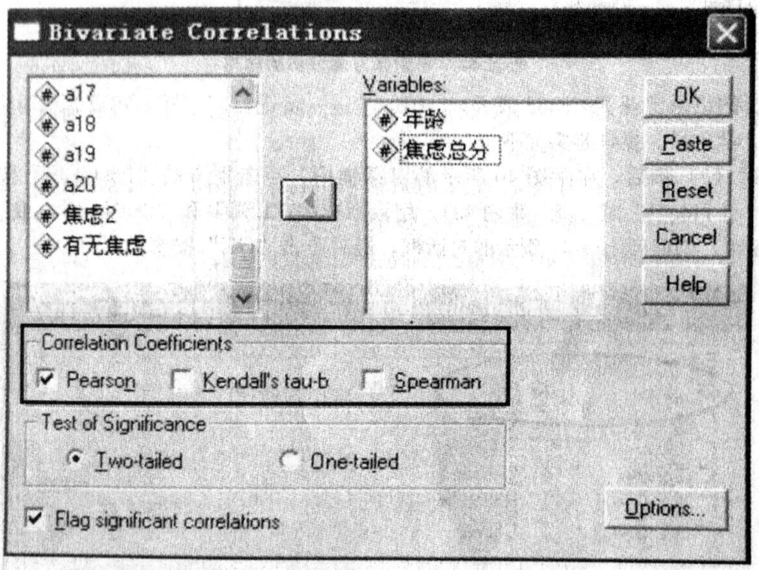

附图 45　相关分析的对话框

P 值，N 表示例数，可见 $r=-0.046$，$P=0.617$，因 $P>0.05$，故得出“年龄与焦虑总分无相关性”。

Correlations

		年龄	焦虑总分
年龄	Pearson Correlation	1	-.046
	Sig. (2-tailed)	.	.617
	N	120	120
焦虑总分	Pearson Correlation	-.046	1
	Sig. (2-tailed)	.617	.
	N	120	120

附图 46　Pearson 相关分析的结果

读者可按照本节介绍的操作方法，通过应用 SPSS 软件具体分析一个或几个实例，在实践中学习该软件的使用。需要注意的是，统计软件仅仅代替了复杂的公式运算过程，在使用之前，首先应在明确研究目的的前提下，根据设计类型和资料的类型，确定好恰当的统计学分析方法，这样才能按照正确的分析路径在 SPSS 软件中进行运算，并读懂分析结果，得出正确的统计结论。

附录五　*t* 界值表

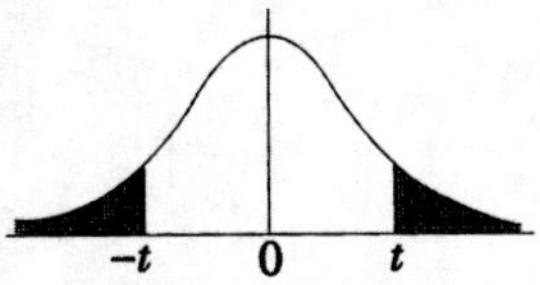

自由度 ν	概率 *P*										
	单侧：	0.25	0.20	0.10	0.05	0.025	0.01	0.005	0.0025	0.001	0.0005
	双侧：	0.50	0.40	0.20	0.10	0.05	0.02	0.01	0.005	0.002	0.001
1		1.000	1.376	3.078	6.314	12.706	31.821	63.657	127.321	318.309	636.619
2		0.816	1.061	1.886	2.920	4.303	6.965	9.925	14.089	22.327	31.599
3		0.765	0.978	1.638	2.353	3.182	4.541	5.841	7.453	10.215	12.924
4		0.741	0.941	1.533	2.132	2.776	3.747	4.604	5.598	7.173	8.610
5		0.727	0.920	1.476	2.015	2.571	3.365	4.032	4.773	5.893	6.869
6		0.718	0.906	1.440	1.943	2.447	3.143	3.707	4.317	5.208	5.959
7		0.711	0.896	1.415	1.895	2.365	2.998	3.499	4.029	4.785	5.408
8		0.706	0.889	1.397	1.860	2.306	2.896	3.355	3.833	4.501	5.041
9		0.703	0.883	1.383	1.833	2.262	2.821	3.250	3.690	4.297	4.781
10		0.700	0.879	1.372	1.812	2.228	2.764	3.169	3.581	4.144	4.587
11		0.697	0.876	1.363	1.796	2.201	2.718	3.106	3.497	4.025	4.437
12		0.695	0.873	1.356	1.782	2.179	2.681	3.055	3.428	3.930	4.318
13		0.694	0.870	1.350	1.771	2.160	2.650	3.012	3.372	3.852	4.221
14		0.692	0.868	1.345	1.761	2.145	2.624	2.977	3.326	3.787	4.140
15		0.691	0.866	1.341	1.753	2.131	2.602	2.947	3.286	3.733	4.073
16		0.690	0.865	1.337	1.746	2.120	2.583	2.921	3.252	3.686	4.015
17		0.689	0.863	1.333	1.740	2.110	2.567	2.898	3.222	3.646	3.965
18		0.688	0.862	1.330	1.734	2.101	2.552	2.878	3.197	3.610	3.922
19		0.688	0.861	1.328	1.729	2.093	2.539	2.861	3.174	3.579	3.883
20		0.687	0.860	1.325	1.725	2.086	2.528	2.845	3.153	3.552	3.850
21		0.686	0.859	1.323	1.721	2.080	2.518	2.831	3.135	3.527	3.819
22		0.686	0.858	1.321	1.717	2.074	2.508	2.819	3.119	3.505	3.792
23		0.685	0.858	1.319	1.714	2.069	2.500	2.807	3.104	3.485	3.768
24		0.685	0.857	1.318	1.711	2.064	2.492	2.797	3.091	3.467	3.745
25		0.684	0.856	1.316	1.708	2.060	2.485	2.787	3.078	3.450	3.725
26		0.684	0.856	1.315	1.706	2.056	2.479	2.779	3.067	3.435	3.707
27		0.684	0.855	1.314	1.703	2.052	2.473	2.771	3.057	3.421	3.690
28		0.683	0.855	1.313	1.701	2.048	2.467	2.763	3.047	3.408	3.674
29		0.683	0.854	1.311	1.699	2.045	2.462	2.756	3.038	3.396	3.659
30		0.683	0.854	1.310	1.697	2.042	2.457	2.750	3.030	3.385	3.646
31		0.682	0.853	1.309	1.696	2.040	2.543	2.744	3.022	3.375	3.633
32		0.682	0.853	1.309	1.694	2.037	2.449	2.738	3.015	3.365	3.622
33		0.682	0.853	1.308	1.692	2.035	2.445	2.733	3.008	3.356	3.611
34		0.682	0.852	1.307	1.691	2.032	2.441	2.728	3.002	3.348	3.601
35		0.682	0.852	1.306	1.690	2.030	2.438	2.724	2.996	3.340	3.591
36		0.681	0.852	1.306	1.688	2.028	2.434	2.719	2.990	3.333	3.582
37		0.681	0.851	1.305	1.687	2.026	2.431	2.715	2.985	3.326	3.574
38		0.681	0.851	1.304	1.686	2.024	2.429	2.712	2.980	3.319	3.566
39		0.681	0.851	1.304	1.685	2.023	2.426	2.708	2.976	3.313	3.558
40		0.681	0.851	1.303	1.684	2.021	2.423	2.704	2.971	3.307	3.551
50		0.679	0.849	1.299	1.676	2.009	2.403	2.678	2.937	3.261	3.496
60		0.679	0.848	1.296	1.671	2.000	2.390	2.660	2.915	3.232	3.460
70		0.678	0.847	1.294	1.667	1.994	2.381	2.648	2.899	3.211	3.435
80		0.678	0.846	1.292	1.664	1.990	2.374	2.639	2.887	3.195	3.416
90		0.677	0.846	1.291	1.662	1.987	2.368	2.632	2.878	3.183	3.402
100		0.677	0.845	1.290	1.660	1.984	2.364	2.626	2.871	3.174	3.390
200		0.676	0.843	1.286	1.653	1.972	2.345	2.601	2.839	3.131	3.340
500		0.675	0.842	1.283	1.648	1.965	2.334	2.586	2.820	3.107	3.310
1000		0.675	0.842	1.282	1.646	1.962	2.330	2.581	2.813	3.098	3.300
∞		0.6745	0.8416	1.2816	1.6449	1.9600	2.3263	2.5758	2.8070	3.0902	3.2905

注：表上右上角图中的阴影部分表示概率 *P*，以后附表同此。

附录六　χ^2 界值表

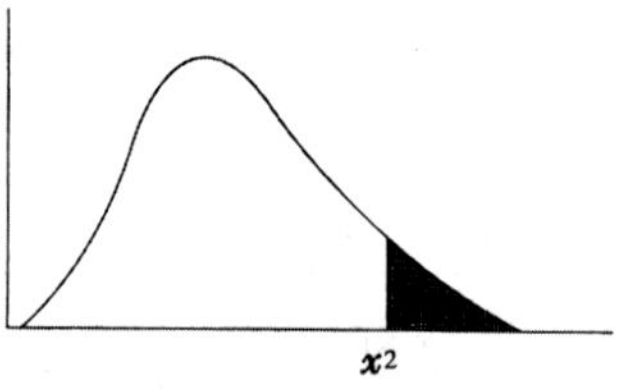

自由度	概率 P												
ν	0.995	0.990	0.975	0.950	0.900	0.750	0.500	0.250	0.100	0.050	0.025	0.010	0.005
1					0.02	0.10	0.45	1.32	2.71	3.84	5.02	6.63	7.88
2	0.01	0.02	0.05	0.10	0.21	0.58	1.39	2.77	4.61	5.99	7.38	9.21	10.60
3	0.07	0.11	0.22	0.35	0.58	1.21	2.37	4.11	6.25	7.81	9.35	11.34	12.84
4	0.21	0.30	0.48	0.71	1.06	1.92	3.36	5.39	7.78	9.49	11.14	13.28	14.86
5	0.41	0.55	0.83	1.15	1.61	2.67	4.35	6.63	9.24	11.07	12.83	15.09	16.75
6	0.68	0.87	1.24	1.64	2.20	3.45	5.35	7.84	10.64	12.59	14.45	16.81	18.55
7	0.99	1.24	1.69	2.17	2.83	4.25	6.35	9.04	12.02	14.07	16.01	18.48	20.28
8	1.34	1.65	2.18	2.73	3.49	5.07	7.34	10.22	13.36	15.51	17.53	20.09	21.95
9	1.73	2.09	2.70	3.33	4.17	5.90	8.34	11.39	14.68	16.92	19.02	21.67	23.59
10	2.16	2.56	3.25	3.94	4.87	6.74	9.34	12.55	15.99	18.31	20.48	23.21	25.19
11	2.60	3.05	3.82	4.57	5.58	7.58	10.34	13.70	17.28	19.68	21.92	24.72	26.76
12	3.07	3.57	4.40	5.23	6.30	8.44	11.34	14.85	18.55	21.03	23.34	26.22	28.30
13	3.57	4.11	5.01	5.89	7.04	9.30	12.34	15.98	19.81	22.36	24.74	27.69	29.82
14	4.07	4.66	5.63	6.57	7.79	10.17	13.34	17.12	21.06	23.68	26.12	29.14	31.32
15	4.60	5.23	6.27	7.26	8.55	11.04	14.34	18.25	22.31	25.00	27.49	30.58	32.80
16	5.14	5.81	6.91	7.96	9.31	11.91	15.34	19.37	23.54	26.30	28.85	32.00	34.27
17	5.70	6.41	7.56	8.67	10.09	12.79	16.34	20.49	24.77	27.59	30.19	33.41	35.72
18	6.26	7.01	8.23	9.39	10.86	13.68	17.34	21.60	25.99	28.87	31.53	34.81	37.16
19	6.84	7.63	8.91	10.12	11.65	14.56	18.34	22.72	27.20	30.14	32.85	36.19	38.58
20	7.43	8.26	9.59	10.85	12.44	15.45	19.34	23.83	28.41	31.41	34.17	37.57	40.00
21	8.03	8.90	10.28	11.59	13.24	16.34	20.34	24.93	29.62	32.67	35.48	38.93	41.40
22	8.64	9.54	10.98	12.34	14.04	17.24	21.34	26.04	30.81	33.92	36.78	40.29	42.80
23	9.26	10.20	11.69	13.09	14.85	18.14	22.34	27.14	32.01	35.17	38.08	41.64	44.18
24	9.89	10.86	12.40	13.85	15.66	19.04	23.34	28.24	33.20	36.42	39.36	42.98	45.66
25	10.52	11.52	13.12	14.61	16.47	19.94	24.34	29.34	34.38	37.65	40.65	44.31	46.93
26	11.16	12.20	13.84	15.38	17.29	20.84	25.34	30.43	35.56	38.89	41.92	45.64	48.29
27	11.81	12.88	14.57	16.15	18.11	21.75	26.34	31.53	36.74	40.11	43.19	46.96	49.64
28	12.46	13.56	15.31	16.93	18.94	22.66	27.34	32.62	37.92	41.34	44.46	48.28	50.99
29	13.12	14.26	16.05	17.71	19.77	23.57	28.34	33.71	39.09	42.56	45.72	49.59	52.34
30	13.79	14.95	16.79	18.49	20.60	24.48	29.34	34.80	40.26	43.77	46.98	50.89	53.67
40	20.71	22.16	24.43	26.51	29.05	33.66	39.34	45.62	51.80	55.76	59.34	63.69	66.77
50	27.99	29.71	32.36	34.76	37.69	42.94	49.33	56.33	63.17	67.50	71.42	76.15	79.49
60	35.53	37.48	40.48	43.19	46.46	52.29	59.33	66.98	74.40	79.08	83.30	88.38	91.95
70	43.28	45.44	48.76	51.74	55.33	61.70	69.33	77.58	85.53	90.53	95.02	100.42	104.22
80	51.17	53.54	57.15	60.39	64.28	71.14	79.33	88.13	96.58	101.88	106.63	112.33	116.32
90	59.20	61.75	65.65	69.13	73.29	80.62	89.33	98.65	107.56	113.14	118.14	124.12	128.30
100	67.33	70.06	74.22	77.93	82.36	90.13	99.33	109.14	118.50	124.34	129.56	135.81	140.17

附录七 T界值表（两独立样本比较的秩和检验用）

	单侧	双侧
1行	$P=0.05$	$P=0.10$
2行	$P=0.025$	$P=0.05$
3行	$P=0.01$	$P=0.02$
4行	$P=0.005$	$P=0.01$

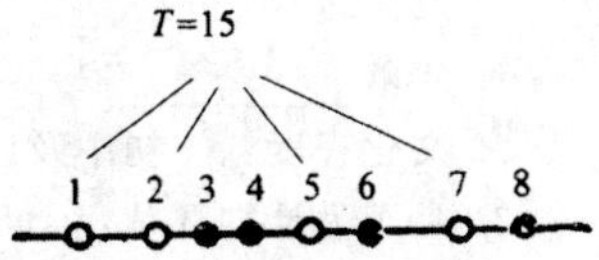

n_1	n_2-n_1										
（较小 n）	0	1	2	3	4	5	6	7	8	9	10
2				3—13	3—15	3—17	4—18	4—20	4—22	4—24	5—25
							3—19	3—21	3—23	3—25	4—26
3	6—15	6—18	7—20	8—22	8—25	9—27	10—29	10—32	11—34	11—37	12—39
			6—21	7—23	7—26	8—28	8—31	9—33	9—36	10—38	10—41
					6—27	6—30	7—32	7—35	7—38	8—40	8—43
							6—33	6—36	6—39	7—41	7—44
4	11—25	12—28	13—31	14—34	15—37	16—40	17—43	18—46	19—49	20—52	21—55
	10—26	11—29	12—32	13—35	14—38	14—42	15—45	16—48	17—51	18—54	19—57
		10—30	11—33	11—37	12—40	13—43	13—47	14—50	15—53	15—57	16—60
			10—34	10—38	11—41	11—45	12—48	12—52	13—55	13—59	14—62
5	19—36	20—40	21—44	23—47	24—51	26—54	27—58	28—62	30—65	31—69	33—72
	17—38	18—42	20—45	21—49	22—53	23—57	24—61	26—64	27—68	28—72	29—76
	16—39	17—43	18—47	19—51	20—55	21—59	22—63	23—67	24—71	25—75	26—79
	15—40	16—44	16—49	17—53	18—57	19—61	20—65	21—69	22—73	22—78	23—82
6	28—50	29—55	31—59	33—63	35—67	37—71	38—76	40—80	42—84	44—88	46—92
	26—52	27—57	29—61	31—65	32—70	34—74	35—79	37—83	38—88	40—92	42—96
	24—54	25—59	27—63	28—68	29—73	30—78	32—82	33—87	34—92	36—96	37—101
	23—55	24—60	25—65	26—70	27—75	28—80	30—84	31—89	32—94	33—99	34—104
7	39—66	41—71	43—76	45—81	47—86	49—91	52—95	54—100	56—105	58—110	61—114
	36—69	38—74	40—79	42—84	44—89	46—94	48—99	50—104	52—109	54—114	56—119
	34—71	35—77	37—82	39—87	40—93	42—98	44—103	45—109	47—114	49—119	51—124
	32—73	34—78	35—84	37—89	38—95	40—100	41—106	43—111	44—117	45—122	47—128
8	51—58	54—90	56—96	59—101	62—106	64—112	67—117	69—123	72—128	75—133	77—139
	49—87	51—93	53—99	55—105	58—110	60—116	62—122	65—127	67—133	70—138	72—144
	45—91	47—97	49—103	51—109	53—115	56—120	58—126	60—132	62—138	64—144	66—150
	43—93	45—99	47—105	49—111	51—117	53—123	54—130	56—136	58—142	60—148	62—154
9	66—105	69—111	72—117	75—123	78—129	81—135	84—141	87—147	90—153	93—159	96—165
	62—109	65—115	68—121	71—127	73—134	76—140	79—146	82—152	84—159	87—165	90—171
	59—112	61—119	63—126	66—132	68—139	71—145	73—152	76—158	78—165	81—171	83—178
	56—115	58—122	61—128	63—135	65—142	67—149	69—156	72—162	74—169	76—176	78—183
10	82—128	86—134	89—141	92—148	96—154	99—161	103—167	106—174	110—180	113—187	117—193
	78—132	81—139	84—146	88—152	91—159	94—166	97—173	100—180	103—187	107—193	110—200
	74—136	77—143	79—151	82—158	85—165	88—172	91—179	93—187	96—194	99—201	102—208
	71—139	73—147	76—154	79—161	81—169	84—176	86—184	89—191	92—198	94—206	97—213

附录八　问卷示例：孕早期妇女焦虑状况调查问卷

编号__________

1. 年龄__________岁

2. 文化程度：①初中及以下；②高中或中专；③大专及以上

3. 是否为计划怀孕：①是；②否

4. 下列是一些人们常常用来描述他们自己的陈述，请阅读每一个陈述，然后在右边的适当选项上打"√"，来表示你最近一周内最恰当的感觉。

您的感觉	很少	有些	中等程度	非常明显
1. 我觉得比平常紧张和着急。				
2. 我无缘无故地感到害怕。				
3. 我容易心里烦乱或觉得惊恐。				
4. 我觉得我可能将要发疯。				
5. 我觉得一切都很好，也不会发生什么不幸。				
6. 我手脚发抖打颤。				
7. 我因为头痛、颈痛和背痛而苦恼。				
8. 我感觉容易衰弱和疲乏。				
9. 我觉得心平气和，并且容易安静坐着。				
10. 我觉得心跳很快。				
11. 我因为一阵阵头晕而苦恼。				
12. 我有晕倒发作或觉得要晕倒似的。				
13. 我呼气吸气都感到很容易。				
14. 我手脚麻木和刺痛。				
15. 我因为胃痛和消化不良而苦恼。				
16. 我常常要小便。				
17. 我的手常常是干燥而温暖的。				
18. 我脸红发热。				
19. 我容易入睡并且睡得很好。				
20. 我做噩梦。				

5. 您希望护士提供哪些指导______________________________

附录九　开题报告的书写

开题报告的主要内容包括以下几个部分：

1. 课题名称　开题报告的名称要做到准确、恰当、规范、简洁。

2. 研究背景与立题依据　所谓研究背景，主要指的是为什么要对这个课题进行研究，研究它有什么价值，也就是研究的目的和意义。这一般可以先从现实需要方面去论述，指出现实中存在这个问题，需要去研究，去解决，本开题报告的研究有什么实际作用；然后再写开题报告的理论和学术价值。该部分要写得具体、有针对，不能漫无边际地空喊口号。

3. 文献综述　通过广泛查阅相关文献，进行文献综述，充分了解该领域的新进展和研究现状，并从中分析课题的科学依据和提出创新性思维。科学性是指在已知科学理论和技术的基础上，依据前人取得的成果，进行某个或某些方面的深入探讨；创新性则是指在已知科学理论和技术的基础上加以创新，一般选择前人未做过或虽已做过但尚待解决的问题，包括新材料、新方法、新发现、新观点等。

4. 研究目的与预期结果　叙述研究者在这次研究中想要达到的境地或想要得到的结果。

5. 研究内容与方法　包括对象、样本数、场所、观察项目、研究工具等。

6. 质量控制　调查研究中的质量控制用以控制偏倚。例如，由于观察法容易受人为的感觉和判断力的影响，所以当观察员大于3名时，应制订观察员手册，并对观察者进行统一培训，以统一观察标准。

7. 调查中可能出现的问题及解决方法　对课题中可能出现的影响研究的因素加以预见，并针对可能的问题提出解决办法。

8. 可行性分析　对课题所涉及的人力、技术、设备、经费、时间等进行分析，看能否支持研究者顺利完成研究。

9. 研究进度安排　也就是开题报告研究在时间和顺序上的安排。研究的进度要充分考虑研究内容的相互联系和难易程度。一般情况下，都是从基础问题开始，分阶段进行，每个阶段从什么时间开始，至什么时间结束都要有规定。

10. 参考文献　在开题报告的末尾列出所涉及的参考文献。

附录十　开题报告实例

本实例中文献综述部分、参考文献部分省略。

行介入治疗的癌症患者营养状况及生活质量的研究

一、研究背景

癌症是当前危害人类健康的主要疾病之一。随着现代医学模式的转变，对癌症患者的治疗不再单纯注重肿块的缩小和生存期的延长，癌症患者的生活质量（Quality of life，QOL）已经得到了越来越多的关注[1]。由于癌症患者的治疗或本身疾病的原因，癌症患者的营养不良发生率较高[2]。癌症患者的营养不良存在多方面的负面影响，包括患者的体重减轻，住院日延长及生活质量的下降等[3]。20 世纪 80 年代后，随着介入放射学在我国的迅速发展，为癌症治疗提供了新方法[4]。本研究旨在了解行介入治疗的癌症患者的营养状况及生活质量情况，并探讨营养状况对生活质量的影响，以改善患者的营养状况，提高生活质量。

二、研究目的

了解行介入治疗的癌症患者的营养状况及生活质量情况，并探讨营养状况对生活质量的影响，以改善患者的营养状况，提高生活质量。

三、研究内容与方法

（一）研究类型

本研究采用描述性研究设计。

（二）研究对象

本研究采用方便取样，调查对象为在北京市某三级甲等医院行介入治疗的癌症患者 100 名。

（三）研究方法与工具

采用问卷调查法进行调查。调查问卷包括一般资料、主观全面营养状态评价量表（SGA）、癌症患者生活质量评价量表中文版（EORTC QLQ-C30）三部分。一般资料包括姓名、性别、年龄、婚姻状况、文化程度、所患疾病等。

主观全面营养状态评价量表：由 Detsky 等人设计的营养状态临床评价工具。内容包括患者的病史（近 2 周内体重变化、与正常相比的饮食变化、胃肠道症状、活动能力、疾病与营养的关系）和体征（皮下脂肪组织减少、肌肉消耗、踝部水肿等方面）。这 8 项评价指标的结果均分为 A、B、C 3 个等级。若患者具备 5 及 5 个以上 B 级或 C 级，则分别被评定为中度营不良或重度营养不良[5]。SGA 与传统方法符合率高达 80%[6]。

癌症患者生活质量评价量表：是欧洲癌症研究和治疗组织系统开发的癌症患者生命质量测定量表中的核心量表。量表共 30 个条目，包括 5 个功能领域（躯体、角色、认知、情绪和社会功能）、3 个症状领域（疲劳、疼痛、恶心呕吐）、1 个总体健康状况和 6 个单一条目。每个条目原始得分为 1～4 分，通过线性转换，得分在 1～100 之间，各功能维度得分越高表明功能越好，症状或治疗不良反应维度得分越高，表明该症状越严重。量表的重测信度相关系数 r 在各个领域均为 0.8 以上。内部一致性信度的克朗巴赫系数 α 均在 0.8 以上[7]。

（四）质量控制

1. 为完善研究方案和研究内容，在正式调查之前进行预调查。
2. 所用量表经有关专家审核内容效度良好，经预调查显示各量表信度均＞0.7。
3. 全部调查由研究者一人完成，用统一的指导语。
4. 所得数据双次录入，复查。

（五）资料的录入与统计分析方法

本研究将使用 SPSS12. 0 软件进行数据录入，并进行描述性和推断性统计学分析。

四、研究中可能存在的问题及解决方法

1. 患者不配合

——向患者解释本研究的目的和意义，与患者建立信任关系，以取得支持和配合。

2. “主观全面营养状态评价量表”测量差异

——研究者在专家指导下掌握该量表的使用，并能准确测得患者的营养状况。

五、可行性分析

1. 研究过程中有专家指导。

2. 有样本来源单位的支持和帮助。

3. 调查时间较充裕。

六、研究进度安排

2006 年 9 月～2007 年 9 月：查阅文献，收集信息。

2007 年 10 月～2008 年 2 月：立题，进行研究设计。

2008 年 3～6 月：预调查，开题。

2008 年 6～12 月：正式调查研究，收集资料。

2009 年 1～4 月：资料整理、分析，撰写论文。

参考文献

1. 肖顺贞. 护理学研究［M］. 长沙：湖南科学技术出版社，2001

2. 肖顺贞. 护理研究［M］. 3版. 北京：人民卫生出版社，2006

3. 杜敏士. 护理研究［M］. 6版. 台北：杏花出版社，1997

4. 梁万年. 医学科研方法学［M］. 北京：人民卫生出版社，2002

5. 郭秀花. 实用医学调查分析技术［M］. 北京：人民军医出版社，2005

6. 李竹，郑俊池. 新编实用医学统计方法与技能［M］. 北京：中国医药科技出版社，1998

7. 方积乾，孙振球. 卫生统计学［M］. 5版. 北京：人民卫生出版社，2005

8. 李立明，黄悦勤. 临床流行病学［M］. 北京：人民卫生出版社. 2002

9. 孙振球，徐勇勇. 医学统计学［M］. 北京：人民卫生出版社，2002

10. 梁万年. 临床医学研究方法［M］. 北京：北京科学技术出版社，2002

11. 陈平雁，黄浙明. SPSS13.0统计软件应用教程［M］. 北京：人民卫生出版社，2005

12. 马斌荣. SPSS For Windows Ver. 11.5在医学统计中的应用［M］. 3版. 北京：科学出版社，2004

13. 王克芳. 护理研究［M］. 北京：北京大学出版社，2006

14. 肖顺贞. 临床科研设计［M］. 北京：北京大学医学出版社，2003

15. 刘宇. 护理学研究（二）［M］. 北京：北京大学医学出版社，2007

16. Polit，DF. Beck，CT. Essentials of Nursing Research：Methods，Appraisal，and Utilization. 6th. Philadelphia：Lippincott Williams & Wilkins. 2006

17. 中华护理学会. 中华护理学会百年史话［M］. 北京：人民卫生出版社，2009

后　记

经全国高等教育自学考试指导委员会同意，由全国高等教育自学考试指导委员会医药学类专业委员会负责高等教育自学考试医药学类专业教材的组编工作。

《护理学研究》（独立本科段）教材由北京协和医学院护理学院刘华平教授担任主编。参加编写的人员有北京协和医学院护理学院的赵雁讲师、马伟光助教；北京大学医学部护理学院的陆虹副教授、刘宇讲师、王志稳讲师。最后由刘华平教授统稿。

全国高等教育自学考试指导委员会医药类专业委员会于2009年4月组织该教材的审稿会。由北京大学医学部护理学院肖顺贞教授主审，北京大学医学部公共卫生学院康晓平教授、首都医科大学护理学院李淑迦教授参审，并提出了修改意见。

全国高等教育自学考试指导委员会医药学类专业委员会最后审定通过本教材。

全国高等教育自学考试指导委员会

医药学类专业委会

2009年5月